2010 年龚延明先生七十大寿庆生，伉俪合影

浙江省哲学社会科学重点研究基地浙江学术文化研究中心资助出版

浙江学者学术年谱

龚延明学术年谱

沈小仙／著

浙江大学出版社
ZHEJIANG UNIVERSITY PRESS

图书在版编目(CIP)数据

龚延明学术年谱 / 沈小仙著. —杭州:浙江大学
出版社,2022.1(2022.4重印)
ISBN 978-7-308-21786-6

Ⅰ.①龚… Ⅱ.①沈… Ⅲ.①龚延明—学术研究—年
谱 Ⅳ.①K825.81

中国版本图书馆 CIP 数据核字(2021)第 196436 号

龚延明学术年谱

沈小仙　著

责任编辑	胡　畔	
责任校对	吴　超	
封面设计	项梦怡	
出版发行	浙江大学出版社	
	(杭州市天目山路 148 号　邮政编码 310007)	
	(网址:http://www.zjupress.com)	
排　　版	浙江时代出版服务有限公司	
印　　刷	浙江新华数码印务有限公司	
开　　本	880mm×1230mm　1/32	
印　　张	18.125	
插　　页	1	
字　　数	500 千	
版 印 次	2022 年 1 月第 1 版　2022 年 4 月第 2 次印刷	
书　　号	ISBN 978-7-308-21786-6	
定　　价	78.00 元	

我是沧海帆影

说是天上星宿，
说是沧海一粟，
我光着脚丫，
带给人间"哇"的一声哭！

是母亲给我命，
是学校培育我。
是亲朋师友伴我走，
是中国壮我骨。

我知道了天和地，
我明白了家与国。
我懂得了善与恶，
我尝尽了苦和乐！

我醒悟到我的存在，

是永恒中的秒忽；
仰望深邃的星空，
我无暇埋怨与踯躅。

我是沧海帆影，
与大海风浪拼搏，
收获的不止是白鲸之骨，
而是绝不向困难屈服！

我曾是勇士，
投笔从戎立志保国，
硝烟中失去一目，
从不后悔决不蹉跎！

我又是一个书生，
黄卷青史天天读。
五千年文明浸透了我的灵魂，
我挚爱崇尚和平、不屈不挠的中华民族。

我意识到我的力量，
是宇宙亿万年张力的浓缩；
五十年创造与拼搏，
从不等待恩赐与清福！

我曾经变成一颗种子，
努力向上结出稻谷；

我曾经化为一粒矿石，
熔入高炉焠出钢火！

半个世纪拼搏，
留下累累硕果，
一张"愚龚"成绩单，
承学界同人认可——

《宋代官制辞典》，
《宋代登科总录》，
《中国历代职官别名大辞典》，
《明代登科总录》。①

《宋代官制史》，
毕生研究宋代官制的浓缩；
《宋代科举史》，
是《宋代登科总录》的延续。②

_____

① 龚延明《宋代官制辞典》(180 万字)中华书局 1997 年第 1 版；《宋代官制辞典 (增补本)》(198 万字)，中华书局 2001 年第 1 版、2017 年第 2 版。龚延明《中国历代 职官别名大辞典》(227 万字)，上海辞书出版社 2006 年版；《中国历代职官别名大辞 典(增订本)》(240 万字)，中华书局 2019 年版。

龚延明、祖慧《宋代登科总录》(14 册，1000 万字)，广西师范大学出版社 2014 年版。

龚延明、邱进春《明代登科总录》(25 册，1961 万字)，广西师范大学出版社 2021 年版。

② 龚延明《宋代官制史》(160 万字)，中华书局将于 2022 年出版。《宋代科举 史》(150 万字)，浙江省哲学社会科学重点课题，书稿已交浙江古籍出版社。

《历代进士登科数据库》,①
登上中华书局"籍合网"供检索,
中国历代十一万进士,
重新"复活"他们的业绩与拼搏!

《岳飞》《岳飞评传》②,
进入千家万户,
敬仰民族英雄,
中国人的脊梁骨!

《绘画本中国通史》③,
畅销全中国,
《诗说中国史》(十卷本),④
已写到盛唐唐太宗治国,
五千年悠久历史,
是勤劳、智慧的伟大民族的延续!

身上我的所有,

---

① 龚延明主编《历代进士登科数据库》(收罗 11 万进士名录小传),中华书局古联数据有限公司于 2019 年在"籍合网"平台上线。
② 龚延明《岳飞》,浙江人民出版社 1980 年版;龚延明《岳飞评传》,南京大学出版社 2001 年版。
③ 龚延明主编《给画本中国通史》(五卷),浙江少儿出版社 1991 年版,1992 至 1998 年每年重印。畅销全国,荣获全国优秀图书一等奖。
④ 龚延明著《诗说中国史》,由浙江古籍出版社出版了《诗说先秦史》《诗说秦汉史》《诗说三国史》《诗说两晋南北朝史》《诗说两宋史》五卷,其中《诗说秦汉史》荣获全国优秀普及读物奖。《诗说隋唐五代史》《诗说辽金元史》《诗说明史》《诗说清史》《诗说近代史》五卷待写。

都是我的荣光；
身上我的所无，
绝非是我的泪目。

说是天上星宿，
说是沧海一粟，
我光着脚丫来到人间，
终于拥有人生创造的幸福！

我是沧海帆影，
"愚龚"是我的星宿；
人的生命只有一次，
我就是我！

龚延明
初稿写于 2020 年 2 月 12 日
定稿于 2021 年 9 月 10 日教师节

前　言

　　学术名家年谱,是浙江省哲学社会科学重点研究基地浙江学术文化研究中心研究项目"浙江学术名家书系"之一,旨在以浙江籍以及在浙江从事学术研究的名家为研究对象,通过梳理其治学轨迹以及在学术领域取得的重大贡献,彰显浙江文化魅力,为后学提供宝贵的治学经验。

　　本年谱是以浙江义乌籍、中国古代制度史研究学者龚延明先生的学术、生活经历编年而成。主要内容分为求学之路、军旅生涯和高校立业三个阶段,前两阶段是学术兴趣的培养和学术精神的铸就,本谱只作简略交代,详情期待先生回忆录的刊布。

　　高校立业是学术成就阶段,为本谱的重点所在。高校立业又分两方面:一是教学,一是科研。教学是学术文脉的延续和新的学术生命的播种和培育,是为学术领域储存新生力量,注入新鲜血液;同时对于学术研究而言,教学也是学术思想交互促发的过程,教学相长是学术生命不断焕发青春活力的良性互动。而科研成就主要体现在学术专题研究和大众普及两方面。学术专题研究主要集中在中国古代官制研究、中国科举制度研究、岳飞研究以及古籍文献的补正和释读。大众普及成果主要是中国古代历史及古籍文献的普及。学术专著如《宋史职官志补正》《岳飞评传《中国古代职官科举研究》《中国古代制度史研究》等；大众普及读物，如《绘画本中国通史》《岳飞》《王安石》《宋太祖》以及《诗说中国史》等，古籍文献如主编出版的《天一阁藏明代科举录选刊》，与祖慧合著的《宋登科记考》《宋代登科总录》等，主编的《历代登科录数据库》作为数字人文学科研究新领域的成果，已登上古联数据公司"籍合网"，成为惠及多个学术领域的专业文献资料。还有综合性的成果，编纂了历史研究和古籍文献整理必备的工具书，如《宋代官制辞典》《中国历代职官别名大辞典》及其简编本等。

除了专业学术研究论著外，龚先生还是文学创作爱好者，尤其偏爱诗歌，比如每一部著作的后记几乎都有一首小诗作结，还有与学者的酬唱诗，更有仿古诗文，如家谱序言、岳飞公祭文，以及对仗工整的贺联与挽联等。深受大众欢迎的普及类通史——《诗说中国史》更是开创了"史诗"式的五言诗诵读体裁。另外，还收录了大量的自由诗作，有些未曾刊布，如纪念邓广铭先生105周年的《仰望》，悼念中华书局资深编辑徐敏霞、悼念山东大学范学辉等的悼诗。

任何成功者都离不开工作、生活环境的保障，龚先生学术上取得如此成就，除了和谐、幸福的家庭为后盾以外，更有助力科研的学术研究平台和学术交流活动。从杭州大学历史系宋史研究室到浙江大学古籍研究所，两个闻名遐迩的重点研究基地，为他的研究提供了坚实的基础、丰富的资源，以及学术研究的良好氛围。而学术交流活动则是学术思想的活水源头，业内同行切磋探讨，是学术专有领域内的对话和交锋，学者在此可尽享舞雩之趣。因而，年谱收录了先生参加的各种学术研讨会，主办和协办的各种学术交流活动，以及创立学术协会等。还收录了先生赴海内外大学及研究机构的讲学交流活动，以及邀请海内外学者来浙大古籍研究所、宋学研究中心讲学交流的纪实内容。

为了真实展现先生的学术经历、治学之道以及学术因缘等，另外又增加了三个附录：一、治学之道的学者访谈录；二、博士生的读博回忆录；三、学术交流的学者赠书录。这些是本谱不可或缺的重要内容。为了便于读者快速检索作品，又附加了论著目录。

编写年谱过程中，感慨不已，特将随手记在纸片上的零零碎碎的思考，连缀成文，写在前面，谨以此，向先生致以崇高的敬意。

可能您未曾亲见那青灯伏案的身影，但一摞摞卡片、一堆堆抄写本、一本本著作告诉了您，日渐稀疏的白发、瘦削的身形也告诉了您。华章织锦呈给了世人，留下的是伤残的身体。每一篇华章都是用生命谱就而成，著作有多高，身体遭受的磨砺就有多深！

然而令人欣喜、惊叹的是，学术的养分也给身体注入了"真气"，有道是"腹有诗书气自华"。虽已走过八十个春秋，如今的他，华发稀疏，却依旧步履轻盈、记忆超强、思维活络，可谓"老夫不减当年勇"，仍是学界"向涛头立的弄潮儿"！

凡　例

一、年谱内容以记录治学生涯、学术成果、学术交流以及学界的评价、影响等为主。

二、年谱以公元纪年，附以年龄。

三、年谱按年、月、日次序排列。其无日可考者，以"月"记之；无月可考者，均置于年末。若以季节出现的，春则安排在三月之后，夏则安排在七月之后，秋则安排在九月之后，冬则安排在十二月之后。

四、本谱所收论著，除记明日期、刊物、出版社外，对于有影响力的或者目前难以看到的文章，采用全文移录或摘录的方式，对于期刊网有的文章则收录其摘要或概述其主要内容。对于著作中的序言或者后记中有影响力的内容也加以收录。另，学术交往的书信以写信时间编入。

五、本谱所述人物经历和学术活动，以本谱主人的日记、《古籍所大事记》和书面访谈及电话、微信等交谈记录为依据。论著以公开出版或发表的为依据，少数未刊出的，则注明来历。

六、全书采用文内注释。

目　录

1940年　出生

2月12日　（农历正月初一）出生于浙江金华义乌杨村（原为金华府义乌县一都杨村，全县分十八都）。龚氏宗谱排到了"学"字辈，谱名"学通"。其父亲取古训"有贤知祥"四字为儿辈取名，排行第二，故名为"贤明"。大哥名为"有明"，两个弟弟分别名为"知明""祥明"。"文化大革命"期间，向往革命圣地延安，取字为"延明"。后以字行，身份证上仍署"龚贤明"。

父母皆为农民。父亲读过几年私塾，粗识一些文字。他说："家父虽是农民，却是我人生的第一位老师。"他最早会背的唐诗是柳宗元的《江雪》："千山鸟飞绝，万径人踪灭。孤舟蓑笠翁，独钓寒江雪。"和孟浩然的《春晓》："春眠不觉晓，处处闻啼鸟。夜来风雨声，花落知多少！"这都是父亲教他背诵的，让他从小就感受到了唐诗的美！（摘自访谈记录）

1945年　5岁

在村里的复振小学上学。他回忆道：

> 1945年，我五岁了。那年，日本投降，人们开始享受和平的生活。学校恢复了正常。我从小喜欢读书。五岁时，我看到大哥一本国文课本，里面有一幅大草原画，配了一首诗："敕勒川，阴山下，天似穹庐，笼罩四野；天苍苍，野茫茫，风吹草低见牛羊。"那时还不识字，哥哥念给我听，并作了解

释。美丽的文字与广阔的意境,瞬间直入我的心灵,引起强烈的读书兴趣。当时尚没有读书资格,出于对读书的兴趣,跟着比我大八岁的哥哥去村里的小学上学,书本也没有,就坐在大哥旁。跟着跟着,听课居然听得津津有味,就一直跟着读下去了。这所小学的名叫"复振小学"。为什么取名"复振"?听老师说,就是要从战争创伤中恢复过来,恢复元气,重振学校。可后来,我上了大学,查《义乌县志》,方知其命名是清光绪年间。"复振学校"在"县西七里杨村。村舍借设复振祠(后称诚菴公祠),清光绪十四年,由龚品珍等创办,原系两等小学,现为国民学校"。(摘自未正式出版的回忆录)

1949年　9岁

5月　义乌解放。

小学读书期间,就显现出了酷爱读书的志趣。父亲的鼓励、支持,他自己的努力以及超群的领悟力,使其学习成绩一直名列前茅。在老师眼里,他是一个机灵好动、爱玩耍的孩童。他自述道:

> 当时,学校暂时停课,要下半年开学。许多家长对新社会不了解,不让自己的子弟上学。我说服父母,坚持上学,一天不落。
>
> 我每天总是第一个到校,最先到老师面前背国文课文,背得十分流利。班里的竞争对手是一位叫张桂香的女同学,她背诵课本能力也很强,我们俩暗中较劲,比谁背得快、

2

背得多。老师鼓励学生比赛,这对提高学生成绩大有好处。我记性特别好,成绩在班里一直居于前列,因此,在村里有"第一仙"的绰号。

　　还记得有一位叫朱恒亭的老师。在晨课排队做操时,因我年纪小,排在最前面。朱老师指着天上的云,对我说:"你对准天上这块云,不要动。"我说:"朱老师,云要飘走,我要不要跟着走?"老师笑了。这个幽默的故事,一直留在我幼小的心灵里。我想,当时在老师的眼里,我一定是一个不懂事的、好玩耍的小孩!

1951年　11岁

7月　小学毕业升初中,考取了浙江省立义乌中学。他自述道:

　　当时义乌教育不发达,全县仅一所公办初中,两所私立初中(树国中学、大成中学)。升初中是十分困难的。同班三十多个小学毕业生考初中,仅录取二人,两人名字很有意思,一个龚贤明、一个龚英明。龚英明是地主的儿子,后来不知什么原因,未能上学。整个杨村三百多户人家,就我一个人进了义乌中学读书。同村的族人纷纷来贺喜,大家凑钱送来了一支钢笔、一个书包。能够进入义乌中学,这是决定人生命运的重要一步。当年二三十个小伙伴,后来都当了农民。

　　读初中时,遇上了好多学问水平很高的老师。历史老师曹松叶,中山大学历史系毕业,他的学位论文,至今尚有人在引用。他常叫我到他的宿舍,给我吃各色各样零食,并送了一本有插图的古代节日的图书。生物老师卢叔杰,中央大学生物系毕业,某生物学学刊主编,教生物,学米邱林,在学校校园,亲自掘地,种番茄,种出来的鲜红番茄饱满闪亮,让同学们采摘。可能新中国刚成立之故,因各种原因,这些名牌大学毕业生,都分配到义乌中学来了。

初中求学,优秀的老师授业解惑,眼界开始扩大,这也让我有了上大学的目标。

考上中学,父亲买给他一本《康熙字典》。他这样写道:

我的父亲是农民,但他却懂得字典对读书人的重要。新中国成立之初,我刚考上义乌中学,他用十五斤白米,在县城一年一次的农历十月十五大集市上,换来这本世界书局1936年出版的二手《康熙字典》……我的古文献功底,得益于《康熙字典》匪浅。(摘自《有的书要读破有的书要翻破——读书一得》,《书摘》2008年第5期)

1953年　13岁

7月　初中毕业,考取了在县城的义乌高中。因家境贫寒,第一年借住亲戚家走读,从高二开始住校上学。他自述道:

义乌中学当时已批准办高中。因家境困难,是读自费的高中,还是去考普师、农校等免费的职校?父母亲觉得兄弟姐妹四五口,供我上高中有困难。但我心中有一个强烈的要上大学的愿望,宁可走读,也要读高中。于是,淳朴善良的父母也就没有坚持,而同意了我报考义乌高中。参加高中升学考，顺利通过，被录取了。

上高中第一年，借宿在县城一个亲戚家里，不住校，自己烧饭，过起了走读生涯。

走读期间，有一则难忘的轶事。烧饭是在公共的过道，有一天晚上，烧饭的钢精锅被偷走了。这对家庭困难的人来说，真是雪上加霜。借住的亲戚，就在院子里大骂："这是鹭鸶脚骨上割肉！"这一声呐喊，至今不忘，仿佛在艰苦求学的岁月，烙上了一道深深的印迹。

借住亲戚家，总非长久之计。我的五伯父，认定我是一个读书人，毅然出力资助一半学费和生活费。于是，从高二起，我不再走读，住校上学了。

读高中时，有两件事对我影响很深。

一件小事。那时家里穷，平时没有零用钱。当时，二分钱可以买到一根高高的甘蔗，我想买也买不起。而一些家里有人参加工作的学生，每月有几元钱零花，平时就显得阔绰。一天下午，突然父亲来校看我，塞给我二角钱。我手里感到那二角钱有一股余温，这是父亲的手一直紧紧攥着那纸币的余温啊。瞬间，一种父爱，让我忍不住落下泪来。

还有一件小事。我的班主任、英语老师刘碧芝，北京大学英语系毕业。这位老师出身不好，因此在政治上特别谨慎。一次，我在班里大喊："人往高处走，水往低处流。"讲者无心，听者有心。班长翁关水，马上把我讲的话反映给刘老师，刘老师不得不处理，狠狠地批评我"个人主义"。我心里好冤枉，但也只能低头聆听教诲。这个学期成绩单上的品德课打了一个大大的"丙等"。我在班里的这一成绩表现，可想而知，在当时入团、入党、保送上大学之类就休想了。

当时"红五类"出身的同学，入团很容易，更有入党者，保送到哈工大、解放军通讯工程学院等军校。

1956年　16岁

7月　高中毕业。偏爱语文，报考了文科专业，被浙江师范学院录取。他自述道：

> 原来，数学、语文成绩都优秀，英语较差。高二时，全校作文比赛，还得了第一名。之后，就偏爱语文，数理化成绩下降了。临高考，只能考文科，不巧，1956年高考较难，特别是文科，因为大量的部队复员文教人员及调干生报考大学，大都考文科，他们阅历丰富，政治条件好，比考文科的高中生具有明显的优势。这届义乌中学高中17个毕业生报考文科，结果只录取了三人，一个华东师范大学、一个浙江师范学院、一个杭师专。我被浙师院（原国立浙江大学的一个学院，即后来的杭州大学）录取。相比而言，考工科的同学就幸运得多，80%以上考生被录取，北大、清华、人大、南开都有录取生，进浙大最多。

9月　进入浙江师范学院历史系，开始了大学生活。喜欢中国古代史，不喜欢古罗马、希腊的历史。喜欢读外国文学作品，身在历史系，心想中文系。他自述道：

> 我不喜欢历史，曾经梦想当作家，现在梦碎了。

> 在大一期间，听黎子耀先生上中国古代史课。黎先生是武汉大学历史系毕业的高才生，擅长于先秦史研究。他上课不带讲义，提纲写在香烟纸上，讲课娓娓道来，引人入

胜,使我对中国古代历史产生了兴趣。他有胃病,给我们上课休息时,要吃几片饼干。黎先生还开过"中国史学"课,对《易经》《左传》等先秦经典有深湛的研究。我曾听他导读晋代杜预的《春秋经传集解》课,打下了古代文献学基础。因为喜欢上中国古代史,考了5分,优秀。黎先生高寿,活了一百岁。世界史,主讲是谢兆熊先生,中央大学毕业。我不太喜欢听古罗马、希腊的历史,上课偷偷看普希金、巴尔扎克等外国文学家作品。结果期终考试不及格,补考,很难为情。

　　身在历史系,心想中文系。大学期间读得最多的,不是历史著作,而是外国文学作品。记得有一个晚上,在阅览室看普希金的《上尉的女儿》,忘了时间,等看完已是深夜十二点,我的宿舍在校外面(今杭一中宿舍,是借住),校门已关。我只得翻墙,结果被校保卫处巡夜手电筒照个正着。第二天,到保卫处写了个检讨书。

1957年　17岁

这一年夏天,学校开展反右派斗争。同窗友谊至今难忘。他回忆说:

　　那时,校园里,大字报铺天盖地。

　　我虽也发过一些诸如"放长线,钓大鱼"之类不合时宜的言论,可能因为年纪小,团支部对我的言论不了了之,没有汇报上去。想想,班干部对我还是挺爱护的。

　　同寝室有一位吉兆银同学(镇江人),一位王伟松同学

（义乌人），喜欢"放炮"，都被打成了右派，马上下放劳动改造，都没能毕业。二十多年后，已平反的吉姓同学调回镇江老家中学工作。他打电话给我说："我保留着一份剪报，是你在部队时写的，发表在《浙江日报》的一首诗《团长的脚印》，要不要给你寄过来？"听了后，我感慨万分。他多年来受到了沉重打击，对同窗同学却没有任何怨言，还深深地保留着大学同学的情谊，这虽是一件小事，却折射出一颗善良的心的光芒！

10月4日 闻听苏联第一颗人造卫星上天，写了《在太空翱翔》小诗，发表在杭州大学校报上，这是第一篇变成铅字的小诗。（摘自《有的书要读破有的书要翻破——读书一得》，刊于《书摘》第5期）

1959年　19岁

大学三年级插班到外语系参加俄语培训。在下农村调研期间，与记者合作在《浙江日报》发表了《畲族歌手蓝春翠》一文，这是生平第一次在正式报刊发表文章。他自述道：

　　我由历史系选拔插班到外语系本科二年级，突击培训俄语教师。在这个班上结识了班长许高瑜，成绩特别好。后留校任教，当过杭州大学、浙江大学外语系主任。退休后，致力于杭州大学校史的撰写。

　　学校组织历史系学生下农村调查村史、地方史。我分配在丽水景云县。其间，与《浙江日报》记者王云澍采访景宁县畲族歌手、人大代表蓝春翠，合作撰写了《畲族歌手蓝春翠》人物通讯,以半版篇幅刊于《浙江日报》。这是我第一篇在报刊上发表的文章,激发了我对写作的爱好。

1960年　20岁

8月31日　大学毕业,留杭州大学外语系任教,讲授公共课俄语。留在大学里任教,这一步对于以后能在学术上有所建树,具有决定性的影响。他自述道:

> 留校,这是我万万没有想到的,因为这一届大学生,调干生与复员军人特多,党员也多,我是班里年纪最小的,同班同学都比我大三岁以上至十五岁。连共青团也没有加入,什么班干部更轮不上。这届一百多名历史系毕业生,留历史系任教五名,全是党员。怎么会选择我留校呢? 在政治上我没有选分,但会写文章,这在系里是小有名气的,可能这是引起系领导注意的一个原因吧。其次,时势使然,当时中苏关系较好,需要公共俄语教师。我参加过俄语培训,我的悟性较高,于是就被选中留下了。此事,事先我一无所知。一天,毕业生集合开会,系总支领导宣布毕业生分配时,才得知留校分配到外语系。有的同学分配到云南、贵州、福建、河南、江苏。大部分分配在省、市政府机关,企业单位,中学。

> 留校在当时被视为最佳分配去向。留在大学里任教,这对我今后能在学术上有所建树,具有决定性的影响。

1961 年　21 岁

留在外语系不到一年,中苏关系恶化,不学俄语了,于是转入政治系任助教,改教公共课"中国通史"。

1962 年　22 岁

7 月　响应国家号召,怀着满腔热情,参军入伍,成为一名工程兵战士。

1963 年　23 岁

工程兵比武大赛,获得优异成绩。这一年在部队荣立三等功。他自述道:

　　这一年,我所在工程兵班,被选拔为南京军区工程兵代表,参加在河北省邯郸举行的全军工程兵大比武,总参领导亲临检阅,获得优异成绩。

　　我练出了一手高超的军事技能,能够背负十公斤炸药包、右手提三米五高的长竹篙,跑步冲刺撑竿跃过六米宽、水深三米的壕沟。

　　鉴于一个大学助教,能放下架子,和工农出身的士兵打成一片,刻苦训练、成绩优异,经连、营、军直机关与军政治部的推荐,南京军区授予我"三等功臣证书"。

1964年　24岁

5月4日　这是人生中不幸中之大幸的、最难忘的日子。

这一天在军训中,因为意外事故受伤,从此右眼失明。政府发给"因公伤残8级证书"。后被调到军机关宣传处做军事报道工作。他在浙江社科名家自传《学术之树常青——从工兵战士到博士生导师》一文中写道:

> 5月4日,在一次军训中,因为一个新兵未学会电气操作,我当时担任班长,在检查线路时,新兵无意间用手触通了线路,引起埋在地下的炸药爆炸。我的头部被炸得鲜血直流,眼睛被炸坏,经过湖州解放军九八医院全力抢救,左眼保住了,右眼从此失明。这是不幸中的大幸,如果双眼失明呢……

> 受伤后,曾要求回归母校,部队不放,上级领导说:"一个大学助教,满腔热血爱国从军,没有上战场,却带伤回去,怎样向学校、向他的父母交代?"后来调到二十军军机关宣传处,做军事报道工作。

> 二十军宣传处出过不少人才,老杭州市市委书记王平夷(后来担任杭州市市委书记的王国平之父)、国家新闻出版署副署长石峰,都是二十军宣传处出去的。

1965 年　25 岁

连队的生活非常艰苦,但培育了战士不畏任何艰难困苦、战胜恶劣环境、战胜敌人的勇往直前的精神。军队的训练磨砺经历,培养了他坚忍不拔的坚强意志和强健的体魄,为以后从事学术事业准备了攻坚克难、奋勇向前的精神意志和自律、顽强、持久的忍耐力等综合素质。他自述道:

> 比如,部队经常在雨夜拉练,睡梦中,一声集合号哨子吹响,不能开灯,摸黑迅速地穿好衣服、打好背包、枪架上取下步枪,不到十分钟,冒雨跑步到连队营房外操场集合。然后,翻山越岭,跋涉数百里,山路滑,滑倒爬起来,赶上去,再累也不能掉队,掉队就是狗熊,谁愿当狗熊?到了目的地,在野外,席地而坐。任凭雨水从雨披上顺着脸颊滴到地上。蹲在地上吃饭,没有筷子,折树枝当筷子扒着吃。有时难免联想到在大学校园的宁静生活,不能不有所心动,确实太苦了。但既为战士,这一切都得磨炼、忍受。

8 月　加入了中国共产党。

1966 年　26 岁

"文化大革命"开始。部队不能串联。生活中充满小红书、毛主席像胸章。

1967年　27岁

5月　二十军军政治部奉命自湖州调至杭州"支左"(注:指"文革"中人民解放军支持当时被称为"左"派群众组织的行动)。部队住在杭州劳动路省军区政治部军官宿舍,紧靠西湖边。主要任务,是做部队"支左"报道。他自述道:

> 我主要是做部队"支左"报道。如采写新安江水电站革委会成立的新闻,登上《人民日报》头条;革命样板戏《沙家浜》(取材于58师驻地所在连队)报道,以整版篇幅刊登在《解放军报》上;《余杭长命公社知青抓革命备春耕》,刊登在《浙江日报》上,等等。那时,新闻报道,不能靠电话采访,必须背着背包下基层,掌握第一手材料。工作十分艰苦。买一包"大前门"香烟抽抽,已是享受了!

10月1日　与龚荷莲结为伉俪。他自述道:

> 妻子田田(昵称)是情意相投的人民教师。结婚仪式简朴,给战友分分糖,大家恭喜一番,也不吃喜酒,就算结婚了。
>
> 印象最深的是省军区军官宿舍房间内,堆有大量洁白的棉被,我们就取了5床棉被做床垫。如此而已。

1968年　28岁

被派往《浙江日报》社"支左"。他自述道:

这实际是安排军队"掺沙子"。日常无非做一个文化教育版的编辑工作。同一编辑室有个编辑程佩霞,杭大教育系毕业学生,是我的学生。我曾教过她俄语。有了这层师生关系,就没有隔阂,能处处得到她的照顾。报社安排我住在原浙江日报社社长于冠西的府邸。这可是破格优待。于社长是革命老干部,副省级,在文坛颇有名气。他的官邸,在杭州市中心,众安桥、浙江日报社附近,是一座高墙深院豪宅。四围高墙内,有花园、水池、葡萄架,有二层楼洋房,房间落地窗,打蜡地板。我住在其中,是意外得到人生高档享受。在里面住了近三年,直到回归部队。记得,当时我两岁的女儿(现在浙江大学工作),曾随她妈妈探亲假来入住过。夏天,她一个人在园子里嬉水追蝶,欢蹦乱跳,那身影,那情景,还在眼前浮动。

1971年　31岁

奉命到军政大学参加理论班培训。他自述道:

年初,南京军区奉总政之命,分配给二十军一个名额到军政大学理论班培训。军政治部决定派我去。届时,我爱人放寒假,带着刚满月的儿子龚刚(现为澳门大学教授)到杭州军营探亲,才一天。军纪如山,我即奉命北上到军政大学(今国防大学)报到,学习一个学期。

以下部队生活经历均摘自他的《工作手册》。

《中国人民解放军军政大学学习纪事》、日记(按,除特别的日子外,删去了天气记录。)

2月10日 上午,到中国人民解放军军政大学训练部入学报到,编进全军高干辅导员学习班四大队四队五班。

2月11日 上午,开五班党小组会。确定天天读内容:《改造我们的学习》《整顿党的作风》以及军政大学训练部的学习文件之二,即毛主席论学习语录。

党组会上提出要坚持"四个第一",大兴"三作风",贯彻"九大"团结、胜利路线,谦虚谨慎、戒骄戒躁。每个同志都要做普通学员、普通党员、普通劳动者。

下午,四队党支部会议。会议中途,军政大学政委张秀川等校首长来看望学员。

晚上,开全校性欢迎晚会,放映了彩色影片革命样板戏《红灯记》。

2月12日 队长学习动员,内容有:

(1)《反杜林论》选读改为全读,共35天;《论法兰西斯内战》全读,共学9天;《国家与革命》学习9天。三本书的教学日共计53天。

(2)学习要达到"四理解"(历史背景、中心思想、基本观点、章节大意),"五提高"(识别能力、阶级斗争、路线斗争和继续革命的觉悟、辅导能力),为了一个根本目的:永远忠于毛主席,增强执行毛主席革命路线的自觉性。

(3)学习方法:"三为主"。(坚持以读马、恩、列著作,毛主席著作为主;自学为主;改造思想为主)

5月1日 国际劳动节见到了毛主席

上午去首都体育场参加"五一"节联欢,观看体操、羽毛球、篮球表演。

今天是自己一生中难忘的一天!

晚上，天安门广场举行了盛大的焰火晚会。伟大领袖毛主席登上天安门城楼，和首都五十五万群众及来自世界五大洲的国际友人一道欢度节日。最幸福的是，终于见到了伟大领袖毛主席！实现了最大愿望！

下午八时十分光景，军政大学近百名学员，作为天安门前标兵，在东长安街，各间隔五米，一字儿排开，英姿勃勃，军容严整。我作为天安门前维持秩序的标兵之一，岿然不动，幸运地站立在金水桥南东华表附近，离天安门城楼最近。我比较清晰地看到了毛主席登上天安门城楼。毛主席身材高大魁梧，和天安门城楼上的代表握手，并和西哈努克亲王及其夫人坐同一张桌子。不一会儿，就进休息室接见外宾并和他们谈话。我心潮澎湃，热血沸腾，完全沉浸在这无比幸福的海洋里。

5月2日　星期日

放假。给20军宣传处及妻子写了信，报告见到了伟大领袖毛主席的喜讯！

5月9日　星期日

上午到中国革命军事博物馆参观全军贯彻毛主席"五七"指示展览。

各大军区、各军种、兵种、总参、总政、国防科委在贯彻"五七"指示五年来取得了很大成绩，其中以军学（军队与学校）、军农（军队农场）更为突出，军民也是个特点。各大单位以沈阳、广州成绩为最。南京军区城西阳湖农场是个典型。本单位展出了两张较大图片，展示城西阳湖农场丰收场景，以及驻地在湖州的九八医院医疗队在农村公社办合作医疗的情况。

军事博物馆建筑相当宏伟。馆内还陈列了珍宝岛自卫反击战中被我军击毁的苏修新型坦克,声名远扬的"乌龟壳"。

5 月 10 日　　星期一

劳动一天,在圆明园白芦苇滩夺田!挖芦苇根相当艰苦,这儿原来是圆明园的一个游湖,自从英法联军焚毁了圆明园后,游湖就逐渐荒废,长满了密密的芦苇。现在要把它改造成水稻田,成为军大的一个农场,一个劳动基地。

中午休息时,寻访了圆明园的残迹。

1972 年　　32 岁

回部队,担任军党委学术秘书,并担当团以上干部的理论培训,如讲解《反杜林论》等马列主义著作。

以下为他在军部的工作日记。

2 月 24 日　　星期四

从军首长那里,听到关于美国总统理查德·尼克松访问中国的一些细节。

(1)尼克松这次来送给毛主席的礼物是五棵比较名贵的红杉树。主席说,把这五棵树种在杭州。还送给我国政府名贵的动物麝香牛,有五只,生长于北美极北。

(2)尼克松在欢迎宴会上,听到我国军队演奏的《美丽啊,阿美利坚》,十分称赞,并同演奏者一一握手,并表示要送给每人一件礼物。

(3)随同尼克松访问中国的记者,提出要求延期参观访问。要求参观红旗渠、大寨大队,我国政府答应延长期限。

访问城市:南京和广州。

2月25日　星期五

据说尼克松于昨日上午到达杭州,后天上午离开杭州,随行今晚到达杭州。

尼克松曾对周总理说:毛主席是世界上一个了不起的人物。

尼克松还称赞我们的翻译唐闻生工作业务熟练、精通。

10月6日　星期五　秋高气爽

读拜伦的诗《洛钦伊珈》:

去吧,你艳丽的风景,你玫瑰的花园!

让富贵的宠儿在你的园里徜徉;

还给我的峣岩吧,那上面积雪在安息,

尽管它们铭记着自由底创伤……

10月11日　星期三

军区电报通知,要召开两级党委书记会议,每个大单位的军党委学习秘书也去。处长通知我准备跟从张副军长去。

下午,政治部阎副主任对军机关十个文件学习作总结。

1973年　33岁

5月26日　随军政委孟克坐吉普车去南京军区开军级干部会议,入住高干招待所。中午,军区司令许世友设宴招待。许司令同陈丕显(原上海市委书记)等领导在一桌。秘书则同在另一桌,第一次喝上了正宗茅台酒,口感极好。(摘自工作日记)

1974年　34岁

申请复员,得到军长邬兰亭(后任武汉军区司令员)同意。他自述道:

> 我当时担任军党委学习秘书,军长邬兰亭对我这个秘书"知识兵"很信任,有时开玩笑喊我"教授"。当时部队也卷入所谓"批林批孔(批周公)"运动,心中反感,地方上的学校开始复课闹革命,天性爱读书的我,打报告申请复员回杭州大学,这一要求得到邬军长的理解,同意复员。(邬军长是知识分子出身。)

7月15日　他在日记中写道:

> 军政治部主任龚欲民接到南京军区电话,北京总政治部指名"调二十军政治部龚贤明到《解放军文艺》工作"。这个调动通知晚了一步,因为申请复员报告在先,经军政治部讨论,已下文批准复员,仍回原单位杭州大学任教。

7月30日　回到杭州大学历史系。他自述道:

> 部队派卡车欢送我一家四口回到杭州大学。事先,部队已经派人与杭州大学校党委书记刘活源等领导谈过,安排我到杭大历史系任教。

笔者注:"杭州大学历史系的前身是老浙江大学文学院史地学系,早在抗日战争时期,著名宋史专家张荫麟、陈乐素先后来此间任教,培养了一批宋史研究人才(如宋晞、程光裕、徐规、倪士毅等),添置了不少图书资料,奠定了宋史研究的基础。"(引自徐规主编《宋史研究集刊》第一集"前言",该文撰写于1985年3

月，论文集由浙江古籍出版社于 1986 年 4 月出版。)

1975 年　35 岁

担任杭州大学历史系工农兵学员班班主任。

1976 年　36 岁

1 月　随系总支领导魏佑功、徐崇云等，带学生以"农业学大寨工作队"名义到嘉兴虹阳镇支农。

担任杭大历史系 1976 年毕业（三年制）班级的班主任。杭大图书馆查长美（北大毕业）随队。

1977 年　37 岁

冬　参加恢复高考杭州大学历史系新生招考工作。沈坚（浙江大学法国史专家，承先师、名史家沈炼之）、许光耀、陈侃章（历史文化作家）、包伟民（浙大历史系、中国人民大学历史系教授，中国宋史学会会长）等就是这一年招录进历史系的。

1978年　38岁

中国社科院历史所陈乐素先生调入杭州大学,在历史系成立了宋史研究室。作为宋史研究室成员,跟随陈乐素先生进行《陆游研究》。他自述道:

> 著名宋史专家陈乐素先生,是原北师大校长陈垣先生的长子。陈垣、陈乐素、陈志超,三代史家。陈乐素先生,中华人民共和国成立前原是老浙大史地系教授,中华人民共和国成立后调到人教社工作。他回杭大历史系后,系领导指定我照顾陈先生与夫人常绍温的生活。一次,在杭大历史系资料室查书,陈先生对我说,资料室藏书以宋史典籍为最多,这都是原浙大史地系的图书搬过来的,有张荫麟先生用过的书,有张其昀先生留下的书,大量的是史地系采购的图书。

> 当时学校宿舍条件差,陈先生家就被安排在学校招待所一间房子里。藏书没法从北京运回来。提出要调房子。"文革"刚结束,对老专家学者是很重视的。学校拟给陈先生专拨房子,但杭大可调配房产资源很少。正好,当时我在二十军一起共事过的战友韩铁峰,亦转业回杭州,分配到拱墅区政府房产科工作。那时房产科可掌有大权,我就去找他,能否批一块地基给老专家造一套住房。国家政策规定要照顾老专家,又得到战友帮助,于是很快就给陈先生批了一块地基,学校出钱造了二层三间的一套房子,解决了陈先生住房问题。后来陈先生偕夫人回原籍广东,在暨南大学

任教后,此住房就传给了二儿子陈志仁(中国社科院历史所陈志超弟弟、原杭大图书馆馆长)居住了。我作为后辈,能为陈先生办成这件好事,是欣慰的。

5 月　与倪士毅教授合作撰写《论岳飞》一文,刊于《杭州大学学报》(哲社版)第 2 期。

岳飞长期以来为广大人民群众所称颂,为什么人民纪念岳飞,剥削阶级也推崇岳飞呢? 这是一个值得探讨的问题。

文章分析了岳飞所处时代背景,对人物评价提出了客观公正的观点。

人民群众纪念岳飞,是因为岳飞具有坚决反抗民族压迫精神,在民族战争中,岳飞能够考虑到减轻人民在战争中的负担,严格治军,以及人们对岳飞宁死不屈的民族气节的高度敬仰,和对投降派出卖民族利益的罪恶行径的切齿痛恨。然而岳飞忠君思想强烈,维护封建统治秩序的观念根深蒂固,受命镇压农民起义,这是他一生中的错误。

剥削阶级抓住岳飞忠君思想,从南宋孝宗到清朝高宗,大加宣扬,其用意在于要人民对他们效忠,以此为他们服务。

结合岳飞所处的特定的历史时期,在南宋民族矛盾尖锐的复杂条件下,岳飞坚决抗金的意志和业绩,同投降派斗争到底的不屈不挠的精神,是符合历史发展方向的,是他一生活动的主流。他不愧为祖国历史上一位杰出的民族英雄。

[注:倪士毅(1919 年 10 月—2018 年 1 月),温州乐清人,老浙大史地系毕业,南宋史、长江五代文化史、浙江地方史、目录学

专家,浙江大学历史学系教授。]

6月 《西湖名称的由来》一文,刊于《杭州大学学报》(哲学社会科学版)第3期。文章摘录如下:

杭州得名大约已有一千四五百年的历史了。西湖的历史呢,可以追溯得更为久远。

西湖最初不是湖,而是浅海湾,包括今日杭州城区,都在海湾之内。

探古溯源,今天我们登上北高峰俯瞰遥望,还可看出一个西湖轮廓。三面环山,留下东北方向一个大缺口,现在是一大片平地与钱塘江相接;往古,这个大缺口则是江海淹没的地方。而西北面的北高峰、老和山、宝石山和东南的凤凰山、吴山,遥遥相对,各向东北方向突出,成为两个伸入大海的海岬。这个海岬构成了阻拦泥沙入海的天然屏障。具备了这样的地形条件,在泥沙运动日积月累的作用下,逐步使浅海湾变成潟湖。

西湖第一次出现于记载时,并不叫西湖。她在历史上的名称很多。因水出自武林山,有"武林水"之称;因湖水委注于下湖,又称"上湖";宋时曾作为鱼鳖放生之所,故称"放生池";还有因诗人题咏而得名"潋滟湖""西子湖";其他如"金牛湖""明圣湖""钱塘湖""西湖"等等,不一而足。按照年代,秦时名武林水,凡南北二山水流入湖者,均是武林水。至汉朝,始有金牛,明圣之号。"(钱塘)县南江侧有明圣湖。父老传言,湖有金牛,古见之,神化不测,湖取名焉。"这是北魏郦道元《水经注》中的一条记载,也是现存我国古籍中有关西湖的最早一条记载。

到了汉朝,人们开始了对西湖的治理。明圣湖的名称,始为钱塘湖所代替。南朝元嘉间(424—453年),有个钱唐令刘道真,撰写过一部《钱唐记》。《钱唐记》中的一些材料,使我们今天还能知道汉朝已开始修筑明圣湖塘。具体经办人是郡议曹华信。据清人考证,华信所筑钱唐,在钱塘门至清波门一带,即起自西湖北边宝石山脚,直至万松岭下一线,和今日沿湖的湖滨路、南山路相吻合,实为西湖第一堤。

在华信筑钱唐之前,今日之西湖尚在钱唐县东,绝不可能有西湖之名。西湖之名,在华信筑塘以后方才出现,这是无疑的。

到了隋唐,称湖为钱唐,唐朝时写作钱塘湖,秦始皇统一中国,以吴越故地置会稽郡。会稽郡领有钱唐县,所谓古钱唐县,时已置钱唐县,为何钱唐湖不从秦朝始称,待到汉以后才有此称呼呢? 原因不是别的,华信筑钱唐是一条分界线。筑塘之前,因自然形成的潟湖,仍与浙江相通,和海潮得以朝夕相处,还不能成为名副其实的湖。汉朝筑塘以后,江湖分开,泥沙涨远,到了隋唐,已形成今日杭州市区之平陆,偌大一个湖,就豁然形成了。钱唐湖名亦随之而来,说是因华信修筑钱唐得名,顺理成章。钱唐湖名一直沿用到唐朝。隋至唐初,靠湖的沙洲平陆,居民稀少。杭州郡治、钱塘县治均设在凤凰山、吴山一线以南,即今日江干区一带;到唐朝中期,才移至凤凰山上。杭州作为一大都市发展起来,必须解决饮水问题。从唐代李泌凿六井引湖水入城,白居易复疏浚六井并修筑白公堤,崔彦曾在城南开沙河塘捍御江湖后,杭州城迅速由南往北扩展兴建起来,钱唐湖也因此名声大著。作为郡治所在地的杭州,愈是发达,声望也就愈是超出历史更长的钱塘县。位在杭州城西的钱塘湖,遂为西湖所取代了。

1979年　39岁

8月　《关于历史发展动力问题讨论综述》一文刊于《杭州大学学报》(哲学社会科学版)第 4 期,文章是对杭州大学历史系与浙江历史学会联合举办的科学报告会中关于"什么是历史发展的动力问题"讨论的综述。

其主要论点综述如下:

一、"唯一动力论"与"唯一动力"要有区别

列宁在无产阶级革命时代,为了强调不能满足于改良主义的微小改革,只能采取革命的办法,才能解决生产力,所以使用了"唯一的实际动力"这个词语,这是针对改良而讲的"唯一",同时也肯定了在特定的历史条件下,阶级斗争就是"唯一的实际动力"。后来发生了以"阶级斗争是唯一动力"或"农民战争是唯一动力"代替一切的情况。这是对列宁论述未能领会而出现的认识上的问题。

二、生产力是历史发展的根本动力

一种意见认为,社会发展史,首先是生产发展史,生产力是社会发展的根本动力。生产关系一定要适应生产力的发展。这个动力,这条规律,对一切社会都适用。

三、生产斗争是历史发展的根本动力

一些人认为生产斗争和生产活动是"决定其他一切活动的东西"。生产力本身的发展,就是由生产斗争过程所决定的。可以说,生产力发展的水平是生产斗争发展过程的

标志,但二者不能等同。先进的生产力是重要的,然而拥有新生产力创造出巨大财富的生产斗争、生产活动具有更重要、更决定性的推动社会发展的作用。

四、阶级斗争是历史发展的动力

有的同志认为阶级斗争是历史发展的动力,首先,有充分的经典理论依据。其次,在阶级社会里,与阶级斗争相比,生产斗争并不是"一种普照的光"。此外历史发展本身也表明,生产力和生产关系的矛盾,在阶级社会里,毫无例外地总是表现为阶级矛盾。

五、改良也能成为历史发展的动力

对改良的历史作用的分析,不能离开特定的历史条件和斗争环境。既要肯定改良在一定条件下能起动力作用,又要承认生产斗争和季节斗争的激烈形式——革命的动力作用。而不要把这几种关系割裂开来,需要辩证地对待。

六、关于历史发展的"合力"理论,是经典作家对历史动力问题最全面的阐述

有的同志主张推动历史发展的动力,并不是什么唯一的阶级斗争或农民起义,而是包括任何个人及阶级力量相互交错、融合而形成的总的合力。还有同志提出,合力就是经济基础和上层建筑这两种作用力的总和,根据不同的社会矛盾情况,其中又有主次之分。这个总的合力就是社会发展的动力。也有不同意上述观点,认为恩格斯论述的"合力",并非"动力",两者是不同的范畴。动力,是推动历史前进的力量。"合力"指的是由各种历史作用力交互作用而形成的社会运动的方向。而历史的前进方向不单纯是由动力决定的。

8 月 《南宋杭州的西湖》一文刊于《杭州大学学报》第 4 期增刊,后本文收录于 2008 年 5 月杭州市社会科学院南宋史研究中心编的《南宋史研究论丛》(下册),杭州出版社出版。

文章大致内容为:

1129 年,宋高宗赵构南渡,驻跸杭州,升杭州为临安府。当时为了掩人耳目,给人以要收复汴京(今开封)的假象,不称临安为京都,而叫"行在"(临时驻所)。这就是宋王朝南渡政权的开始。皇宫一搬到杭州,使杭州得到了迅猛发展的机会;南宋杭州的西湖,在历史上也达到了繁华的顶点。"西湖十景",最先就是在南宋时形成的……

西湖十景在南宋出现不是偶然的,它是西湖成为南宋小朝廷沉醉歌舞中心的产物……王侯将相竞筑园林宅邸,是南宋政府妥协投降、苟且偷安的产物,从而给西湖带来了畸形的繁华。

南宋反动统治集团为了麻痹人民的斗志,从精神上加紧对人民的控制,极力尊崇道教、佛教。西湖周围寺庙道观林立……

西湖又是一个大市场。珍异货物,四方辐辏……就整个来说,西湖的繁华是剥削阶级的繁华……南宋统治集团,直把杭州当汴州,沉湎湖上,醉生梦死,把收复中原抛在脑后,激起了人民群众的极大愤恨。

10 月 《从王安石变法谈历史发展的动力问题——兼议几种动力说》一文,载于《杭州大学庆祝建国三十周年科学报告会论文集》历史系分册。

是年,陈乐素先生调至暨南大学任教,与陈先生合作的《陆游研究》中断。

1980 年　40 岁

3月　《初唐一首灵隐寺诗作者的再探索——兼考骆宾王、宋之问生年》一文刊于《杭州大学学报》(哲学社会科学版)第1期。

文章源于从《西湖》文艺刊物上看到的《西湖诗历》一文,对编选者史莽同志把此诗列为宋之问所作提出了异议。文章认为:

> 《灵隐寺》一诗作者,历史上本有异说,一说是骆宾王所作,一说是宋之问所作,此外,还有更早的,骆、宋共作。经考,"以为唐人孟棨(《本事诗》)所传的骆、宋合吟《灵隐寺》诗的佳话,要比后人将此诗或归宋之问所作,或定为骆宾王所吟,具有更大的历史真实性"。并考证出宋之问的生年应是咸亨二年(671),骆宾王生年应在贞观十三年(639),二人相差三十二岁。

按:《杭州大学学报》紧接着第2期刊载了傅璇琮先生的《关于宋之问及其骆宾王的关系》一文。先生戏称该文是与傅璇琮先生"不打不相识"、结下深厚友谊的契机。(详见追忆傅先生的长文《智者的风范——记傅璇琮先生二三事》)

5月　专著《岳飞》(15万字),浙江人民出版社出版,第一次印刷10万册。发行量超过30万册,成为畅销书。

1981 年　41 岁

1 月　《白居易与杭州西湖》一文刊于《人物》第 1 期。
文章摘录如下：

唐代大诗人白居易,和杭州结下了不解之缘。这不仅
仅因为他在杭州任职期间,为人民做过有益的事,还因为他
写下了不少赞美西湖的名篇。在《钱塘湖春行》中有句"最
爱湖东行不足,绿杨阴里白沙堤"。这里提到的"白沙堤",
指的就是今日白堤,并非白居易在杭时所筑的"白公堤"。
白居易来杭州任刺史以前,已有此堤。

唐穆宗长庆二年(822 年)七月十四日,白居易五十一
岁,得到了杭州刺史的任命……唐代杭州属江南东道,是上
等州郡,郡政繁杂。

他一到杭州,就忙于公事,白居易为杭州人民做的第一
件好事,就是修筑白公堤,又名捍湖堤。

白居易为杭州人民所做的第二件好事,就是把李泌开
凿的六井,重加浚修,使年久失修的六井,重新发挥"渟储甘
清,以变饮食"的作用。

"皇恩只许住三年"(《西湖留别》)。白居易依依不舍离
开杭州时,城内和郊区的许多老百姓赶来送别……白居易
离任后,杭州人民曾在孤山建立了白公祠来纪念他。

白居易的修西湖,和他的西湖诗,是传播西湖名声的双
飞翼,给后世留下了积极的影响。

1981 年初　给历史系学生讲中国古代史。

历史系学生钱茂伟(现宁波大学历史系教授)回忆说：1981年初，龚师给我们讲中国古代史下半段，述《宋史·职官志》研究之道，从此试写论文《论澶渊之盟》，上龚师家找老师指正。

7月10日至13日　参加历史系宋史研究生答辩，并担任答辩秘书。《历史系举行宋史研究生毕业论文答辩》一文，于9月发表在《杭州大学学报》(哲学社会科学版)第3期。

文章报道内容如下：

杭州大学第一批结业的四名宋史研究生，他们的毕业论文分别是：何忠礼《试论北宋科举制的特点及其历史作用》、周生春《论宋代围田的历史地位与影响》以及孙云清关于范仲淹的研究、翁福清关于苏颂的研究。毕业论文均先经陈乐素、胡道静、李埏、郦家驹等著名专家、教授评阅和签署意见。答辩委员会由历史系主任沈炼之教授、宋史研究室主任徐规教授、上海人民出版社编审胡道静教授、云南大学历史系教授李埏等七人组成。宋史研究生毕业论文答辩是杭州大学文科第一次举行研究生毕业论文答辩，校领导十分重视。在答辩过程中，本校的文、理科不少学生、研究生也参加旁听。(龚先生注：硕士毕业后，何忠礼留杭州大学历史系，周生春考上北京大学邓广铭先生博士生，后为浙大教授；孙云清进浙江古籍出版社任编辑；翁福清进入浙江省博物馆工作。)

1982年　42岁

2月　《关于"资善堂"等职官释文的献疑》一文刊于《中国历史大辞典通讯》第2期。

6月　收到杭州大学历史系教授徐规先生赠书《王禹偁事迹著作编年》，中国社会科学出版社出版。

夏　批阅高考试卷，任浙江省高考历史阅卷组副组长。

暑假参加高考生报考杭州大学历史系的招生工作。

11月25日　收到中华书局傅璇琮先生赠书，傅璇琮、张忱石、许逸民编撰《唐五代人物传记资料综合索引》，中华书局出版。

1983年　43岁

3月　《关于西汉"武功爵"的级数及其他》一文刊于《中国历史大辞典通讯》第3期。文章主要内容为：

> 文章对安作璋所撰《武功爵》释文（载《中国历史大辞典通讯》1982年第2期）加以补充。经考正后，拟将"武功爵"释为：【武功爵】汉武帝元朔六年（前123）创置，全部爵级总值三十余万金，以令民买爵及赏军力。今已知爵级有十一级：一级造士，二级闲舆卫，三级良士，四级元戎士，五级官首，六级秉铎，七级千夫，八级乐卿，九级执戎，十级政戾庶长，十一级军卫。一说共有十七级。第八级乐卿以下许买。

爵"官首"，试补吏；爵"千夫"，免役、补吏，后改止除吏不欲者出马，武功爵与二十等爵并行，不久废。(《汉书·武帝纪》、《汉书·食货志》、《西汉会要》卷三十九、《玉海》卷一三四)

8 月 著作《宋太祖》由中华书局出版。

11 月 21 日 收到北京大学历史系教授邓广铭先生赠书《岳飞传》，人民出版社出版。

12 月 30 日 下午，日本东京教育大学名誉教授中岛敏为团长的浙江访问团一行访问宋史研究室，徐规先生介绍了杭州大学宋史研究情况。

收到中岛敏先生赠书《宋史·职官志索引》一册。

1984 年　44 岁

3 月 收到中华书局徐敏霞编辑赠书《十国春秋》(点校本，四册)中华书局出版。

4 月 2 日 《日本学者来我校交流宋史研究情况》一文刊于《杭州大学学报》(哲学社会科学版)第 2 期。文章介绍了以宋史著名的史学家中岛敏、梅原郁两位教授，先后来杭州大学交流宋史研究成果的情况，文章写道：

> 1983 年 12 月 30 日下午，以日本东京教育大学名誉教授中岛敏为团长的浙江访问团一行访问宋史研究室，徐规先生介绍了杭州大学宋史研究情况。1984 年 4 月 2 日下午，以日本京都大学教授梅原郁为团长的日本宋史研究访华团到杭州大学宋史研究室，梅原郁教授作了《关于日本研

究宋史概况》的专题报告。两个代表团向校图书馆、宋史研究室赠送了日本新出版的学术著作。中岛敏先生赠送了《中岛敏先生古稀纪念文集》《宋代社会文化》等专著、专集、论文多种。梅原郁先生赠送了精装本图书十四套,复印资料四十七件。其中有新出版的《梦溪笔谈译注》《东京梦华录译注》《建炎以来系年要录人名索引》《中国史研究入门》等学术专著和工具书。

日本访华团的来访,增进了中日两国宋史研究者之间的相互了解和友谊,促进了学术交流。他们受到了历史系主任胡玉堂、宋史研究室主任徐规、地理系副教授陈桥驿等教师,以及研究生、本科生的热烈欢迎。

4 月 《宋代"天文院"考》一文刊于《杭州大学学报》(哲社版)第 2 期。

文章主要内容为:

宋代的天文事业十分发达。在天象观测、星图的绘制和天象仪器的制造等方面所取得的成就,在世界科技史上占有很高的地位。如以记录北宋元丰年间(1078—1085)恒星观测而闻名于世的"苏州天文图",驰誉世界的至和三年(1054)对超新星的观测,北宋苏颂等人所制造的、被国际天文学界推为天文钟祖先的"水运仪象台",都堪称世界之冠。这一些,自然是与宋代已经建立起较为完善的天文机构分不开的。然而,我们对宋代"天文院"的设置情况,了解得还不够。因《宋史·职官志》缺载"翰林天文院",或使读史者误认宋代只有一个天文院。经考论可知,宋代天文机构已经完备,宋初有司天监所领天文院、测验浑仪刻漏所等,至宋真宗朝又增建翰林天文院于禁中。自是以后,及至南宋,有两家天文院,即"太史局(旧称司天监)天文院"与"翰林天文局(旧称翰林天文院)"。

5月11日 收到中国社科院历史所王曾瑜研究员赠书《岳飞新传》,上海人民出版社出版。

6月 《〈宋大诏令集〉一条记载补缺》一文发表于《中国史研究》第2期。

文章摘要为:

《宋大诏令集》是治宋史常用的一种原始资料。一九六二年中华书局出版司义祖点校的《宋大诏令集》,为我们提供了讹误缺漏较少、便于通读的好版本。然其中尚有漏文,可据现存史籍加以订补,谨举一例。该书卷一六四《官制》五列有《增置贴职御笔政和 年九月 日》,其文为:天下人才富盛,□□□事□□众。官职之名寡少。不足以褒延多士。增置贴职□资。今后依此迁授。直秘阁、直徽猷阁,直显谟阁、直宝文阁、直天章阁、直龙图阁、秘阁修撰、右文殿修撰、集英殿修撰。

10月1日 于杭州大学河南新村家中写就《宋史·职官志补正》之《序论》。本文原刊于《中华文史论丛》1984年第2期,名为《宋史·职官志校正略论》。本文获得浙江省1986年高校科研成果二等奖。

《宋史·职官志补正》之《序论》内容概括如下:

首先,总结了《宋史·职官志》(简称《宋志》)存在的主要问题:一、体例不一,有损官制全貌。二、考订未审,史实讹误严重。三,不合史法。本朝人记本朝事实,不论官修之实录、会要、国史,抑或私家著述之行状、碑志、笔记、文集之类,为了溢美或忌讳,多有追改之笔,宋朝人亦不例外。

其次,陈述了前人及今人对《宋志》的校正情况,并作简评,对钱大昕之考校颇为推崇,对近世史家列举了叶渭清、张元济,而邓广铭则是"系统、严谨地校勘《宋志》者"。

复次,列举了《宋志》四项不足:未及纠正者、脱文未及补正者、错简未及乙正者和不合史法之笔未加改正者。而1977年中华书局点校本《宋志》也遗留了很多问题。

最后申述了今后续校《宋志》需做的工作。

1984年冬 参加了在杭州召开的"中国宋史研究会第三届年会"。提交会议论文《略论宋代职官简称、别名——宋代职官制度研究之二》,文章收录于邓广铭、徐规主编:1984年年会编刊《宋史研究论文集》(浙江人民出版社1987年版)。本文获得1989年杭州市社联授予的社科优秀成果二等奖,1990年获得浙江省社联授予的省社会科学研究优秀成果三等奖。

在这次会议中,由杭州大学宋史研究室与杭州岳飞墓庙文保所共同发起建立了岳飞研究会,担任理事兼秘书长。岳飞研究会秘书处设在杭州岳飞墓庙文保所。

岳飞研究会宗旨为:研究岳飞、宣传岳飞,为组织和推动岳飞研究活动的深入开展、为建设社会主义精神文明服务。

岳飞研究会理会名单如下:

顾问　邓广铭　北京大学历史系教授

名誉会长　杨招棣　杭州市委副书记

会长　徐规　杭州大学历史系教授,宋史研究室主任

副会长　陈文锦　杭州市园文局副局长

副会长　王曾瑜　中国社科院历史研究所研究员

理事兼秘书长　龚延明　杭州大学历史系副教授

理事　王春庆　河南省汤阴县文保所所长兼汤阴岳飞纪念

馆馆长

理事　王士伦　浙江省考古研究所所长

理事　顾文璧　江苏省无锡市文化局副局长

理事　林正秋　杭州师院政史系副教授,地方史研究室主任

副秘书长　贾荣发　杭州市园文局西区主任兼杭州岳飞墓
庙文保所所长

12 月　《关于明代"内阁"出处之商榷》一文刊于《中国历史
大辞典通讯》第 4 期。

文章针对《文史知识》第 5 期刊发的《"内阁"出处考》一文提
出了商榷:

一、倘是追溯"内阁"一词出典,那么,该文认为"内阁"
始于唐玄宗时宫廷内阁设置翰林学士,那就是显得晚了点。
据南宋程俱《麟台故事》卷一《沿革》载,"内阁"之名,魏朝就
已经有了。

二、若是探索起宰辅作用的"内阁"始于何时,该文定为
明代,这是正确的。但作者把具体时间确认为"洪武十五年
(1382)",这与史实记载却有出入。

从《明史·职官志》所载可知,明朝诸内阁大学士设置
于洪武十五年,然其时职能系备顾问与辅导太子,至洪武二
十八年,尚且备皇帝顾问而已……内阁始起宰辅作用的时
间,要迟至明代宗景泰年间……史学界或以是否以"参预机
务",作为起宰辅作用的内阁大学士和以前殿阁大学士的根
本区别,即确定以明成祖朱棣特选解缙等入直文渊阁预机
务作为内阁制度真正创立的时间。此说亦言之成理。

12 月　收到中华书局副总编傅璇琮赠书《李德裕年谱》,齐
鲁书社。

36

1985 年　45 岁

元月　收到杭州大学国际文化交流部副教授陈植锷赠书《徂徕石先生文集》(点校本)，中华书局出版。

4 月 21 日　收到台湾中国文化大学宋晞教授赠书《宋史座谈会成立三十周年学术研讨会文集》，宋史座谈会印行。

5 月 14 日　收到日本京都大学文学部东洋史系梅原郁教授赠书：1.《宋代官僚制度研究》(日文版)；2. 佐伯富编《宋史职官志索引》(宋代官制序说，与索引正文二部分)。3. 梅原郁著《中国近世的都市与文化》(日文版)，昭和五十九年(1984)株式会社同朋舍印刷出版。

5 月 17 日　收到河南人学历史系教授周宝珠、南京师范大学教授陈振合著的《简明宋史》人民出版社出版。

5 月　《岳飞》一书由江苏古籍出版社出版，印书 30400 册。

8 月 10 日　收到美国普林斯顿大学刘子健先生是日写给中国社科院历史所王曾瑜、郭正忠转来的一封"关于编写《宋代官制别称》为国际用"的信件。信中提出"龚延明的论文《宋代职官简称别名选》很有用"。建议能联合两岸学者编撰一部《宋代职官别名辞典》，启动资金由他个人负担。这一信件促成了之后以一己之力历时二十载编撰完成的《中国历代职官别名大辞典》。

1985 年秋，到北京拜访傅璇琮先生，中华书局总编办公室主任李岩接待，安排住在国务院招待所。与傅先生交谈关于编写《宋代官制辞典》的事宜。得到了傅先生的支持，并且拍板在中华书局出版。

11 月 4 日　收到中国人民大学法律系教师左言东赠书《中国古代官制》,浙江古籍出版社出版。

1986 年　46 岁

参加杭州大学历史系主任徐规先生主持的浙江省哲学社会科学"七五"规划重点课题:《宋史补正》,《宋史补正》分工为:龚延明《宋史职官志补正》,梁太济、包伟民《宋史食货志补正》,何忠礼《宋史选举志补正》,现均已出版。

1 月　《王安石》由中华书局出版。本书获得杭州市社联授予社科优秀成果三等奖。

1 月　《〈文献通考〉人名订误》一文刊于《宋史研究通讯》(上海)第 1 期。

3 月　《宋代"中书"刍议》一文刊于《杭州大学学报》(哲社版)第 1 期。

文章对《光明日报》"史学"专栏第 385 期刊登的《"伴食中书"浅说》一文中涉及有关宋代"中书"简称的内涵、宋代中书省的职掌及宰相名称等问题,就"中书"之名,略申刍议。文章写道:

其一,"中书"不止为"中书门下""中书省"的简称。此外,"中书侍郎""中书舍人"也有简称"中书"者。

其二,中书省在宋代并非总是"清冷衙门"。元丰改制后,迄南宋止,中书省诚为政事之本。

其三,关于三省长官与宰相的关系。"以同平章事为真相之任",乃宋代一时之制,并非永制,未能谓三省长官不带同平章事的头衔,就不是宰相了。

3 月 《说"莫须有"》一文刊于《书林》(上海)第 1 期。

4 月 《〈宋史职官志补正〉选——御史台》和《宋代职官简称别名汇释选》两文收录于《宋史研究集刊》,浙江古籍出版社。

4 月 《沈括何曾当过"秋官正"》一文,刊于《书林》第 4 期。

6 月 《关于〈东京梦华录注〉部分注文商榷》一文刊于《中国古都研究》(第四辑)——中国古都学会第四届年会论文集。(后收入《宋史研究集刊》,杭州大学出版社 1988 年版)

文章主要内容为:

> 邓之诚先生的《东京梦华录注》,从 1955 年出版到现在,已有三十一年历史了。值得提出的是,至今,它仍是国内唯一的注本。1983 年,日本学者入矢义高与梅原郁合作的《东京梦华录译注》出版了,称得上国外第一个译注佳本,然而,比起邓注本,要晚出二十八年,邓之诚先生拓荒与奠基之功,是不可泯灭的。诚然,邓注本还存在着不足或若干可商榷之处,但这并不影响它已经成为一部引人注目的古都史研究著作的地位。本文对《东京梦华录注》中涉及宋代官制的内容的一些史料与见解进行了考论与辨正。

9 月 《中国古代皇帝有多少称谓?》一文刊于《文史知识》第 9 期。文章主要内容为:

> 文章对《文史知识》1986 年第一期所载朱仲玉《中国古代皇帝有哪几种称谓?》一文所述古代皇帝别名的问题,加以了补叙。列举了县官、官家、大家、天家、六龙、飞龙、车舆、官里、陵、庙等二十多种别名,实际远不至此,但已足以窥见中国古代皇帝别称的丰富。

12 月 8—12 日 参加在杭州举行的岳飞研究会首届学术讨

论会。提交两篇会议论文《岳飞官衔系年与考释》,附《岳飞平反昭雪后的官衔》及《〈宋史·岳飞传〉补正》,一并收入《岳飞研究》第一辑(浙江古籍出版社 1988 年版)。(后收入《岳飞研究论文集汇编》,改题目为:《民族英雄岳飞仕履官衔系年考释》,浙江大学出版社 2013 年版)其中《岳飞官衔系年与考释》一文获 1988 年岳飞研究会授予的岳飞研究会首届学术讨论会优秀成果三等奖。

12 月 《〈宋会要辑稿〉正误》一文刊于《文献》第 4 期。

12 月 《评美国、日本出版的中国官制辞典》一文刊于《中国史研究动态》第 12 期,又刊于《辞书研究》1988 年第 2 期。

1987 年　47 岁

3 月 《岳飞研究会首届学术讨论会综述》一文刊于《中国史研究动态》第 3 期。

文章主要内容为:

岳飞研究会于 1986 年 12 月中旬在杭州举行了首届学术讨论会。会上宣读和交流了二十六篇论文……从这次讨论会上,我们欣喜地看到:

首先,在研究成果上有新的突破。如推翻了岳飞《金沙寺壁题记》地点在安徽广德的旧说,论证了岳飞收复建康(今南京)的进军起点是在江苏宜兴,而不是在镇江或常州。它如岳飞死因的分析、岳飞全部诗词真伪的考辨、秦桧与高宗的关系以及岳飞生平官衔系年等专题研究,都有新的见解……

其次,给岳飞以多侧面的评价……专家们在会上提出的评价岳飞要实事求是,不要锦上添花,以及要改变以往对岳飞文学才能持怀疑态度的观点,受到了与会者的赞赏……

第三,披露了新发现的岳飞研究史料。南宋刘光祖撰写的《武德大夫贵文献公传》,涉及岳飞第三子岳霖匿藏江苏丹阳的史事;岳飞三十五代裔孙岳德庄,提供了太原岳氏世代珍藏的《岳飞宗谱》及《武侯世牒》。以上史料有待专家进一步鉴定……

为了进一步推动岳飞研究和岳飞爱国主义精神宣传,岳飞研究会与杭州岳飞墓庙文保所、河南汤阴岳飞纪念馆决定共同发起建立岳飞研究基金会。

3月　《〈文献通考·职官考〉订误》一文刊于《文史》第28辑。

5月26日　签署《杭州大学教师职务任务书》,被聘任为副教授,任期从1987年9月到1988年7月。主要教学任务:"中国古代官制史",本科生选修,研究生必修课。承担国务院古籍整理出版规划小组下达任务:《全宋诗》中《岳飞诗》点校辑佚,《宗泽诗》点校辑佚。

6月　《宋代职官简称别名汇释选》一文刊于《杭州大学学报》(哲社版)第3期。

文章主要内容为:

官衔、官署名目繁杂多变,是读古书、治文史之学的一大障碍。而繁杂多变的官名、官司,又滋生出难以尽计的简称、别名,颇为费解。无论是欣赏古典文学、浏览古史,抑或是专攻古汉语、中国古代史,只要一打开书册,一接触铭文、竹简、碑刻、印篆,就会碰到职官简称、别名。想要绕过它、回避它,显然是不可能的。因为这是一个历史现象,它是由官私之书及人们口语习于省便,士大夫在诗词文章及简牍中追求用语典雅,以及科举考试作文要求换韵等等诸要素所造成。

7月 应傅璇琮先生邀请,承担《中国古籍提要·职官贡举卷》撰写任务。完成样稿两篇《麟台故事》《汉官答问》,刊载于《中国古籍总目提要》编纂工作情况简报,第10期。

12月9日 上午,作为评委之一,参加了市社联主持的杭州市1984—1986年市社会科学成果评奖会议。他在日记中写道:

> 会议由市常委邵思忠主持,何生、韦章尧、小周经办。党校胡进、市委宣传部副部长杨伟健、教育学院茅蔚然等出席。中午,在综合楼食堂用餐。
>
> 下午,收到中华书局李解民所寄《文史》28期刊,刊有拙作《文献通考订误》两万一千多字。

12月11日 参加党组织生活会议,历史系筹资建造新教学大楼。他在日记中写道:

> 下午,过党组织生活。从中国谈到美国,又谈到苏联。谈到李鹏任总理、戈尔巴乔夫、中国留学生在美国,等等。空谈,漫无边际。最后以布置历史新楼会议室结束。
>
> 历史系自筹上百万资金,建造了历史系新教学大楼,这在国内高校也是罕见的。杭大历史系蒸蒸日上,吸引了不少人才。从内蒙古大学、北京大学、中国社科院历史所引进黄时鉴(元史)、梁太济(宋史)、丁建弘(德国史)、李志庭(史学史)等著名学者。

12月14日 儿子龚刚获得华东六省一市中学生作文三等

奖。收到中华书局编辑室徐敏霞来信,信中转告了傅璇琮先生关于提交《宋代官制辞典》词目的意见。他在日记中写道:

上午,收到上海《青年报》,公布了华东六省一市中学生作文比赛,收到稿件26338篇,龚刚(在杭州学军中学上学)作文《和谐——人类文明的精髓》,获得三等奖。

下午,收到中华书局综合编辑室徐敏霞来信,转告了正在美国讲学的傅璇琮先生意见:赶快请龚延明提交一份《宋代官制辞典》词目,送给冯惠民审阅,以便早日"认可"。徐敏霞是北大高才生,自报担任《宋代官制辞典》的责任编辑,表示书稿一收到即审读,争取早日编发。

12 月 收到在德国留学的、历史系世界史教研室教师许琳菲来信,信中谈及在系内一些学术交往的事:

虽然您没有直接教过我,但在系里的时候,您总像是待自己的门生那样关心我。给我练习写作的机会,培养我。还有师母待我更是热情,仿佛一见如故,她是那样地看得起我,有时使我反而感觉自愧。在此让我由衷地道一声:谢谢!

我的奖学金已得到延长,并有三所大学愿意接纳我去做博士论文。

我的体会是,在写作过程中提高自己往往事半功倍。有人曾认为您写作太多,这样的说法我觉得很可笑。万分希望读者读到您的更多的著作!

学生 琳菲 87.12

1988年　48岁

1月25日　上午,去浙江人民出版社领《浙江十大文化名人》新书,内收录所撰《沈括》一文,3万多字,稿费1170元。并与文化室签署了撰编《中国历代称谓词典》的合同。(摘自日记)

2月　《官制修养与古籍整理》一文刊于《古籍整理出版情况与简报》。又,《职官术语汇释》选登之一刊于《宋史研究通讯》(上海)第1期。

4月5日　收到中华书局徐敏霞编辑的信件,告知《宋代官制辞典》纳入出版选题计划,他在日记中写道:

> 收到中华书局徐敏霞同志信,带来一个好消息:说《宋代官制辞典》已经副总编批示"同意"纳入选题计划! 又开辟了官制研究的一项新工程。按语:此书于1997年由中华书局出版,前后历经十年! (注:日记按语是用红笔写的。)

4月　《简评日、美出版的两部中国职官辞典》一文刊于《辞书研究》第2期。原载《中国史研究动态》1986年第12期。文章大致内容为:

> 1980年,日本东京国书刊行会出版《中国历代职官辞典》(日中民族科学研究所编)之后,1985年,美国斯坦福大学出版社出版了由查理斯·奥·赫克尔(Charles O. Hucker)撰编的《中华帝国职官辞典》,为国外学者与读者提供了了解中国古代极为丰富和复杂多变的官制的工具书。这两部辞典的出版,反映了国外对中国古代史特别是制度史学习热情的增长与研究的深入,值得我们注意和重视。

7 月　《宋代学士院名物制度志略》一文刊于《西南师范大学学报》(人文社科版)第 2 期。

文章主要内容为:

> 在唐宋以后的中国封建政治舞台上,翰林学士职官,始终扮演着重要的角色。然因朝代更换,历经变革,"其建置纷殊,名号异同,未可仆数"。翰林学士职官名物制度的复杂,给文史工作者带来了不易区别的困难。即以宋代为例,既有学士院之名,又有翰林院、翰林司之称;官署为学士院,官员却称翰林学士;官印更是独存旧格,沿用五代"翰林院学士印"之六字印文。及元人修《宋史·职官志》,居然误以"翰林学士院"为正式官署名,赫然作为标题,列于正史之中。今人受其影响,在一些有关宋人诗词著作译文中,因而出现了将"翰林院"当作"学士院"的误解。疑似之迹,不可不察。

9 月　担任 1987 年入校的大二学生班主任。他自述道:

> 1988、1989 两年担任 1987 年入学的历史系大二、大三的班主任。由于当时"六四"风潮影响,很多学生产生"读书无用论"思想。我就鼓励学生:"人家越是不读书,你们越要读书。"结果,这一届学生中考上研究生的最多,北大 2 人、社科院历史所 1 人、南开大学 1 人、南京大学 1 人,等等。

10 月 1 日　得到女儿转来她的好友信件,抄录了学生写的诗歌《历史老师——致龚副教授》。此稿后在《杭州大学报》1992 年 9 月 10 日刊布。他在日记这样写道:

> 国庆,杭大团委主办的黑板报特刊,登了一首学生写给我的诗,十分形象,由女儿的好友缪文曦转抄来。

> 《历史老师——致龚副教授》　早子(作者原名汪万富,

后来成为作家）

（一）

写过一本《岳飞》，

嘴巴一开涌出一串官名，

冬天的下午

戴一顶绒线帽

兜售起两宋

风景

（二）

他说王炬是白衣相公

杨晓的紫衣服

充分说明已官至青云

陈伟文穿一身黑衣服

不敢作声

（三）

桌位整齐如马蜂窝，

语言从讲台上甩下来，

在每粒黑豆般的眸子里

开出想象的花朵

古色古香

（四）

窗外溜进一股冷风

他皱了皱眉头

惊奇这一切都很遥远

回头看看黑板上

各种各样的符号

意义也同样

古老

10 月 18—23 日 参加在河南汤阴县、郑州召开的岳飞研究会第二次会议。23 日在郑州举行闭幕式,并在闭幕式致辞。参会提交的论文是《岳飞〈满江红〉词讨论综述》。

文章大致内容为:

《满江红》一词,激情喷涌,震撼人心,已和岳飞的名字联在一起,并成为千古绝唱。然而,关于这首词的发表时间与真伪问题,众说歧异,难于尊一,兹略述如下。

一、发表时间的几种说法

李汉魂《岳武穆年谱》载:"是年(三十岁)题《满江红》本意词。"龚延明《岳飞》将岳飞题《满江红》词系于绍兴三年(三十一岁),王曾瑜《岳飞新传》则系作于绍兴四年(三十二岁),邓广铭《岳飞传》系于绍兴六年(三十四岁)。之所以有上述歧异,原因在于《满江红》一词写作时间、地点都已失载,诸传记作者,皆依各家对《满江红》词意的理解,而定《满江红》一词写作时间及地点。若论以谁为的确,难以辄加妄评。

二、关于《满江红》词究竟是否为岳飞所作的争论

以余嘉锡、夏承焘为代表的一派,认为《满江红》一词,非岳飞真作,疑为明人所伪托。

以邓广铭为代表的一派,认为岳飞《满江红》一词不是伪作,是出自岳飞之手。

关于《满江红》一词的真伪问题,三十年代首先由余嘉锡先生发端,在 60 年代初、80 年代初,掀起过两次大的争论……今将两派不同意见的有代表性论点概括如下:

（一）怀疑《满江红》出自明人伪作的主要论点

1.《满江红》词初见于明弘治间赵宽所书词碑,为明嘉靖十五年(1536)徐阶编《岳武穆遗文》所收入。从来不见于宋、元之书,来历不明,深为可疑。

2.岳飞孙岳珂所编《金佗稡编》及其所刊《鄂王家谱》都没有《满江红》一词。

3."踏破贺兰山缺",是《满江红》词明人伪托的破绽。"踏破贺兰山缺"是明代中叶以后的一句抗敌口号,在南宋是不会有此话的。

4.元人杂剧有《宋大将岳飞精忠》一本,没有一句引用这首《满江红》。可见在元代不曾流传这首《满江红》。

5.《满江红》词作者为明弘治间曾在贺兰山大破鞑靼的将军王越,如若不是,那么,也许出自王越的幕府文士之手。

6.在《满江红》词中,岳飞自己用"三十功名"的典故,这便是匪夷所思了,据此,亦可反证非岳飞所作。

（二）认定《满江红》词系岳飞所作的主要论点

1.岳飞具有《满江红》词意所反映的思想和作诗填词的能力。

2.《满江红》词首次出现在袁纯所收编的《精忠录》(编于1451、1452年,刻印于1455年),而非出自弘治十五年(1502)。所传赵宽书《满江红》词牌,所谓"来历不明"说站不住脚。

3.未能因岳珂《金佗稡编》之《家集》中不见《满江红》词,就否定该词为岳飞所作。

4.《满江红》中"踏破贺兰山缺"一句,系泛指、泛说,未能作为明代王越一辈有文学修养的将帅作此词的依据。

（三）介于真作与伪作之间的"断语不可轻下"观点

王瑞来《也谈岳飞〈满江红〉词的真伪》一文,可自为一说,他从《满江红》词的本身内容,从《满江红》词与岳飞其他诗词的比勘以及从其他资料的记载等三方面予以严密的分析,反驳了余嘉锡、夏承焘两位先生关于岳飞《满江红》一词系伪作的代表性论点……却又提出"迄今为止,还没有找到一条毋庸置疑的确凿资料,来推翻余嘉锡先生提出的在明以前《满江红》词不见任何记载的怀疑……"作者最后引出的结论:"断语是不可轻下的。"

（四）《满江红》真伪之争可以休矣论

这又是一说。鉴于《满江红》一词已与岳飞的精神融为一体,并成了激励民族浩然正气的有力武器,作为多灾多难的中华民族的特定历史产物,没有必要人为地将岳飞与《满江红》词分割开来,如同对待一般文学作品那样,在"真伪"问题上争论不休……

11月9日　上午,撰写《宋代职官词典》条目,皇帝制度之内职部分。下午,听高级访问学者英语班课。收到江西省庐山白鹿洞文物管理所信一封,内容为"关于召开'白鹿洞书院顾问、教授首次座谈会'的通知"。（摘自日记）

11月14日至22日　赴江西星子县白鹿洞书院参加座谈会。南京大学卞孝萱教授约请担任《中国典章制度词典》编委。他在日记中写道:

白鹿洞书院建造于北宋。南宋时,由于朱熹在知南康军任上,修复白鹿洞书院,并制订了学规,白鹿洞书院名声大振,成为中国古代四大书院之一。它坐落在深山密林中,溪水从院前流过,环境幽美。

上海师大朱瑞熙是朱熹后裔，座谈会上作主旨发言。多所高校学者参加，收获甚大。书院还为与会者刻石立碑。

会上，南京大学中文系卞孝萱教授约我任《中国典章制度词典》编委。

认识了南大法律系副教授王超、华东师大史学系张志哲。

12 月 21 日　《在岳飞故乡开会研究岳飞》一文刊于《光明日报》(学术新闻)。

1989 年　49 岁

1 月 20 日　收到中华书局综合室徐敏霞挂号信，寄回《宋代官制词典》"中书"部分样稿。他在日记中写道：

(样稿)批改极细，要求《词典》达到'典'的程度——炉火纯青、精益求精"，需下大功夫，把此《词典》撰写成为高水平的辞典。面对出版日益严峻的形势，要增加学术专著的竞争力，以质量取胜，"十年磨一书"。好好地再磨上二年、三年。不能急于求成。

安身立命，把此工程完成好。

收到王曾瑜信，希望我一定参加中国宋史国际讨论会，五月六日在涿州举行。今日将搜集论文材料。

快近年节，给爸妈寄回 100 元，略表心意。

2 月　《河南汤阴、郑州举行"岳飞研究会第二届年会"》一文刊于《中国史研究动态》第 2 期。

3 月 7 日　在宋史研究室接待耶鲁大学 Hansen(韩森)教授

一行。他在日记中写道：

> 韩森（按，现为耶鲁大学教授）及同行二人抵杭后，上午九时来宋史研究室。下午三时给他们联系参观孔庙（在劳动路）。

> 收到傅璇琮信，说 6 月上旬到南京大学参加博士生答辩。

3 月 9 日　上午，耶鲁大学副教授 Hansen（韩森）与加拿大籍 Hanailian 来家作客。龚刚与龚萍（按：龚先生一双儿女）去华侨饭店接。晚上给傅璇琮先生去信。（摘自日记）

3 月　关于《木兰诗》成书年代的新观点："传自南北朝，修改润色于唐朝"得到关注，各报刊撰文加以报道。

记者马瑶平、宋建勋撰文《杭州大学历史系副教授龚延明提出〈木兰诗〉成书年代新说》在 3 月 20 日的《杭州日报》刊发。又，4 月 20 日《文汇报》以《〈木兰诗〉成诗年代有新说》再次广布。文章写道："龚延明认为，传自南北朝，修改润色于唐朝。"

4 月　《古代死的别名》一文刊于《文史知识》第 4 期。文章的大致内容为：

> 古代汉语中，"死"的别称，不但名目众多，而且，从中得以窥见古代社会的等级观念与心理活动。比如西周天子之死，称"崩"；诸侯之死，称"薨"；大夫死曰"卒"；士死曰"不禄"；唯庶人（平民）之死，直言不讳通称"死"，这是古代礼制中等级划分的一个折光。此外，古代人忌讳很多，恶言"死"字，加之宗教生死轮回观念的弥漫，因此，在"死"的称呼上，生发出诸如"弃养""物故""下世""捐馆""宾天""启手足""归净土"等等雅号。它如"殉国""捐躯""殉节"或"见阎王""入鬼录""毙命""殄绝"之类，则表现了人们在使用"死"的

别名的时候,已染上了褒贬色彩。本文从古籍中拈出一部分,列举介绍。

5月1日 《光明日报》记者对《木兰诗》成书年代的观点加以详细综合报道。

《光明日报》通讯员沈爱国报道了《〈木兰诗〉成诗年代有新说》,文章写道:

> 杭州大学历史系副教授龚延明最近考证认为:"《木兰诗》是从南北朝时期民间流传下来的,到了唐朝经人修改润色后才正式成诗……"他主要从官制史角度去考察《木兰诗》,认为这首诗作于北朝的说法值得怀疑……其中"策勋十二转"是指"天子"授木兰以"十二转"(一个勋位,相当于正二品)。龚延明认为在南北朝时期根本不存在"十二转"这样的等级制。据史书记载,到唐朝才有"一转"至"十二转"这样比较完整的官级制度。

8月6日 《绘图中国通史·宋辽金元》分册完成,文字稿13000字,其中文学30条为龚刚写。(摘自日记)

10月13—16日 接待台湾"中研院"历史语言研究所黄宽重先生,陪同他三天。他在日记中写道:

> 台湾"中研院"历史语言研究所黄宽重先生来校,朱瑞熙先生托我负责接待。台大历史所王德毅先生又亲笔信托我接待。于时,陪同他在杭整整三天。直至今日下午4:15分,送进火车站台。乘上P6次杭沪特快。

11月18日 调中古史担任教研室主任。他在日记中写道:

> 下午,总支书记胡为民宣布一项人事决定:龚延明调至中古史任教研室主任。
>
> 收到徐敏霞电报,20日离京赴杭(119次车,12车厢)。

去城站迎接。

12 月 13 日　完成词典"三馆秘阁"部分。他在日记中写道：

今天完成"三馆秘阁"，职名在宋代是难题，总算完成。迄今，《宋史·职官志》前三卷词条已完成，下阶段可转入台省寺监。

紧张！先把初稿写好的整理出来，估计又有 30 万字。

1990 年　50 岁

1 月　《宋太祖》收录于中华书局出版的《历代帝王传记》合订本。

2 月　《宋代御史台述略》（与季盛清合作）一文刊于《文献》第 1 期。大致内容为：

宋朝御史台是一个职能广泛、地位显赫的监察机构。百官臣僚，皆受制于御史台，有"宰相而下畏之"的严威；在京百司，悉隶御史台六察，凡"官司稽违，悉许弹奏"。威风凛凛，号称"霜台"。作为皇帝的耳目之司，御史台与朝廷分持纪纲，直接对皇帝负责，成为皇帝维护和加强封建专制统治的得力工具。御史台在宋代经历了一个演变过程。立国之初，沿唐、五代之体制，存其名，但三院御史多出外任而不司风宪之职，具员而已。太宗太平兴国三年（978），御史台始正名举职，但不领言事，台官之权未重。真宗天禧初，始置言事御史，台、谏合一，台官之权方重，已非不兼谏诤之唐、五代台官所能比。仁宗又明令宰辅不得荐举台官，御史中丞、御史缺员得由天子亲擢。于是，御史台完全独立于中枢行政机构之外，与二府（枢密院、政事堂）成鼎立之势，"而后台谏之权敢与宰相为抗矣"！总之，御史台作为皇帝直接掌握的监察工具，在宋代政治生活中曾经发生重大影响。

2月　《论宋代官品制度及其意义》一文刊于《西南师范大学学报》（人文社科版）第1期。文章主要内容为：

> 官品，是中国封建国家行政管理制度发展的产物。自魏晋以降，尽管其品级有疏密，名称有变化，然而，没有一个王朝能够抛开这个"官本位"的拐棍。宋代也不例外。有的史家断言：宋前期"官品变得无关紧要"。这个结论，不免有失于匆忙之嫌。与宋代行政管理体制改革相适应，两宋官品体系，从变动到处于相对稳定，经历了一个发展过程……宋代官品制度比之唐朝，不是衰落，而是革故后之鼎新。由唐分九品正从、上下三十阶，至宋逐步改定为九品正从十八阶，删其烦冗，显得更简练易行；作为划分封建官僚等级的标尺，仍然发挥着"官本位"拐棍的作用。不仅官民之"官户"与"编户"之分、官吏之"流内"与"流外"之别，有赖于官品的划分，而且火祆教、佛教、道教之级别，也攀比官品。至于品官所享有的赎刑、荫子及衣、食、住、行等种种特权，无不以官品之高下而转移。

3月2日　收到两封信件。他在日记中写道：

> 上海师大历史系曾维华复函：《峨眉伽蓝记》引自《文物》1981年第3期。
>
> 今天收到《中国史研究》1991年第1期刊有拙文《北宋元丰官制改革论》页132—143。

3月　《北宋元丰官制改革论》一文刊于《中国史研究》第1期，本文获得"浙江省1989—1990年度社会科学优秀成果奖"。

（名单刊布于《浙江社会科学》1993年第2期）

文章主要内容为：

北宋神宗朝的官制改革，与熙丰变法运动相终始，在王安石任相期间，局部的官制改革已在进行，对变法运动的开展起了积极的作用，此系元丰改制的前奏；王安石罢相以后，由神宗赵顼亲自主持的、元丰五年（1082）颁行的新官制，即通常所称的"元丰官制"，成败得失俱存。从成功方面看，循名责实，结束了唐末乱政以来的、以差遣任使代替职事官的紊乱局面，六部之制一直沿用至明、清，废除了宪衔、文武散阶及检校官（部分）等冗衔。然而，自改制以后，冗官依然日增，行政效率还不如改制之前。从总体上说，元丰改制是一次不成功的官制改革，"神宗本欲富强，其后因此皆迂曲缓弱了"。

元丰改制的失败原因，首先是神宗晚年头脑迂腐，不顾时代不同，一一照搬两个半世纪以前撰编的《唐六典》。

其次，神宗在官制改革中，未能广采众议，独断独行，连他所信用的王安石也不曾征求意见。

第三，神宗在改制中，一方面要改革旧制，另一方面又要保守祖宗家法，这两者之间难以调和，导致官制改革的不彻底。

3月 著作《岳飞小传》由浙江古籍出版社出版。

5月7日 收到《岳飞小传》稿费。筹办在杭举行的"纪念近代史开端150周年弘扬中华文化座谈会"。审阅本科生李英的论文。他在日记中写道：

领到《岳飞小传》（浙江古籍）稿费971.02元（原开出稿费1013.77元），扣去个人调节税42元多。

收到四川大学图书馆长胡昭曦教授信,说正在设法搞到《峨眉伽蓝记》。

审阅 86 届本科毕业生李英论文《宋代音乐机构考述》。李英已得到通知,宁波大学图书馆将录用。(按:2017 年,她参加浙江省第二期文化工程重大课题"浙江历代进士录",现为宁波大学图书馆副研究馆员。)

6 月 《宋代中书省机构及其演变考述》一文刊于《杭州大学学报》(哲社版)第 3 期。

文章摘要如下:

> 宋代官制以复杂多变著称。即以中书省而论,宋初无职守,仅存空名而已。元丰新制,中书省始举其职,并增建中书后省(官印以"中书外省"为名)入南宋,中书省与门下省又合为一省。孝宗乾道间,删去中书省长官——中书令、中书侍郎之名。因此,后人涉及宋代中书省机构,稍不慎便出差错。或视北宋前期之"中书"(中书门下简称)为"中书省",或把"中书省"当作"中书";中书后省与中书外省之异同更难辨别。为有助于明了两宋中书省机构的组织及其演变,文章对此特详加考述。

7 月 著作《赵匡胤》(与杨招棣合著)由江苏古籍出版社出版。

11 月 《略论宋代职官简称别名》一文获浙江省社会科学优秀成果三等奖。

1991年　51岁

1月　主编《绘画本中国通史》(六卷本)由浙江少儿出版社出版,兼撰写其中第三册《宋辽金元史》卷。此书多次印刷,已成为畅销书,特别受中小学生欢迎。1992年12月31日在深圳揭晓的第六届《中国图书奖》中荣获一等奖。本书出版得到历史学家白寿彝先生和中华书局总编辑傅璇琮先生作序推荐。转录序言如下:

序

白寿彝

这是写给少年朋友阅读的一部书。这书的写法,在历史读物中是没有过的,在少年读物中也是没有过的。在过去的历史书中,是早就有过图画的,但把上下几千年的历史,按着时代先后的顺序用图画的形式表示出来,这还是第一次。在少年读物中,写历史片断的书是有的,采用历史故事的内容,加上细节的虚构,用文艺形式表达的书也是有的,但是按通史的要求,以历史事实为依据编写的少年读物,还是第一次。

我们研究历史,并不是要把研究成果写出来,放在抽屉里,而是要把正确的研究结果向更多的人宣传,使更多的人得到正确的历史知识后而有利于对过去的理解,对现实的认识,从而对我们的工作也产生好的作用。我们的史学工作,从社会影响上说,也并不例外。我们的史学工作,必须作专门研究,这是没有疑义的,同样,我们必须作普及工作,这也是没有疑义的,以少年朋友们为对象,写出适合他们阅读的历史读物,是一件大事情,很值得我们史学工作者重视,应该把它作为发展史学工作的一个方面。

万事开头难。浙江少年儿童出版社同志们经过艰苦劳动,迈出了可喜的第一步。这部书,对于开拓少年朋友们的眼界,启发他们的智慧,加强他们的民族自豪感,加强他们日日向上的意愿和必然胜利的信心,都会起积极的作用。这是培育下一代的庄严事业,其学术意义和社会意义并不在专门著作之下。

我在这里谨为同志们在历史工作上的新发展所作出的成绩祝贺,为少年朋友读到这样的一部历史书祝贺。

白寿彝

1990 年 3 月北京

序

傅璇琮

浙江少年儿童出版社出版的《绘画本中国通史》,按中国历史朝代变迁的顺序,选取精华,言简意赅地叙述了历代重大的政治事件,介绍了各个历史时期的政治、经济、科技、文化及社会生活等方面的情况。这种力求以精确的文字与生动的画面相结合,用灵活的形式,较全面地反映我国几千年绚烂多彩的历史概貌,是一个值得提倡的尝试。

向人民群众和广大青少年普及中华民族的历史文化知识,是建设社会主义精神文明、进行爱国主义教育的一项重要内容。在当前国际国内形势下,正确地传播历史知识,弘扬民族的优秀文化,不仅直接关系到文化的兴衰,而且在政治上具有重要的意义。我们正在建设具有中国特色的社会主义，在我们面前必然会遇到大大小小新的困难，因此，树立和增强民族自尊心、自信心和自豪感，就是一个长期的具有战略意义的任务。正如中央领导同志最近指出的，这项工作必须从幼儿园和小学抓起，实行学校、家庭、社会结合，对儿童和青少年分阶段依次递进地进行民族历史和民族文化的教育。这套历史读物的出版，确是符合新时代开展革命传统和爱国主义思想教育的要求的。毛泽东同志早就说过，"中国的长期封建社会中，创造了灿烂的古代文化"。历史上人民群众丰富多彩的生活和波澜壮阔的斗争，我们伟大祖国雄壮秀丽的山川湖海，作为各族人民智慧的结晶和光辉文明的象征的古文物，持续不断出现的灿若繁星的古代优秀人物的杰出创造，都可以使得从事历史普及工作的同志扩大视野，开拓胸襟，从祖国历史深厚的蓄积中汲取素材和养料。现在，我们从这套历史读物中，再一次得到有力的证明，我国悠久的历史和灿烂的文化，确实为我们的历史普及工作，提供了十分广阔的天地。

从事本书编写工作的，都是对中国历史素有研究的专家与史学工作者，他们能在专业研究之余，精心地为青少年写作，这种精神就是令人钦敬的。这套读物的性质，要求尽可能用精彩的篇幅介绍历史上宏伟壮阔的活动场面，特别是某些复杂的历史事件和人物，而又要深入浅出，是很不容易做好的。我希望，本书的编写出版，就历史读物的提高与普及两者如何更好地结合和促进，将会提供新鲜的经验。

本书采用绘画和史料图片相结合的形式，以文配画，以画明文，很有特色。我觉得书中的绘画是能恰当地传达文字意义的,可以看出图画作者的匠心。

希望这套书能尽快地出版,它的问世必将受到青少年和广大读者的喜爱和欢迎。

傅璇琮

1990 年 3 月　北京

2 月 4 日　《钱江晚报》头版报道,"浙江少儿出版社推出大型精美读物——《绘画本中国通史》昨在杭首发"。

3 月　《宋代职官术语汇释》一文刊于台湾《大陆杂志》1991 年第 82 卷第 3 期。本文后载于《中国典籍与文化论丛》2000 年第 5 辑,题为《宋代官语汇释》。

文章的主要内容为:

《汇释》分六类:一、班朝与官仪类,列有入阁,正衙,起居,常朝,朔、望参官,舞蹈,押班,轮对,面对,陛对,便道之官等十六条;二、仕进类,包括入仕(正奏名、特奏名、恩榜、奏补、脚色等 10 条)和差除(除授、堂阙、改官、须入、召、辟、拜、转、起复等 30 条);三、爵禄类,列有章服、赐紫、请受、贴职钱、添给等 12 条;四、贬黜类,列有出关、夺职、除名、量移、追复、簿录等 9 条;五、文书类,列有御札、堂札、录黄、画黄、录白、进草、进熟、帖黄、申、牒等 24 条;六、称谓类列有朝廷、京官、遥郡、前资官、寄居官等 18 条。

4 月 4 日　参加岳飞研究会理事会。得到两大喜讯:一、邓广铭先生同意《宋史研究通讯》由中国宋史研究会与岳飞研究会合办;二、《宋史职官志补正》准备开印。他在日记中写道:

上午四时召开岳飞研究会理事会,商议七月份会议筹备工作事。

上海师大范荧来信,说已收到邓广铭先生复函:同意

《宋史研究通讯》由中国宋史研究会与岳飞研究会合办。这是一件具有广泛影响的事。

下午收到张学舒来信,《宋史职官志补正》准备开印,2200册。二个月内见书。又是件喜讯!

《岳飞研究与岳飞精神》一文在上海《社会科学报》刊出。

4月5日 浙江少儿社告知《绘画本中国通史》拟重印8万套。同日,收到台湾《大陆杂志》第3期,内刊《宋代职官术语汇释》。他在日记中写道:

上午去浙少儿出版社。《明清》一册须再校改。《绘画本中国通史》已拟重印8万套。

经武林杂志店,买到《博览群书》1991年第3期,封面印以《绘画本中国通史》照片作介绍,执两套回。页40刊有拙文《历史普及读物的新突破——为〈绘画本中国通史〉出版而作》。《历史普及读物》一文在《博览群书》(1991年第4期)刊出。

收到台湾《大陆杂志》,《宋代职官术语汇释》一文刊出在1991年第3期。

4月 参加杭州市社会科学联合会第二次代表大会,经选举,担任"杭州市社会科学联合会第一届理事会"理事。

4月 《宋史职官志补正》由浙江古籍出版社出版。获浙江省1989—1990年度社会科学优秀成果荣誉奖。此书出版距离邓广铭《宋史职官志考正》(1941年出版)整整半个世纪。本书得到宋史权威邓广铭先生、徐规先生的高度评价。(详见1992年5月20、22日的推荐信。)

6月7日 研究生魏志江来访。祖慧从北京、西安回来,谈

了北京之行,拜访邓广铭先生的情况,转达了邓先生的评价。他在日记中写道:

> 四川大学研究生魏志江考徐(规)先生博士生。受胡昭曦先生之嘱,魏志江特来拜访。

> 祖慧从北京、西安回来,谈了北京之行情况。她拜访了邓广铭教授、邓小南。邓先生说:"龚延明是全国研究官制最细致、最深入的一个。"

6月18日 绵绵夏雨中,于杭州大学历史系中国古代史教研室写就《宋代官制辞典》初稿后记,追忆了在确立学术研究方向期间,得到多位前辈学者指点迷津和激励,以及编著《宋代官制词典》的辛苦历程。《宋代官制辞典》经过多次修改,于1997年4月由中华书局出版。《序言》大致内容为:

> "十年磨一书,辛苦非寻常"。1984年完成了《〈宋史·职官志〉补正》(已由浙江古籍出版社出版)。1988年完成《宋代职官简称别名汇释》书稿,1990年完成了《宋代职官术语汇释》书稿。以上研究工作,都是围绕着撰编《宋代官制辞典》《宋代官制史》两大工程进行的。1987年,我向中华书局综合编辑室提出了《宋代官制辞典》选题的申请。1988、1989年,编辑和作者经过两年多的反复不断讨论、磋商,本辞典从编写体例、条目释文写作要求到引用书目的规范,都达成了一致意见。1989年11月16日,中华书局编辑部正式致函于我:"《宋代官制辞典》一稿,我们双方联系、并就书稿编写中的一些问题交换意见,已两年有余。我们认为,这一选题是有意义的,你过去寄来的样稿,大体也属合适的,我们同意正式列入选题计划。"这份公函最后导致了这本辞典的出版。

一九九四年八月一日炎炎夏日下初校于杭州大学古籍研究所,一九九五年十月一日国庆节二校于杭大河南新村寓舍。

6月21—23日 与贾荣发、濮水根,丁亚政、陈羽去无锡。又从无锡去南京市文管会,落实本届岳飞研究会年会。

7月12日 《宋史职官志补正》由浙江古籍出版社出版,从出版部领到一本,兴奋至极,称“可喜可贺”。(摘自日记)

7月22日 下午去笕桥机场接台湾大学历史系教授王德毅、中国文化大学宋晞教授一行共7人,参加岳飞研讨会。(摘自日记)

7月23—26日 参加了在杭州举行的纪念岳飞诞辰888周年学术研讨会暨岳飞研究会第三届年会。提交会议的论文是《岳飞精神与民族文化遗产》。他在日记中写道:

> 7月23日,纪念岳飞诞辰888周年学术研讨会暨岳飞研究会第三届年会,今日上午在中国煤矿工人大厦开幕。到会祝贺的有:省委宣传部部长孙家贤,市委宣传部部长史济煊,省文化厅副厅长毛昭晰,省侨办主任杨招棣,市园文局长施奠东,杭大校长沈善洪,浙江史学会长金普森等。会议出席者近100人,代表64人,列席10人,论文55篇。7月26日,上午举行闭幕式。下届会议定在1993年在江苏召开。论文集将由中华书局出版。会议经费逾3万元。

8月 《“教授”起源考》一文刊于《浙江学刊》第4期。(该文又刊于《寻根》1997年第1期。)文章主要内容为:

> 唐以前所见“教授”仅仅是一种教学行为,而非教官称谓。宋以前无教官官之设。通过对宋代教授官起源及流行过程的考察,不难看出:《宋史·职官志》及《元丰官志》所云

"庆历四年,始置教授",指的是州学。宋代正式设置教授的最早时间,为至道元年(995年)。这就是中国始设教授的时间。继宋之后,元明清朝,教授沿置,盛行不衰。

9月1日 纽约州立大学厄尔巴尼分校副教授何瞻来,共用早餐,谈论很融洽。(摘自日记)

9月4日 收到傅璇琮先生、香港大学编辑部、中州古籍出版社社长、台湾《史学月刊》编辑等四封信。他在日记中写道:

> 今日收到四封信:(1)中华书局傅璇琮先生一封,讲《宋登科记考》体例;(2)河南中州古籍出版社社长刘协埙先生表示欢迎《中国历代职官别名大辞典》;(3)香港中文大学《21世纪》编辑部来函(8月22日)通知已收到《岳飞精神与中国文化遗产》一稿,月内将告诉录用否;(4)台湾《历史月刊》编辑刘育岑小姐来信,通知《南宋顺昌保卫战》已收讫,顺告《秦扶苏之死——东宫制度》一稿已经录用,10月份以后刊出。

10月24日 收到邓广铭先生为《宋代官制辞典》的亲笔题字。他在日记中写道:

> 收到北大历史系邓小南信及附寄其父邓广铭教授为拙著《宋代官制辞典》书名亲笔题字,并寄来其论文《宋代铨选中"阙"的分类》。小南于宋代官制钻研甚深,多开辟前人未至之"荒地",极富创见。

> 收到长春地质学院龚星芳信,为考浙大研究生事。

> 收到上海辞书出版社程兆奇惠寄《辞书研究》二期。

10月25日 发信给荷兰的朋友 Hu Rong-ge,以及香港的姚美良先生、北京的袁俐。收到中国藏学研究中心李鹏年信件与赠书等。他在日记中写道:

上午发信给荷兰 Hu Rong-ge、香港姚美良先生、北京袁俐。

下午收到中国藏学研究中心李鹏年信及赠书二册：

(1)《十三世达赖圆寂致祭和十四世达赖转世坐床档案选编》

(2)《九世班禅圆寂致祭和十世班禅转世坐床档案选编》。

收到宁波大学李英信，她在台湾知识竞赛中荣获第二名。

为祖慧研究生毕业调查表签署组织意见。

11 月 6 日　他的日记写道：

收到两则好消息：(1)中州古籍出版社社长陈协琹先生来信：希望以《中国历代职官别名词典》为名撰编职官辞书。(2)《历史研究》来函，今年第 6 期刊用拙作《宋代官吏的管理制度》。

11 月 10 日　与傅璇琮先生电话落实《宋登科记考》立项出版事宜。他在日记中写道：

上午，与北京傅先生通长途电话。落实《宋登科记考》立项及出版社事。傅先生说，拟列入国务院古籍整理规划。徐老师(徐敏霞)天天在看《宋代官制辞典》。

又承告：西北大学张岂之任国务院古籍整理规划小组秘书长，在匡亚明领导下，组成五人评审小组，召集人：张岂之，成员：傅璇琮、安平秋(北大)、杨牧之(新闻出版署)、林甘泉(历史所长)。

11 月 21 日　《社会科学报》刊发了《"官制"——治史的一把"钥匙"》一文。这是完成《宋史职官志补正》后，报社以"研究历史何以须掌握官制"为题约请而发表的见解。文章主要内容为：

  "职官、目录、地理、年代"被史学家视为治史的四把钥匙。职官制度的重要性不言而喻。它的功能大致表现在：(一)研究中国各专门史,均得涉及职官制度。(二)整理和利用古代文化遗产,也须懂得官制。(三)古代官吏的管理制度,包括官吏的选拔、任用、酬劳、考课、奖惩和致仕等范畴。其正、负两极的经验,在今天仍有历史的借鉴。

  12月13日 在杭大图书馆租了一间课题工作间,尤钟林做助手。《宋登科记考》可铺开工作。(摘自日记)

  12月 《宋代官吏的管理制度》一文刊于《历史研究》第6期。后收录于包伟民选编,于2001年12月由上海古籍出版社出版的《史学文存1936—2000浙江大学中国古代史论文集》。

  文章的主要内容为：

  宋代官吏的管理制度,在唐代的基础上有很大发展,形成了一整套较为完整的选官、考课、酬劳、致仕等制度。其最足称道之处：第一,选拔官吏,以科举为正途,采取有力措施保证公平竞争,从社会下层选拔"寒俊之士",这是历史的一大进步;第二,官员满任即调,流动性大,便于人才交流和防止在地方结成盘根错节的亲党;第三,优待士大夫,俸给与赏赐均比前朝优厚,致使宋代人才辈出,及国难当头,毕命疆场、慷慨捐躯者,历代也以宋朝为最多。可以说,在维护两宋国家机器三百余年的运转中,颇为得法的官吏管理制度,起了重要的作用。

  12月 《文莱国宋墓"判院蒲公"索解——兼评〈西山杂志〉(手抄本)的史料价值》一文刊于《海交史研究》第2期。文章主要内容为：

自 1972 年德国傅吾康教授（Prof. Walfgang Franke）与陈铁凡教授在文莱国（Brunei State）发现蒲公宋墓以来，其碑文"有宋泉州判院蒲公之墓"，吸引了海内外不少学者进行考释。可是，由于宋代官制特别繁杂多变，加之"判院"并非正式官称，属简称或别称，"判院"之本义，迄今难以定论。而"蒲公"失名讳，尚缺铁证足以指明蒲公者为谁人。

1990 年第二期《海交史研究》，发表了庄为玑教授新论《文莱国泉州宋墓考释》，引起了学界关注。该文首次披露了在泉州发现的手抄本《西山杂志》中有关蒲氏在东南亚活动及其生平仕历的史料，进而断定："判院"，"判"是通判、"院"是"都察院"地方监察官；"蒲公"，"即《西山杂志》所记的蒲宗闵也"。

本文运用官制知识，对庄氏的结论进行了逐一的驳正。首先就庄文所引《西山杂志》"宋绍定间（1228 年）有进士蒲宗闵，司温陵道通判，后生都察院"一句，明确指出：从宋制可知地方建置无"道"称。（抑或后世撰者使用雅称，亦未可知。待考。）然"后升都察院"则大错特错，宋代没有都察院这一官司。史实是明洪武十三年（1180 年）始易御史台为都察院，为中央监察机构，非"地方监察官"。由此可知《西山杂志》为后人伪托之作。接着细致考述了"判院"为何称谓。文中借用陈铁凡先生《判院讨原》所引陆游诗《简苏训直判院庄器之贤良》，又引陆游《吏部郎中苏君墓志铭》，进行了严密细致地考证，得出结论：关于文莱国宋墓碑文"判院蒲公"之"判院"，可以是指知州、知府，也可以是指通判。

9 月 开始招收第一届硕士研究生。

1992年　52岁

2月2日　除夕前下午,在图书馆工作。在日记里他对《宋登科记考》的工作做了安排,同时回顾了一年的学术成果。他这样写道:

> 在杭大图书馆大楼605室。杭大校园人走楼空,都准备过年。明天是春节,晚上即为除夕。
>
> 《宋登科记》课题已铺开。今日已做到1104人。助手老尤(尤钟林)亦已做了231人。今年不知可否达到8000—10000条。
>
> 要努力!
>
> 傅先生三月份可能来杭,届时具体商议工作步骤及人手问题。
>
> 回顾1991年,应该说是丰收年。
>
> 出版了《宋史·职官志补正》,48万字。
>
> 承担主编的《绘画本中国通史》于年初出版。
>
> 《历史研究》发表了近作《宋代官员管理制度》,全文近2万字,这是打破常规的。

3月　《宋代的皇帝制度》一文刊于《河南大学学报》(社会科学版)第1期。

文章的主要内容为:

> 中国封建社会基本的国家形式,是皇帝专制制度与中央集权制的结合。宋代官制,是秦汉以来中国封建社会官制承上启下的一个阶段。毫不例外,皇帝盘踞于整座官僚

机构金字塔的塔尖。皇帝与攀附在皇帝周围及直接为皇帝服务的后宫、东宫、宦官、学士院、翰林院等机构,构成了一整套皇帝制度。赵宋皇帝制度,比唐、五代更务实,亦更为坚强。它有效地维护着皇帝至高无上的发号施令权,维护着皇帝的终身制和世袭制,遏制了后宫、外戚、宗室、宦官对朝政的干预,避免了类似汉唐的外戚与宦官之祸。宋代自太祖赵匡胤至度宗赵祺,传了 15 帝,统治了 305 年(不包括流亡政府)。

4 月 《〈全宋文〉小传中有关官制问题的商榷》一文刊于《北京图书馆馆刊》第 2 期。

文章主要内容为:

由四川大学古籍整理研究所编纂校点、巴蜀书社出版的《全宋文》,已陆续分册出版至第十四册(按:第十五册以后,巴蜀书社迄今未给浙江省发书)。从第一册发行以来,受到了学术界特别是宋史界的注目和欢迎。《全宋文》的编校……不但给当今治宋代文史的学人提供了完整可靠、使用极便的宋文总集,又把中华民族一宗优秀文化遗产完好地传给后代,实在功德无量。然而,《全宋文》的内容,涉及两宋政治、经济、文化与社会生活各个方面,这就给编纂点校提出了高难度的要求……本文内容包括《全宋文》中若干《小传》的正误,至于正文中有关官制方面点校的正误,已撰《〈全宋文〉中有关官制编校问题的商榷》一文[刊于 1992 年《古籍整理出版情况简报》第 261 期。并刊于《杭州大学学报》(哲社学版)1993 年第 1 期],二者均属于举例性质。

5 月 第一位硕士研究生祖慧答辩。论文题目为《南宋文官贴职制度研究》。答辩主席为杭州大学历史系教授徐规先生。

评阅人为倪士毅教授、周生春副教授。

5月20日 杭州大学教授、中国古代史博士生导师徐规先生对《宋史职官志补正》的评价意见。转引如下：

> 《宋史》为今日吾人治两宋历史所必读之书，其中《职官志》十二卷，向以提供有宋一代丰富的官制史料著称。官制研究为考史主要手段之一，不明官制实难以读通史书。昔《宋史·职官志》记载舛误特多，前贤及今人曾有所考正，不过只解决了其中一部分问题。近年来，杭州大学历史系龚延明同志针对该志存在的许多问题，写定《宋史职官志补正》一书，近五十万言。该书取材广博，考订翔实，论断精审，创获丰富。当代宋史权威邓广铭教授称赞该书为近时史学界的"过硬"之作，对宋代史研究有很大的贡献。故特为之推荐。

5月22日 北京大学历史系邓广铭先生写了《我对龚延明同志所著〈宋史职官志补正〉的评价》意见，转引如下：

> 《宋史·职官志》并非依据两宋历朝《正史》中之《职官志》修撰而成，而是杂糅多种公私著述(包括"类书")中之有关条目凑合而成者，遂致内容混乱复杂，疏漏乖舛，无病不备。半个世纪以前，我曾写过《宋史职官志考正》一文，重点在于抉发该《志》所用材料的来源及该《志》纂修者因不熟悉两宋官制沿革而造成的诸多谬误。然因写作时限短促，思考多有不周，故在刊出之后，自行检核，亦惊诧于其中颇多极不应有的疏失，其后日本学者宫崎市定亦在为佐伯富所作《宋史职官志索引》的序言中对拙文的失误有所指述。这说明，我的那篇文章只能算作开"大辂"之先的"椎轮"。然而"大辂"却一直迟迟没有出现。直到八十年代内，国内学

者中才有龚延明同志出而专心致志于宋代职官制度的研究,他除已对此课题先后发表了多篇具有较高质量的论文外,更就《宋史·职官志》的种种疵病一一为之摘出,逐条加以纠正,写成了《宋史职官志补正》这一专著,他对《宋史》此《志》的遍体鳞伤,细致周详地加以核查,他所作出的纠正和修改,完全都证据确凿,说理谛当,因而也全都具有极强的说服力。此后攻治《宋史·职官志》者,有此一书在手,不唯可以不致再为一些歧互错出的记载而浪费其时间和精力;而且在诵习此书的过程当中,还可以领会到要从事史学的研究,必须具备"去粗取精、去伪存真"的本领,而此种本领的取得,又必须学习龚延明同志的榜样,扎扎实实地去从事一些基本训练(例如对史料的鉴别、比勘、考证、辨析等等)才行。

我极愿这本《宋史职官志补正》能起到它所应起的积极作用。

8月 《宋登科记考》经高校古籍整理研究工作委员会专家评审小组评议,被列为古委会直接资助项目,资助经费一万元。(按,立项书11月4日签发,经费拨付在1993年5月27日。)

9月7日 傅璇琮先生来信告知《宋登科记考》相关事宜。内容如下:

延明同志:

两次来信都已收到,文稿及信也都转交张荷。你这次所写字数虽不多,但材料极扎实,已足使人感到在宋科举材料上的深入。

我最近较忙,因两周前在不得已情况下接受了一个新任务,即规划小组组长匡亚明同志要我担任全国规划小组秘书长,又因他一般居住南京,因此就由秘书长主持小组的日常工作,并领导办公室。国家新闻出版署领导也要我任此职,同时又决定我的中华书局总编辑不变,两头兼。我推辞再三,不同意,现正组建办公室班子,匡亚明同志谓要办几件事:一、作为规划小组直接抓的项目"中国古籍总目提要",现在即要筹组班子,他要我任主编。二、编一个新的刊物,起名为《中国传统文化与现代化》,拟明年刊出(双月或季刊),要我任主编。三、制订整理、出版资助章程,并筹建评审委员会。这些都是繁杂之事,使我十分紧张。

《宋登科记考》输入电脑之事,确为理想之举,但目前碰到的是经济问题,还有谁来掌握和运用,输入如解决,你随时要用怎么办?这得买一架电脑,放在你的工作室,并有人来实际操作。我本来想以此与北大文献所合作,但一南一北,实际做起来真(按,原作"正",恐笔误)有困难。最好是杭大古籍所,但恐亦非易事。我想,既然我任规划小组秘书长,是否在工作进行中想些办法促成其事。待我在实际中考虑。

江苏通志,或如来信所说,请北大你认识的同志先搞起来。敏霞目前主要是把你的官制辞典加工完成。

祝好

璇琮

92.9.7

9月 《两宋官制源流变迁》一文刊于《西南师范大学学报》(人文社科版)第3期。

文章主要内容为:

赵宋立国之初,其官职因袭唐末、五代之制,即不脱唐末以来"紊乱"官制的窠臼……以致"尚循唐制"之"本朝"官制"皆空存其名而无其实"……形成了北宋前期的官制。至神宗元丰间,对北宋前期官制进行了大幅度改革,使宋代官制进入了与前期明显不同的元丰官制阶段。哲宗元祐间,对元丰官制,有所更革,但无关宏旨,元丰官制规模未曾触动。徽宗崇宁、政和间,扩大了元丰改制的成果,改定选人、武选官名。此为宋代官制变迁的第三阶段。南宋初,因宋金战争,对省部寺监进行了删并。孝宗乾道八年,罢三省长官,改定宰相名称为左、右丞相。其后,官制未有更大更动。宋代官制沿革大体如此。

10 月 10 日　在图书馆六楼工作。他在日记中写道:

上午至 605(图书馆六楼工作室),工作了二小时,然后写了两封信。给徐敏霞与蒋刚苗(北大)。下午看祖慧论文《南宋贴职制度研究》。

10 月 23 日　邓广铭先生于凌晨 1 时撰写信件。信中谈到岳飞纪念会举行时间以及邀请国内外岳飞研究者参会等事宜。信件内容如下:

延明同志:

遵来嘱,对大著写出了一段评语,经用快件寄奉,不知合用否,如合用,最好能复印一份,以备提职时再用也不知是否合适。

岳飞纪念会,如选用他的生日前后举行,则改在明春当然最好。如用公元的诞辰嫌为期稍早,则即改用旧历的二月也行(可不知能推后几天)。一切当已做出了决定,邀请国外人,日本的,我想先去问一下衣川强,问他可以邀请哪些人。新加坡的华裔和华侨均甚多,不知能有线索先与某

73

一人进行联系否。美国的,似可先致函西雅图华盛顿大学的陈学霖教授,问问他可向哪些人发邀请信。匆此,祝

　　教安!

邓广铭

　　廿三日晨 1 时(龚按:此信写于九二年十月,收信日为29 日)

　　10 月 《宋史职官志补正》鉴定书回杭州。鉴定组组长为邓广铭,成员有社科院历史研究所研究员王曾瑜、陈智超,上海师范大学古籍所研究院朱瑞熙及中华书局编审汪圣铎。

　　小组鉴定意见如下:

　　第一,龚延明同志对于《宋史·职官志》所作的补正,既极周全详备,也极精审谛当;第二,这一新著的丰富内容,反映出龚延明同志对于宋代职官制度既具备通贯的理解,也具有深厚的基础根底。求之于当今之治宋史者,他的功力之雄厚应是居首选的。

　　邓先生又专门写了他自己个人的鉴定意见:

　　半世纪以前,我曾撰写《宋史职官志考正》一文,重点在于抉发该《志》所有材料的来源,及纂修者们因不熟悉两宋官制沿革而造成的诸多谬误。然因写作时限短促,思考多有不周,故在刊出之后,自行检校,亦惊诧于其中颇多极不应有之疏失,其后日本学者宫崎市定在为佐伯富的《宋史职官志索引》所写序言中,对拙文的失误之处亦间有指述。这说明,我的那篇文章只能算作开"大辂"之先的"椎轮"。然而"大辂"却一直迟迟没有出现。直到八十年代末,国内学者中,才有杭大历史系龚延明同志出而专心致志于宋代职官制度的研究,他除已先后发表了多篇具有较高质量的论

文外,更以五个春秋的时间和精力,完成《宋史职官志补正》这一巨著,对该志的遍体鳞伤,细致周详地加核查、比证,每一条各都有理有据,说理都是极精当,证据都极确凿,所以也都具有极强的说服力。此后之研究宋代职官制度者,若能以此书作为案头必备之参考书,不唯可以不致为《宋史·职官志》中那些歧互杂乱的记载而浪费时间和精力;而且,在诵习此书的过程当中,还可以领会到:龚延明同志的这一著作,真正做到了"去粗取精、去伪存真、由此及彼、由表及里"的境地,这是只有很深厚的根底、很广博的知识才能做到的。在这种强力的感染下,又必将使读此书者,愿以龚延明同志为榜样,扎扎实实地从事一些进行学术研究的基本训练,例如对史料的鉴别、比勘、考证、分析的技能才行。这本书是一本极具功力的书,是一本必会在许多方面都能起积极作用的书。

10 月 25 日　收到台湾《历史月刊》第 9 期刊载的文章《刘琦顺昌保卫战》(6000 字)稿酬 131 美元。(摘自日记)

10 月 27 日　收到北大教授邓广铭对《宋史职官志补正》一书的鉴定小组鉴定书,内含历史所王曾瑜、陈智超、上海师大朱瑞熙、北京中华书局汪圣铎的鉴定意见,一致认为《补正》功力雄厚,是今年宋史研究一大收获、优秀之作。(摘自日记)

11 月　晋升为历史学教授。

12 月　《宋人所谓"进士"也多非及第进士》一文,刊于《文史知识》第 12 期。

文章对《文史知识》(1992 年第 8 期)刊登丁鼎《唐人所谓"进士"多非进士》一文未尽妥之处加以纠正和补充。主要内容为:

宋人所称"进士"亦多非指及第进士。即多非指经殿试覆试唱名及第进士。就此意义上说,唐宋没有什么不同。而丁文仅说唐人所谓"进士"多非进士,则是不够科学的。

下面就宋代称谓中"进士"与"第进士"之间的差别,试加以比较。

一、非及第进士而称"进士"者

在宋代,凡应进士科试之举子未经殿试覆试者,均为进士。具体又可分三种:1.未经乡试、未获发解之前的业进士。2.业进士乡试合格后,通常称乡贡进士,已获荐于礼部试(省试),仍可省称"进士",但多冠以乡试所在路、州、府、军、监名;同样,国子监、太学生员通过发解试者,也称进士。3.通过省试合格而未经殿试之正奏名进士,仍称进士,未能称及第进士。

以上种种未及第进士可与"秀才""举人""贡士"通称,在宋代,未如明清,"进士、贡士、举人、秀才"有严格的分界。

二、"进士"也有指进士及第者

宋人所称"进士"多指未及第进士,也有用作"及第进士"省称者。它如"宋进士""咸平三年进士""大观进士""绍兴进士"等冠以朝代、年号之进士,亦是及第进士。此外,"同年进士",也系中进士科进士。

在宋代的文籍中,"及第进士"省称与别称特多,诸如"第进士""进士第""中甲科""中乙科""进士起家""起进士""新进士""举进士""擢上第""践世科""文学起家""儒学起家""起书生""闻人""策名""成名""了当""独步仲舒之学""集英殿进士"等等,不胜枚举。

12 月 31 日　主编《绘画本中国通史》(6 册)在深圳揭晓的第六届《中国图书奖》中获得一等奖。

12 月 《宋史职官志补正》名列"杭州市第五届社会科学优秀成果一等奖"。获浙江省 1989—1990 年度社会科学优秀成果荣誉奖。

1993 年　53 岁

3 月 2 日　应北京大学古文献研究所《全宋诗》编纂组暨孙钦善教授邀请,检核部分《全宋诗》点校书稿所存在的官制方面问题。入住北大勺园。(摘自日记)

3 月 3 日　上午,看《全宋诗》书稿。下午,结合书稿中看到的问题,为《全宋诗》编纂组讲解了古代文学研究须注意宋代官制的哪些要点。他在日记中写道:

> 这次讲座,因为有针对性,反响强烈,会后有老师说:"很解渴。"

3 月 20 日　收到原美国华盛顿大学教授、史学家陈学霖教授赠书与附言。书名为:《宋史论集》,东大图书公司出版。附言写道:

> 龚延明教授等鉴:辱承邀弟参加贵宋史大会,惜因学校上课不便请假,未能前来杭州候教,致歉。谨送上拙作乙册请指正。后会有期,并祝大会成功。谨祝
>
> 研安
>
> 弟陈学霖上
>
> 九三.三.二十

3 月 25 日至 29 日　参加在杭州举行的"岳飞暨宋史学术研

讨会",提交会议论文为《从岳飞封爵看宋代爵制》。并撰写了会议综述《岳飞暨宋史国际学术研讨会在杭举行》,此文发表于《杭州大学学报》(哲社版)第2期。

文章主要内容为:

> 研讨会由岳飞研究会与杭州市园文局合办、杭州大学协办。来自美国、加拿大、韩国、中国等的八十九名专家、学者出席了会议。大会收到的论文有七十余篇。岳飞研究会顾问、年事已高的北大教授邓广铭也专程莅会,并在会上作了《岳飞〈满江红词〉中的贺兰山不在磁州》及有关史学研究方法的专题报告,给与会者以很大教益。

> 以北大邓广铭教授为顾问、杭大徐规教授为会长的岳飞研究会,自1984年在杭州建立以来,已举行过三次年会,出版过三本论文集,其中《岳飞研究》(第三集)已由中华书局出版。本届研讨会的论文,将选编为《岳飞暨宋史国际学术研讨会论文集》,仍由中华书局出版。

按,邓广铭先生在会议上作了题为《岳飞是永远值得我们纪念的人物——纪念岳飞诞辰890周年国际学术研讨会上的发言》的报告,台湾中国文化大学宋晞教授致闭幕典礼辞。本次会议论文集《岳飞研究》(第四辑)于1996年8月由中华书局出版。

3月30日 收到中华书局寄来的《宋代官制辞典》出版合同书,一式三份,稿酬标准:一千字28元。(摘自日记)

3月 《〈全宋文〉中有关官制编校问题的商榷》一文刊于《杭州大学学报》(哲社版)第1期(原刊《古籍整理出版情况简报》1992年总261期,人大复印资料《宋辽金元史》1993年第3期全文转载)。此文与《〈全宋文〉小传中有关官制问题的商榷》两文一并收录于龚先生所著《中国古代制度史研究》。(浙江大学出

版社 2013 年版）

6 月 18 日　撰写了《关于申请〈中国古籍总目提要〉之〈史部政书提要〉卷课题的报告》，主要内容为：

一、承担史部政书类的提要，总数为 3020 部；二、确定了课题组的成员分工，以中华书局傅璇琮先生和龚延明任主编；三、对时间和经费做了大致安排。

确定提要撰写体例为：1.作者生平（爵里）；2.揭示全书之要旨；3.考证其得失利弊，权众说之异同；4.指出其在文化史上的学术价值；5.版本源流，文字增删、篇帙分合等；6.善本、罕见本，指出收藏之所。（摘自日记）

6 月　《宋代中央机构剖析》一文刊于《浙江学刊》第 3 期。文章主要内容为：

两宋中央机构包括政务机构、监察机构和皇宫、京师禁卫侍奉机构三个部分。其中的政务机构，以北宋神宗元丰五年（1082）元丰官制改革为界线，分北宋前期和元丰改制后两个阶段，文章就此加以论述。论述中对于官称别名和术语作了详尽解释。如"二府""三司""职"（即职名省称）"贴职"等。除宋初三馆秘阁官或有实事外，"职名"皆无职事，为内外差遣所带衔，标志文学高选。差遣带职，又称贴职（或帖职）。

8 月 5 日　《板凳已坐五年冷》一文刊于《社会科学报》第四版"学苑"。

文章回顾了从事官制研究的历程。文章写道：

学术界公认，宋代官制是宋史研究的两大难题之一。10 年前，几乎无人专门从事这项研究。

1979 年，宋史专家陈乐素教授首倡，在杭大建立了宋史研究室。作为学术分工，我被确定从事宋代官制的研究。当时面对几乎一片荒芜的宋代官制研究园地，究竟该从何处开始耕耘？茫无头绪。

人生的机会，往往是可遇而不可求。80年代初，正当我在学术道路上困惑之际，中华书局总编辑赵守俨、古代史编辑室主任傅璇琮两位先生先后来杭。他们都热情地鼓励我投身于官制史的研究。赵先生说："聂崇岐、瞿蜕园二位学者都曾涉足于中国古代官制史研究，然都已作古，未及深入。官制史研究大有作为。宋代官制研究尤其是薄弱环节，谁先投入，谁就有希望捷足先登。"傅先生特别强调做学问必须选准"突破口"。他认为从《宋史·职官志》校正入手，必能取得由点到面、由知之不多到知之甚多的效果。正好，此时吾师徐规教授主持的《宋史补正》被批准列入浙江省社科重点项目，于是，我毅然决然承担了《宋史职官志补正》的科研任务。

此后历经五个寒暑，伏案不辍，翻阅了数百种宋代史书、文集、笔记及类书，做了15本近500万字的笔记，终于在1985年上半年完成书稿。

《补正》对12卷本、近50万字的《宋史·职官志》，作了全面的订误、校补。具体地说，是四个方面工作：一、纠正《宋志》文字及点校的失误，此为《补正》工作量最大之处。如原著寒食节后赐大臣"新史"，系赐"新火"之误。又如原文"备身左右备身"，中华书局点校本误点为"备身、左右备身"，《补正》更正为"备身左右、备身"等等。二、纠正《宋史》叙事谬误，并对重要的史实解释予以必要的增补，如《宋志》页4030所载武官阶漏落二十阶，《补正》一一予以补入。一版再版的《宋史》页3806，至今仍开着一个天窗"休假之□"，《补正》找到了原文出处，补好了这一天窗——休假之类。三、《补正》用按语等形式，对《宋史》中每一官司、重要官名的源流变迁，加以简要的说明，这也是"用力最深、成绩最弘之处"（台湾史家评语）。四、吸收前人研究成果，又不囿于前人研究的成果，而加以推进。前贤钱大昕、宋史权威邓广铭对《宋志》都曾做过大量考正工作。尤其是邓先生，在四十年代已发表了十数万字的《宋史职官志考正》，而我做《宋史职官志补正》，正是沿着邓先生披荆斩棘开辟的学术道路往前推进。

《补正》出版后，得到了海内外学术界较高评价。如台湾黄宽重研究员，认为"《宋史职官志补正》一书考订精详，是研究宋代官制及宋史的学者必备的参考书"。邓广铭教授认为："所作的补正，既极周全详备，也极精审谛当。"

《补正》原稿为80万字，出版时，为减少开支，不得不压缩成48万字。这实在是一件憾事，但愿将来能有机会按原稿80万字重版。

由于这部书完成，今年我的160万字《宋代官制辞典》将由中华书局出版，目前，我正着手组织撰写《宋代官制史》。

8月26日　收到中华书局《文史知识》编辑厚艳芬写来的信。随信寄来用稿单一份。信件内容如下：

龚老师：

您好！

大札收悉，我为从中获取的丰富的信息量而兴奋。

母校的环境变化之大，本在预料之中，可一旦读了您的信，意外之喜仍油然而生……至于同学会，倒觉得挺新鲜，但愿哪天天上突然掉下一份通知，让我好有个借口回母校"探亲"，好好看看曾经朝夕相伴的校舍，拜访仍在传业解惑的老师。吴熊和老师给我们上过一段课，讲的是唐代文学，他功底深厚，才华横溢，龚刚的稿子受到他的赞许，当然蛮不错了，在当今一切"向钱看"的浪潮下，居然还有这样淡泊明志的年轻人，真是做父母的福分。当然我也跟着沾了光，如果他明年考到北京，我们更可互相帮助了。

随信寄去用稿单一份，还有什么要求，您尽管说，别客气，我会尽力而为的。

谨致

教安！

晚辈厚艳芬上
1993.8.26

9月15日　中华书局汪圣铎编辑来信商谈《岳飞研究》（第四辑）出版费用和所收稿件的篇幅问题。

11月20日　前往行政楼与杭州大学沈善洪校长谈话，考虑进古籍所接任所长之事。他在日记中写道：

> 今日，沈善洪校长找我谈话，说："经考察，学校拟将你从历史系调任古籍所，接国学大师姜亮夫先生所长职任。"时任历史系主任金普森，希望我能接系主任一职。我考虑，历史系人多事繁，宁可到古籍所。我未接受。

按，杭州大学古籍所的建所历程概况，据古籍所《大事记》载：

> 1982年9月6日，杭州大学向浙江省高教局并教育部提交《关于成立杭州大学古籍研究所的报告》（校综字

〔1982〕113号),要求成立古籍研究所,所长由姜亮夫教授担任,编制20人。

1983年4月18日,教育部(83)教高一字020号文件批复浙江省高教局报告〔浙高教字(82)第226号〕,同意杭州大学成立古籍研究所和设置古典文献专业。4月18日下午,杭州大学古籍研究所成立大会在学校专家楼会议室举行。浙江省教育厅副厅长缪进鸿及学校党政主要领导黄逸宾、高培铭、江希明等参加了成立大会。会议由中文系总支书记李行主持。李行首先介绍了古籍研究所筹建过程,历史系总支书记林琼介绍了2月25日教育部在北京召开的高校古籍研究与整理工作会议情况,缪进鸿、黄逸宾、江希明、高培铭、姜亮夫、徐规、胡玉堂、郑择魁先后讲话,其他与会人员有杨招棣、沈文倬、徐步奎、陈学恂、刘操南、卢兴仁、张颂南、汪飞白、庄肖荣、张大芝、袁丰俊、祝鸿熹、雪克、曾华强、陈为良、郭在贻、平慧善、王荣初、张金泉、计伟强等。

4月,学校任命姜亮夫教授为古籍研究所所长,徐规教授(兼职)、平慧善讲师为副所长。古籍研究所为系处级单位,成员有从中文系调来的沈文倬副教授、刘操南副教授、王荣初副教授、雪克副教授、张金泉讲师、计伟强助教,郭在贻副教授等为兼职。张金泉兼任党支部书记。办公地点临时借用杭大新村一个8平方米的小房间。

5月,经国务院学位委员会批准,本所成为中国古典文献学专业硕士学位点。

1984年1月,经国务院学位委员会批准,本所成为中国古典文献学博士学位点,姜亮夫为博士生导师。

1998年9月15日,浙江大学、杭州大学、浙江农业大学、浙江医科大学合并组建新的浙江大学。杭州大学古籍研究所改名为浙江大学古籍研究所。

11 月 《宋代学士院与翰林院、翰林司》一文刊于《文史知识》第 11 期。

文章主要内容为：

> 宋代"翰林院"与"学士院"为两个不同机构。根据有关唐宋两代记载，唐时翰林院与学士院为两院，翰林院为内供奉之所，学士乃以文学备顾问掌内命之所。唐玄宗开元二十六年，擅词学之胜的翰林供奉改为翰林学士，别建学士院，学士冠以"翰林"方作为官名，至宋代沿用不废。然院名，宋代仍旧有翰林院与学士院之分。翰林司是与学士院、翰林院并置机构，为两宋正式官司。翰林司系茶酒祗应供奉机构，并掌翰林院执役人员名籍及安排轮番值宿。

12 月 2 日 与沈善洪校长再次谈话，决定去古籍所接任所长之职。并在林家骊陪同下前往浙江医院看望了古籍所所长姜亮夫先生。他在日记中写道：

> 今日沈善洪校长第二次找我谈话，介绍了古籍所混乱的现状，要我到古籍所当所长，接姜亮夫教授所长班，挑重担。又去浙江医院看望古籍所前任所长姜亮夫先生，林家骊陪同。

12 月 8 日 接受杭州大学党委的正式任命，任杭州大学古籍所所长［任职文件（491）］。任命姜亮夫为古籍所名誉所长。

12 月 10 日 接到校组织部转来全国高校古委会电话，应邀参加 21 至 23 日在京举行的高古委成立十周年活动。

12 月 专著《宋史职官志补正》获得杭州市人民政府颁发的"杭州市第五届社会科学优秀成果一等奖"。

1994年　54岁

1月3日　获得了中华人民共和国国务院为表彰"为高等教育事业做出突出贡献"者而颁发的"政府特殊津贴"第（93）0930212号证书。从1993年10月起政府发给津贴，至今不辍。

1月8日　为古籍所编辑的《古代文献研究》（第二辑）撰写后记。本辑收录了本所老师的各方面研究论文，同时刊登了名誉所长姜亮夫先生的治学文章和照片。

《后记》写道：

> 它收录了本所同仁近几年来在《三礼》研究、楚辞学、敦煌学、中古语言文学及典章制度文献整理与研究等领域的论文……这些成果都是本所老师甘于寂寞、潜心钻研的产物。杭大古籍所只是一个近二十人的小小群体，却也像一颗水珠，映照出中国知识分子甘于为积累中华民族文化献身的可贵的韧性与意志……
>
> 本辑刊登了一组我所名誉所长姜亮夫先生论治学的文章和照片，以表示本所全体老师及研究生，对这位年逾九秩的一代名家，在敦煌学、楚辞学、音韵学等多方面领域所获得的丰硕成果、卓越成就的深深敬意。

3月　书评《切实·求实·扎实——读邓小南〈宋代文官选任制度诸层面〉》一文刊于《北京大学学报》（哲学社会科学版）第2期。

文章写道：

> 二十世纪八十年代，随着治史的"四把钥匙"（职官制

度、历史地理、年代学、目录学)重新为史学界所肯定、所提倡,官制研究逐渐由"冷门"课题变为"热门"课题……可是,当代的官制史研究,大多热衷于或停留于"职官志"——设官分职(各级行政管理机构)的研究,而于资料更分散、难度更大的"选举志"——官吏的选任、管理制度(从入仕途径、铨选,到品、阶、勋、爵、俸禄、致仕、赠官等酬劳制度),却较少有人问津……一旦读到邓小南的专著《宋代文官选任制度诸层面》(以下简称《选任制度》),格外兴奋、感佩。像《选任制度》这样切入、这样系统论述宋代铨选制度的专著,在国内外宋史界还是第一部。它的出版,不仅以填补宋代官制研究的空白引学人注目,更以其"水滴石穿"攻克难题的毅力所取得的高水平学术成果,受到专家学者的好评。

该书最大的特色,就是作者坚持"只有在变化过程中才能认清其真实面貌"(页5)的观点,对每一项制度的探讨,都从求本溯源入手,严谨地依据史实,科学地考察它的萌发、发展、演变的全过程,进而引出符合历史真实的结论。

攀难而上,论题开掘得很深、阐释问题透彻,这是该书的又一特色。全书围绕宋代文官选任制度,分成七个方面探索,而每一个方面,往往纵深掘进三层或四层予以详尽明晰的剖析。且以第七章(即第七方面)"差遣除授制度"为例,其下又分常调文官参选、铨选中的"员"与"阙"、铨选中的差遣注拟过程、以资格用人者有司之法四个侧面。这四个侧面又各自分为若干层面予以论述。如"铨选中的差遣注拟过程"这一侧面,再划为十个层面:①阙次的确定,②投状与初审,③铨试,④射阙与待次,⑤差注一——注拟,⑥差注二——集注问阙,⑦差注三——铨量,⑧过门下,⑨给告、谢辞,⑩待阙。一层更比一层深,把每项制度的方方面面都一一予以探究、阐释。

　　把宋代铨选制度之研究,置于其所处时代的政治、社会大环境中进行,注意局部和整体的辩证关系,这是该书的第三个特色。作者从开篇探讨"官、职、差遣"分离,到"考课法""磨勘法"及"差遣除授之制"等等,始终没有孤立地就制度考论制度,而是十分重视每项制度之所由发生及其变化,与宋代(或上溯至唐、五代)政局变化、国策及社会矛盾之起伏、政策执行者之素质等联系起来考察、分析。使读者感受到官制归根到底是统治者意志的产物,并与国家之治乱兴衰息息相关,所谓"国之政治,在于审官"(p.235);同时它又不能不受制于当时经济、文化发展和社会多种矛盾冲击的影响,而经常予以有限度的调整。

4月15日　收到苏州大学中文系宋景南来信,恳请帮忙推荐调入古籍所工作。

4月　《高丽国初与唐宋官制之比较——关于唐宋官制对高丽官制影响研究之一》一文载于《韩国研究》(第一辑),杭州大学出版社1994年版。

文章主要内容为:

　　高丽王国(公元918—1392年),共传世三十二王,历时四百七十五年,与中国五代、宋辽金、元、明初诸朝并存……它的职官制度深受邻国中国诸王朝之影响。本文则从高丽王朝历次官制变革与中国诸王朝更迭紧密相关着眼,从一个侧面,考察高丽官制源于中华帝国官制这一史实,予以论证。

　　高丽王国之官制,可划分为四个阶段:一、立国之初,"参用新罗、泰封之制","略仿唐制",属草创阶段(918—975

年)。二、新官制定制阶段(976—1274年),成宗"大新制作",成宗朝官制改革,奠定了第二阶段官制改革的基础。三、忠烈王(1275—1308年在位)改制一改仿宋之制,以迎合新册封者元朝之政治需要。四、末期官制,恭愍王(1350—1374年)在位期间,中国元、明王朝更替,"或从旧制,或用新制",莫衷一是。至恭愍王十八年(1369),始奉行中国明帝国之正朔,定新官制。纵览高丽王朝近五个世纪的官制史,可以看到中国唐、宋、元、明诸王朝对高丽国影响之深。

5月 以古籍所所长的身份,向来古籍所检查指导工作的、全国高等院校古籍整理研究工作委员会主任周林同志,汇报本所工作情况,并提出申报集体项目事宜。由杭大党委副书记费君清陪同。(摘自《古籍所大事记》)

6月1日 担任杭州大学学位评定委员会委员。主席为沈善洪,副主席为董如宾、郑小明。(据杭州大学文件校人字[1994]224号,《关于调整校学位评定委员会成员的通知》)

8月1日 初校《宋代官制辞典》于杭州大学古籍研究所。

9月10日 收到中华书局编辑部的回信。信中写道:

> 延明同志:
>
> 八月二十五日您来信收悉。经研究,我们同意您编写《宋代官制史》的计划。由于宋代职官较为复杂,怎样写这部专著较为合适,仍需我们双方作进一步的研究。我们很希望您经过考虑之后,提出该书的大体框架,以供我们参考。您对我们工作的支持,谨表谢意。
>
> 中华书局编辑部 一九九四年九月十日

(按,《宋代官制史》已于2020年8月28日交稿。全书150万字)

88

1995 年　55 岁

2 月　《〈宋史·职官志〉注释选——三师、三公、宰辅》一文，载于杭州大学古籍研究所编《古文献研究》第二辑。

2 月 15 日　《〈中国古籍提要·贡举卷〉五篇》刊于《杭州大学学报》（哲社版）第 1 期。文章介绍了《中国古籍提要》的基本情况和杭州大学承担的任务，以及这次刊布的作品提要。文章写道：

> 《中国古籍提要》，按学科分为四十卷，是国家古籍整理出版规划小组直接主持的重大课题。计划将对 1912 年以前，即辛亥革命以前国内外现存中国古籍，予以全面的调查、编目，在此基础上撰写每部书之提要，这是对传统文化载籍进行一次大总结、大升华，编纂如此大规模的古籍目录与提要工作，学术界普遍认为，这无疑是一项巨大的思想文化建设工程。

> 杭州大学承担了《中国古籍提要·贡举卷》，我参与其中，本文是从第一批已经通过审核的样稿中选择了五篇提要：即《汉官答问》五卷，（清）陈树镛撰；《官爵志》三卷，（明）徐石麒撰；《职官分纪》五十卷，（宋）孙逢吉撰；《登科记考》三十卷，（清）徐松撰；《宋宰辅编年录》二十卷，（宋）徐自明撰。

按，此文后收录于龚延明著《中国古代制度史研究》（浙江大学出版社 2013 年版），增为 6 篇。即增加了对（宋）程俱撰《麟台故事》（五卷十二篇）所作的提要。

2月22日 收到全国高等院校古籍整理研究工作委员会发送的立项通知,立项书写着:

> 经1994年11月全国高校古籍整理研究工作委员会专家评议小组评议通过,《中国历代登科总录》被列为古委会直接资助项目,批准资助经费四万元。

2月25日 据杭州大学发布的《关于确认田正平等六位同志为杭州大学博士生指导教师的通知》,增列为中国古典文献学博士生导师。

《通知》如下:

> 根据国务院学位委员会文件(学位〔1994〕23号)及校研字(1994)300号精神,杭州大学增列博士生导师评定委员会审订通过,确认博士生指导教师资格。古典文献学方向
> 龚延明

6月14日 申请培养博士学位研究生指导老师,中文系主任吴熊和先生作为学位评定分委会负责人签署的审核意见为:

> 龚延明教授所著《宋史·职官志补正》,爬疏理董,多所遇正。在宋代官制研究中居于前列。近年主持《宋登科记考》,于前贤文献网罗甚备,足为徐松《唐登科记》之续。其学术水平符合古典文献学增补博导条件,同意申报。
>
> 吴熊和。1994.6.14

6月 点校辑佚的《全宋诗》第20册《宗泽诗》、第34册《岳飞诗》,由北京大学出版社出版。

7月 《弘扬史家求真传统 克服治史浮躁心态——评〈中国官制通史〉宋代部分存在的问题》一文刊于香港《中国书评》1995年总第7期,后刊于《杭州大学学报》(哲社版)1996年第1期。

9月19日 以古籍所所长身份,邀请国内高校专家四川大

学古籍所教授曾枣庄前来本所讲学。(摘自日记)

9 月 招收第一届古典文献博士生,第一位博士研究生宫云维 9 月 13 日入学。

10 月 1 日 《宋代官制辞典》二校于杭大河南新村寓舍。

10 月 15 日 《浙江大学报》发表了《靠勤奋求发展凭实力去竞争——记古籍所所长龚延明教授》一文,从"选准攻坚突破口冲向学科最前沿""勤奋治学心如水不厌其烦见精神""教学科研相结合讲究方法出效率""千帆竞发敢争先敢争敢挑大课题"四个方面记述了龚延明教授能成为宋代官制史专家,获得较高的学术威望,得到宋史学界权威好评的漫长艰辛的学术求索之路。

10 月 《〈全宋文〉小传正误》一文载于杨渭生主编、杭州大学历史系宋史研究室编《徐规教授从事教学科研工作五十周年纪念文集》,由杭州大学出版社出版。

文章主要内容为:

> 以举例性质,对《全宋文》中若干《小传》作了正误。分四部分:一、宋太祖小传正误;二、赵普小传正误;三、孙甫小传正误;四、王质小传正误。

11 月 12 日 在古籍所工作,一周安排,事务繁忙。据工作日记载:

> 下周工作安排:
>
> 1.《中国典籍与制度文献研究》论文集论文——《宋代武阶类别及其演变》打印。(补记:15 日下午校对。)
>
> 2.《续修四库全书》之"职官"入选书目 30 种确定(含科举)。(补记:已借书)
>
> 3.星期一晚,中华书局《文史知识》编辑厚艳芬从绍兴回来,星期二上午离杭返京。

......

6. 给母亲寄钱。

7. 所里财务报销交接善后工作。

8. 抽时间去浙江医院看望姜亮夫先生（病重）。

9. 杭州电视电台补拍"著作展示"，要作准备，买一卷录像带。

10. 通知：赴台湾展览古籍，古汉语教研室与本所补送新著。

11. 派曹方人、祖慧二位老师去上海购书。

......

13. 将下午写好的四封信发走：

（1）给吉大古籍所吴振武博导；

（2）给川大古籍所舒大刚所长、李文泽副所长；

（3）给川大古籍所曾枣庄教授；

（4）给川大古籍所刘琳教授。

14. 给敦煌研究院王惠民、河北大学历史系习俊明复信。

11 月 27 日　参加岳飞研究理事会会议。会议记录为：

上午在湖滨镜湖厅。

会议名称：岳飞研究会理事会

参加成员：会　长　徐　规

　　　　　　副会长　王曾瑜（中国社科院历史所研究员）

　　　　　　顾文璧（北大历史系毕业，无锡市文化书局局长）

秘书长　龚延明

副秘书长兼岳庙管理处处长　刘吉光

秘书 丁亚政 沈立新

议题:(1)明年会议(2)秘书处运转(3)机构调整

发言选摘:

王曾瑜:岳飞主要活动地点三——汤阴 杭州 武汉

建议在武汉成立一个分会。武汉曾是岳飞活动的中心之一,可派人去武汉大学,与历史系李涵教授联系。九江,九江市如有兴趣,可建议能否建立一个岳飞研究机构。

在上述地方开会,行否?

在台湾出版论文结集。

会后我打算写《岳飞》长篇历史小说。用电脑正在打《宋高宗传》。

研究历史不应"向钱看",应向后看,尊重历史。

开会要转移地点,老在杭州开会是个问题。

杭州能支持经费,是一个冲突——经费自理。

1996年 56岁

2月 收到吴振武先生的来信。信件内容:

龚老师:

新年好!

嘱购图书,现觅到:

1.《尚书译注》12.00元 2.《清朝典制》14.50元

您要的《明朝典制》和《唐朝典制》还未觅到,容再访求。《清朝典制》您虽未托购,但我想您也许有用,且不易觅,故自作主张为您买下了。书同本信一起寄出(挂号,寄您府上），请您注意查收……

　　春节将至,谨颂

　　阖府节日愉快!

吴振武拜上
96.2.14

　　4月　随全国高校古委会团组访问香港中文大学,拜访了中大中国文化研究所所长饶宗颐先生。随后参加在台北举行的"海峡两岸古籍成果学术交流会议"。回杭州后撰写散记《壮哉,台湾东海岸》一文。文中描述了参观台湾著名风景区"清水断崖"的美景,抒发了两岸山水相连、血脉相通的感慨。(文章刊于《杭州大学报》1996年9月6日,又载于《中国典籍与文化》11月15日)

　　4月　《宋代及第进士之鉴别》一文载于《文史》第41辑,后收入刘海峰主编《二十世纪科举研究论文选编》,武汉大学出版社2009年版。

　　文章主要内容为:

　　　　科举制完善于宋代(960—1276),大行于宋代。科举及第释褐,已成为宋人入仕主要途径,朝廷选拔官员首要渠道。由于宋人关于"进士"称谓含义比较广,非及第进士(包括业进士之童子、解试与省试及格之贡士)和及第进士均可称"进士",这给考订工作带来麻烦。如何鉴别及第进士与非及第进士成为需要解决的首要问题。本文是在从事《宋登科记考》中对此进行的专题研究总结。

　　　　一、及第进士与非及第进士之界定

　　　　正奏名殿试合格赐及第、赐出身、赐同进士出身之进士及特奏名赐出身进士,归属于及第进士,省称"第进士""进士第",并以此为界定,凡不能列入此类之诸种进士(皇帝特赐进士例外)皆为非及第进士,包括业进士、乡进士、国子监进士、漕试进士、解试进士、礼部试进士等等。在两宋称为"有出身人",此为鉴别宋代第进士一重要标志。非进士出身者称为"余人""杂出身""无出身"。

二、非及第进士之称进士者

(一)业进士:又称习进士、举进士。此外,凡获荐赴发解试(或称贡举试,有秋试、乡试、州试、漕试、锁厅试种种名目)之进士,无论经试未经试、经试合格与不合格,均称进士。

(二)取解进士:乃初级考试通过之进士,虽已取得解赴省试之资格,但仍属未第进士。这一类进士,因取解场所不同,有不同称呼。乡进士、乡贡进士、土著进士、三京诸道州府军监进士(此为分别于京府、诸路转运司、各州、府、军、监解试进士,含未取解进士)、京府进士、国学进士、路进士(宋代并无路一级科举试。所谓"路进士",乃总括本路属下州府军监取解正进士或解试进士而言)、州进士、府进士、军进士、转运司进士、漕进士,秋试进士、免解进士、到省进士、系额进士。

三、及第进士之称名

宋代以嘉祐二年(1057)为界线,其后之礼部奏名进士(正奏名、特奏名)均为登第进士。这是鉴别宋代第进士之重要标准。因而嘉祐二年后之"合格奏名进士"、"御试进士"、"殿试进士"、"正奏名"(或省称"正奏")、特奏名赐进士出身、"过省进士"等等,均系登第进士。

四、及第进士之省称、别称

"登进士科第"为通称。凡进士或科、第、甲名等前冠以动词"登、中、擢、举",均属于及第进士。如登进士科、登进士及第、登进士第、登进士,中进士第、中进士,擢进士科、擢进士第、擢进士,登进士第甲科(登进士甲科)、登进士第乙科(登进士乙科)、登进士第丙科,举进士中第,举进士及第、举进士第、举进士(或为"举进士业"之省称,未必已中第,即未必是"举进士及第"之省称。要判定"举进士"是否及第进士,首先要视其后之连接词是否为官称)。

带有"及第"或"出身"字样的也是及第进士。如进士及第、进士出身、同进士出身。

进士与"第"或"起家"等字样组合的也是及第进士,如进士第、第进士,进士起家、起进士。

还有在"进士"之前系以朝代名、年号名、某年号之某年及干支名者,也为及第进士。如宋进士、戊戌进士、宝祐进士、某年进士等。

北宋仁宗嘉祐二年以后预殿试之进士必定为及第进士。如御试进士、殿试进士、集英殿进士、策试进士。新进士、前进士、免策士、知名进士、同年进士、同年,均属于及第进士。

进士科可以别称为上科、上第、高科、高第、巍科、俊科、哲科、儒科等,若前有动词"擢、登、中、举"等,必为及第进士。还有美称王髦、时髦、俊髦等。

五、由阶官优迁判断

及第进士作为有出身人,在北宋神宗元丰改制前后,其迁转、磨勘,均快于余人(包括诸科及第、门荫补官、纳粟、军功、出职人)。

96

5月8日　收到硕士研究生周劲松来信,告知因为爷爷去世,料理家事,放弃考博,先回丽水工作。信中写道:"回顾三年来您的教导,使我受益颇深。不仅是治学,更重要的是为人处世,将铭记在心,一生受用。"考虑过两年再报考博士。(按,周劲松的硕士论文题目为《宋代皇位继承制度研究》)

6月15日　收到王曾瑜先生来信。

延明兄,您好!

久不通信了,近日蒙惠赐古文献研究,谨表感谢。

目前电脑处理古籍发展到一定规模。前些日子去河北大学,他们将《长编》输入电脑,不需设定词汇,任意检索,对研究带来极大便利。

刘坤太来信说,包伟民也主持电脑库,不知贵处有何计划,闻七月在京开用电脑处置古籍会,不知您和包伟民是否参加。

愚意以为,宋史资料太多,只宜大家分工合作,共同开发,盼望你们联手,取得成就将造福于历史研究。

敬祝

夏安!

曾瑜敬上 6.11

6月　被列为浙江省哲学社会科学"九五"规划学科小组语言学、图书情报学组组长。(据浙江省哲学社会科学规划领导小组文件:《关于公布浙江省哲学社会科学"九五"规划学科小组成员通知》。)

8月　应聘出席在长春举行的"教育部第一届高校人文社会科学优秀成果评奖"活动。浙江大学去了两位,另一位是文艺学王元骧教授。

9 月　招收博士研究生杨福泉入学。

10 月　被聘为杭州大学增列博导委员会评审专家。

10 月　《稀世通才沈括成长道路的启示》一文刊于《文史知识》第 10 期。

文章主要内容为：

> 沈括（1033—1097），字存中，北宋两浙路杭州钱塘县（今浙江杭州市）人。他的《梦溪笔谈》是一部内容极其丰富的学术著作，所涉及的学科领域十分广泛，包括自然观、物理学、化学、天文学、地学、生物医学、工程技术……英国科学技术史专家李约瑟称沈括为"中国科学史上的里程碑"。沈括又是一个不可多得的文武全才……少为人知的是，沈括在事功方面的建树。他曾代表宋政府与辽进行边界谈判，面对强敌，威胁不为所屈，利诱不为所动，坚持原则立场，出色地完成了使命，显示了一个外交使节的崇高气节与智慧。在抗御西夏战争中，他还曾担任军事统帅，成功地指挥了一次规模较大的战役。
>
> 然而处于同一时期的人，何以沈括独能获得如此成就，卓然超群？文章概括有四条：一、刻苦励志，奋斗不懈；二、发疑问难，勇于创新；三、观察敏锐，正以实验；四、学以致用，面向社会。

10 月 28 日　收到河北大学历史研究所漆侠教授的来信，邀请参加《宋史今注》项目之《宋史·职官志》部分的注释。信件内容如下：

> 延明教授左右：
>
> 多年未见，深切驰思。原想在昆明年会上见面的，以左右未去，故不能如愿。

今有一事与先生相商：社科院历史所于去年即有搞二十四史今注之举，由张政烺先生任总主编，《宋史今注》则由河大历史研究所承担。弟因去新加坡一年，未能及时与宋史界同道广加商议，以便共同承担此一任务。经多次考虑，好多同道一致推荐将《宋史·职官志》部分由吾兄注释，弟至为赞同。因此这些时候一直想向兄专候。现将有关今注事宜专寄，恳请吾兄考虑承担，弟不胜屏营之至，恭候嘉音。此祝

教安

弟漆侠敬上
1996 年 10 月 28 日

11 月 29 日　被列入第四届古委会委员。（据国家教育委员会文件教党[1996]96 号，《关于成立第四届全国高等院校古籍整理研究工作委员会的批复》。）至今仍为古委会委员。

11 月　以古籍所所长身份邀请中华书局总编辑傅璇琮先生到古籍所讲学。（摘自浙江大学古籍所《大事记》）

12 月 25 日至 27 日　参加在北京召开的全国高校古委会四届一次会议。此次会议中，被聘为"第四届（1996.12—2000.12）全国高校古委会学科建设与人才培养组成员"，由全国高校古籍整理研究工作委员会颁发聘书。

12 月　主持申请的《中国历代登科总录》课题列入国家教委"九五"重点项目。

1997 年　57 岁

1 月 2 日　召开古籍所全所大会,布置相关事宜。日本专家冈元司到访。他在日记中写道:

> 上午,全所开会,传达古委会第四届会议情况,布置申请国家课题及填年终成果报表。
>
> 古委会 1996 年批准立项:《敦煌文献合集》20 万元,《中国历代登科总录》追加 4 万元。个人项目一项(方建新),所内形势大好。
>
> 晚上宴请日本学者冈元司,蔡罕陪同。

1 月 3 日　给博士生杨福泉上课。晚上,宴请日本专家冈元司。

他在日记中写道:

> 给博士生杨福泉上课,主要讲中国古代官箴,作为一个未开发的研究领域,值得重视与研究,探讨官箴与吏治之关系。交给其一份官箴书目,并布置调查杭大、省图现存官箴书目,借给《图名录》及《吏学指南》等。
>
> 中午宴请,在老专家楼。本所束景南教授陪同。
>
> 浙江教育出版社张晓夫来,谈启动费事和预约协助《蔡元培全集》审稿,审稿费每千字 40 元。
>
> 中华书局汪圣铎来电:《岳飞研究》(4 辑)已出书。

1 月 23 日　参加全校中层以上干部会议。会议内容,日记写道:

郑小明校长讲了：

(1)校庆(3.30—4.1)；

(2)四校并校；

(3)杭大211工程立项。

张金山副校长讲了高校二村集资建房，全省事业单位津贴增加，教授由57元增加到180元。

2月24日 古籍所领导班子调整，再次担任所长。日记写道：

副校长胡建淼来研究室宣布古籍所新领导班子：

所长：龚延明 副所长：张涌泉 王云路

陪同前来的是组织部部长许迈进。

2月27日 参加古籍所组织的座谈会。中华书局《文史知识》副主编柴剑虹来杭大，座谈关于敦煌文献合集选题如何开展的问题。(摘自日记)

2月 古籍所与中文系古汉语教研室共同主编的《古典文献与文化论丛》由中华书局出版，与黄金贵教授共同担任《论丛》主编。

2月 《宋代武官阶类别及其演变》一文载于杭州大学古籍所、中文系古汉语教研室编的《古典文献与文化论丛》(中华书局出版)，后本文收录于朱瑞熙主编《宋史研究论文集》第11辑，巴蜀书社出版，2006年。

文章主要内容为：

宋代武臣寄禄官阶，以徽宗政和二年(1112)九月二十五日颁《改武选官名诏》为界，分前期旧名号与后期新官号两个阶段。但不论新旧名号，武阶由高低几个层次组成不变：正任官、遥郡官、横行官、诸司正使、诸司副使、大使臣、小使臣，以及殿侍以下无品、不系磨勘之杂阶。政和二年九月改新名之特点在于，把不同层次的武阶，综合成自太尉至承信郎五十二阶（不系磨勘之正任，遥郡与下班祗应以下无品阶未列在五十二阶之内）。南宋绍兴间，作了进一步调整，把诸郎统移置于大夫之下，并增加了无品的武阶进勇副尉、守阙进勇副尉二阶，使杂阶增为八阶；加上有品之五十二阶，总计六十阶。武阶为武臣与内侍通用。

3月3日　中华书局《文史》编辑李解民来古籍所。在新专家楼招待李解民及文物研究所李俊民。

4月　《宋代官制辞典》由中华书局出版。全书179.6万字。（按，2007年第2次印刷，2013年第3次印刷，2017年增订版。2001年获浙江省第九届哲学社会科学优秀成果一等奖，2003年6月获教育部全国高校人文社科优秀成果历史类三等奖。）

6月6—13日　参加在宁波召开的"全国古籍提要编纂会议"，担任《史部政书提要》编委会主编傅璇琮先生助理。

6月　《〈宋大诏令集〉阙卷辑补》一文刊于《文献》第2期。（按：期刊网知网将作者误作：龚廷明）

文章主要内容为：

《宋大诏令集》原书共二百四十卷，一百三十余万字，汇编了自宋太祖建隆至宋徽宗宣和间九朝皇帝的诏旨，分为帝统、太皇太后、皇太后、皇太妃、皇后、妃嫔、皇太子、皇子、亲王、皇女、宗室、宰相、将帅、军职、武臣、典礼、政事十七门，按年系月编定，为研究北宋历史提供了一份宝贵的第一手资料。然此书无刊本行世，流传至今的有三种清抄本，即铁琴铜剑楼、晒宋楼、读经庐传抄本。因是传抄，辗转流布，岁月寖久,各有阙脱。中华书局中国古代史编辑室一组(笔名司义祖),校点本《宋大诏令集》主要依据北京图书馆藏的经庐抄本。此校订本《宋大诏令集》,因其中阙七一至九三卷,一〇六至一一五卷(以上卷目与诏令俱阙),一六七至一七七卷(此十一卷有存目无诏令),不无遗憾。本文是对卷172《科举》1之存目及正文的辑补。

按,《〈宋大诏令集〉阙卷辑补(续)——卷173〈政事〉26〈科举〉2之辑补》一文刊布于1997年《文献》第3期;卷171《制科》下之辑补则收录于《漆侠先生纪念文集》,(河北大学出版社2002年版);《〈宋大诏令集〉阙卷辑补与考异——卷170〈制科〉之辑补》,刊载于2004年《文献》第2期。以上四篇合并收录于龚延明著《中国古代制度史研究》,题名为《宋大诏令阙卷辑补点校》(四篇)。

8月 龚延明在职官和科举研究中取得的成绩,得到了宋史研究专家、宋史研究会会长王曾瑜的高度评价,在《历史研究》第4期发表的《宋史研究的回顾与展望》一文中写道:

> 官制是宋史研究的一大难题,却又是研究任何课题都无法回避的。就我个人的教训而言,论著中的一些错误,大多出在官制方面。在邓广铭先生的倡导下,官制研究取得了很大进展。龚延明无疑是成就最大的一位,他撰有《宋史职官志补正》一书,另有长达150(按,当作"180")万字的《宋代官制辞典》,乃是迄今篇幅最大的一部个人宋史专著和工具书,此书在词条上大体可说是巨细无遗,并且有释文,有史料的引证。这是继邓广铭先生40年代的《宋史职官志考正》之后,又一里程碑式的作品……宋时使用"进士"一词,含义较广,包括非及第进士,龚延明《宋代及第进士之鉴别》

对此作了深入论述,甚见功力。

9月 受聘担任《续修四库全书》工作委员会编委。

9月 招收的博士研究生郭春环、硕士生夏卫东入学。

9月 《唐宋官制对高丽中期王朝之影响——以高丽王朝成宗、文宗官制改革为中心与唐宋官制比较研究》一文收录于北京大学韩国研究中心编《韩国学论文集》,新华出版社出版。

文章摘要为:

> 高丽王国(公元918—1392年),历时四百七十五年,与中国五代、宋辽金、元、明初诸朝并立在亚洲东方。高丽王国官制,深受邻国中国诸王朝之影响。本文拟就以文宗、成宗官制改革局中心所形成的高丽王朝第二阶段官制,按官、职、阶、爵、勋、章服、差遣诸范畴,进行比较研究。

10月28日 收到河南大学苗书梅来信。信件部分内容如下:

> 龚先生:
>
> > 您好!
> >
> > 昨天收到了先生寄下的尊著《宋代官制辞典》,皇皇巨著,近180万字,这是我盼望已久的好书,感激之情难以言表。早在90年代之初,我已得知先生有关宋代官制将有三部著作推出,一是《宋代官制辞典》,一是《宋代职官简称别名汇释》,一是《宋代官制史》。翘首企足,等待了几年,终于盼到了该书的面世,我接到书后,已迫不及待地阅读了一部分,其中解释了不少我多年来疑惑不清的名词,该书不仅对我本人的教学科研有巨大帮助,对学界的贡献也将是不可估量的。
> >
> > 宋代官制实在太繁难了,先生苦读多年,终于写出了这

部查阅极为方便的工具书,其中的艰辛是一般人难以理解的,再次向您表示祝贺和衷心的谢意!

……

11月 《文史知识》第11期刊布《〈宋代官制辞典〉出版》的消息。

文中写道:

杭州大学古籍所龚延明先生编著的《宋代官制辞典》,以其严谨晓畅、翔实可信的独特风格,引起国内外学人的关注。

12月30日 收到傅璇琮先生来信。信件内容如下:

延明同志:

近日因搬迁新地,整理办公室材料,发现不少80年代时信札,其中有老一辈的学者,如谢国桢、启功、钱钟书、余冠英、蒋天枢等,也有中青年学者,重新阅读,非常有情味。其中有几封你的信,更使我欣慰。今寄上几封,请一阅。我曾在一篇文章中谈过,80年代初以来,我因工作关系,结识了不少学术界人士。这些年来我有两个收获,一是写了几本书,二是交结了好几位学术挚友。从某种意义上说,这第二个收获比起第一个更为宝贵。这是我的真心话,现在阅读你给我的信,更坚定我的这一信念。我感到自慰的是,这些年来我总算尽自己的一点微力为学术界的友人做了些事,不管老中青,他们都对我有一种超乎利害的情谊。你的信,诚挚、热情,本于衷心,可见我们在学术上的合作,真有一种切磋学问的高尚情操。因此我很宝贵。现特寄上,以供新春备览。便中或请复印后寄还,仍想珍存。我有一个想法,如可能,我很想把这些学术信件编成一本书出版,这是很有意思的。

祝新春快乐。

傅璇琮　97.12.30 夜

1998 年　58 岁

1月18日　接到河北大学漆侠先生来信,邀请担任《宋会要辑稿》点校副主编。漆侠先生信中写道:

延明教授左右:

　　您好!

　　《宋会要辑稿》是研究宋史的最重要的基本材料,亟待整理校点。项经王曾瑜教授、黄宽重教授商定,该书整理校点由海峡两岸同道合作,台湾方面兼可出部分印刷费用。北京同道对此甚感兴趣,中华书局亦将是书列为古籍整理之重点。由于该书字逾千万,不调动宋史学界全部力量,实难以完成其事。为此,成立《宋会要辑稿》整理编校委员会,设主编、副主编和编委若干人,以董其事,准备三年内(1998—2000)全部完成。主编拟由河北大学漆侠教授、台湾大学王德毅教授担任,以便协调工作。副主编则根据工作需要多设几位,拟请您担任,并请您联系该地区宋史研究者,以便开展工作。如蒙答允,即请回示,并盼将所承担部分提出,以便统盘考虑,专此。敬祝

　　撰安!

　　杭大是宋史研究的中心之一,务请您同(梁)太济等先联系,多承担工作为祷。

漆侠　1998.1.18

1月 杭州大学古籍所祖慧撰写了两篇书评:《体大思精之典 翔实缜密之著——〈宋代官制辞典〉简评》刊于《中国史研究动态》第1期。《一部独具特色的官制辞典——〈宋代官制辞典〉简评》刊于杭州大学学报(哲社版)第2期。

文章写道:

杭州大学龚延明教授编纂的《宋代官制辞典》,这是一部通贯两宋,全面、深入、系统地展示宋代官制全貌,具有鲜明学术特色,体大思精、翔实缜密的工具书。

2月17日 接到参加杭州大学专家座谈会通知。通知内容为:

国家教委社科司司长奚广庆教授和有关领导将来我校进行调研工作,为此我校将召开座谈会,会议议题如下:

(1)近年来我校人文社科研究工作取得的成就,特别是为经济建设、政府决策和高教改革发展起了重要作用的优秀成果、典型事例和主要经验。

(2)分析对社会科学研究的需要和高校人文社科发展趋势,商讨人文社科研究发展的新思路、新建议。

(3)请联系本学科情况认真准备,准时参加,积极发言。

时间:2月20日(周五)上午8:30—11:00

地点:邵科馆三楼第七会议室

杭州大学校办
杭州大学社科处
1998年2月17日

参加座谈会专家名单:

庞学铨　胡建淼　徐　辉　杨树标　尹文耀　黄华新
肖瑞峰　史晋川　陈　纲　方展画　龚延明　余逊达

李寿福　孙笑侠　金健人　王　勇　孙达人　汪　斌
陈村富　吴熊和　黄时鉴　金祥荣　罗卫东　张涌泉
楼含松　金普森　仓修良

2 月 20 日　参加国家教委在杭大召开的专家座谈会。这也是杭州大学最后一次专家座谈会。批阅硕士研究生试卷。

日记写道：

> 上午参加国家教委社科司司长奚广庆、副司长阙延河等召开的杭大文科专家、教授座谈会。在会上，就古籍整理要加强研究、基地文科要关注现实，建议在高校增设"人学"课程，重视对人文主义精神之研究；建议文科学生进行统考竞赛，引进竞争机制。
>
> 下午，批阅硕士生试卷。杭大副校长胡建淼陪同。

2 月 21 日　与广西师大副教授黄明光谈话。《中国历代职官别名辞典》三校后统稿。（摘自日记）

2 月 25 日　收到香港中文大学中国文化研究所惠赠《二十一世纪》第 1 期。收到复旦大学中文系主任陈尚君赠书《唐代文学研究》，内有傅璇琮先生所写"序"。（摘自日记）

4 月 1 日　上午陪傅璇琮先生检查《宋登科记考》工作进度。魏得良教授、祖慧副教授两位参加。（摘自日记）

4 月 3 日　撰就悼念刘操南先生挽联二副，与张（涌泉）、王（云路）去看望刘操南先生家属。两副挽联为：

（一）

绛帐授徒识通文理当今谁氏堪承流

杏坛设教学贯中西尔后何人能传薪

（二）

大儒行义以达风风雨雨未夺报国报民凌云志

名家笔耕为业矻矻孜孜不移能文能史班马心

4月14日 上海辞书出版社打来《中国历代职官别名辞典》制版费三万元,经过财务处,学校收取管理费一千元。考生新疆师大多洛肯中午抵杭,由夏卫东去车站接。(摘自日记)

4月17日 西南师大博士生朱华农抵杭来访。(摘自日记)

4月21日 《文献》编辑部曹月堂先生来,在新专家楼设宴招待。他在日记中写道:

> 该先生快言快嘴,直抒胸臆,似好打抱不平。居然说:此行是来"化缘"的。

4月26日 参加在杭州大学邵科馆举行的"古汉语与古文献国际学术研讨会"开幕式,并致开幕词。担任此次研讨会组委会主任。

研讨会组委会名誉主任是教育部高等院校古籍整理工作委员会主任、北京大学教授安平秋教授,杭州人学校长郑小明教授;主任是杭州大学古籍研究所所长龚延明教授。(摘自日记)

4月27日 上午陪中华书局历史编辑室主任张忱石参观杭大图书馆六楼605室"中国历代登科总录"课题室,对《宋登科记考》样稿质量表示满意。1999年安排出书计划,即支付排版费,口头达成协议。(摘自日记)

4月30日 下午到浙江省政府大楼三号会议室参加"新浙大筹建大会"。

教育部部长陈至立、副部长周远清,浙江省省长柴松岳等讲话。筹建领导小组组长陈至立,筹建小组组长张浚生。(摘自日记)

4月 北京大学邓小南发表书评《龚延明著〈宋代官制辞典〉》,刊于《历史研究》第2期。

文章写道:

和已经出版的一些职官辞典比较，这部工具书的价值确实不同凡响。从辞典内容的深度广度，到富于创新的体例设计，都使它具有独特的学术优势。概括起来，《宋代官制辞典》具有以下诸方面的特点：

一、按官僚制度内容编排门类，结构新颖。本辞典的词条，皆按隶属关系排列，从而突出了职官制度的内在联系。

二、体例缜密，释义详尽。这部辞典的正文，包括职官与术语典故两部分。职官释文之义项，融官名或官司、职源与沿革、职掌或职能、编制、品位、简称与别名于一炉，与通常所见官制词典之做法大不相同。

三、词条的释文皆配以书证或例释。这部辞典所有的条目，无论是正式官称、简称、别名，抑或职官术语，释文之后皆标明所依据的书名、篇名，或直接引用原文为例释。这种释义重依据、注出处的做法，既恪守辞典编纂的准确性、科学性原则，又为读者深入研究提供了可参考的线索。

四、在该辞典正文之前，是作者运用自己对于两宋官制融会贯通的认识撰写的一篇十余万字的《宋代官制总论》。这篇《总论》既阐述了两宋官制演变的阶段性、主要内容及其特点，又涵盖了设官分职与管理官吏制度两大方面的诸多范畴，是对两宋官僚制度的精练概括。

五、《宋代官制辞典》的《总论》及正文部分所附设的官制表格达 59 种之多，其中包括中央与地方机构、文武官阶、内侍官阶、伎术官阶、内外命妇名号、爵级与食邑、食实封等等。

六、采全率高与检索方便相统一。

称得上"鸿篇巨制"的这样一部大型辞典，亦难免存在照应不周之处。

首先,在条目的设立、释文的编排方面,似可进一步斟酌。

其次,本辞典在抄录、校对方面尚存在疏漏之处。

复次,读者要充分利用这样一部多功能的辞典,有赖于本书索引与正文的严密配合。以上不足,无妨宏构。相信在本辞典修订再版时,将会更加完善。

5 月 5 日　上北京香山饭店,应邀参加"汉学国际学术研讨会",分配在"历史学科组"。(摘自日记)

5 月 6—9 日　参加北京大学主办的"汉学研究国际会议"。提交会议论文《填补中国科举史研究的一项空白——〈宋登科记考〉的编撰》(与傅璇琮先生合作),本文收录于北京大学中国传统文化研究中心编《文化的馈赠——汉学研究国际会议论文集》(史学卷)(北京大学出版社 2000 年版)。经修改后又收录于龚延明著《中国古代制度史研究》(浙江大学出版社 2013 年版)。

5 月 11—13 日　参加在北京五洲大酒店举行的"海峡两岸古籍整理研究学术研讨会"。

5 月 15 日　参加全国高校古典文献专业研究生论文评审会议。转回北大,住勺园招待所 8 号楼 304 房间,与山大中文系袁世硕住同一房间。(摘自日记)

5 月 17 日　与儿子龚刚拜访北大比较文化研究所教授乐黛云(住朗润园),乐先生对其弟子龚刚很满意,称他为"得意门生"。(摘自日记)

6 月 6 日　接校社科处陈林高来电,告知《宋代官制辞典》被评为省教委高校社科优秀成果一等奖。

6 月 11 日　应新浙大成立庆典筹建小组彭凤仪之约,特写对联一副：

> 忆往昔"中国四强"，老浙大求是育英，"东方剑桥"扬美名

> 看今朝"四校合并"，新浙大改革创新，"世界一流"铸辉煌

（自注：20世纪40年代，中国高校四强，指中央大学、西南联大、浙江大学、武汉大学。浙大有"东方剑桥"之誉称。）

按：此副对联刊载于《浙江大学报》。

6月12日 上午，指导的首位博士生宫云维论文答辩，论文题为《宋人笔记中科举资料研究》。答辩委员会主任徐规教授邀请了外校专家复旦大学历史系朱维铮教授作为评委之一。徐先生十分认真、严谨，就论文中未确之处，逐字逐句提了出来。委员会一致通过了论文答辩。（摘自日记）

6月14日 《中国历代职官别名辞典》三校完毕。花去了四个多月时间。下一步，合并条目，统稿，当需两个月左右，计划八月底前完成。（摘自日记）

6月18日 教育部送来三批材料，特邀通讯评审：

(1)跨世纪人才及其立项申报；

(2)高校人文社会科学研究优秀成果奖申报；

(3)教育部课题立项申报。（摘自日记）

6月26日 参加董氏文史哲基金会评审会议。

成员：沈善洪（杭大校长）、庞学铨（校党委副书记）、吴熊和（中文系主任）、金普森（历史系主任）、陈林高（社科处处长）、朱炯强（外语系主任）、龚延明（古籍所所长）。

内容：评奖、评立项、评出版资助，评购买图书资助、评会议经费资助。

《宋代官制辞典》获一等奖,奖金一万元。(摘自日记)

8月 参加在四川举行的宋史研究会第八届年会,被推选为中国宋史研究会理事兼副会长。他在日记中写道:

> 会上,与中华书局编辑路育松相遇,她是南京大学历史系博士生毕业,约我撰写中国古代史辅导教材。我答应回去考虑。

9月 《宋代官制辞典》获杭州大学董氏文史哲奖励基金教师著作类一等奖。招收博士研究生李润强、多洛肯入学。

11月18日 《中华读书报》刊出署名"云汉"的书评,《十年著一书 后学之津筏——云汉评〈宋代官制辞典〉》。

文章写道:

> 杭州大学龚延明教授孜孜矻矻十余年,厚积薄发,埋头笔耕于较为荒僻沉寂的中国官制史研究园地,在《宋史职官志补正》《宋代职官简称别名汇释》和《宋代职官术语汇释》等一系列研究成果的基础上,潜心著成这部《宋代官制辞典》。全书贯通两宋,旁征博引,体大思精,展示了赵宋官制全貌,学术个性极其鲜明。
>
> 《宋代官制辞典》近180万言,是迄今篇幅最大的一部个人研究宋史的专著。全书共分"宋代官制总论""职官条目""职官术语与典故""官制表格"和"笔画索引"五部分,收录官司、官名11000条,职官术语、典故600余条,穿插相关表格59幅……
>
> 龚先生面对"剪不断,理还乱"的宋代设官分职制度,在编撰体例上殚精竭虑,推陈出新。首先,利用长达十余万字的"总论",简括地勾勒出两宋官制的源流变迁,阐释官、职、差遣三者彼此独立的特殊官制格局,开宗明义,脉络清晰,

具有提纲挈领的导读作用。其次，正文词条采取分门别类的编排方法，依据职官制度的内在规律及其上下隶属关系，分类部居，以类统门，以门系目，有条不紊，巨细无遗。每一官司或官名的释文，大致包括职源、沿革、职掌（职能）、官品（品位）、编制、简称与别名等义项。释文征引广博，注明出处，言必有据；简称与别名一律采用例释。无论书证抑或例释，一笔不苟，令人信服。读者不仅可以通过索引便捷地查阅某个官司、官名，而且可以触类旁通，最大限度地拓展相关相近知识的层面和外延，颇有举一反三、启迪心智之妙……

作者创造性地专辟"职官术语与典故"一节，将涉及两宋官制的班朝、官仪、命令、文书、入仕、磨勘、差注、故事、章服等方面的术语、典故，逐一胪列，详加诠释，为全面深入正确地理解宋代官制打开了一扇大门。

龚延明先生治学功底扎实深厚，甘坐冷板凳。诚如我国已故宋史研究权威邓广铭老人生前的评说："龚延明同志对于宋代官制既有通贯的理解，也具有深厚的基础与根底。求之于当今之治宋史者，他的功力之雄厚是应居首选的。"

按，"云汉"是谁？至今仍是一个谜。

1998 年 《古籍整理情况与简报》第 3 期刊载了中华书局徐敏霞书评《宋代官制研究与〈宋代官制辞典〉》。她以这部辞典的责任编辑身份，更加透彻地评价了这部工具书的特点和价值。

文章写道：

这是"一部体例缜密而又别开生面"的辞典。为了完成这部体例创新的、综合性断代职官大辞典，龚延明先生凭着顽强的攀登精神与执着的追求，矻矻孜孜，穷年累月，发奋了十余年，终于出版了。正如他立下的座右铭所言"不厌其烦见精神，日积月累奏奇功"。这部大辞典的诞生赢得了宋史学界权威邓广铭先生的高度评价，他认为："龚延明同志对于宋代职官制度既具有通贯的理解，也具有深厚的基础与根底。求之于当今之治宋史者，他的功力之雄厚是应居首选的。"为此，邓先生还欣然接受了中华书局之请，为《宋代官制辞典》题写了书名。这可以代表宋史研究的前辈学者对这部辞书学术价值的科学评估。

宋代官制是学术界公认的"宋史研究两大难题"之一。（见李学勤、王曾瑜等撰著《中国古代史导读》，文汇出版社1991年版，第 320 页）

龚延明同志决心啃下这个"酸果"。在 20 世纪 80 年代初，他请教了北京、杭州等地文史界老前辈、专家，决心从做《宋史·职官志》补正入手，首先全面摸清两宋自中央至地方政府机构及一整套官吏的管理制度，进而完成了《宋代职官简称别名汇释》与《宋代职官术语典故汇释》两部书稿。在深入钻研的基础上，最后撰写成这一部 180 万字的综合性《宋代官制辞典》。该《辞典》在撰写过程中，曾将部分条目释文选登在《宋史研究通讯》《西南师大学报》上，即引起海内外来史学界的反响与关注。日本、韩国、美国以及中国宋史界同行纷纷写信询问，该《辞典》在何家出版社，何时能问世。他们热切地希望能早日得到此书。美国的 *Journal of Sung-Yuan Studies*（《宋辽金元研究》）主编哈格特（Hargett）教授，在得悉中华书局将出版该《辞典》的信息后，就发表了书讯。

作为本辞典的责任编辑，我差不多用了一年多功夫审读加工了这部断代职官辞典,深感这部工具书的价值确实不同凡响。从辞典内容的深度广度,到体例新颖、独创一格,都使它具有独特的学术优势。概括起来,《宋代官制辞典》具有以下五个特点:

一、结构新颖。本辞典的词条,皆按隶属关系安排。例如后妃、东宫官、内侍官,属于皇帝制度范围,即依次逐条排列在"皇帝"之后……这种按隶属关系编列职官条目的优越性是显而易见的,每一个官司包含多少官额,一览无余,不能马虎过去,也能防止遗漏。读者需查某一官名时,不但可从《辞典》中找到确切的释文,还能认识该官在其所属官司中的地位与联系。此可谓一举两得。

二、体例缜密。《辞典》的正文包括职官与术语典故两部分。职官释文之义项,与通常所见的官名词典单打一的解释职掌,亦不相同,而是融官名或官司、职源与沿革、职掌或职能、编制、品位、简称与别名于一炉……尤其值得一提的,是本辞典所收职官别名条目之多,近五千条,这为读者清除"别名费解"障碍提供了很大的方便。

三、词条的释文皆配以书证或例释。《辞典》所有的条目,无论是正式官名、简称别名,抑或职官术语,其释文之后均标明所依据之书名、篇名,或直接引用原文为例释……这样做,同时又为读者进一步研究提供了有用的线索。

四、正文内设有若干附录,可供使用时参照。正文之前置有十余万字的"宋代官制导论",这是作者运用自己对两宋官制融会贯通的知识撰写而成,有助于使用者对宋代政府机构的组成,及宋代官吏的管理制度等两方面有一个总体的认识,可作为"宋代官制入门"来读。此外,附有包括俸

116

禄、文官阶、武官阶、殿阁职阶、天文官阶、爵级与食邑、食实封、勋转、功臣号、外命妇名号等表格四十余种。它们与正文的解条相辅相成,具有点面结合、增强感性认识的功效。

五、采全率高与检索方便相统一。本辞典所收总词条近一万一千条(包括简称与别名),对一个朝代的职官与术语涵盖面之广、收词率之高,是迄今为止出版的任何职官辞典难与相比的。如此众多的条目,加上依隶属关系的编排,会给查检带来不便,《辞典》的索引则解决了这个矛盾,即编制了分类目录索引与笔画索引,从而使读者既可按笔画查检词条,又能按门类、按隶属关系去查检词条,保证了《辞典》查检方便的性能。

12 月　《中国历代职官别名研究》一文刊于《历史研究》第 6 期。本文为《中国历代职官别名大辞典·序论》(上海辞书出版社 2006 年版)。大致内容如下:

职官别名,是相对于正式官称而言,即诸凡非正式官称,统可称之为职官别名。所谓正式官称,系指通过诏令发布,或官品令、式,吏部条法,会典所规定的正式官名。需要注意的是,正式官称具有特定时限性与变称。

文章分三部分:一、职官别名的分类,可概括为以下诸种类型:1.简称即职官省称。2.总名,即某种类型职官的集合名。凡以总名称呼的官称,皆为某些正式职官的有内在联系的合称。3.别名。不同于职官省称、总名,是“以它名”拟称之。这类别名从字面上看,与职官正称几无形似之处,而是从正式职官之职能、班位、待遇、渊源甚至官司方位、官员服章上,取其某种特征、典故、喻义的比拟称呼。细分为:拟古官称,用典称,俗称以及尊称、美称、号称、谑称、谥称

（讥称）等等。为官场、民间习常便称。

二、职官别名的滋生规律。阐述了别名滋生的几种途径:1.节缩省称;2.采择经书典故称;3.沿袭古称;4.采用职官特征比拟命名;5.官司方位命名。

三、研究职官别名的意义。由于史学界对职官别名的研究跟不上,已经直接影响到古籍整理和研究的质量,并不可避免地给文史研究工作带来间接影响。

1998 年 《中国历代职官别名大辞典》完稿并交付上海辞书出版社。本书系国务院古籍整理重点项目、国家新闻出版署十五规划重点图书项目,于 2006 年正式出版。

1999 年 59 岁

3 月 15 日 被列入"浙江省哲学社会科学优秀成果评奖委员会"委员。(据《中共浙江省委宣传部通知》)

3 月 24 日 列为四校合并后新浙大"重新确认博士生导师委员会委员"。(浙大发研〔1999〕35 号文件)

他自述道:

四校合并后,遇到一个新问题,四个学校博士点刚评上的博导,需统一由新浙江大学审议、确认的问题。于是,浙江大学校方临时成立了"原四校联合新增博士点增补博士生导师重新审议确认委员会",并颁布了《关于成立原四校联合新增博士点增补博士生导师重新审议确认委员会的通知》。确认委员会主任为校长潘云鹤,我是审议确认委员会委员之一。在玉泉校区召开的、潘校长主持的审议会上,曾是杭大新村邻居的徐岱教授,就是经审议重新确认的四校一批博士生导师之一。

5 月 10 日　被教育部聘请为教育部人文社会科学界研究专项任务申请通讯评审专家。(据教社政司〔1999〕68 号文件)

5 月 26 日　博士研究生杨福泉进行毕业论文答辩,论文题目是《扬雄研究》。答辩会主席浙江大学中文系肖瑞峰教授,评审委员有古籍所崔富章教授、束景南教授、张涌泉教授,还有浙江省社科院陈剩勇研究员。答辩得到评审委员的一致同意,顺利通过。

5 月　《中国历代职官别名研究》获浙江大学董氏文史哲奖励基金三等奖。

6 月　招收日本留学生松本香。

8 月　《唐宋官制对高丽前期王朝官制之影响——以中枢机构为中心之比较研究》　文刊于《中国史研究》第 3 期。

文章主要内容为:

> 高丽王朝新官制定制阶段,即自景宗朝至元宗朝这一历史时期,其官制深受中国唐、五代、两宋三朝之制的影响。诸凡机构设置、职掌分工、选任官员之资格等,近乎相同,小有差异。其差异之处:一是从本国实际出发,因地制宜,在机构设置规模、编制上,予以压缩,不是全盘照搬唐、宋之制;二是中国社会由唐、五代入宋,不断演变,随之官制也屡有变革,这种变革难以及时地或相应地在高丽王朝新官制上一一反映出来,因此,就出现寓唐、宋之制于一炉的情况。中韩文化交往源远流长,从职官制度上也得到了强有力的印证。

11 月 3 日　被任命为"浙江大学宋学研究中心"主任。

迻录浙江大学"发社科(1999)14 号"文件《关于成立浙江大

学宋学研究中心的通知》(此文件起草打印,由褚超孚承办,褚超孚现为浙江大学出版社社长):

> 任命龚延明为主任,束景南、沈松勤为副主任。"中心"实行主任负责制,采取"小实体、大联合"的方式,以少量专门研究人员为核心和骨干,以项目为纽带,实行人员流动,聘请国内外知名专家担任兼职研究员或顾问,建立由校内外该研究领域的知名专家组成的学术委员会。

浙江大学

1999 年 11 月 3 日

12 月 23—24 日　前往南京马家街江苏教育出版社,带去《宋登科记考》中 68 榜样稿,请出版社副总编徐宗文审阅,并一起讨论,确定了撰编《宋登科记考》全书的体例。出版社预支了四万元稿费,以便于支付电脑输录费及劳务费。又商谈了长期合作事宜,即继《宋登科记考》后,接续做的《明登科记考》《清登科记考》。

12 月 30 日　撰写的《新世纪百字寄语》,刊于《浙江大学报》。

寄语全文:

> 跨进新世纪,我渴望科技的高速发展能与人类生存环境的改善相适应,渴望技术创新能添上人文关怀的翅膀,让人与自然、人与社会分离的趋势得到遏制,让二十一世纪"新人类"所得到的幸福,不仅仅是享受物质产品的大大丰富,更在"天人合一"的和谐氛围中,享受精神的富有与心灵的安宁!
>
> 并愿"浙大人"在"地球村"新生活的建设中,能占有举世瞩目的一席之地,发出自己的最强音!

按,此寄语获得"一等奖",奖品于 2000 年六月廿日领到。（摘自日记）

12 月　硕士研究生夏卫东毕业论文答辩,论文题目为《清代浙江进士研究》。

2000 年　60 岁

1 月 3 日　填写完夏卫东（指导老师龚延明）、陈静（指导老师张涌泉）硕士论文评语表格。夏卫东论文题目《清代浙江进士研究》,陈静论文题目《书仪研究》。

同日　接到历史系梁太济先生指导的博士生送审论文,题目为《宋代刑罚制度研究》。收到日本留学生松本香、复旦大学古籍所、南京大学中国思想家研究中心申屠炉明（《岳飞评传》责任编辑）等等照片十余份。又,收到四川大学古籍所邀请任特聘教授（兼职教授）公函。（摘自日记）

1 月 7 日　接收历史系曹家齐博士进入古籍所流动站从事博士后研究,担任其合作导师。

1 月 13 日　接到南京大学思想家评传研究中心电话,预约16 日来杭谈论《岳飞评传》的书写进度。下午在家,继续看有关岳飞材料。（摘自日记）

1 月 15 日　下午在杭州大学图书馆六楼,开 1956 届大学同学会筹备会,参加人:马福廉、郭中名、顾彩真、龚延明,定于今年5 月中旬举行。（摘自日记）

1 月 16 日　晚上,南京大学蒋先生与申屠炉明（《岳飞评传》责任编辑）抵杭,晚七点与祖慧去拜访。谈了有关《岳飞评传》写

作要求。推荐祖慧承担《沈括评传》写作。(摘自日记)

1月17日 应邀参加历史系梁太济先生指导的博士生论文答辩会，担任答辩委员会主席。

日记写道：

> 一天在外奔忙，久雨初晴。心情与感觉特别好、特别愉快！

> 下午梁太济先生博士生魏殿金博士论文《宋代刑罚制度研究》答辩，推我承乏答辩委员会主任。论文获各位评委一致通过。评委：徐规、梁太济、何忠礼、包伟民、林正秋、龚延明

2月1日 签订《浙江大学聘任宋学研究中心主任协议书》。协议书写道："为了把'浙江大学宋学研究中心'建设成国内一流水平的研究基地，浙江大学决定聘请龚延明教授担任该中心主任，聘任期自签字日起，为期三年。 校长 潘云鹤(签名)"

3月17日 于《光明日报》刊布《职官别名宜慎用》一文。

文章基本内容为：

> 列举了报刊、古籍中误用的例子，指出识别职官别名并非易事，需要官制学养，希望学术界、出版界和报刊编辑能携手合作，共同重视掌握职官别名这把钥匙，尽力遏制职官别名误释且积重难返的趋势。

3月 卸任浙江大学古籍所所长，担任古籍所选举产生的"(古籍)所学术委员会委员"。被河北大学宋史研究中心聘为兼职研究员。

5月22日 迎接高校古委会参会人员。他的日记写道：

> 上午十点一刻接到(张)涌泉电话，要我去机场迎接高校古委会秘书长杨忠及刘玉才、顾永新一行三人，11:30接

到,送至金溪山庄已近十二点二十分。

5月23日　下午,将《岳飞评传》书稿用特快专递寄出,交南京大学中国思想家研究中心申屠炉明。(摘自日记)

5月24日　参加全国高校古籍整理工作会议。他在日记中写道:

会议分两个阶段,第一个阶段,评审古典文献奖学金(本科、硕士生、博士生)。今天一天看材料。

参加评审人:北师大李修生、陕西师大黄永年、南开大学赵伯雄、北京大学孙钦善、浙江大学龚延明、上海师大朱易安、南京师大赵生群。古委会秘书处杨忠、刘玉才、顾永新。

中午,高校古委会主任安平秋、曹亦冰赶到。

5月25日　参加古委会会议,评选博士生奖学金。他的日记写道:

一早赶至金溪山庄。浙大社科处处长罗卫东,副处长褚超孚、孟虎也一早赶来,去往拜见教育部社政司司长阚延河,想请他去看看浙大申报研究基地事,他避而不谈,怕为难。

上午将博士生奖学金申报人评出6名获奖者:一等奖为北大所得,二等奖二人为浙大(古籍所李润强)、山大所得,三等奖三名为浙大(中文系王德华)、华东师大、吉大所获。硕士生浙大未送。

上午,武汉大学宗福邦教授到。

5月26日　邀请陕西师大黄永年教授来古籍所讲学。他的日记写道:

下午,陪同陕西师大古籍所所长、教授黄永年来本所作学术讲演,题目是《对关陇集团再认识》。黄先生主张文史不分家,他以身作则,文史兼通,既擅长于古籍版本、碑刻鉴别,又对唐代政治史有深入的研究。如在这次讲演中,他对陈寅恪先生《隋唐制度渊源略论稿》就有所阐释,为什么隋唐政治制度不直接继承北周,而继承北齐、南朝制度?原因是北周落后、野蛮,他的讲演颇多幽默。

晚上去楼外楼设宴,招待古委会工作会议成员,之后,夜游西湖。我与北大张希清长谈。

5月27日 在图书馆课题室写唐代武举。与张希清谈南宋科举纪事体例。他的日记写道:

整整一天去图6(图书馆六楼)课题室写唐代武举。晚上,与张希清谈南宋科举纪事体例。祖慧参加,到10点才结束。

5月28日 《宋登科记考》已输入完100榜。还有18榜,又有无榜次的进士。(摘自日记)

6月 《评岳飞的军事思想》一文刊于《浙江大学学报》(哲社版)第3期。

文章的主要内容为:

民族英雄岳飞,在继承中国古代军事思想的基础上,通过近二十年实战经验,形成了自己独具特色的军事思想。其主要内容包括以德为先、以智取胜、治军以严、临战以勇、用人以信五个方面。其中尤以以智取胜、严以治军最为突出。他的"运用之妙,存乎一心"和岳家军"冻杀不拆屋、饿死不打掳",已成了治军的至理名言,对后世影响颇大。

7月28—8月6日 去河北大学参加了两个会议。一是评审邓广铭学术基金优秀论文奖,二是宋史国际学术研讨会暨中

124

国宋史第九届年会。他的日记写道：

> 29 日,我先到北大,由张希清安排住入勺园招待所。30
> 日与(邓)小南、台湾黄宽重同车去保定。31 日评审,评出四
> 位得奖论著作者。8 月 1 日至 5 日,开会。4 日参观清代西
> 陵。5 日下午参观保定:直隶总督府衙。

> 会上,会见了宋史界多年海内外老朋友:美国贾志扬、
> 田浩,日本梅原郁、伊原弘,还有王瑞来及我招的日本留学
> 生松本香。台湾学者王德毅、黄宽重等。

> 年会,增补两位理事:包伟民(浙江大学)、邓小南(北京
> 大学)。

> 新选三位副会长:龚延明(浙江大学)、李华瑞(河北大
> 学)、杨果(武汉大学)。

> 8 月 6 日回杭。

12 月 15 日 指导博士研究生李润强撰写的论文在古籍所
举行研究生论文报告会中获二等奖。

2001 年   61 岁

1 月 《岳飞:廉洁奉公的楷模》刊于《反腐败导刊》2001 年
第 11 期。

3 月 招收的博士研究生夏卫东入学。

4 月 《岳飞评传》(中国思想家评传丛书),由南京大学出版
社出版。

5 月 指导的博士研究生李润强、多洛肯毕业论文答辩,论
文题目分别为《清代进士群体与学术文化》《明代福建进士研究》。

答辩主席:浙江大学历史系何忠礼教授。

答辩委员:复旦大学吴格教授,浙江大学历史系包伟民教授,古籍所方建新教授、束景南教授,浙江省社科院曾小华研究员。博士后曹家齐为答辩秘书。

按,多洛肯《明代福建进士研究》于2004年由上海辞书出版社出版;李润强《清代进士群体与学术文化》于2007年由中国社会科学出版社出版。

9月 招收博士研究生蒋金星入学。

9月 现任清华大学国学院院长的陈来教授的《醉心北大精神的史家》一文,刊于《读书》第9期,其中提及邓广铭先生对龚延明的提携与鼓励。摘录如下:

> 邓先生临终前,曾回顾说,这几十年来,我在学术上没有停顿,其中原因之一,就是因为有大师指导。大师在学术发展和人才养成上的关键作用,确乎重要,邓先生自己就是一个显例。
>
> 他对后学的表扬,正如陈寅恪等大师之于他自己一样,极尽奖掖之能事,如龚延明的《宋史职官志补正》完成,他为之写鉴定……表扬龚著"说理都极精当,证据都极确凿,所以也都有极强的说服力","真正做到了去粗取精,去伪存真,由此及彼,由表及里的境地"。提携后学、虚怀若谷的大家风范,表露无遗。

10月31日 与傅璇琮先生合作撰写《〈宋登科记考〉札记》一文,发表于《新宋学》第一辑(王水照等编,上海辞书出版社)。

文章的主要内容是:

> 初步揭示了《宋登科记考》不仅对研究宋代科举史有积极意义,对于研究宋代政治史、文化史、文学史也具有重要

的参考作用。

11 月 3 日　日本学者平田茂树及北京大学张希清、邓小南等抵杭,准备参加在临安举行的学术研讨会。午间,在浙大西溪校区毕至楼宴请接待。又闻听河北大学漆侠先生去世,以宋学中心的名义致唁电、挽联。他的日记写道:

> 上午十一时半,接待日本大阪私立大学教授平田茂树,学生夏卫东、松本香也过来。中午,在毕至楼设宴。下午四时,他们将去临安青山湖锦湖度假村开学术研讨会。古籍所祖慧和博士后曹家齐也将参加。北大张希清、邓小南已到。

> 晚上参加学术研讨会之戴建国,打电话来问好。

> 昨,收到河北大学宋史研究中心漆侠去世的噩耗,十分突然。去年春,我去拜访河北大学宋史研究中心,受到漆先生及中心老师热情接待,先生办公室就在该中心宋代图书庋藏十分齐全、丰富的宋史资料室内,看上去先生气色很好,侃侃而谈,学术视野十分开阔。当时他正在撰写《宋学形成与发展史》。人生难测如此,感到十分悲痛。

> 发去唁电、挽联:

> 河北大学漆侠教授治丧委员会:

> 惊悉漆侠先生仙逝,不胜痛悼,方期百年盛德,忽闻大梁倾顿,悲叹人世无常。缅怀先生音容风教,北望神伤。缘山关阻隔,未能赴灵堂祭奠。谨献花圈、挽联,以志哀思。

> 2001.11.2

> 绛帐授生徒育人弟子三千作栋梁江南江北鞠躬谢名师
> 史坛执牛耳通人专家制鸿篇饮誉海内海外顶礼祈鸿儒
> 浙大宋学研究中心　龚延明敬挽

11月4日 收到法国留学生迪米南(NATUREL DIMI-TRI)来信,表示感谢在浙大留学期间所受到的指导。指导博士生蒋金星论文研读,同意四川大学喻学忠做博士后。去特价书店得到意外收获。他的日记写道:

> 昨天下午、今日上午,连续给博士生上课。并给博士生蒋金星布置了研读《清代朱卷集成》。与四川大学历史文化学院博士生喻学忠联系,同意他申请博士后。

> 晚去保俶路特价书店觅书,意外得到:1.《大金诏令释注》,黑龙江出版社;2.《中国骈文选》,四川文艺出版社,有钱钟书给作者的回信;3.徐一士《一士类稿》《一士谭荟》,重庆出版社;4.《记钱钟书先生》,大连出版社;5.《李渔随笔》,巴蜀书社;6.明张岱《陶庵梦忆 西湖梦寻》,作家出版社。

11月27日 参加省规划办主持的"2001年省哲学社会科学规划课题评审会议",主持语言、图书、文献学组评审。评审组成员共5人:浙江大学的龚延明、张涌泉,宁波大学的赵伐,温州师院的马贝加(女),万里学院的李某。

在评审会上提出成立"浙江省古籍整理委员会"的建议。得到出席评审会的浙江省委宣传部副长何清福、浙江省社科院副院长万斌、浙师大副校长杜威等赞同。(摘自日记)

12月20日 曹家齐作博士后出站报告,论文题目为《唐宋时期南方地区交通研究》。校外请复旦大学历史地理教授吴格、北大中古史研究中心邓小南教授评阅,出站报告评委组成有合作导师和古籍所的王云路教授、方建新教授,历史系包伟民教授,经济学院周生春教授,共五人。答辩委员会委员一致认为是一篇高水平的优秀论文。

同日,收到《文史》编辑部为庆祝出版刊四十周年出专辑的

约稿函。（摘自日记）

12 月 31 日　对 2001 年的收获作了总结。他的日记写道：

今天是 2001 年最后一天。

回首过去的一年，中国是最顺的一年。美国是最不顺的一年，为"9·11"恐怖事件所笼罩。

中国申奥成功，足球冲出亚洲，加入 WTO 等。

作为个人事业与家庭，也是值得纪念的一年：

1. 5 月 25 日，两位博士生李润强、多洛肯毕业。

2. 职务聘岗，由七级升到八级。

3.《岳飞评传》由南京大学出版社出版。

4. 10 月 20 日，刚儿与冯倾城在（西湖）国宾馆结婚。

5. 外孙小贝一周岁。

6.《中国历代登科总录》落实在广西师大出版社出版。

7. 博士后曹家齐顺利出站，赴中山大学任教。

8. 今年新招了博士生蒋金星、毛晓阳（明年春季入学）。

12 月　《岳飞评传》获浙江大学董氏文史哲奖励基金二等奖。（古籍所《大事记》）

2002 年　62 岁

1 月 18 日　被聘为浙江省哲学社会科学"十五"规划学科历史学组组长。（据浙江省哲学社会科学规划领导小组颁布《关于公布浙江省哲学社会科学"十五"规划学科组专家名单的通知》。）

1 月 31 日—2 月 2 日　参加浙江省哲学社会科学研究"十

五"规划工作会议。会议期间举行了浙江省第九届哲学社会科学优秀成果的颁奖仪式,《宋代官制辞典》获评著作类一等奖,期间,会议还举行了浙江省哲学社会科学研究"十五"规划学科组专家的受聘仪式。

3月 招收的博士研究生毛晓阳入学。

4月7日 与妻女一同前往西子宾馆,拜访儿子龚刚的博士导师北京大学教授汤一介、乐黛云夫妇。他的日记写道:

> 上午10时,在浙江西子宾馆,我、莲、坪儿三人去拜访北大乐黛云、汤一介夫妇——龚刚博士导师。乐先生十分关心龚刚的处境与未来。龚刚、冯倾城生小儿,怎么办,是不是龚刚妈妈去帮他们带?以便龚刚能集中精力做学问。

4月20日 《岳飞是"精忠"还是"愚忠"辨析》一文刊于《学术月刊》第4期。

文章的主要内容为:

> 岳飞之忠,是尽忠报国的"精忠",还是对皇帝无限忠诚的"愚忠"?是长期争论不休的问题。本文通过对大量史实的辨析,证明岳飞是"精忠",对宋高宗既有"忠"也有"斗",不存在"绝对忠君"的问题。

4月 《官制研究在文献学上的意义》一文刊于《文献》第2期,略有删节。完整版全文刊于《浙江大学学报》(人文社科版)第5期。

文章的主要内容为:

> 治文史离不开古文献。能否达到正确地阅读、理解、运用古文献,很大程度上取决于对古文献中所包含的名物制度的认识水平。而职官制度则是名物制度中的重要内容,因为它渗透在有关古代政治、经济、文化甚至社会生活的大

量文字记录之中。检视近二三十年来的古籍整理成果,有很多差错就出现在职官制度上。官制研究在文献学上具有重要意义,它不仅可提高人们的古文献阅读能力,提高古籍整理水平,而且还有助于考证史实,有助于正确撰写历史人物小传。

5 月 《状元、榜眼、探花之起源》一文刊于《文史知识》第3 期。

文章主要内容为:

针对近人对于"以进士及第第一人为状元始于唐,第二人称榜眼、第三人称探花始于南宋,元明清科场沿用之"的说法提出异议,(此说已为清赵翼在《陔余丛考》中考明。)文章对此异说加以辨正,认为据宋人记载予以考实,以榜眼为进士及第第二人、探花为进士及第第三人之称呼,始于北宋神宗熙宁六年之后。入南宋后期,状元、榜眼、探花为进士前三名之称呼,已深入人心,并为史家所采用。值得指出的是,称呼之起源于宋,并非说已成为宋代科举中一项定制。进士第一人为状元、第二人为榜眼、第三人为探花,定制于明太祖朝。

6 月 为本族族谱撰写序文:

义乌松门龚氏二支癸未(2003 年)宗谱序

岁在癸未,时序夏暑。龚氏二支,新修宗谱。
追本溯源,数典怀祖。共工烈烈,是我原祖。
始祖振公,发祥汴府。出身儒学,任职教谕。
官游两浙,举家南渡。凤栖松门,植根义乌。
八百年间,瓜瓞绵延。三十代后,百万巨族。

生生息息,顽强拼搏。基业昌隆,人才辈出。

青青松枝,铮铮枣树。通脉同宗,吾乡吾土。

国治有史,家齐有谱。史以明鉴,谱系亲疏。

中华传统,盛世修谱。松门龚氏,长幼参与。

慎终追远,祖风延续。先人种德,后代得福。

二支后裔,互勉互助。继往开来,拓展新途。

齐奔小康,光宗耀祖。泽被子孙,声威五湖。

值谱新修,谨作此序。

教育部全国高校古籍整理委员会委员

浙江大学人文学院教授博导

中国宋史研究会副会长

岳飞研究会会长

龚贤明

2002 年 6 月

7 月 11 日　领前来古籍所流动站做博士后的喻学忠办理进站手续。他的日记写道:

来自四川大学历史文化学院的博士后(喻学忠),今日抵杭。带他到博士后楼 6 号楼 24、25 房间。下午去博士后办公室报到,需先交一万元。

7 月 13 日　与博士后喻学忠商讨合作研究选题,并借给材料。他的日记写道:

昨晚考虑博士后喻学忠合作研究选题:1.《明代乡试研究》,2.《明代诸省进士升降的根源》,3.《明代诸省进士在明代社会活动之比较》,4.《明进士题名碑考校》。

今晚七时半,与博士后喻学忠共商合作研究课题,他表示接受《明进士题名碑考校》这一课题设计。借给他两本书:1.《明代人物传记资料索引》,2.黄明光《明代科举制研究》。

8月1—5日 参加在兰州举行的中国宋史研究会第十届年会,本所同去的还有祖慧、方建新两位老师。在年会改选理事会中,被推选为第一副会长。

他在八月六日的日记写道:

八月一日至五日,在兰州参加中国宋史年会(第十届)。住兰州友谊宾馆(438.440)。会上见到王曾瑜、朱瑞熙、邓小南、张希清、杨果、李华瑞、张邦炜、张其凡、曹家齐……黄宽重、张元(清华大学),美国田浩,日本平田茂树、松本香……何冠环等。《历史研究》宋德金、宋元强二位编辑与会。

与会者达140多人,空前盛况。

会议期间,李润强每天来看望。金滢坤、胡大浚、张兴武及川大张金玲教授(拟读博士后)都来访过。本届年会改选理事会,重新选出25位理事,再由理事会推选出朱瑞熙、王曾瑜为双会长,我被选为第一副会长。

8月6日 早上李润强送行至兰州中川机场,飞往上海,至上海辞书出版社,与《中国历代职官别名大辞典》责编小组会商书稿事宜。他的日记写道:

八月六日上午八时整,李润强送我,直抵离兰州70多公里之中川机场,上午十二时起飞,至一时五十五分抵上海虹桥机场,直奔上海辞书出版社史地室,与《中国历代职官别名大辞典》责编小组许仲毅、刘大立、解永健三位编辑会面。了解到《别名大辞典》正加紧复审,计划年内出书。我拿回50页复审稿。不久,总编兼社长李伟国及副总编唐克明来。老李送我他的新著《敦煌话语》,很新颖。大家兴致勃勃，谈得十分融洽。对《别名辞典》出版前景看好，已列入该社、上海出版局年内重点书推出。他们要留我在上海住一个晚上。我自然待不住。下午3:30即离社，4:30上火车离沪，7:30到达杭州。

9月28日 《中国教育报》公布了教育部第三届高校人文社会科学优秀成果获奖名单，《宋代官制辞典》获三等奖。（2003年7月教育部发文公布获奖名单并颁发证书。）

9月 招收的两名博士研究生高明扬、沈小仙入学。

10月 《官制研究的文献学意义》一文刊于《浙江大学学报》（人文社科版）第5期（全文刊载原载《文献》第2期，有删节）。

12月 《〈文献通考·宋登科记总目〉补正》一文刊于《文史》2002年第4辑。

　　附记写道：这是《宋登科记考》课题成果之一部分，参考了张希清《北宋科举登科人数考》《南宋科举登科人数考》。

2003年　63岁

1月 退休。

1月31日 与夫人前往澳门与儿子及亲家团聚，欢度春节，享受天伦之乐。在回杭途中写下诗作《澳门黑沙滩纪行》。他的日记写道：

　　大年三十下午，龚刚、冯倾城夫妇，亲家冯刚毅和我们二人，一行五人，驱车去路环黑沙滩 The Westin Restore 聚会。年终岁末两家人、两代人幸福团聚，赏世外桃源美景，享尽天伦之乐，其乐也融融，刚儿"布置"我占诗一首：

澳门黑沙滩纪行

一年 365 天，
我们选择了大年三十这一天；
中国 960 万平方公里，
我们爱上澳门路环这个点。

于是，风雨知趣而退，
于是，乌云悄然躲藏；
阳光未敢怠慢，
微笑着出来迎见；
海风变得温柔可亲，
欢奔而来相伴。

海滩串起黑珍珠项链，
路环穿上华丽的盛装；
高高的木麻黄组成仪仗
鞠躬致敬伫候两旁。

来了，我们来了，
从美丽的西子湖畔，
来了，我们来了，
从芬芳的顺德兰花之乡；
来了，我们来了，
穿过未名湖，穿过氹仔丽华苑。

海风感动屏除气息，
谛听两代人驰骋古今的交谈；
花木动容争艳吐芳，
赞美两代人历经风雨走进阳光。

大海扬波掌声起，
是为天赐的结合感叹；
同一样的才华，同一样的美，
同一种情感，同一个愿。

林海深处百鸟鸣，
是为亲家姻缘歌唱；
南粤姓连浙北氏，
隔山隔水手相牵。

一年 365 天
我们选择了大年三十这一天；
中国 960 万平方公里，
我们爱上澳门路环这个点。

漫步在诗意盎然的金沙滩，
放飞我们两家的理想；
热爱家庭，热爱事业，
永无止境地向善、向真、向上！

合影在东西文化交融的 Westin Restore，

洋溢在我们脸上的喜气，

流淌在我们心田的亲情，

凝结在永恒的历史画面。

嘭啪，嘭啪，

远处已升起爆竹清脆的声响；

咿呀，咿呀，

山那边正传来龚冯骏逸稚嫩的呼唤！

我们心花怒放，

我们意气洋洋；

于是加快了返家的步伐，

去拥抱我两代人共同的希望！

（自注：2003.1.31除夕之夜构思于澳门氹仔丽华苑刚儿家，2.3返杭途中吟成。）

3月　招收博士研究生陈长文入学。

8月10日　应国家图书馆之邀，出席在上海召开的"中华再造善本"工程一期推介会。

他的日记写道：

10日，应国家图书馆之邀，赴上海，出席"中华再造善本"工程一期推介会。

复旦大学章培恒教授、上海师大朱瑞熙教授、华师大古籍所所长严佐之、南京大学徐雁等专家学者莅会。

北图、中华再造善本工程主任委员李致忠研究员到会介绍。

财政部教科文司部长王家新、文化部图书馆司刘小琴到会。二部是工程的发起单位,予以财政上支持。每年2000万。

善本书重新影印,主要为了保存、传存,是国家行为。

此项工程领导机构:

一、中华再造善本工程规划指导委员会

主任委员　孙家正(文化部部长)

项怀诚(财政部部长)

规划办主任　张旭(文化部社会图书馆司司长)

二、中华再造善本工程编纂出版委员会

学术顾问6人(朱家溍　李学勤　季羡林　侯仁之　宿白　启功)

主任委员　李钦农(国家图书馆研究馆员)

委员8人

编办主任　周小璞(文化部社会图书司副司长)

副　主　任　陈　力(国家图书馆副馆长)

成　　员:王家新等7人。

附:邀请函

2003年8月11日上午10点在上海图书馆5304会议室举行《中华再造善本》推介会。邀请人:中华再造善本编纂出版委员会　中国国家图书馆北京图书馆出版社

8月24—27日　在杭州华北饭店主持召开纪念岳飞诞辰900周年暨宋学国际学术研讨会,致会议开幕词,并提交大会讨论论文。

此次国际学术研讨会,是由浙江大学宋学研究中心、杭州岳庙管理处、浙江大学古籍研究所与岳飞研究会共同举办。会议围绕纪念民族英雄岳飞这一主题,并就宋学,南宋政治、经济、军

事与文化等专题,展开了热烈的学术对话与讨论。出席本次研讨会的代表,有的来自海峡两岸 20 多所大学、科研院所,有日本、韩国的专家学者,还有岳飞后裔,共近 70 人。浙江大学终身教授徐规先生,浙江大学人文学院常务副院长廖可斌教授,杭州市园文局刘颖副局长,中国宋史研究会会长、上海师大朱瑞熙教授,浙江大学古籍研究所所长张涌泉教授等列于嘉宾席。(参看《岳飞研究·前言》第五辑,中华书局)

会议《开幕词》转摘如下:

关于民族英雄岳飞的评价及其他

——纪念岳飞诞辰900周年暨宋学国际学术研讨会开幕词

先生们、女士们!

今天,纪念岳飞诞辰 900 周年暨宋学国际学术研讨会终于如期举行了。我所以强调"如期"二字,是因为我们在二月底发出会议邀请信不久,就遭遇了"非典"横行的非常时期。一些海内外学者,如美国哈佛大学包弼德教授、纽约宾汉顿大学贾志扬教授、日本大阪大学平田茂树教授、龙谷大学木田知生教授,以及台湾中国文化大学宋晞先生、台湾清华大学张元教授、香港能仁学院梁天锡教授等,原来都有莅会的打算,由于"非典",打乱了原来的工作安排,未能成行……

令人痛心的是,我们邀请与会的香港中文大学历史系曾瑞龙博士,竟然未能走出 Sars 病毒的阴影,倒下了。当何冠环先生告知这一不幸消息时,我简直不敢相信!去年兰州宋史会议上,我们还曾在一起切磋学术上的问题,那么一个活泼泼的生命,那么年轻有为的一位史学人才,说没就没了,生命之途,竟有如此令人悲伤的不测风云!然而,"非典"未能阻挡住愈挫愈奋、同心同德的中国人民前进的步伐。在应对人类新病魔的挑战中,我们已胜利突围。如今,我们从天之南、海之北,汇聚在杭州西湖之滨,实现了大会师!我们聚集在纪念民族英雄岳飞诞辰900周年的旗帜之下,聚集在宋学研究的科学园地上,拥有一种特别的感动和珍惜!

在这一次国际学术会议上,我们有两个中心议题:一是民族英雄岳飞与南宋初期政治、军事、经济与文化,二是宋学研究。

关于岳飞,这是中华民族一个永恒的记忆,一个永恒的话题,岳飞诞生于北宋徽宗崇宁二年二月十五日,公元1103年3月24日,离今整整900周年。900年来,民族英雄岳飞,一直为中国人民所敬仰、传颂,自世纪老人邓广铭先生于20世纪30年代第一个用唯物史观撰写《岳飞传》,开创当代岳飞研究史以来,研究岳飞的论著可以说层出不穷。甚至有人说:"岳飞研究,已题无剩义,没有什么好研究了。"此话,一方面反映了海内外学界对岳飞研究的重视与深入;另一方面也反映了对岳飞研究不可能达到绝对真理、必须与时俱进认识的不足。历史本身与历史研究是两个不同的概念,但又是相辅相成的共同体。没有历史主体,就没有历史研究客体。然而,没有历史研究,历史就会在人类记忆中消失,谈不上为人类社会所用。从某种意义上说,没有后人对前人活动历史的研究,历史有等于无。比如,有了司马迁《史记》,西汉以前数千年历史,才有了较系统传承的基础。然而,《史记》毕竟是对历史的一种追忆与诠释,是一个以西汉史家的眼光去复原往古的历史，显然，在那么缺乏文字记载条件下所写出来的《史记》，要如实、完整地反映汉初以前数千年的华夏历史，当然不可能。复旦大学葛剑雄教授在《历史学是什么？》一书中，举了例子：《史记·魏公子列传》中，记载了隐士侯嬴和信陵君密谋窃取虎符救赵的事，事后，侯嬴为报答信陵君的知遇之恩，随即自刭而死，那么，司马迁何以知道两个人私下在密室中的谈话内容，又如何能将他们之间的对话栩栩如生地描绘出来？的确，我以为，这个例子向我们暗示：历史学家研究的历史，为了方便，我权且称作"再生的历史"，它与真实的历史，是不能等同的。也就是说，司马迁的《史记》，从文学角度与史学成就上看，可以视为"绝唱"，但决不等于他所反映的历史对象已成了"绝唱"。因为史家研究的历史，只能在他所处的时代所能提供的认识水平与文化遗存及物质条件下，对历史作追寻与认知。这就决定了此种"再生的历史"，必定是相对真理。随着时间的推移，这种研究的历史，层层累积，也就是相对真理层层累积，逐步向绝对真理接近，但永远达不到历史本来面貌的绝对真理的境界。这就为我们历史研究提供了无有穷已的空间。对任何一个历史事件、一种历史制度与文化或一个历史人物的评价，我们都不能过分自信地说："研究得差不多了，没有什么好研究了。"类似"岳飞没有什么好研究了"的说法，我还听到过"科举制没有什么好研究了""唐史没有什么好研究了"等等。我以为，这都是站不住脚的，一是缺乏对"再生的历史"本质的认识，二是没有看清历史研究对象的难度与深度。即如岳飞研究来说，先不论还有不少争论未决的问题，如：岳飞诗词、手书真伪的辨别，岳飞

141

有没有进军朱仙镇,秦桧是不是"奸细",岳飞之死的真实死因,高宗怕不怕秦桧,岳珂《金佗稡编》《金佗续编》的史料真伪的鉴别,又如何评价经秦桧父子篡改过的南宋绍兴年间的史料,岳飞与幕僚,南宋文臣对岳飞的看法,岳飞在宋、元、明、清、民国时期的地位与影响,岳飞庙与民间信仰,岳飞精神与民族精神,戏曲说唱文学中的岳飞形象,满族、蒙古族成年人与儿童心目中的岳飞,历代帝王与岳飞,岳飞的遗传基因与岳飞后裔,岳飞后裔的分布与宗姓的凝聚力,岳飞在东南亚的影响……说实话,上述有些问题还没法开展研究,因为需要大量经费,有些问题则更待进一步深入研究和讨论,更重要的是,岳飞研究具有强烈的现实意义。随着社会的发展、世纪的变化,对900年前出现的这一位历史伟人岳飞,始终存在一个不断认识和评价的问题。在抗日战争时期,人们高唱着岳飞《满江红》,挥着大刀向日本鬼子头上砍去,岳飞的爱国精神激励着千百万热血男儿踏上抗日战场。时至今日,随着改革开放,现代化建设高速发展,全球市场经济支配着社会生产和交换活动,影响和改变着人们的思想观念。那么,中国传统文化还有什么价值?岳飞精神还有什么价值?在倡导与建设21世纪"以人为本"的人文精神中,岳飞精神过时了吗?在这里,我并非故作惊人,提出这样一个似乎耸人听闻的话题。事实上,大家都记忆犹新,今年上半年网络上曾传闻教育部准备在中学课本中抽掉"民族英雄岳飞"的内容,即把"民族英雄"的称号从岳飞头上去掉。这不就意味着"民族英雄岳飞"的精神开始过时了吗?一石激起千层浪,顷刻之间,招致了境内外网上一浪高过一浪的声讨。从北京到地方的媒体也纷纷发表学者、读者的看法。我也在《今日早报》上讲了话。有的学者提出严厉责问："摘掉岳飞民族英雄的称号，中华民族还要不要挺直的脊梁骨？"岳飞的故乡河南汤阴等地，出现了群众游行抗议。后来的结果，大家都清楚，教育部站出来辟谣，一场风波才平息。据说，这一场风波可能与有关方面对岳飞抗金的评价提出不同意见有关。中华民族是由56个民族组成的大家庭，汉族、满族、蒙古族都是一家人，还提什么岳飞抗金？还提什么民族英雄岳飞？这实际上反映出一个严肃的问题：如何历史主义地评价和看待历史人物？这个问题不解决，什么"爱国主义""民族气节"，什么"叛徒""卖国贼"，什么"岳飞""秦桧"，还有什么必要加以区别？同样道理，今天讲中日友好，明天讲世界大同，那么，日寇南京大屠杀的纪念馆可以撤销，电影演员赵某身穿日本太阳旗换取广告费也无不可，何必声讨？一旦扔掉历史主义评价与批判的标准，世间无正义与非正义、进步与反动之分，人无善、恶、忠、奸之别，这个世界也就没落了，人类文明也该毁灭了。

当然，对正直、有良心的史学家来说，是不可能去迎合某种偏见与势力的，相反，这更加加强了历史学家的责任感与使命感。我们应当义无反顾，坚持历史唯物主义，将那个时代的历史，那个为了"还我河山"浴血奋战、宁死不屈的岳飞，作为时代英雄深入各族人民心中去，并通过弘扬在岳飞身上集中而典型地体现出来的崇高精神与高尚人格，诸如热爱和平，反对战争，反抗侵略、保家卫国，坚持统一、反对分裂，文官不爱钱、武官不怕死，严于律己、身先士卒，平等待人、不搞特殊，事亲以孝、教子以严，纪律严明、秋毫无犯，敢犯天颜、反对专制,为国家和个人的尊严宁死不屈等等精神与品格,融入21世纪人文精神中去。我记得50年代,我们国家曾组织批判西方的人道主义。可是到了90年代后期,党的十五大报告中写进了"发扬社会主义的人道主义精神",这是历史的跨越。党中央明确地规定了我们搞经济建设,搞现代化,目的是为了建立起一个充满人道主义精神的社会。人道主义精神作为一种人文精神,反映了人类最本质的东西,即实现人的自由和平等,维护人的尊严和价值,"让所有的人能够更好地生活"(《联合国第二个发展十年》1971—1980)。900年前的岳飞虽然不可能道出自由、平等、博爱、尊严、价值的话语,但他追求人与人之间、国与国之间的平等,反对专制、渴望自由,维护国家与个人的尊严,为了让老百姓过上和平安宁的生活,宁愿献出枢密副使的高官厚禄直至宝贵的生命,实现了人生最大价值,永远受到后人的敬仰,毫无疑问,岳飞的精神是与中华民族的人文精神一脉相承的。我们可以坚定地说:岳飞精神永远不会过时,在中华五千年文明史上,像岳飞那样具有完满的人格和高尚情操的历史人物,并不多见,即便是任取岳飞为官操守中的一条,比如"文官不爱钱",今天我们的国家干部,人人都能做到吗? 所以说,岳飞永远是中华民族的骄傲与楷模。唯其如此,岳飞研究不会止步,也不能止步,必然要与时俱进。

第二个中心议题,关于宋学研究。因时间关系,请允许我简略地介绍一下学术界关于"宋学"与"新宋学"定义的种种说法。

20世纪40年代,史学大师陈寅恪先生,在《邓广铭〈宋史职官志考正序〉》中指出,"华夏民族之文化,历数千载之演进,造极于赵宋之世"。也就是说,中国的学术文化,到了宋代已达到了登峰造极的地步。在陈寅恪先生之前,严复对宋代文明的贡献,亦作出了高度评价,他说:"古人好读前《四史》,亦以其文字耳。若研究人心、政俗之变,则赵宋一代历史,最宜究心。中国所以成为今日现象者,为善为恶,姑不具论,而为宋人之所造就,什之八九,可断言也。"(严复《致熊纯如》,刊《学衡杂志》第十三期)这两位大学问家,都认为我国传统的人文科学范畴,大多都萌芽甚至成长于宋代,如果从我国学术文化史上找它的根源,十之八九,可以追溯到宋代。正因如此,陈寅恪先生自己治学重点虽放在魏晋至隋唐这一段历史上,但他却特别关注宋学的研究,藉邓广铭先生力作《宋史职官志考正》问世之际,首先提出"宋学复兴"与"建立新宋学"的口号。从此以后,宋学的重要性,日渐被人们所认识。但是,新中国成立以来的宋学研究,并不尽如人意。诚如漆侠先生所说的:"在学术研究上,还没有把宋学研究放在它应放的位置上。"(《宋学的发展和演变》,河北人民出版社2000年版,第5页)漆先生晚年,从宋辽金经济史研究转向宋学研究,为此呕心沥血,最终倒在了即将完成的《宋学的发展和演变》书稿上。前辈大学者的高度事业心与学术良知,令我们感动不已,也激励着我们将宋学研究进一步向前推进。

那么,何谓"宋学"? 何谓"新宋学"?

比较普通的说法,宋学是义理之学,与汉学训诂章句之学相对。此种观点,源自《四库全书总目》之《经部总叙》,此后为清代学者江藩所继承。近人周予同、邓广铭、漆侠诸先生,对这个观点进一步加以阐释。周予同在《"汉学"与"宋学"》一文中说:"中国从两汉一直到清末以前,这一千余年的长时期中,所谓学术思想就是'汉学'与'宋学'两大主潮。"邓广铭先生说:"宋学是汉学的对立物,是汉学引起的一种反动。宋代的学者大都趋向于义理的探索,而视名物训诂为破碎、琐屑。"(邓广铭《论宋学》,刊《宋史研究论文集》,1984)持这个观点的认为宋学不等于理学,宋学包涵了理学。如漆先生说:"宋学可以包蕴理学,而理学则仅仅是宋学的一个支派。"(《宋学的发展和演变》,刊漆侠《探知集》,第3页)

章太炎、钱穆等一些学者,却把宋学定义为理学。钱氏在《中国历代政治得失》一书中,称"宋学——又称理学"。章太炎在《国学概论》中则谓:"中国哲学,在宋、明,为理学,有道问学、尊德性之分。而西洋哲学,文字虽精,还不能到宋学的地步。"(章太炎《国学概论》第五章"国学之进步")冯友兰的《中国哲学史》、侯外庐主编的《宋明理学史》,大体上都视宋明理学为宋学。

刚出版的南开大学张国刚等主编的《中国学术史》则取折中的观点,认为在宋代"没有明显的宋学与汉学之争","宋学探求义理,是研究层面的工作",与汉学训诂不存在对立,而是"互补"。(《中国学术史》,东方出版中心2003年版,第351页)

以上是关于狭义"宋学"的种种不同说法。

我们再看看"新宋学"。如前所说,陈寅恪先生首先有这个"新宋学"的命名。至于什么是"新宋学",王水照先生在他所主编的《新宋学》(第一辑)"卷首语"中,有一个很好很贴切的阐释:"(本刊)之所以命名为《新宋学》,乃取自陈寅恪先生《邓广铭宋史职官志考正序》,吾国近年之学术,如考古、历史、文艺及思想史等,以世局激荡及外缘熏习之故,咸有显著之变迁,将来所止之境,今固未敢断论,唯可一言蔽之曰:'宋代学术之复兴,或新宋学之建立是已。'这里的'新宋学',从涵盖面而言,殆即'宋代学术'的同义语,包括考古、历史、文艺及思想史等多种领域。"(上海辞书出版社2001年版)我的理解是,"新宋学"属广义的宋学,相当于广义上的宋代文化及其影响后世的宋学潮流,其下延可伸展至元、明、清。

宋学研究正在崛起,它是一个有广阔探讨空间的重大学术方向。面临讨论的问题很多,比如宋学的范畴,宋学的源与流,宋学演变的阶段性,荆公新学在宋学史上的地位,科举考试对宋学演变的影响,宋学与理学的异同,宋学中的官学与私学,什么是宋学精神,宋学的东传,宋学与近代中国文明的走向等等。希望在这次会议上,能够开展热烈讨论。

最后,祝会议圆满成功!

并祝代表们在杭生活愉快、身体安康!

谢谢大家!

二○○三年八月二十五日

本次提交的会议论文是《关于岳飞之死直接起因的真相——兼与〈也谈岳飞之死〉作者商榷》,文章主要内容为:

民族英雄岳飞,是中国历史一个永恒的话题,岳飞之死,则是这个永恒话题中说不尽的话题。学术界已讨论过多次。著名宋史专家邓广铭主张秦桧是杀害岳飞的元凶(见《岳飞传》,人民出版社),王曾瑜与笔者主张宋高宗赵构是杀害岳飞的元凶（分别见《尽忠报国》河北人民出版社、《岳飞评传》南京大学出版社）。但三者立论的根本点完全相同：绍兴八年至十一年间，以韩世忠、岳飞为代表的爱国抗金派，与以高宗、秦桧为首的屈己议和派发生激烈冲突，无法调和。为了尽快缔结第二次宋金"绍兴和议"、保住赵构为首的南宋小朝廷，高宗、秦桧最终采取了"杀一儆百"的高压政策，以压制住抗战派。这就是岳飞之死的根本原因。

……《也谈岳飞之死》（刊《光明日报》2001 年 9 月 11 日）一文，却不满足于这个学术界公论的说法，提出有两个更深层次的原因：一是岳飞无意中卷入朝廷内部复杂关系，仗义执言（按：指岳飞建请立储），触犯了赵构本人利益；二是岳飞才干、功劳过人，使"迟暮的美人"张俊嫉恨岳飞，成了制造岳飞冤案的"始作俑者"。为了进一步阐释自己的新见解，《也谈》进一步补充说："如果岳飞功劳不那么大、才干不那么高，就像刘光世、张俊之流庸庸碌碌、无所作为，则朝廷尚可以有几分放心；或者假如岳飞性格不那么刚直，为人不那么坦率，对朝廷事务噤若寒蝉，言不及义，就像韩世忠那样明哲保身、得过且过，朝廷亦至少不会如此快地启动杀机。"

《也谈》作者，把岳飞死因，归之于其人品、性格、才干出众，不见容于世，这是脱离当时历史实际，无视当时严峻的国内外民族矛盾、阶级矛盾的社会形势的主观推论，是值得商榷的。岳飞之死的直接起因，既不是因为他在绍兴七年（1137）建议已经内定为皇太子候选人的赵伯琮（即后来的宋孝宗）早日正名，以抵制传闻中金人拟将钦宗之子赵谌（《也谈》误为赵婧）送回汴京别立朝廷的图谋……也不是任枢密使（相当于国防部长）的张俊"庸庸碌碌"，在枢密副使岳飞面前"颜面尽失"，因此产生嫉恨之心，萌生要置岳飞于死地的恶念。在南宋当时人心目中，张俊战功赫赫，钦定的南宋"十三处战功"，张俊则占二处，可与之匹比的是吴玠二处，韩世忠一处……更何况，建炎三年（1129），苗刘兵变发生时，张俊屯兵吴江……主动率兵至杭州救驾，立了大功。对此，高宗念念不忘……然而，在绍兴十一年春，韩、张、岳三大将同时被解除统兵权，同时被授予枢密使、枢密副使之官职，应该说是命运与共，此时，在岳飞面前，张俊何来"无地自容"的心态呢？

至于韩世忠，《也谈》一文说他"明哲保身、得过且过"，那也是昧于史事。在反对皇帝赵构、宰相秦桧推行妥协投降政策过程中，韩世忠是一面旗帜，抗战派的中坚，他敢言也敢行，不但"数次上疏论不当议和"……绍兴九年初，第一次"绍兴和议"达成后，韩世忠不但不肯表态赞同，还奋不顾身抗拒诏旨，派兵扮作"红巾军"，在洪泽镇设下埋伏，准备袭杀返回金国的和谈使团张通古一行人马，"以坏和议"……可以说，议和的最大障碍仍是武臣，而韩世忠更是成了高宗、秦桧首当其冲的"心腹之患"，必欲除之。据此，如何能说韩世忠"明哲保身、得过且过"呢？

事实真相恰恰是高宗、秦桧首先要搬掉"议和"的"绊脚石"是韩世忠；他们采取"杀一儆百"的高压政策，首先要杀的不是岳飞，而是韩世忠！为此，他们使出了对三大将采取分化瓦解的毒辣一手。

绍兴十一年（1141）春，通过明升暗降，解除了韩、张、岳三大宣抚使军职之后，高宗即诏命枢密使张俊、枢密副使岳飞，前往楚州（原韩世忠大本营所在地）按阅军马。临行前，高宗毫不掩饰地谕旨："捃摭世忠军事，备反侧。"张俊……领会了高宗要整韩世忠的深意……岳飞一听……急忙替韩世忠说话："世忠有幸，沐皇恩高升为枢府大臣，既如此，楚州之军便是朝廷之军。"……从临安到镇江，在开始检阅韩世忠旧部军马时，张俊对岳飞说："上留世忠，而使吾曹分其军，朝廷意可知也。"这是张俊表明心迹，愿和岳飞联手，遵旨分解韩世忠数万军马，把韩世忠整垮。岳飞当场顶回："不然！国家所赖以图恢复者惟自家三四辈。"张俊……不禁恼羞成怒……从此，张俊背着岳飞，寻找可以整治韩世忠的把柄……秦桧接到张俊告密……借此罗织罪状，陷害韩世忠。

岳飞得知此事后，扼腕叹息……尽管他心中知道，朝廷授意，张俊忠实执行，事情已很难挽回，但岳飞……顾不上个人安危，急忙派人送信给韩世忠……保住了韩世忠……于是，刺向韩世忠的矛头，开始转向岳飞。从此，就开始了罗织岳飞罪状的罪恶勾当。

关于岳飞之死的直接起因，至此已一目了然，正是由于岳飞挺身而出保护抗金名将韩世忠。至于更深层次的原因，不是别的，就是高宗、秦桧投降派集团打击抗战派的高压政策。

8月　在《雪泥鸿爪——浙江大学古籍研究所奖所二十周年纪念文集》（中华书局出版）的《我们的队伍向前进——浙江大学古籍研究所建所二十周年感言》中写道：

历史是不能忘却的。

尊重历史，必须尊重唯物论与辩证法。

当皓月中天的时候,星星消失了;但不要忘记,星星依然在闪光,依然存在。

当繁星满天银河横空的时候,月亮消失了;但不要忘记,月亮照样在微笑,照样存在。浙江大学古籍研究所的创立者姜亮夫先生虽已升入天国,但他的精神财富与谆谆教导,依然与我们同在。

大自然变幻无穷,人世相变幻无穷。时空与人事同步的变化,构成了壮丽的历史画卷,多彩的人生。

从1983年姜老创办杭州大学古籍所,到2003年浙江大学古籍所,我们所建立了整整二十年。二十年,在无限的历史中,不过是稍纵即逝的"瞬间"。然而,就这一"瞬间",我们又可以自豪地说:"古籍所真的了不起!"因为它包含着本所难以忘怀的奋斗历程,蓄聚着十分厚重的人生积淀,演绎着一群甘于寂寞的知识分子无数忧伤和快乐。这无数忧伤和快乐,来自我们共同经历本所从创业、守成到发展历程的体验与感受。

对我个人来说,特别难忘的是1993年底,那个严寒的冬天。我奉命从历史系调入古籍所,承乏所长之职。上上下下不会忘记:那时候,才十岁的古籍所,正处于困难时期……

2000年元月13日,当新浙大人文学院常务副院长廖可斌教授,代表校党委把所长的接力棒,交给年轻的张涌泉教授时,我能够感到欣慰的是,古籍所已坚如磐石。

在校各级领导和古委会的关心和大力支持下,在全所师生员工同舟共济共同努力下,我们所的学科优势得到进一步弘扬和拓宽,拥有强劲科研实力的学术梯队已经形成。

她,成了名校强所之一。

　　迈入新世纪,在新的领导班子带领下,我们所正经历着日新月异的变化。她健步如飞,名声远播,前程似锦。新的创造,正撰写着崭新的历史。

　　月亮下山了,太阳又升起;太阳下山了,月亮又升起。愿古籍所追赶日月的步伐,生生息息,永不满足,永远前进!

9 月　招收的两名博士研究生邱进春、方芳入学。

9 月　《中国历代登科总录》申报国家社科基金获得立项,编号为 03BZS008,资助经费 6 万元。

12 月　与祖慧合作的《科举制定义再商榷》一文刊于《历史研究》第 6 期。

文章摘要为:

　　学术界关于科举制的定义大致有四种意见:"分科举人、考试进用"说,"以进士科设置起始为科举制起源"说,"一切以程文为去留"说,"投牒自举"说。这几种意见皆有道理,但不能完全涵盖科举制的内容。科举制作为一种取士制度,应作如下界定:设进士、明经、制科等科目招考,取士权归中央,由朝廷定专司、专官知贡举;招考面向全国开放,不限财产、门第,原则上允许平民或官员"投牒自举"报考;地方与中央定期、定点举行二级以上考试,命题统一,"以文取士"。据此可以判定隋朝已打开了通向科举制的大门,唐朝为科举制度完全确立的时期。

12 月　《岳飞评传》获杭州市政府人文社科优秀成果著作一等奖。

2004年　64岁

3月30日　江苏教育出版社副总编徐宗文带吴葆勤、小宋一行三人到图书馆课题室检查《宋登科记考》进度。就该书编写体例及在保证学术质量前提下尽快交稿达成共识。（摘自日记）

4月22日　中华书局傅璇琮先生到图书馆6楼（611）课题室，了解《宋登科记考》进度，希望今年十月能交稿，明年二月出书。（摘自日记）

4月　《宋大诏令集》阙卷辑补与考异——卷170《制科》之辑补，载于《文献》第2期；卷171《制科》下之辑补，载于《漆侠先生纪念文集》，河北大学出版社2002年版。

5月14日　中午11点，前往大目山路上的"好月亮茶座"，与来杭开会的台湾历史研究所黄宽重夫妇相晤。由历史系主任包伟民夫妇做东，陪同的还有历史系梁太济、杨渭生教授。席间黄先生说：你们住在杭州真幸福！摘自日记）

6月4日　博士研究生蒋金星举行论文答辩会。论文题目为：《〈清代朱卷集成〉的文献价值和学术价值研究》。

论文评阅人：浙江大学历史系徐规教授，河南大学历史文化学院贾玉英教授，复旦大学图书馆吴格教授，上海师范大学古籍研究所朱瑞熙教授，中山大学历史系曹家齐教授。

答辩主席：浙江大学古籍所束景南教授。

委员：中国计量学院人文学院何俊教授，古籍所方建新教授、龚延明教授，浙江大学公共管理系周生春教授。

7月22日　与中华书局总编李岩签署《岳飞研究》（第五辑）

图书出版合同。

8月23日 前往四川华蓥市(属广安市)参加中国宋史研究会第十一届年会暨安丙学术研讨会。

8月26日 游览华蓥山,参观广安邓小平故里、故居。称赞道:"好气派！好风水！"(摘自日记)

8月27日 在"中国宋史研究会第十一届年会暨安丙学术研讨会"上致闭幕词。闭幕词充满激情、思想,受到与会者热烈称赞。(摘自古籍所《大事记》)

8月28日 由华蓥市文化体育局傅局长派车送往江北机场,同车有人民出版社张秀平、高宏,江西师大许怀林,香港大学小曾。下午五时到家。(摘自日记)

12月 与祖慧合作论文《科举制定义再商榷》获杭州市政府颁发的二等奖。

2005年　65岁

2月28日 与硕士研究生何平曼合作的《宋代"殿试不黜落"考》一文刊于《西北师大学报》(社科版)第1期。

文章摘要为:

> 宋代殿试不黜落之制始于仁宗嘉祐二年,但杂犯者仍遭黜落。至元祐三年,特别是元祐八年以后,殿试杂犯亦不黜落,只给予降等的处罚。此制一直沿用至南宋末而不废,并对后世影响很大,明清科举取士中的殿试不黜,当直接继承了宋制。

3月28日 受浙大西溪校区图书馆之请,为"浙大文库"成立

十周年作诗一首。本文刊于《浙江大学报》(2005 年 5 月 31 日)

转录如下：

浙大智慧的丰碑
——浙大文库成立十周年纪念

我把人生看作登攀，
永无止境的登攀，
啃一本书，上一个台阶，
一步步不停地登攀！

上大学，进浙大，
老师一棒接一棒，
用他们的讲义和著作，
引领我上山开采知识的宝藏！

我，浙大百万学子中的一员，
我和百万学子登上了无数座知识大山！
难忘师恩，师恩难忘，
他们用生命大写的书本筑成台阶，
又让我们踩在他们的肩膀上！

离开母校三十年，
恩师赠我的著作始终未离我身旁；
它是我高翔的起点，
也是我身后的靠山！

我没有辜负恩师的期望，
我已用我的成就为母校争光；
如今我从海外归来，
耳边想起了母校亲切的呼唤！

我走遍了泉、溪、池、江和紫金港，（按，四校区为玉泉、
西溪、华家池、之江校区）
旧貌换新颜，新浙大正崛起在东方！
最吸引我的是"浙大文库"——
浙大智慧的丰碑，知识的航空母舰！

我走进"浙大文库"，
仿佛登上了科学的殿堂；
竺可桢、马寅初、苏步青、陈建功……
无数先贤手捧书本，正在向世界宣讲！

气象学、人口论、函数论……
富国富民的知识、决策、方案，
承受了历史的沧桑，
依然放射出真理不可战胜的力量！

新一代院士、教授、学者们，
用求是创新精神，铸造出新的辉煌！
看那一排排琳琅满目的书册，
无不是心血的结晶、智慧的闪光！

从文史哲艺,到声光机电,
从上天入地,到衣食住行;
在"浙大文库"这座书的大山,
都能找到浙大人的创造和贡献!

"浙大文库"十年成长,
已成为浙大人的学术论坛,
每天都会收到校内外送来的新作,
新创造、新观点、新成果百花齐放!

"浙大文库"是一座知识桥梁,
有疑难、有困惑、有求索、有登攀,
到"浙大文库"去!
我们的老帅打开书卷,会给我们排疑解难。

"浙大文库"是浙大历史的见证,
遵义写的书、高科技园的光盘,
是百年浙大、百年创造的缩影,
折射出浙江大学奋进之光!

"浙大文库"是浙大智慧的丰碑,
镌刻在上面的名字多么响亮!
有的蜚声海内外,
有的名垂青史、千古传扬!

"浙大文库"是浙大的骄傲,

"浙大文库"是浙大的宝藏!

愿浙大人,人人都能献上自己的成果,

无愧浙大,人人都把自己的名字

镌刻在丰碑上!

4月20日 审读博士生沈小仙博士论文《古代官名的语言研究》。他的日记写道:

从职官制度角度去研究名物语言,这在学术界还是少见,难度也大,但作者把握得不错,在这新的学术领域开了个好头。

5月28日 博士研究生黄明光、毛晓阳、沈小仙进行毕业论文答辩,论文题目分别是《明代科举制度研究》《清代江西进士丛考》《古代官名的语言研究》。

上午毛晓阳、沈小仙答辩

答辩主席:浙江大学历史系教授何忠礼。

委员:浙江大学古籍所王云路教授、方建新教授、龚延明教授和浙江省方志办主任董郁奎教授。

下午黄明光答辩

答辩主席:浙江大学历史系教授何忠礼。

委员:浙江大学古籍所张涌泉教授、方建新教授、龚延明教授和浙江省方志办主任董郁奎教授。

6月13日 收到上海辞书出版社史地室主任许仲毅先生来信。摘录如下:

龚先生:

您好!

……

《别称大辞典》将全面开展工作。《地名大辞典》已经于本月下旬完成。《别名大辞典》质量经先生精心校订已大有提高，此项工作由于社里一拖再拖，至今未得问世，这是出版社有愧于先生的，也是我们有愧于先生的！目前这项工作我已提请唐克敏亲自抓，否则今年出书又将很困难。唐副总编已经答应了。

祝

大安！

许仲毅敬叩

2005.6.13

6月20日　为《宋登科记考》出版事宜，去南京江苏教育出版社。经与副总编徐宗文先生、责编吴葆勤先生共同商议，该书（502万字）争取今年年底出版。该书署名，经与傅先生协商，定为：主编傅璇琮，龚延明、祖慧撰。（摘自日记）

7月10日　与博士生高明扬合作撰写的《清代科举八股文的衡文标准——为科举制度废除百周年祭而作》一文刊于《中国社会科学》第4期。按，此文选入教育部对外交流的高等教育研究前沿成果，翻译成英文版，由高等教育出版社出版发行。英文版载于 *Frontiers of Literary Studies in China*，Volum1，2007。

全文主要内容为：

清代科举考试以八股文为考试的主要文体，以"清真雅正"为衡量八股文章优劣的标准，此标准在《清代朱卷集成》保留的朱卷文章及批语中可见一斑。"理、法、辞"是八股文写作的几个必备要素，"气"依靠文章而呈现，朱卷批语基本都是围绕"理、法、辞、气"而作。"理、法、辞、气"这四方面是考官阅卷批语的具体操作层面，"清真雅正"是对"理、法、辞、气"的总体要求，考官从"理、法、辞、气"四个方面来衡量科考文章优劣及登第高下。这一标准与当时提倡的文风有关,它从明代的"醇正典雅"演进而来,因八股文的功令要求而定。此标准在清初就被明确规定下来,并呈逐渐强化之趋势。

7月28日 于杭大新村日新斋写就《中国古代职官科举研究》的"序言",该书是25年来对中国古代职官科举研究的论文集。"序言"回顾了进入这一领域的始末,大致内容如下:

1979年,以徐规教授为学科带头人申报的《宋史补正》,列入了浙江省哲学社会科学"七五"规划重点课题。根据研究方向分工,承担了《宋史职官志补正》工作,这一课题的完成,经过专家组鉴定,予以充分肯定,评价很高。八十六岁高龄的邓广铭先生,亲笔撰写了两份鉴定意见……继而,又完成了一百八十万字《宋代官制辞典》。1992年,接受了中华书局总编傅璇琮先生的提议,"仿清代徐松唐、五代《登科记考》体例,撰写一部《宋登科记考》,填补中国科举史研究的一个空白"。与祖慧联手向高校古委会申请《宋登科记考》项目,得到古委会批准。这样以傅璇琮先生为主编,和祖慧合作编撰的《宋登科记考》开始了科举研究的时代。

全书收入的文章分四编:关于职官制度研究的论文,归入本书第一编官制研究中,共二十篇。有关科举研究的论文七篇,列入本书第二编科举制研究中。有关职官科举文献与制度考论论文十篇,有关职官科举著作书评方面六篇,收入本书第三编、第四编。

8月13日 《日新集》(按,出版时改名为《中国古代职官科举研究》)交中华书局出版。中山大学历史系教授曹家齐来电,讨论宋代书判拔萃科的性质及九月参加厦门科举讨论会事。

（摘自日记）

9月2—4日 应邀参加了由厦门大学高等教育发展研究中心和北京大学中国古代史研究中心在厦大联合举办的，纪念科举制度废除百周年的"科举制与科举学国际学术研讨会"。提交的论文是，与高明扬合作的《清代八股文的衡文标准》。中国、美国、俄罗斯、日本、韩国、越南等国家的学者149人出席了会议。研讨会收取了120余篇论文，会议主要围绕科举制的历史、影响与科举学的现实意义等展开讨论。此次参会一同前往的还有弟子曹家齐、毛晓阳、黄明光、陈长文、高明扬等。

2006年　66岁

1月19日 博士研究生陈长文论文答辩，论文题目是《明代进士登科录研究》。

答辩委员会主席：浙江大学历史系何忠礼教授

委员：古籍所方建新教授、杭州计量学院何俊教授、《浙江社会科学》主编王立嘉和指导老师龚延明教授。

3月15日 《祭岳少保文》（节选）刊登于《钱江晚报》。此文在岳飞诞辰903周年祭祀仪式上宣读。

4月 专著《中国古代职官科举研究》由中华书局出版。

4月10日 审读邱进春博士论文《明代江西进士考证》。他的日记写道：

> 该文优点是：1.对明代江西科举文献十分熟悉，所运用资料基本上是第一手资料。2.考证方法严密，从考定明代科举考试榜次入手，进而考证江西省及各地区的进士数。

这是最基础的工作。3.对有关江西进士记载的文献中各种错误,从多角度予以分析其错误的原因,进而将有问题的进士名录一一加以订正,如姓氏错误、名字错误、因双籍引起的两地重复记载的失误、因地名更改造成的籍贯,以及文献记载的笔误、缺漏等等。其不足之处:1."总论"没有写好,得加以补充,补充本文所要解决的问题;2.就事论事,缺乏比较分析,未能充分说明各种文献产生错误的根源,深度不够;3."小传"未能一一注明资料出处。

下午找邱进春面谈修改论文事宜。

4月13日 上午九时半,参加古籍所会议。主要讨论庆祝沈文倬先生九秩大寿学术研讨会诸项事宜,及引进人才等事。校毕《两宋登科录》庆历二年壬午(1042年)杨寘榜(第41榜)。(摘自日记)

5月 与邱进春合作的《明代登科进士总数考》一文刊于《浙江大学学报》第3期。

文章摘要为:

进士统计是科举制度研究的一项重要课题。各种文献对明代进士录取人数记载不一,现在学者对此又缺乏必要的考证,以致不能得出统一而确切的统计数据。充分利用明代登科录、明实录、各科题名记等第一手资料,是获取准确数据的前提。在考证中,必须注意会试录取和殿试录取人数的不同,而进士统计必须以殿试录取为准。依此标准,明代共取进士89科,实际总数为24595人。

6月 博士研究生邱进春论文答辩,论文题目《明代江西进士考证》。

答辩主席:浙江省社科院《浙江社会科学》主编王立嘉

答辩委员：古籍所方建新教授、祖慧教授，公共管理系周生春教授和导师龚延明教授

7 月　《中国历代职官别名大辞典》（227 万字）由上海辞书出版社出版。转录《后记》如下：

《中国历代职官别名大辞典》后记

《中国历代职官别名大辞典》，从 20 世纪 80 年代初开始资料积累，经立条、释义、列书证、考辨、输录，到 1998 年书稿交出版社审校、2006 年出书，前后历经 20 个春秋……

这是怎样一条学术之路。其间上下求索、板凳枯坐，世事扰扰、人事熙熙，笔者自知、家人有知。此时此刻，我心潮起伏。在浙大西溪校区图书馆主楼六楼的课题室内，倚窗南望，保俶塔静如处子，默默地眺望着钱江滚滚东流去，一波逐一波，尤有穷已，注入东海，融入太平洋。我忘不了，忘不了太平洋彼岸的一位已故著名史家——美国普林斯顿大学刘子健教授。正是这位睿智老人，给了我非凡推动力。清楚地记得，那是 1984 年秋天，杭城桂花飘香的季节，我突然收到一封由中国社科院历史所转来的海外信函。此信标题为"建议编制《宋代官职别称》"，下面署名刘子健，系发自 Princeton University。刘子健教授，宋史界学人当然熟悉，他是美国华人宋史专家、著名的汉学家。那年头，我们改革开放大门才开启，中美文化学术交流未多，我们之间属于长幼两代人，无缘相识。当时，脑子里闪过一个念头，他怎么会知道我的呢？读罢信方知，他是从《宋史研究论文集》（1984）中，看到我的一篇论文《略论宋代职官简称别名》，引起他极大兴趣，并由此生发出这一份建议。此信原寄给历

163

史所王曾瑜、郭正忠、陈智超，然后由他们转寄给我……

为此，他建议"两岸协力、国际合作"，撰编一部《宋代官职别称》工具书。并提出"可用拼音排列，国际销路必大增"。为了尽早促成此项合作课题，刘先生表示"开办费"（启动费）由他来出。未曾想到，我独自正在进行的宋代职官简称别名收集与研究工作，会引起海外学者如此重大的关注。这不能不使我深受感动。

我感动，不仅仅是刘子健教授对宋代职官别名研究的充分肯定；还有他对学科前沿，密切注视学术进展与动态，一旦在学术研究园地发现有生命力的萌芽，立即予以真心扶植，体现了老一辈学者奖掖后人的风范，和对学术发展潜心关爱的精神。

刘子健教授的信，坚定了我克服困难、完成《宋代职官简称别名》研究的决心（此项成果已融入 1997 年中华书局出版的《宋代官制辞典》之中）；同时激发了我撰编一部上下贯通的《中国历代职官别名大辞典》的强烈愿望。这之后，我与刘子健教授建立了通信联系。他十分赞同我的研究计划，并主动写信给 Hucker，设法让我们就中国官制作合作研究。遗憾的是，刘子健先生走得匆忙，终于未能看到《宋代官制辞典》与《中国历代职官别名大辞典》的出版。

我不惜篇幅，追述这一段忘年的离奇的学术交往故事，是为了说明这样一个真理：学术无国界，学术是天下的公器。学术的进步，靠一代又一代学人共同努力。有了老一辈学者铺路和导引，才有后一辈新人的成长和创新。如果没有刘子健教授这一封信，也许我的宋代职官简称别名研究早已止步，不可能扩展至今日这一项新成果。唯其如此，值《中国历代职官别名大辞典》出版之际，我首先要感谢刘子健教授独具慧眼的奖掖。

众所周知，纯学术著作出版难，上百万字、数百万字大部头的学术著作出版更难。我感到幸运的是，在出版界又遇上了"伯乐"。上海辞书出版社前任社长李伟国先生和现任社长张晓敏先生，都充分肯定《中国历代职官别名大辞典》书稿的学术价值，同意接受出版，并纳入重点出书计划。在编辑人手十分紧张的情况下，成立了由学养深厚、经验丰富的编辑组成的审稿小组。从该社图书馆调集了可资审稿核查的图书资料，开始了对250万字原书稿的审编工作。诸位编辑恪守该社优良的严格审稿制度，凡《中国历代职官别名大辞典》中涉及的书证，务必逐条查对出处。《中国历代职官别名大辞典》时间跨度大，上自三代，下至明清，书中引用的正史、政书、野史、文集、笔记、碑刻等文献资料，何啻千种！审稿小组，要逐一审查条目、义项、书证，工作量该有多大！有时为了核查一条资料，得花上半天，甚至一天。他们说："宁可多花时间，也不能放过一条未核对的书证。"不仅如此，对释义不确切或不准确者，要斟酌修改，显然，这无异于对书稿的再加工了。至校对样稿时，因工作量大，时间急迫，史地室几乎全体编辑都投入了审核工作。为此，他们付出了无数心血和创造性的劳动。在他们身上体现出来的创一流辞书的精品意识，严谨的学风和高度责任感，保证了《中国历代职官别名大辞典》的科学性、可靠性、知识性与可检性。这部书的顺利出版，是与出版社领导的决策和审稿小组的辛劳、奉献分不开的。在本书编撰过程中，从查对资料到整理、撰写吏胥及宰相专条等，祖慧博士给予我很多帮助。这种学术上的合作,有利于相互切磋、相互提高,我们还将继续合作下去。

我还要感谢我的妻子,她用智慧和爱心营造了一个温馨、幸福的家庭。使我能几十年如一日地,始终心情舒畅、精神饱满地投入我热爱的事业中去。

……

9月5日 博士研究生方芳毕业论文答辩,论文题目是《〈清代朱卷集成〉研究——以进士履历档案为中心》。

10月27日 沈小仙书评《官制辞典中的奇葩——〈中国历代职官别名大辞典〉简评》一文刊于《文汇读书周报》。文章写道:

这是我国第一部历代职官别名辞典,具有开山意义。《大辞典》由序论、凡例、词目表和正文条目组成。"序论"是辞典的重要组成部分,从总体上介绍了官称别名的类别、产生方式、规律以及研究别名的意义……与辞典正文相互应和,相辅相成。

通观《大辞典》有如下特点:一、纵贯历代,网罗宏富,条目齐全。上起三代,下迄清末,共计9400余条。由于同一条目下又包含几条或者十几条甚至几十条子目,这样全书总条目达30,000条以上。二、富有原创性。所有条目、例证都是从历代典籍、史料、文集、碑传,以及出土文物中求索、收集而成的。而官称别名产生因由多种,五花八门,其辨识难度相当大,辞典对每一条词目的辨识、考证,更是筚路蓝缕、披荆斩棘,具有开创之功。三、既是一部大众通用的工具书,更是一部具有多种学术功能的专业辞书。《大辞典》不仅扫清了阅读古诗文的障碍,为古籍整理研究提供了一把钥匙,同时所引证的资料,做到翔实可靠,对于史学研究提供了进一步研究的线索,而官称别名更是名物学研究的重要内容,为称谓语言研究提供了便利。

11月10日 应邀参加在宁波天一阁博物馆举行的"中外藏书文化国际学术研讨会:纪念范钦诞辰500周年、天一阁建阁440周年",中华书局总编徐俊,清华大学古文献研究中心主任傅璇琮先生出席。

11月20日 《民族英雄岳飞地位岂能动摇——论民族英雄岳飞称号的由来及其相关争论》一文,收录于杭州市社会科学院南宋历史文化研究中心编《南宋史研究》第10期。

11月21日 中山大学曹家齐的书评《探微历代职官别名——评〈中国历代职官别名大辞典〉》,载于《光明日报》"国学版"。文章写道:

《中国历代职官别名大辞典》,是一部全面、系统、具体而具有权威性的关于职官别名的工具书。

《中国历代职官别名大辞典》收录了上起三代、下迄清末中国历史王朝国家管理机构正式官名的各种简称、总名和别称,加以释义、溯源,并编成汉字笔画字头索引,是有史以来第一部关于职官别名的专门性研究论著和工具书,其学术价值非同凡响。无论其内容的广度和深度,还是体例构思,都是以往相关工具书不能相比的。

全书通贯历代,内容全面。书中所收职官别名的时间范围,上自三代,下至清末的中国历史上所有王朝,不以今日"古代"和"近代"之划分来割裂完整的时间段,并将这一完整时段内出现的职官别名作贯通的梳理与考察……

释义可以说是辞典的主要内容。以往涉及职官别名的辞典在对别名释义时，一般是说明该别名是何官名的简称或别称即可。但《中国历代职官别名大辞典》却不是如此简单处理，而是在数据许可的情况下，尽可能究明该别名的由来，还对每一词条释义皆冠以朝代，以标明该职官别名产生、流行的时间段；同一条目在同一朝代的不同义项，则加以区别，尽可能做到解释的清晰、准确，避免模糊。

《中国历代职官别名大辞典》对每一条释文皆标明所依据之书名和篇名，或直接引用原文为例释，使每一条解释都有据可依……这种释义重依据、出处的做法，既恪守辞典编纂的准确性、科学性之原则，又为读者的深入研究提供了可参考的线索。这正是该辞典之学术价值最突出之体现。

2007年　67岁

3月1日　《〈宋史职官志补正〉与两位名家——为纪念邓广铭先生诞辰一百周年而作》一文发表于《光明日报》。此文后作为再版《宋史职官志补正》的《后记》。文章追溯了在治学道路上先辈们给予的指导，表达了对前辈名师奖掖后学的衷心感激之情。两位名家，一位是邓广铭先生，一位是傅璇琮先生。文章写道：

> 我是《宋史职官志补正》的作者，邓先生的奖掖，自然特别使我感动，由此而产生的巨大推动力，深刻地影响了我的学术人生。一个人在治学的道路上，我真切地体会到，除了自己的努力之外，机遇的确是十分重要的。《宋史职官志补正》这本书的成功，两头紧紧连着两位名家，一位就是上面

所述的邓广铭先生，还有一位是原中华书局总编傅璇琮先生。假如，一头一尾，我没有得到这两位名家的帮助和奖掖的机遇，很可能不会有这本《宋史职官志补正》，也不可能有此后的《宋代官制辞典》(180万字)、《中国历代职官别名大辞典》(227万字)和《宋登科记考》(500万字，合著)这些成果了。

......

《宋史职官志补正》出版后，诚如傅璇琮先生所预料的，邓广铭先生"胸怀豁达，视学术如生命"。他衡量学术成果，不论资格，不计较对自己的研究的批评，完全以学术上有无建树为心中的一杆秤。《宋史职官志补正》出版后......浙江省社科规划办聘请邓广铭先生担任浙江省哲学社会科学重点课题《宋史职官志补正》鉴定组组长......邓先生郑重其事，先把鉴定组四位成员意见归纳为二点："第一，龚延明同志对于《宋史·职官志》所作的补正，既极周全详备，也极精审谛当；第二，这一新著的丰富内容，反映出龚延明同志对于宋代职官制度既具备通贯的理解，也具有深厚的基础根底。求之于当今之治宋史者，他的功力之雄厚应是居首选的。"......

邓先生对我这一成果的充分肯定，使我深受鼓舞，坚定了我在官制史研究这块园地继续耕耘的决心。

我转述邓广铭先生对《宋史职官志补正》的评价，正好证明傅璇琮先生的学术眼光是何等深邃！他一方面，站在出版家兼学者的高度，指出《宋史·职官志》补正仍是一个有很大空间的学术阵地，而且可以作为深入研究宋代官制的基础，循此走向学术前沿；另一方面，傅先生在学术界交往甚深,他对学术大师邓广铭先生广阔的胸襟十分了解,所以能在我犹豫、彷徨之际,鼓励我走近学术大师、去做《宋史职官志考正》的研究工作。假如没有傅先生的这番点拨和鼓励,我根本不敢去做《宋史职官志补正》……

我在治学道路上的机遇,使我深切地体会到:名家的学识是人类社会宝贵的精神财富,值得敬仰;名家高尚的人品、以提携后进为己任的广阔胸怀,同样是人类进步的精神财产,而且更难能可贵、更值得尊敬。

3月15日 李英撰写的《独特新颖的官制工具书——评龚延明〈中国历代职官别名大辞典〉》刊于《浙江学刊》第2期。文章列举了这部辞典的三个主要特点,文章写道:

《中国历代职官别名大辞典》一个突出特点,是所有条目的立项、释义,都有书证,无一处无来历、无一字无依据,充分建立在第一手资料考证的基础上,实事求是,翔实可靠。

《中国历代职官别名大辞典》实用性强,有助于扫清古诗词、古文献中职官别名的难点,提高读者阅读古文的能力。

《中国古代职官别名大辞典》是古籍整理的必备工具书。

3月16—17日 应邀参加在北京大学英杰交流中心召开的"邓广铭教授百年诞辰国际学术研讨会",并作为代表在主席台发言,深切表达了对前辈名师奖掖后学的感怀之情。发言稿后作为《宋史职官志补正》再版的"后记"。

4月4日 完成《宋史职官志补正》再版"后记"。除了表达对邓广铭先生、傅璇琮先生两位名师的由衷感恩之外,还续记了

《宋史职官志补正》能够在中华书局再版的机遇和对出版社的由衷感激。他在文中写道：

今年三月十六日至十七日，在北大英杰交流中心举行了"纪念邓广铭教授诞辰百周年国际学术研讨会"……会上，一些北大博士生对我说："我们研究宋史的，少不了龚先生那本《宋史职官志补正》，书店里早已脱销，只能复印。什么时候能重新出版？"正好，中华书局社长李岩先生应邀出席"纪念邓广铭教授诞辰百周年国际学术研讨会"，我同他谈起能否在中华书局出版《宋史职官志补正》增订本的事。使我十分感动的是，李岩先生慨然答应。中华书局副总编徐俊先生，很快将《宋史职官志补正》纳入《二十四史研究资料丛刊》之中，并交代历史编辑室主任于涛落实此事。我由衷地感谢中华书局对学术专著出版的支持！

本书于1991年初版，至今已十六年，在使用过程中，仍发现一些遗留的问题。古籍整理如"秋风扫落叶"，不可能一次完成，有时甚至需要几代人共同努力去完成，此诚非虚言。趁《宋史职官志补正》再版的机会，我从头至尾，又校补了一遍，增订了80余条，比初版又提高了一步。

新版本，还增加了一项新的内容，即将以邓广铭先生为组长的成果鉴定组对《宋史职官志补正》的鉴定意见，收入书中，以供读者阅读此书时参考；同时，寄托作者对史学大师邓广铭先生的缅怀之情。记之余，占诗一首：

投笔从戎十二年，

重操旧业哀维艰；

学海无涯觅方舟，

前贤引领登渡船。

考正在前续补正，

后学依托巨人肩，

面壁五年入堂奥，

乘风破浪敢争先！

龚延明　记于浙大古籍所暨宋学研究中心

二〇〇七年四月四日

5月9日　哈佛大学 Endymion Wikinson（魏根深）来信请教关于宋朝登科录中的"小名小字"问题，问："如果小名和小字是一个东西，那么为什么给600人分别写'小名'和'小字'？所有别的中国史料没有这样的记载。为什么这两个名单（《绍兴十八年同年小录》和《宝祐四年登科录》）要给每一个人记录小名和小字？元、明、清的进士名单没有一个要记录小名或者小字？"答复为："有大名、大字，遂有小名、小字仿之。"（摘自日记）

5月16—19日　应邀参加在北京香山饭店举行的"点校本《二十四史》及《清史稿》修订工程第一次编纂会议"。北京大学任继愈教授任总纂修，新闻出版署副署长杨牧之任修订工程工作委员会主任，中华书局徐俊任修订办公室主任。在启动会上，接受了"《二十四史》及《清史稿》修订工程审定委员会委员"聘书。

他在日记中写道：

5月16日　星期三　晴天

上午去香山饭店报到。一人一房间，环境很好。

下午三点，中华书局主办的《二十四史》及《清史稿》修订工程第一次编纂会议"举行开幕式。北大著名教授任继愈先生讲话，新闻出版总署副署长杨牧之等讲话，并发了聘书，发给我的是"《二十四史》及《清史稿》修订工程"审定委员会委员聘书。合影留念。

晚上，上海师范大学古籍研究所戴建国教授来访。上海师大古籍所与华东师范大学古籍研究所共同承担《宋史》修订工作，戴与裴二位教授领衔，任务繁重。

5月17日　星期四　晴天

全天分组讨论，我在第三组——宋辽金元小组，由中国社科院历史所副所长、元史专家陈高华与北大历史系教授刘浦江主持。发言争先恐后。大家都有一种使命感、责任感、光荣感！

我在发言中提出：中华点校本《二十四史》已成为一个权威版本，在此基础上，加以修订，版本异同考辨与重新审订点校，任务十分艰巨。只有把所有"硬伤"和点校不妥之处，一一订正过来，才能实现新修订《二十四史》及《清史稿》，升级成为新的权威版本，建议尽量吸收点校本出版以来，后人关于《二十四史》《清史稿》研究的新成果。

晚上，宋史界同行、《中国社会科学》杂志社路育松来访。香山饭店离城很远，她住在海淀区，一定要设法来看我，那份真情和热情，使我十分感动。

中国社科院历史所陈智超研究员来访，送给我一本他爷爷陈垣先生的著作《史源学杂文》。他父亲陈乐素先生，在杭州大学创办宋史研究室，曾指导我从事陆游诗文集研究。陈氏一门三代史家，实为罕见。

5月18日　星期五　晴天

上午八时半，大会。先由各组主持人代表本组发言，共三组，第一组由周天游（陕西博物馆）、第二组由陈尚君（复旦大学教授）、第三组由刘浦江（北京大学）主持。然后，中华书局副总编徐俊、国家古籍整理出版规划领导小组常务副主任杨牧之讲话。11时,国务委员、教育部长陈至立从人民大会堂赶来,合影,然后发表讲话。陈至立给大家留下出乎想象的好印象:平易近人,没有官腔,讲话实在而有的放矢,很有力量。她表示:"《二十四史》及《清史稿》修订工程是利在当代、功在千秋的事业,是金子般发光的事业。现在去做,时机正好,再晚了,就会错过时机,古籍整理的专家更少了,通过这个工程,同时也能培养人才。国务院做你们的坚强后盾,经费不是问题。"这番话,令人振奋,全体与会者有一种强烈的光荣感和使命感。中华书局负责人,更是吃了一颗定心丸。

下午一时半,离开香山饭店到中华书局,在国统饭店住了下来。和复旦大学陈尚君教授为邻。

5月19日　星期六　晴天

早上,六点起床,先去附近小餐馆吃早点。回来,华东师大古籍研究所裘汝成教授来访,谈点校本《宋史》修订本分工合作事。

5月　《明洪武十八年进士发覆——兼质疑〈明清进士题名碑录索引〉》一文刊于《浙江大学学报》(人文社科学版)第3期。(后载于2007年6月《科举学论丛》。《中国社会科学文摘》2007年第4期摘要刊出,人大复印资料《明清史》2007年第7期全文刊出。)

文章摘要为:

明《洪武十八年榜进士题名碑》被毁,致该榜进士名录成为明代89榜进士中唯一残缺不全的一榜。而今人常用之《明清进士题名碑录索引》收录该榜进士422名,尚缺50

名。问题还不止此，更严重的是，所收 422 名进士名录中，存在严重错误，导致以讹传讹，亟须订正。俞宪的《皇明进士登科考》保存了《洪武十八年会试录》，共收进士 472 名，与该榜殿试所取 472 名进士正好吻合，是迄今为止最完整、最可靠的登科名录。以《皇明进士登科考》为依据，有助于完成洪武十八年榜 472 名进士的发覆。

5 月 《宋代科举研究文献资料论述》一文刊于《科举文化与科举学》（上）（上海嘉定博物馆、上海中国科举博物馆编，海风出版社出版）。后收录于朱瑞熙等编《宋史研究论文集》（上海人民出版社 2008 年版）。

文章主要内容为：

关于两宋科举登科人名录与传记研究，现存能供我们参考的文献资料，可分直接的、间接的两大类。

一、直接可资利用的科举文献资料

直接的，指宋人或宋以后撰编的有关宋代科举制文献资料，计有：

1.（清）徐松辑《宋会要辑稿》中之第五册"选举"部分……是研究宋代科举制必不可少、最为重要的基本史料。

2.（元）脱脱（1314—1355）等撰《宋史》之"选举志"，及历朝皇帝本纪。何忠礼撰有《宋史选举志补正》（浙江古籍出版社 1992 年版）可资参考。

3.（南宋）彭百川撰《太平治迹统类》共 30 卷。该书主要抄撮《续资治通鉴长编》、参考宋代其他史籍撰编而成……可与今存、不完整的《长编》互补。

4.（宋末元初）马端临《文献通考》（348 卷）。

《文献通考》……其中"选举""学校""职官"等十九门是

继承《通典》的。天宝以前部分,补《通典》所未备,天宝以后至南宋宁宗嘉定末年部分,是《通考》新增的……《选举考》共十二卷。其中卷二、卷三、卷五列有唐、五代、宋《登科记总目》。

又,(明)王圻《续文献通考》(254卷)……可以补《文献通考》缺理、度二朝史实之不足……其中卷34至卷46为"选举考"(共十三卷)。

5.《宋状元及第图》一卷,佚名。南宋嘉定末年编。内容为北宋建隆首榜至南宋嘉定十六年历科状元姓名、籍贯及殿试赋题、进士登科人数等。为清抄本……现存北大,已成海内孤本。

6.(明)朱希召《宋历科状元录》八卷。两宋历朝十四,历年317(960—1276)共开科举试118榜:

太祖15	太宗8	真宗12	仁宗13
英宗2	神宗6	哲宗5	徽宗8
高宗11	孝宗9	光宗2	宁宗10
理宗13	度宗4		

……是书所述史料皆点明出处,且宝祐元年姚勉榜、咸淳元年阮登炳榜和咸淳十年王龙泽榜之登科人数,独见于此书,为其他史书所未载。

7.《绍兴十八年同年小录》

系南宋绍兴十八年(1148)以王佐为状元之登科录,榜内因有大名人朱熹而得以保存。

8.《宝祐登科录》,为南宋理宗宝祐四年(1255)以文天祥为状元之登科名录,其所载小传详于《绍兴十八年同年小录》。

9.《咸淳七年同年小录》(不全)

此《小录》保存于元代刘壎《隐居通议》卷三一《前朝科诏》中。于南宋后期科举史研究颇有价值。《隐居通议》有四库本。

二、间接科举研究史料

间接的,指分散在编年史籍中有关科举史料。

1.(宋)李焘《续资治通鉴长编》,原书 980 卷,存520 卷。

2.(宋)李心传《建炎以来系年要录》200 卷,《建炎以来朝野杂记》甲集 20 卷、乙集 20 卷。在《系年要录》中,科举史资料,按年编次,列于其中,极有参考价值。今传《要录》系自《永乐大典》辑出。

《朝野杂记》甲集、乙集属政书(近于会要体)。与科举相关的有"故事"与"取士"这两门,甲集、乙集均具此二门(甲集卷九卷十三、乙集卷十五)……此书史学价值甚高。

3.(南宋)李埴撰《皇宋十朝纲要》二十五卷。是书记载了十朝每榜登科人数,尤以高宗朝四川类省试登科人数记录最详。

4.(佚名)《宋史全文续资治通鉴》36 卷,是简要记载宋太祖至理宗十四朝305 年历史的编年史书。该书南宋部分史料价值较高,其记事比《宋会要》多出理宗一朝……今存之《两朝圣政》,已佚卷 30—45。《宋史全文》元刻本,则保存完好,可补《两朝圣政》之阙。

5.(佚名)《两朝纲目备要》16 卷,是一部记载光宗、宁宗两朝的编年体史书。南宋史料缺乏,此两朝之科举活动,在该书有反映,可资参考。

三、类书类资料

1.《古今图书集成》。原名《古今图书汇编》,一万卷,约一亿六千万字。

2.(南宋)王应麟(1223—1296)撰《玉海》(204卷)……其中自卷114至卷118五卷为"选举","科举"又占其中三卷(卷114—116),卷116为宋代科举总分,分50个子目。此外,还有《词学指南》,是关于宋代词科的专著,保留了两宋应举博学宏词科之全部中第人名录。所记载史实多取材于已失传的宋日历、实录、国史,弥足珍贵。

四、登科人资料

(一)传记类:

1.《宋史》列传,凡登科人皆有记载。

2.郑樵《通志略》之《氏族略》六卷。

3.(宋)章定《名贤氏族言行类稿》六十卷。

4.(明)凌迪知《万姓统谱》一四六卷。

5.(宋)杜大珪《名臣碑传琬琰集》一〇七卷,共分三集……起自建隆、乾德,迄于建炎、绍兴……是当时人写当时事,应属第一手资料。

6.(宋)王偁《东都事略》一三〇卷,纪传体史书,分本纪、世家、列传和附录(外国传)。《东都事略》搜集北宋"九朝事实,采辑成编"……除了可资查证宋人登科出身记载之外,还保存了今本《宋大诏令集》所阙漏的大量诏令。

7.(宋)曾巩《隆平集》二十卷。此书前三卷记载太祖至英宗五朝史事……此书有失误之处,疑宋人伪托曾巩之作,但为宋人旧籍则无疑,仍有可资取之处。

8.(清)陆心源辑撰《宋史翼》四十卷……该书来源,是辑录李焘《长编》、李心传《要录》等宋人史作,宋人文集中墓志、行状,及方志和学案等,并一一注明出处。

9.(清)黄宗羲原著、全祖望补修《宋元学案》一〇〇卷……1989年中华书局出版的点校本全四册,为目前为止最好的版本。

又,(清)王梓材、冯云濠撰《宋元学案补遗》一百卷、附三卷。就黄本《宋元学案》补充了大量宋学人物。台湾世界书局影印本使用较为方便。

10.(清)厉鹗撰《宋诗纪事》一百卷。仿宋计有功《唐诗纪事》辑录唐诗之故事。然,其尚有可珍贵之处,在于所辑宋代三千余家诗人,一一予以简介其生平事迹,凡科第出身者,虽小人物亦予以载明。

又,(清)陆心源《宋诗纪事补遗》一百卷、孔凡礼《宋诗纪事续补》三十卷,又为《宋诗纪事》增补了不少诗家人物小传。又,陆心源《宋诗纪事小传补正》,又增添了大量宋代登科人资料。

11.(清)陆心源撰《元祐党人传》,收录了元祐党籍309人,并为之一一立传……凡元祐党人之科举出身者,都有记载。

12.宋人文集、诗集、笔记等。

宋人文集,汇集有四川大学古籍所曾枣庄等编纂、上海辞书出版社2006年出版的《全宋文》(200册),《四库全书》《四部丛刊》(初、续编)所收宋人文集。文集中的墓志铭,有大量登科人资料。北京大学古典文献研究所孙钦善、傅璇琮等主编的《全宋诗》(72册)所撰作者小传及诗集中的"赠同年"等进士史料也不少,可资利用。

13.《宋元方志丛刊》等方志中进士题名录

大量方志是中国历史文献的一个宝藏……与宋代登科记有关的方志,可资利用的很多,主要有下列百余种。

《宋元方志丛刊》八册,中华书局编。该《丛刊》,于1990年将今存宋元方志41种影印出版,史料价值很高。其中有"进士题名"的方志共26种……可以利用的较完整的明代方志丛刊,当推《天一阁藏明代方志选刊》(共68册)、《天一阁明代方志选刊续编》(共72册)这两套方志丛刊,因修于明代,且多刊于嘉靖以前,提供了大量府、县的进士资料,具有重要的参考价值……

6月23日　在《光明日报》第五版刊发了《学术无国界　天下有知音》——从一篇论文到《中国历代职官别名大辞典》一文。

文章主要内容为:

介绍了《中国历代职官别名大辞典》的诞生经历,因一篇文章学术论文而结缘一位海外学术知音,美国普林斯顿大学宋史专家、著名汉学家刘子健。感慨前辈学者对于学术动态的关注和对具有学术生命力萌芽的真心扶植,一封越洋信件,坚定了著者的信心,250万字的巨著经历20余年终于结成硕果。学术文化的脉管四通八达,学术界的友谊深沉而激越,前辈奖掖后人的风范令人感动,坚持执着的信念令人惊叹。

6月30—7月6日　参加由黑龙江大学举办的"第三届全国科举制与科举学学术研讨会",向大会提供的报告是与祖慧合作的《〈宋登科记考〉课题进展介绍》。会议期间,参观了女真人山洞遗址。浙江大学同去的有何忠礼、祖慧二位教授。

7 月　《学界的风范——记傅璇琮先生二三事》，收录于《傅璇琮学术评论》（宁波出版社）。

7 月　祖慧撰写的书评《龚延明〈中国历代职官别名大辞典〉评介》刊于《中国史研究动态》第 7 期。

文章写道：

龚延明教授所著《中国历代职官别名大辞典》（以下简称《大辞典》），已由上海辞书出版社正式出版发行，这是他继《宋代官制辞典》之后的又一部力作。

通览全书，无论是词条的繁多、内容的广泛深入，还是选题的独特新颖、资料引用的翔实可信，都足以令人刮目相看。全书最大的特点和价值体现在它的原创性、科学性与实用性三方面。

第一，原创性。《大辞典》是第一部对中国古代、近代职官别名进行全面系统阐释的专门辞典。

第二，科学性。科学性指的就是实事求是，《大辞典》中每一条目的编撰都充分体现了以史实为依据、实事求是的治史精神。

第三，实用性。首先，《大辞典》有助于扫清古诗词、古文献中职官别名的障碍，提高读者阅读古文献的能力。其次，《大辞典》是从事古籍整理研究者必备的工具书。

总之，《大辞典》是一部集原创性、科学性和实用性三大特点于一体的鸿篇巨作，它填补了中国古代官制研究领域中的一项空白，具有里程碑式的意义。《大辞典》的出版，对于加强读者阅读和理解传统典籍的能力，提高古文献整理和研究的水平，都有着十分积极的意义。

9 月 15 日　《岳飞〈赠吴将军南行〉诗手书拓片辨释》一文刊

于《文学遗产》第5期。

文章主要内容为：

三门峡文物考古研究所，于2003年12月发现了一件民族英雄岳飞的《赠吴将军南行》诗手书拓片。拓片是从卢氏县一户农民家中发现的，保存完好，拓片字迹清晰，上有清代河南学政许乃钊的正楷小字题跋。这是很有价值的一件文物发现，有助于考辨岳飞的诗与书法，为进一步深入研究岳飞提供了宝贵的文献资料……2007年4月18日《中国文物报》"大观"专栏，刊登了岳飞《赠吴将军南行》诗手书拓片的照片，上有河南学政许乃钊题跋，并配有胡小龙考释该拓片的文章，题目为《岳飞手书拓片略考》，使学术界能有机会欣赏和参与研究这一珍贵的文献。不过，笔者读了《岳飞手书拓片略考》后，有几点意见，觉得有必要提出来商榷。

第一，该文作者对拓片文献资料本身的释读和标点，出现多处失误，歪曲了原文。

第二，《岳飞手书拓片略考》一文的作者对于《赠吴将军南行》诗拓片的来龙去脉未加深考，而这对于判断《赠吴将军南行》诗是否确为岳飞手书，至关重要。许乃钊是第一个将明人王世贞所藏岳飞手书《赠吴将军南行》诗手书拓片摹刻碑上，置于河南汤阴岳飞庙中的人。此前，该诗手书有岳飞裔孙岳鸿遇在该诗拓片上的题跋，而许乃钊本人也曾在岳飞手书诗拓片上作跋。卢氏县所发现的岳飞手书《赠吴将军南行》诗拓片，当是许乃钊亲笔题跋。该跋的内容有助于我们搞清岳飞此诗手书的流传情况：此诗手书原为明代著名文人王世贞所得；王世贞后又传给吏部侍郎孙承泽；孙承泽又传给荣恪郡王。然后，清河南学政许乃钊又从郡王处借来,摹刻到石碑上,此诗方得与世人见面。

此外,据钱汝雯《宋岳鄂王年谱》卷二所载岳鸿逵题跋,考出岳飞于绍兴四年二月向吴将军赠宝刀,同时赠《吴将军南行》诗,此吴将军当为吴锡。

10 月 13—14 日 作为《二十四史》及《清史稿》修订工程审定委员,参加《宋史》修订调研座谈会。

10 月 与方芳合作的《北宋徽宗朝"贡士"与"进士"考辨——兼评〈皇宋十朝纲要〉编撰体例》刊于《文献》第 4 期。

文章考辨大要如下:

贡士与进士、贡士试与进士试有什么异同?

宋代的"贡士"有两种内涵:一是泛指尚未唱名赐第的各地举子,二是特指徽宗朝的三舍升贡之士。

宋制,凡科举发解试合格赴礼部试(省试)的举人(包括应进士科、诸科者),可通称为"贡士"。

发解试合格赴礼部省试人被称作"贡士",源于唐代。

唐、宋时,不仅赴礼部省试者称"贡士",而且省试合格奏名进士、诸科,在未唱名赐进士第之前也可称"贡士"。天授元年(689)三月,"太后策贡士于洛城殿。贡士殿试自此始"。尽管武则天主持的殿试与宋代三级科考(地方发解试、礼部发解试、皇帝殿试)中的殿试不同,并不是省试之上最高一级的科举试。但是在此次殿试中,称赴试举人为"贡士",却是事实。这可视为宋代称省试合格奏名进士、诸科为"贡士"之源头。

至于殿试合格人,则不能再称贡士。合格进士按殿试成绩的高低,分赐进士及第、进士出身、同进士出身,通称"进士"或"第进士";合格诸科亦按成绩分赐及第、出身、同出身,通称"诸科"。

以上所述"贡士"是一种非常宽泛的称谓,是"邦国举贤者于王"之意。这些人或为地方解试合格赴省试人,或为省试合格等待殿试赐第人,属于尚未正式登第的应举者。所以,唐宋时期的科举也可称为"贡举",《宋会要辑稿·选举》第一卷的标题就是《贡举》。

宋代"贡士"的第二种内涵,就是《皇宋十朝纲要》卷一五《徽宗》之"进士"条目下所载的贡士,如:贡士郑南、贡士俞粟、贡士李邦彦、贡士刘知新等。这类"贡士"并不属于科举制下尚未获得进士身份的举子,而是专指学校三舍升贡之士,属于中央太学与地方州县学贡举试的范畴。

经贡士试而赐第的"贡士",与科举试下、尚未赐第释褐的"贡士"有着本质的区别,前者属于"有出身人",后者则是尚未获得出身的人。两者不能混淆。

贡士试与科举试最大的不同,是在考试方式以及应试人员的构成方面。科举制下,允许天下士子"投牒自举",经地方发解试、礼部省试、殿试三级考试,合格者即释褐授官。而贡士试则完全面向学校,应试者都是从各级学校考试中脱颖而出的太学上舍生。

宋代的贡士试只限于徽宗一朝的 12 榜,是当时以学校升贡试取代科举试的产物。值得注意的是,徽宗崇宁三年虽然下诏罢科举,但"三岁大比"的科举考试并没有真正停止。

虽然科举试之"进士"与贡士试之"贡士",两者的身份各不相同,但在科举年内经由殿试赐第人,仍统称为"进士",没有贡士、进士之分。不过,在一些方志所列的宋进士名录中，都要对"上舍释褐"出身人加以注明，以示与进士释褐人的区别。除科举年份之外，经贡士试而入仕者，只能称作"贡士"，这点是毫无疑问的。

马端临注意到了这一点，在《宋登科记总目》中，只记录了徽宗朝的进士榜人数，并未将贡士榜的人数统计在内。这也进一步说明，《皇宋十朝纲要》将徽宗朝的"贡士"列于"进士"目下，将贡士榜与进士榜混为一体的编排方式十分不妥，模糊了徽宗朝"贡士"与"进士"之间的界线。

11月9日 应邀参加点校本《宋史》修订方案专家评审会。

11月 指导浙江大学古代文学博士生点校史籍。左洪涛与张恒在合著的《两宋浙东高氏家族研究》（海洋出版社2010年版）一书的"后记"中这样写道：

> 陆先生（陆坚）和沈先生（沈松勤）都先后向笔者郑重推荐龚延明先生……龚延明先生在百忙之中给我们俩很多具体的指导，对重要的部分还亲自标点、作示范。正是有龚延明先生、陆先生、沈先生和以上其他几位先生的真诚指点、帮助和鼓励，笔者感到这几年在古代文学、家族研究方面有一定的进步，小书也得以完成。

12月18日 收到上海师范大学古籍所虞云国教授来信，告知参与编撰的《宋代文化史大辞典》所写词条总字数为64.9千，稿费共计为1882.1元。信中写道："这部辞典职官条目，蒙您当时大力鼎助，由于出版社原因，拖延了十余年才得问世，真要对您说一声谢谢，对不起。"

12月21日 作为杭州市社联理事和获奖者，应邀参加杭州市社联第十四届理事会议及哲学社会科学成果颁奖大会。所著《中国历代职官别名大辞典》获一等奖。

12月21—23日　应邀参加河北师大古典文献学建设高层论坛。

12月22日　在《浙江大学报》发表了诗歌《求是之光——赞求是书院林启总办》,转录如下:

八闽之子,簪缨门户。

铁面御史,名震天都。

南下禹杭,出任知府。

遭逢国衰,危机四伏。

忧国忧民,寻思普度。

"教育救国"! 发自肺腑。

经之营之,规模宏图。

创办书院,含辛茹苦。

革故鼎新,大刀阔斧。

新张育之,国学为辅。

旧学新知,汇于一处。

中西文化,熔于一炉。

八面来风,名师授徒。

四方学子,慕名争附。

新型大学,崛起东土。

求是园中,人才辈出:

章氏太炎,国学大师。

陈氏独秀,"五四"前驱。

蒋氏百里,名将之花。

陈氏布雷,政坛之虎。

求是之光,世人注目。

斯人已逝,业绩永驻。

悠悠往事,如歌如诉。

百年学府,浙大之路。

千里之行,求是起步!

缅怀先贤,毋忘其嘱:

"文理兼长,手脑并用",

求是务实,创新开路!

12 月 24—25 日　应邀赴河北大学讲学,演讲题目为"《全宋诗》小传中有关官制问题商榷"。

12 月 27 日　应邀赴北京大学中古史研究中心作了题为"古文献阅读整理与官制学养"的讲学,并同宋史研究生进行了交流。

12 月　与沈小仙合作《唐宋白麻规制及相关术语考述》一文刊于《历史研究》第 6 期。

文章摘要为:

"白麻"是唐宋时期流行于官场的制书名称,围绕它还产生了一批与白麻书仪制度相关的术语,如麻案、把麻、宣麻、剥麻、贴麻、押麻、麻三剥四、降麻官等等。本文就白麻制书的缘起、规制加以考述,进而辨正相关术语的含义。白麻不仅是一种书仪形式,还是一种特权制度,是皇权与相权斗争由隐而显的政治产物。随着皇权的日益强化,明洪武十三年罢中书省,废除宰相等官,皇帝乾纲独揽,白麻制度也就没有了存在的必要,这一特殊的术语亦随之消失了。

12 月　《中华书局点校本〈宋史职官志〉勘误》一文刊于《文史》第 4 辑。

2007 年　应邀参加澳门大学举办的纪念澳门诗人梁披云先生学术会议。

2008 年　68 岁

1 月 11 日　《义乌商报》刊登了金小玲的学者访谈报道《龚延明：与宋朝有个千年约会》，该文后在《中华古籍网》发布，题目为《龚延明：选择史学，选择寂寞》。（报道全文见附录）

（按：访谈中得知金小玲是一位志趣高尚、奋发上进的《义乌商报》记者，她在工作之余，为报考浙大中文系博士生，艰苦拼搏，考了三次，两次落榜，第三次终于考上了吴秀明教授的博士生。遗憾的是因过度透支，不幸英年早逝，留下了这份珍贵的访谈报道。）

3 月 31 日　《何谓宋学》一文刊于《光明日报》"国学版"。文章首先列举了学术界关于"宋学"的三种定义：

第一种认为："宋学"在中国经学史上，是与汉代"汉学"相对的一种学术概念，也可以说是一种经学研究流派，即区别于经文考据的、重于经义阐述的"义理之学"。

第二种认为：宋学就是宋明理学，或谓"宋代新儒家学派"。

第三种观点，提出"新宋学"的概念，国学大师陈寅恪从历史文化角度立论，认为"新宋学"包括宋代整个学术文化……新宋学不局限于思想史范畴，它涵盖了考古学、历史学、文学、艺术及思想史等各个领域。

接着对宋学研究的沿革进行了梳理。

清代黄宗羲的《宋元学案》……它开启了宋学研究的先河，其功不可没……进入二十世纪，宋学研究有了新进展。

上半叶,最早、影响较大的三部宋学著作是:《中国理学史》(贾丰臻)、《宋学概要》(夏君虞)、《理学纲要》(吕思勉)。上述三种著作,明显地受《宋元学案》的影响,未脱离按人物、学派、地域三要素叙述的方式。但已有新思路的探索……二十世纪中叶以后,接近现代学术史写作规范的宋学著作开始陆续出现。思想史通史中辟专章论述宋学的,如冯友兰《中国哲学史》,侯外庐主编的《中国思想通史》,及《宋明理学史》,这三种著作,在中国学术史研究领域产生了巨大的影响,其影响迄今不衰……到了二十世纪九十年代,葛兆光的两卷本《中国思想史》首先对以人物为中心的写作模式进行了改革,采用从广阔的历史、社会领域中梳理、选择学术史材料,以构建学术演变史的新路子。

继而从横向断代学术史角度,阐述了宋代学术史的研究情况。

九十年代以来至二十一世纪初,有突破性进展……宋学不应看成单一的学问,而是多元化的学问……诸如漆侠《宋学的发展和演变》,张立文的《中国学术通史·宋元明卷》,都把理学看成是宋学发展的一个阶段,并将宋学与元明儒学联系起来。

余英时新著《朱熹的历史世界》(上、下)……从士大夫政治文化角度出发,对宋学的延续性和继承性,有独到的见解。

值得注意还有包弼德(Peter K. Bol)《斯文:唐宋思想的转型》、卢国龙的《宋儒微言》,前者将宋学与文学联系起来,后者把宋学和政治联系起来,这是向广义宋学研究走出的第一步。其后,出现了李春青《宋学与宋代文学观念》等。

......

综观一个多世纪来的宋学研究路程,宋学的学术视野越来越宽广,实际上已成为一门多元的、跨学科的研究。其时间也不止于宋代,而是一直延续到明清。故而,有人称之为"大宋学"。

3月31日　写就诗歌《浙大之星——赞浙大竺可桢老校长》,发表于《浙江大学报》。

"北清华,南浙大。"
五十年前,学界名谣。
"民主堡垒","东方剑桥",
浙大声誉,海外称道。

抗战八年,西迁山岙,
历尽艰难,不屈不挠,
地方大学,终于腾飞,
林公奠基,元勋竺老。

民主办学,教授治校,
严格要求,基础抓牢,
求是为训,坚毅立条,
团结师生,齐心办校。
战火之下,书声琅琅,
浙大园中,学行相高。
哲彦济济,名家荟萃,
藏龙卧虎,几多英豪!

双马星座，一浮、寅初，
理学之泰斗，人口学之父。
数学二龙，步青、建功，
几何学大师，函数论正宗。

Einstin 助手束星北，
两弹元勋王淦昌，
启迪高足李政道，
捧回诺奖真荣耀！

周厚复、王琎，
卢嘉锡、王葆仁，
化学界名流，学术界精英，
共建化学系，后继风华盛。

气象学之父竺可桢，
历史地理宗师谭其骧，
俊杰云集地理系，
地理学发展无限量。

郑晓沧"老太师"，
陈立"老祖师"，
教育心理两重镇，
弟子三千皆髦士。

钱穆、张荫麟、陈乐素，

缪钺、王驾吾、姜亮夫，

并驾齐驱文与史，

纵论学术惊中土！

李政道、谷超豪，

浙大学子逞英豪！

文、理、工、农、医、师建伟业，

浙大之光长相照！

长相照，长相照，

四校同根今合抱，

百年大树叶更茂，

未来浙大更妖娆！

注：李政道博士《寄语求是园》："我对浙大是很有感情的，因为从贵州到杭州，在束星北、王淦昌先生的启迪下，开始了我的学术生涯。"

5月，应《光明日报》约稿，撰写《有的书要读破　有的书要翻破——读书一得》一文，刊于《书摘》第5期。

文章主要内容摘录如下：

回顾我的读书生涯，大体可划分为两个阶段：一是求学阶段，一是研究阶段。在求学阶段，除了课本必读之外，读书漫无边际，没有明确的目的，为求知欲望和个人兴趣所支配。有两本科普杂志印象很深，一本是《知识就是力量》，一本是《大众科学》……一度萌发了将来做天文学家的想法。后来，因我的数学成绩考得好，转而对数学著作产生了兴趣，还看过俄文版的数学著作，写了一篇《奇数、偶数筛选法》的文章，不知天高地厚地寄给《中国科学》杂志，结果是被退回来了……编辑说了退稿原因和充满鼓励的话，至今难忘。数学兴趣渐渐淡了，又转向阅读文学著作……狼吞虎咽，大量地阅读。

求学时代漫无边际的读书时代宣告结束。这一时期的读书，对我有两大意义，一是探索自己的潜能，到底适合选择什么职业？如果《中国科学》发表了我那篇《奇数、偶数筛选法》，也许我会选择数学研究的道路了。二是广泛阅读，如海绵吸水般地大量吸取知识，从而扩大了我的知识面，打下了使我一生受用的学养基础。

特别值得一提的是，求学时代读书，我翻破了一本书：《康熙字典》。我的父亲是农民，但他却懂得字典对读书人的重要。新中国成立之初，我刚考上义乌中学，他用十五斤白米……换来这本世界书局1936年出版的二手《康熙字典》。从开始不知道怎么查，到后来离不开它，凡看书碰到生字，就去翻，日复一日，年复一年，《康熙字典》翻破了，又修补，就这样，我的知识宝库中的汉字词汇量，随之不断丰富，阅读能力日益增强。我至今还常翻《康熙字典》。我是历史学教授，却成了古典文献学博士生导师。我的古文献功底，得益于《康熙字典》匪浅。

学术研究阶段的读书，与求学阶段读书完全不同，围绕既定的学术方向，只读与专业相关的古书与近人的论著。

六十年代初，我从杭大历史系毕业留校，在宋史研究室承担宋代官制研究工作。与宋代官制相关古文献很多，不可能一一仔细阅读。从何着手？著名学者、原中华书局总编傅璇琮先生指点我："可选择《宋史职官志补正》作为苦练基本功的阵地，把握现存的所有宋代官制史的资料。"于是我开始了《宋史职官志补正》工作。头三年,我把精力集中在一字一句地啃十二卷本的《宋史·职官志》。通过反复阅读,并围绕每一段文字,搜集、阅读、摘抄《宋会要辑稿》《续资治通鉴长编》《职官分纪》《吏部条法》《庆元条法事类》《宋朝诸臣奏议》《宋史》等史籍,《古今合璧事类备要》等类书以及宋人文集、笔记、方志等史料中的宋及宋以前的官制史料。按《宋史·职官志》十二卷内容顺序,做了 15 册、300 多万字的宋代官制史料的分类笔记……我用五年时间读完了《宋史·职官志》,书也读破了,才算读懂。读破《宋史·职官志》,奠定了我深入研究宋代和中国历代官制研究的坚实基础……在当今"知识爆炸"的时代,书籍堆积如山,而人的精力有限,我们必须镇定地把握住自己:有的书要翻破,有的书要读破,有的书可以不读。

6 月 15 日 在《历史教学问题》刊布了厦门大学刁培俊的访谈《问难创新上下求索——访龚延明教授》,谈了研究学术的经历。收录于刁培俊编:《切思:学术的真与美:中国历史名师访谈录》,中国社会科学出版社 2020 年版。

6 月 《宋代恩科论述》一文刊于《江西师范大学学报》(哲学社)第 3 期,并收入邓小南等主编《宋史研究论文集》,云南大学出版社 2009 年版。

文章主要内容为:

宋代恩科包括特奏名和特赐第。特奏名始于北宋太祖开宝三年,是为笼络多次赴省试落第的年高举人而设。至真宗咸平二年,特奏名试也被确定为与科举试同时举行的一种取士制度,符合相关资格者可以从此途出身、出仕。南宋特奏名制度沿北宋之制,并于绍兴十二年增加了武科特奏名。特赐第始于宋太祖建隆元年,是古代赐爵制的变种。特赐第的对象主要有以下几类:非进士出身的宰执官等高官;科举场试不利、怀才不遇抱文艺之名士;献书、献言、献策之人;殉于国事官员子弟;先圣、先贤后裔;宰执大臣子孙或亲属;皇亲国戚;邻国落第举子投奔或高丽宾贡应举落第贡士;遗逸、异行、有功之人。

7月中旬 作为《二十四史》及《清史稿》修订工程审定委员会委员,审读《宋史》修订样稿。(摘自古籍所《大事记》)

8月12日 收到哈佛大学包弼德发来会议邀请函,定于11月21—23日在哈佛大学东亚系与费正清研究中心召开"中国史传记资料数据库第一届国际研讨会"(First International Workshop on Biographical Databases for China's History)。

7月 沈小仙的书评《廿年苦铸 学林丰碑——评〈中国历代职官别名大辞典〉》刊于《辞书研究》第4期,文章摘要为:

> 《中国历代职官别名大辞典》是我国第一部通贯历代、解释职官别名的工具书。它解决了职官别名的辨识、考源以及诠释等三大编纂难题,具有实用性、考辨性、资料性等多方面功用,是一部既适合于大众,又利于专业研究者的辞书。文章评介了这部别开生面、富有开创性意义辞典所具有的全、细、谨三大特点。

8月29—31日 应邀参加由云南大学历史系和中国宋史研究会合办的"中国宋史国际研讨会暨中国宋史研究会第十三届年会",并在大会作了关于《宋代恩科论述》的论文报告。

会议期间,作为北大邓广铭学术奖励基金评委,出席了本届申报邓广铭学术奖励基金的学术论著评审。(摘自古籍所《大事记》)

8月 《"宰相"官起源小考》一文刊于《中国史研究》第 3 期。文章主要内容为：

宰相官名在中国古代典籍中出现频率甚高，涵盖了先秦至明清的历史，虽然"宰相"用作正式官名仅在辽代，其他朝代则均把"宰相"之名，作为君王与皇帝之下的最高官职，诸如丞相、三公官、录尚书事、同中书门下平章事、内阁大学士、军机大臣等等的别称，长期地、习惯地被使用。然而，"宰相"一名究系起于何时？其语源内涵又是什么？本文作了考识。

宰相之名，始见于先秦诸子。《庄子·杂篇·盗跖》与《韩非子·显学》所谓"宰相"是泛称，而《吕氏春秋·季夏纪》第六《制乐》中提及的"宰相"，明确限定在宋国宋景公时"所与治国家"之"宰相"，显然实有所指。春秋时代的宋国，置有太宰，并没有正式的"宰相"官之设置，子韦与宋景公所称之"宰相"，当为"太宰"等重臣之别名。这应是中国历史上最早将"宰相"用之于正官别名的记载。

太宰何以别称为"宰相"？"宰"取自"太宰（冢宰）"之"宰"，"相"在先秦时的含义，为"佐助"之意。从历史渊源考察，"宰"与"相"之称始于三代之时。在先秦、秦汉时代，"相""尹""宰""太宰（冢宰）"是相通的。而春秋末世"宰相"别称通过口传和先秦诸子而传诸后世于不废。"宰相"之名，穿透二千多年更朝换代的历史，把三代以下至明清名目繁多的宰，太宰，相，三公，左、右丞相，大丞相，丞相，邦国，相国，三公，中书监，中书令，尚书令，录尚书事，侍中，尚书左、右仆射，参知政事，参知机务，平章事，同中书门下三品，同中书门下平章事，尚书左仆射兼门下侍郎，尚书右仆射兼右侍郎,平章政事,内阁大学士,军机大臣等等"一人之下,万人之上"帝王辅政之官串联起来了。

按,有关宰相名称以及丞相制度的文章,还撰有《中国古代宰相名称的演变》,收录于龚延明著《中国古代职官科举研究》(中华书局 2006 年版),和《历代丞相制度及其演变》,收录于龚延明著《中国古代制度史研究》(浙江大学出版社 2013 年版)。

8 月　主持申报的《明代登科录》选题,获得 2008 年度浙江省哲学社会科学规划项目重点课题立项。

10 月 17 日　在《浙江大学报》发表诗歌《西湖印象——乘舟夜游西湖有感》:

> 身处神仙境,两岸观琼林。
> 仙阁排霄上,彩云入水深。
> 六桥连苏堤,白堤柳如云。
> 口吟东坡诗,心追乐天行。
> 曲院透笙歌,湖滨喷乐声。
> 当年宫苑乐,今日百姓听。
> 保俶塔淑女,雷峰塔老僧。
> 楼外楼美食,山外山品茗。
> 柳浪莺歌起,花港孔雀鸣。
> 晚钟音幽远,鱼跃水声近。
> 长桥风浪急,断桥波光粼。
> 平湖月高悬,三潭月倒影。
> 孤山念梅诗,葛岭诵黄经。
> 观书文澜阁,赏印到西泠。
> 栖霞岭岳飞,西泠桥秋瑾。
> 雄风今犹在,英气溢杭城。

怀古钱王祠，念旧岳王坟。

寻迹揽船石，探幽到葛岭。

秦皇何年来？钱王何日称？

炼丹在何处？为何祭岳坟？

西湖如画图，时时幻美景。

西湖似史册，页页见精神。

欲归归未去，想走走又停。

南来北往客，梦牵西湖魂。

10月　《〈宋史·职官志〉订误》一文刊于《文献》第4期。

10月19—22日　参加了在杭州满觉陇度假酒店举行的、由杭州市政府与杭州市社联南宋史研究中心举办的"南宋定都临安870周年国际学术研讨会"。在大会上作了关于《姜夔史事考辨》的发言。（摘自古籍所《大事记》）

10月27—29日　应邀出席了在北京大学英杰交流中心举办的第二届范仲淹国际学术论坛。并与日本学者木田知生被聘为论坛论文评议人，主持论文评议。（摘自古籍所《大事记》）

10月　著作《岳飞研究》（38万字）由人民出版社出版。属《南宋史研究丛书》，为国家"十一五"重点图书出版规划项目、杭州市社会科学院重大课题成果。

11月15日　《文学遗产整理与官制学养——以〈全宋诗〉小传为中心》一文刊于《文学遗产》第6期。

文章摘要为：

《全宋诗》小传撰写中，存在仕历介绍轻重不分、官衔残缺不全，误用标点、割裂官衔中诸职官范畴内在关系、职官全称与简称不辨、缺乏学术规范等问题，需要引起研究者注意，并重视官制学养。

11月21—23日 应美国哈佛大学东亚系与费正清研究中心包弼德教授邀请，出席了在哈佛大学东亚系和费正清研究中心举办的 The first International Workshop on Biographical Databases for Chinese History（"中国史传记资料数据库第一届国际研讨会"，会议名称也有翻译为"中国古代人物资料数据库"国际学术研讨会），会上作了有关中国历代进士数据研究的学术报告。他自述道：

第一次到美国，在波士顿下飞机后，包弼德教授安排陈松博士接机。当时已夜深，严寒，他带我入住哈佛大学附近一旅舍，里面洁净、雅致、温馨。北大历史系罗新教授与我同住一楼。会议期间，遇到了北大邓小南教授及其弟子方诚峰、刘江，还有在哈佛大学访学的清华大学罗祎楠、北大的陆扬以及浙大的徐永明、陆敏珍。身在异域，大家都有一种相见如故的亲情。浙大的两位教授还特为我接风，陆敏珍更是自始至终陪我参观、拍照，倍感温暖。包弼德教授也邀请我与部分学者到他宽敞的家里做客，品尝美味佳肴。浓浓的跨国学术情谊令我难忘。

这次会议有来自欧、亚、美三大洲四十多名专家赴会，以及来自哈佛大学与美国其他高校的博士生三十余人列席。会议在哈佛大学国际会议中心二楼学术报告厅举行。由哈佛大学东亚系包弼德教授主持。我在会上的报告题为《关于国家社科基金重大项目〈中国历代登科总录〉的介绍》（*A Comprehensive Examination Degree Database*）。

报告引起与会者极大的兴趣，掌声不断，深得学者赞佩。有国外专家说："一所大学如能完成一个断代的、数百万字的《某登科总录》，已属不易。你们一个单位要完成数千万字的《中国历代登科总录》，有点不可思议。太棒了！"与会者在感受到这一重大课题学术价值非凡的同时，都希望浙江大学能早点完成这项对国际学术界功德无量的重大课题。（摘自古籍所《大事记》）

12月8—9日　应中国国家古籍鉴定与保护中心的邀请，去济南为"中国第三届古籍鉴定与保护高级研修班"作学术报告。在山东省图书馆演讲厅作《官制研究在文献学上的意义》和《北朝本色民歌〈木兰诗的发覆〉——兼谈木兰诗的版本问题》两场学术报告。（摘自古籍所《大事记》）

12月27—29日　应暨南大学和广东《南方日报》集团之邀，参加"崔与之学术研讨会"。在大会上宣讲的论文题为《南宋清廉官崔与之官衔系年考释》。

12月30日　应中山大学之邀，在中大历史系二楼大会议室作学术报告，题为《官制研究在文献学上的意义》。报告由中大东亚研究院刘院长亲自主持，参加报告会的除了中大的历史系教授、研究生，还有暨南大学博士生。（摘自古籍所《大事记》）

2008年　《官制修养与古籍整理——有关官制点校正误四十例》《要重视对职官简称的研究——谈谈古籍整理中存在的一个问题》两文载于《古籍整理与出版情况简报》，后收入杨牧之主编《古籍整理与出版专家论古籍整理与出版》，凤凰出版社。

2008年　与方芳合作的《"科举家族"定义商榷》一文，载于《邓广铭先生诞辰百周年纪念论文集》，北京大学出版社。后收录于龚延明著《中国古代制度史研究》（浙江大学出版社2013年版）。

文章主要观点为：

"家族"一词，《辞源》解释为"同姓的亲属"。《汉语大词典》则有两种解释：一是，以血统关系为基础而结成的社会单位,包括同一血统的几辈人。二是,指家属。而冯尔康先生认为,"家族"有两种理解,一是指有血缘关系的人群的"生物性"群体,二是有组织的社会群体。但他指出,"家族"一词在学术界理解不一,距离甚至很大,他喜欢使用"家族"一词,取其中性和模糊性。无论"家族"的定义如何模糊,但家族乃以血缘关系为基础是毋庸置疑的。笔者认为,学者们对"家族"一词的理解,多采取第三者的态度,缺乏对家族成员间的家族血缘认同程度的考虑,即欠考虑家族成员自己对"家族"这个概念是如何认定的,张杰先生对"科举家族"一词的定义疑亦有此欠虑。本人认为,"科举家族"的定义,应是指那些族员间有较强的血缘认同感,从事举业人数众多,至少取得举人或五贡以上功名的家族。

2009年　69岁

1月3日　收到学生毛晓阳从福建寄来的光盘《中国地方志集成》(不全),很有用。(摘自日记)

1月4日　与在浙江工业大学任教的学生沈小仙谈《历代职官术语》的工作。他在日记中写道:

> 今天浙工大沈小仙来看我,谈了好多。她决心和我一起把《中国历代职官术语大辞典》做好。

> 我建议她:先要进一步把历史文献底子打好,要读《资治通鉴》《二十四史》及《清史稿》中"职官志"等。

1月　应邓小南教授之约而撰写的《滚雪球:资料与学术积累的成功之道》一文刊于《史学月刊》第1期。

文章主要内容为：

一个人的精力有限，而数千年的历史，就对个体而言，简直是无穷无尽。每个学者，只能在历史的某个领域选取某一场景或某一制度予以关注和追寻，寻找那已为岁月磨损、散落在浩瀚文献或深埋地下遗物中的信息，加以拾掇、修补和复原。在中国古代史研究中，我选取的是中国古代职官制度研究。回顾近三十年的中国古代职官研究，深感掌握史料的重要性。没有史料谈何研究？掌握史料是历史研究的起点，也是基础。

掌握史料目的干什么？不是为掌握史料而掌握史料，目的是为了解读史料所包含的特定历史信息，通过分析、整合，尽量正确地认识特定历史信息所凝结的某个历史场景或制度的本来面貌。下面谈一点我对处理掌握史料与历史研究两者关系的体会。

一、定方向，占有第一手资料，跑好历史研究的起点

1976年，我进入著名宋史专家陈乐素先生主持的宋史研究室……一进研究室，在征求我确定什么学术方向时，我被难住了。我觉得，确定研究方向，关系人的一生的学术道路与成就，须慎之又慎。缘于我对文学有点爱好，陈乐素先生建议我研究陆游，此事因陈先生转到暨南大学任教，而未果；其后，徐规先生建议我从事朱熹研究，我对一生专门研究历史人物兴趣不浓，在分析了七十年代末期历史学研究现状后，我觉得制度史这一学术园地较为荒芜，制度史教学也不受重视，如果确定一个学术方向，能把科研和学术结合起来，那在高校工作，会事半功倍。我把这个想法同徐先生谈了以后，他非常支持，同意我以宋代官制作为研究方向，

并开一门"中国古代官制史"选修课。

方向确定以后……正在此时,以徐规教授为学科带头人申报的"宋史补正"课题……根据研究室学术分工,我理应承担"宋史职官志补正"工作。这可让我犯难了。因为,已有邓广铭先生《宋史职官志考正》,这一得到陈寅恪先生高度评价的里程碑式作品在前,我这个刚刚涉足宋史领域的无名之辈,去续《宋史职官志考正》之作,能免"狗尾续貂"之讥吗?正处于进退两难之际,我请教了通观文史全局的、当时任中华书局中国古代史编辑室主任的傅璇琮先生。

傅先生坦陈了他的看法:"邓先生是宋史权威,为学术界所公认。他的《宋史职官志考正》是开山之作,是名作,但这不等于《宋史·职官志》研究工作已经终结……在50年代,他就提出过对《宋史职官志考正》和《宋史刑法志考正》需要重新进行增补。现在你去挑起这副担子,应该说是学术发展的需要。只要你能刻苦钻研,在邓先生《考正》的基础上,必有新创获。我与邓先生有学术上的交往,深知邓先生的学术品格。他胸怀豁达,视学术如生命,十分关心宋史研究队伍的壮大。你的研究工作,只要脚踏实地,做好了,会得到他的肯定的。"在解除了我做《宋史职官志补正》的思想顾虑后,他又就如何开展宋代官制研究,作了点拨。他说:"一个人的时间、精力终究有限……有得必有失,从事中国古代官制史教学可以,专门研究则以断代为佳。研究宋代官制,可从做《宋史职官志补正》入手,逐步把握宋代现存的所有官制史料。在此基础上,继续深入,在'深'的方面,把根子扎得更深,争取站到学科前沿。"……傅先生不但从学术发展角度和邓广铭先生的为人两个方面,肯定了我可以做《宋史职官志补正》，而且还在宋代官制研究的方法上，帮助我怎么做，即首先要充分占有材料，"把握宋代现存的所有官制史料"。

在傅先生鼓励和点拨下，我于八十年代上半叶，开始了《宋史职官志补正》的研究工作。

二、切忌东打一枪、西打一枪，资料积累如滚雪球，引领研究向纵深发展

《宋史职官志补正》完成后，作为研究室课题的一项任务也已完成。《宋史职官志补正》出版之后，我对宋代官制资料已有了较充分的积累。下一步该怎么走？……联想到在做《宋史职官志补正》过程中，我碰到过职官简称别名与职官术语这两个"拦路虎"。为了扫清这两个障碍，与做《补正》同步，我已注意搜集宋代职官别名与职官术语的例证与释例……我就想，如果撰编一部《宋代官制辞典》，在解释宋代正式官称之外，加上宋代职官别名与职官术语的解释，这也许对解决治宋史的难题——宋代官制会有帮助。我把这个想法写信告诉了已任中华书局副总编的傅璇琮先生。傅先生很快回信，谈了他的看法："宋代官制的确很复杂，出一部《宋代官制辞典》，对治宋代史与宋代文学史，都很有必要。问题是，出版断代官制辞典还没有先例。出版可能有些困难。但是，如果您能做出特色，具有较高学术价值，即使是断代官制辞典，也可以去争取出版。您不必犹豫，先做起来。"

……

我心定了，下决心利用我占有大量宋代官制史料的优势，做一部《宋代官制辞典》。然而做《宋代官制辞典》，比做

《宋史职官志补正》，对史料掌握提出了更高的要求。因为，无论是《宋史·职官志》，抑或是《职官分纪》《宋会要辑稿·职官》《文献通考·职官考》等文献，都不能系统、完整地提供按《宋代官制辞典》体例所要求的正式官司官名、职官别名、职官术语三个方面内容的解释。而官制辞典作为工具书，却必须一条一条老老实实地做好它，碰到难题，不能绕过去或偷工减料，要经得起读者查阅和时间的检验。这就需要全方位地在更大范围、更深更细地从宋代和宋前后的资料中去挖掘、梳理《宋代官制辞典》所需要的史料。

为此，我每看一本史籍，必须同时收集宋代所有职官及其沿革与别名，宋代职官术语与典故……掌握史料与运用史料是一个问题的两个方面，必须从一开始就要兼顾，否则史料越积越多，无法迅速检索，将严重影响效率。我的做法是，一条材料做一张卡片，一张一张做卡片，分类保存。同时要考虑便于检索。因为一张卡片，也许只能列一个词条，如"中司"，开始并没有答案……须等看到另一条资料，能够间接阐释该词条是"御史中丞"别称时，再做一张卡片……之后，看另一本书，可能发现直接解释"中司"的意义的资料，于是为"中司"做第三张卡片。诸如此类，等一个词条完成时，也许有四、五张卡片，甚至十几张卡片，都要集中放在一起。假如不能检索，在几万张到最后十几万张卡片中，如何能迅速地查到某一词条，将同一词条不同卡片放在一起？就成了问题。为此，我设计了两种卡片索引，一是分类（如官名、别名、术语），按词头的笔画做一本综合索引，二是按所做条目卡片先后顺序编一本顺序索引。凡做一张卡片，都要编上166、8873或者55692等顺序编号，然后将每一个编号登记在综合索引的词条之下,如果同一词条有10张卡片,10张卡片的号码都登记在这一词条索引(按笔画可以查到)之下。这样,一个词条已做了多少卡片,每张卡片的编号是多少?放在什么位置?都能很快查出。这样,十几万张卡片完全为我所用,这在没有电脑的时代,是很重要的资料搜集方法。

掌握史料,要有不厌其烦的精神。我看书,按照自己所定的学术方向的要求,去搜集史料,目标明确,需要收集的史料,一条不放过,全部做成卡片或札记,通过日积月累,史料积累如滚雪球,越积越多,而且日益向深度推进。《宋史职官志补正》完成了,在做《宋史职官志补正》过程中积累起来的资料,为撰写《宋代职官别名汇释》《宋代职官术语汇释》《宋代官制辞典》打下基础。在做《宋代官制辞典》时,资料积累,已注意搜集《中国历代职官别名大辞典》《中国历代官语汇释》《中国历代官制大辞典》的资料。也就是说,掌握史料,不能单打一,单纯地只为满足当前的研究课题需要,视野要开阔,尽量把近期、中期和长远的研究目标结合起来。这样,会产生事半功倍的效果。

……

《宋史·职官志》和《宋代官制辞典》这二项研究成果的完成,使我深深体会到,史学研究的首要任务,就是要不畏艰苦,深入细致地掌握研究对象所必需的第一手资料。靠东拼西凑,是不可能创造出新成果的。掌握了研究对象所需要的第一手资料,等于研究有了一个良好的起跑,起跑好了,达到终点就不远了。

由于我有相继做完《宋史职官志补正》和《宋代官制辞

职典》的史料积累，使我对两宋官制有了一个相对比较深入的了解，这就能够引领我对宋代官制研究向纵深推进，为今后撰写一部《两宋官制史》打下了较扎实的基础。

2月1日　到图书馆课题室工作，与祖慧共商《中国历代登科总录》书稿事宜。日记抒怀，他这样写道：

正月初七，今天机关开始上班。我也到图书馆开始年后第一次上班。四面八方鞭炮声奏起了"开门炮"大合唱。春节的气氛仍笼罩着城乡大地。

我想，这时驾"神七号"宇宙飞船俯瞰神州大地，该是何等壮观！

于是，我迎着金色初阳，边走边吟起小诗：

爆竹声声送上班，新年工作新开张；

扬帆碧海上征途，劈波斩浪勇争先！

年年岁岁总相似，岁岁年年人两样；

去年山腰望山顶，今年登高上峰巅！

整座图书馆，寂寥无声，只我一人到了课题室，我忙活了一阵子，把课题室打扫干净。打开邮箱，有《历史研究》路育松拜年信，哈佛大学包弼德教授通过北大方诚峰转过来的论文，刚从美国回国的宋学研究中心陆敏珍拜年信……一一作了回复。

下午在家，祖慧来电说要到课题室去，要我去楼上，一起讨论了新学期的安排和近期工作。她准备和闫真真一起去桂林广西师大出版社一趟，为《中国历代登科总录》书稿事。

刚儿从澳门大学打电话来，说台湾大学汪荣祖老教授亲笔信邀他参加在台举办的钱钟书学术研讨会。

2月2日　上午,在课题室接待了北大邓小南的博士生周佳的拜访。周佳看望导师祖慧,从北大带来不少电子文献资料,如《全宋文》180册,及台湾《宋史研究论文集》36册。最重要的文献是《全宋文》和《明实录》等。(摘自日记)

2月3日　收到江苏教育出版社吴葆勤关于《宋登科记考》审稿意见的电子邮件。他在日记中写道:

> 《宋登科记考》(420万字)审稿已接近尾声,但还需要我和祖慧再看一遍,点校还有没有问题,以及重名问题。索引由出版社做。我与祖慧当即作了回复。表示认可。

2月　与张雷宇合作的《姜夔西湖情事史实质疑——与〈姜夔梅词缘于西湖情事补正〉作者商榷》一文发表于《浙江大学学报》(人文社科版)第1期。

文章摘要为:

> 姜夔在青年时期曾与合肥一位擅弹琵琶的歌女相恋。夏承焘先生《合肥词事》一文,对姜夔此段情事进行了详尽的考索,并指出姜夔词中之梅花意象与其离别之时正值梅花盛开有关。近有《姜夔梅词缘于西湖情事补正》一文,对夏先生的观点提出异议,并继而提出姜夔的梅词与其西湖情事有关。然其文中对于相关史料的理解有误,姜夔有西湖情事的观点并不能成立。

3月29日　应邀参加"王应麟学术研讨会",并提交论文《王应麟仕履官衔系年考释》。

5月23日　《"三公官"从宰相之别称到正官考识》一文刊于《浙江大学学报》(预印本)(人文社科版)第2期,《浙江大学学报》(人文社科版)第5期。

文章摘要为:

"三公"是中国古代官制史中存在时间最长的官名之一。由于经历了太多的变迁和跌宕,人们难以把握其丰富多变的内涵,常常产生误解。实际上,"三公"从产生到变为虚衔经历了一个长期的变迁:先秦时"三公官"为尊称;秦汉时"三公官"为宰相;晋南北朝间始正式立太师、太傅、太保为"三公官",间以太尉、司徒、司空为"三公官";隋至唐、宋初以太尉、司徒、司空为"三公官",用做宰相、亲王、使相加官,不预政事;北宋徽宗朝"三公官"复改名为"太师、太傅、太保",为真相之任;宋钦宗之后至元明清"三公官"(太师、太傅、太保)为加衔。

7月28—8月9日 应日本北海道大学之邀到日本参会、讲学。8月27—28日,出席了由日本北海道大学大学院文学研究科中国文化论讲座主办、东北大学大学院文学研究科中国文化学讲座等协办的第五届"科举制与科举学国际学术研讨会",提交大会论文题为《北宋徽宗朝贡士与进士的考辨》。当选为科举专业委员会主席团主席。此次与会的中国、韩国、日本学者共34人,对科举制与科举学作多层面的深入探讨,体现科举学研究的跨学科、国际化、影响广等特点,展示了不少新的研究成果。(摘自古籍所《大事记》)

8月4日 应邀在东京早稻田大学作学术报告,报告的主题为"宋代官制史研究"。日本著名宋史专家近藤一成教授主持会议,参会的有日本宋史界年轻教师与研究生。他在日记里写道:

年轻教师和研究生捧来《宋代官制辞典》,请我签名。这本官制辞典能给日本学者带来帮助,深受他们的喜爱,着实令我感动。一切辛苦皆有所值。

8 月　应邀赴北京参加在首都师范大学召开的中国宋史研究会理事会会务会议。

8 月　《宋史职官志补正》(增订本)(全二册)由中华书局出版。本书列于丛书:二十四史校订研究丛刊。

9 月　被聘为北京大学历史文化研究所兼职研究员,所长张希清教授。

9 月　《南宋社会文化学家王应麟仕履系年考释》一文刊于《国际社会科学杂志》(中文版)第 3 期,并收录于傅璇琮等主编《王应麟学术讨论集》(清华大学出版社 2009 年版)。

文章摘要为:

> 王应麟是《困学纪闻》和《玉海》的作者,又是流传极广、影响至深的童蒙读物《三字经》和科举考试辅导读物《词学指南》的作者,他既是宋代著名的历史学家,又是贡献极大的社会文化学家。了解他的身世,是研究王应麟事功与学术成就的第一步。本文是南宋著名学者王应麟的仕履官衔系年考释,它主要解决两个问题,一是从王应麟十九岁登进士第踏上仕途为迪功郎某县主簿,至五十三岁官至朝请大夫(从六品)、权礼部尚书(正三品)兼摄吏部尚书兼给事中(正四品)、兼直学士院、兼同修国史、实录院同修撰、兼侍读、鄞县开国伯、食邑九百户、赐紫金鱼袋止,这二十五年间的升官图,并考订其每任时所带诸种官衔,如寄禄官阶、职名、差遣、兼职、俸禄、勋、爵等等,并按年予以编排;二是对每任官衔所包含的内在意义予以注释。

10 月 7 日　下午,接待了浙大校党委书记张曦以及陪同前来的副校长罗卫东、社科院副院长袁清、人文学院院长黄华新与副院长楼含松、罗长贤等部门领导前来图书馆课题室看望和考察。张书记鼓励说，要进一步把浙大传统优势学科宋史做好、做大，并依靠团队按期优质地完成国家社科基金课题"中国历代登科总录"。接着又前往启真名苑新居，对家中藏书之富、排列之巧，表示赞赏。（摘自古籍所《大事记》）

11月9日 《区域史的点与面》一文刊于《光明日报》第12版。

文章对《宁波通史·宋史卷》作了评价：

> 篇章结构合理，内容丰富清新，所运用史料翔实可信，全方位、多层面地俯瞰了两宋三百多年宁波社会发展的历史场景，展示了在宋代形成并影响后世的宁波特色历史文化，是一部区域史研究的力作。

11月28—29日 应邀参加在杭州举行的"第三届中国范仲淹国际学术论坛"，并提交论文《范仲淹仕履官衔系年考释》，后刊于《文史》2011年第3期。

11月 接受聘书，被聘任为杭州师范大学"特聘教授"，为期三年。

11月 与祖慧合撰的《宋登科记考》（傅璇琮主编），由江苏教育出版社出版。《宋登科记考》在"序言"中叙述了这一工程确立的缘起及经历，还抒写了撰写中遇到的波折、艰辛和收获的欣慰。摘录如下：

《宋登科记考》序言

> 上个世纪八十年代前期，唐代文学专家傅璇琮先生撰写有《唐代科举与文学》一书，曾提到："如果效徐松之书的体例，编撰一部《宋登科记考》，材料一定会更丰富。但搜辑和排比的工夫一定会更繁重。"这个创意在九十年代变为现实。1992年，时任中华书局总编的傅先生向我建议：能否仿

清徐松唐、五代《登科记考》体例,编撰一部《宋登科记考》。我当时正好已完成《宋代官制辞典》书稿,准备照计划撰写《宋代官制史》,考虑到宋代科举制度属于铨选制范围,两者并不矛盾,遂欣然同意。继而,傅璇琮先生又建议我向全国高等院校古籍整理研究工作委员会申报课题。于是,我和本所的年轻教师祖慧联手,向古委会申报了《宋登科记考》项目,并于1993年3月被批准,获得了宝贵的经费资助。此后,傅璇琮先生与我共同商量编纂体例,共同议定全书编撰的思路。工作的基地则放在杭州大学(现为浙江大学)古籍研究所,由我与祖慧负责具体的编撰。江苏教育出版社十分支持本课题的研究,主动承担了书稿的出版工作,并将其作为重点选题向上级申报。2003年,该书被列入国家重点出版图书。

　　2000年1月,由傅璇琮先生起草,我与傅先生合撰并共同署名的《〈宋登科记考〉札记》,即特为提及:"20世纪后半期,海内外学人对宋代科举制的研究已陆续开展,也取得不少成果,但宋代科举制的研究有个根本的缺陷,就是还没有像清人徐松所编的《登科记考》那样全面记载唐代科举发展基本情况的史料书。因此,我们立志于此,想仿照徐松之书,作一部有宋一代三百余年的科举编年史。"从现已完成的情况来看,这部《宋登科记考》虽大体仿徐松《登科记考》体例,但亦有不少新的改进,读者检阅此书,必有此感。应该说,这不仅对宋代,对整体研究中国科举史、文化史、政治史,亦具有学术参考价值。

　　……

　　众所周知,在高校工作,尤其是在浙江大学,教学与科

212

研的压力特别大,每年业绩点的考核与职称评审与聘岗、定级挂钩,"适者生存,不适者淘汰",是我们面对的十分严峻的现实。可是,由于投入本课题已占去了我们很大一部分精力,不可能有更多的时间和精力去撰写论著,连累及之,我们的业绩点少了,随之而来的是收入少了。更严重的是,年轻教师评职称受到了直接的影响,不得不一次又一次往后推。马克思讲过,从事科学研究就像站在地狱的门口。为了学术,为了科学,我们甘愿承受牺牲,我们无怨无悔,继续执着于我们的学术事业。

工作是很艰辛的,二十余万张卡片整理、合并、考订,写出每个登科人的小传,再输入计算机、排出第一版近600万字书稿,然后再进行一校、二校、三校,都是按榜次进行校对;第四校,通过设计新的程序,将按榜次编排的次序打乱,全部按登科人姓氏笔画排列,再打出样稿,进行校对。四校的目的是将大量同姓名人进行鉴别、合并或删除。四校结束,原来600多万字的书稿压缩成500多万字。最后,又重新按榜次排列,打出校稿,进行第五校,也就是通稿。五六百万字的书稿,我们每校一次,就得花上半年的时间,光用在校对书稿上的时间就将近三年。这期间,有时为了寻找一本书、一条数据,得花上半天、一天的时间。对此,我们常用"不厌其烦见精神,日积月累奏奇功"的座右铭来勉励自己。一分耕耘一分收获。今日,500万字的《宋登科记考》终于问世,我们充分感受到了劳动者丰收的喜悦。我们为社会贡献了一项具有开创意义的学术成果。

12月15日 《北朝本色乐府诗〈木兰歌〉发覆——兼质疑〈全唐诗〉误收署名韦元甫〈木兰歌〉》一文刊于《浙江大学学报》

预印本(人文社会科学版)第 9 期,2010 年 1 月正式出版第 1 期。本文人大复印资料《中国古代、近代文学研究》2010 年第 6 期全文转载。

文章的主要内容为:

脍炙人口的乐府民歌《木兰诗》流传至今有两个版本,一是署名唐人韦元甫的《木兰歌》,它以"木兰抱杼嗟,借问复为谁"开头,收入清人彭定求等编纂的《全唐诗》;另一个是同样署名韦元甫、收入宋人李昉等编的《文苑英华》的《木兰歌》,以"唧唧复唧唧,木兰当户织"开头,流传最广。署名同、题材同、诗名同的《木兰歌》,何以内容有异?这两首不同版本的《木兰歌》之间是否存在传承关系?比较两者的情节与语言风格,探讨两个不同版本各自所具的时代特征,进而通过名物制度比较研究,考察两者所反映的时空差异与传承关系,可得出如下结论:《全唐诗》所收以"木兰抱杼嗟"开头、署名韦元甫的《木兰歌》属北朝本色民歌;而《文苑英华》所收以"唧唧复唧唧"开头、署名韦元甫的《木兰歌》,是经唐代文人对北朝民歌加工润色过的集体创作。由此可确定《全唐诗》所收韦元甫《木兰歌》是误收,应更换以"唧唧复唧唧,木兰当户织"开头的、《文苑英华》所收的《木兰歌》。

12 月 22 日　拟定《宋登科记考》座谈会邀请名单和相关事宜。

2009 年　被推选为中华炎黄文化研究会科举专业委员会(2009 年由中央民政部批准成立)主席团主席。

2010 年　70 岁

1 月 9 日　上午九时半,在国家图书馆举行了《宋登科记考》座谈会,因病未能亲自参加,但心系之。

本次会议主持人为中华书局汪圣铎,由中华书局总编傅璇琮致辞。

参加座谈会专家学者名单如下:

北京大学全国高校古委会副主任　杨　忠

北大中古史研究中心　张希清

中国人民大学　诸葛忆兵

首都师大人文学院　李华瑞

河北大学宋史研究中心　姜锡东

《历史研究》副主编　路育松

《文献》常务副主编　张廷银

《中国史研究》副主编　张　彤

《文学遗产》　张　剑

《中华读书报》主编　王　玮

人民出版社　张秀平

江苏教育出版社副社长　徐宗文

《光明日报》记者　庄建　　　　（摘自日记）

1 月 11 日　《宋登科记考》得到专家肯定。《光明日报》刊登了记者庄建 1 月 10 日所写的《〈宋登科记考〉填补中国科举史研究空白》一文,报道了该书出版座谈会上专家对该书的评价,认为"是十分有价值的基础文献整理成果,它的问世,对于中国科举制度、政治史、文化史研究产生的影响，怎样估计都不过分"。

1月12日　与北京大学张希清教授通电话，了解《宋登科记考》座谈会具体情况。他在日记中写道：

> 晚上同北大张希清教授通电话，他说：《宋登科记考》座谈会开得很好，得到与会专家一致高度评价。他是从广州特地赶回北京的。他特别强调："《宋登科记考》贡献不会磨灭。"

1月21日　中国网转载《中华读书报》对《宋登科记考》的评价，题为《〈宋登科记考〉获学界高度评价》，评述道：

> 皇皇500万言的《宋登科记考》由江苏教育出版社在今年北京图书订货会上推出。近日，出版方与国家图书馆联合举行了该书出版座谈会，与会的宋史研究专家认为，《宋登科记考》既是一部重要的基础文献整理成果，又是一项重要的学术研究成果。宋代共举行过一百一十八榜科举试，各种科目登第人数约有11万人，此书收录了近4万人。全书按年编排，每年分大事记与登科名录两部分，凡收录者，皆有小传。这些资料有助于对两宋士人的政治经历、宋代地理文化的分布特点等做更深入的了解与研究，对中国科举史、文化史、政治史的研究意义重大。（材料来源：《中华读书报》）

1月　与祖慧合著《鄞县进士录》由浙江古籍出版社出版，摘录"序言"如下：

《鄞县进士录》序言

鄞县之建置始于秦，属会稽郡，为古越之地。隋平陈后，一度将鄞县并入句章县，属吴州，后改名越州。唐武德四年（621），鄞县又从句章县分出，改置鄞州。八年，废鄞州,改设鄞县,隶属越州。到了唐玄宗开元二十六年(738),置明州;天宝元年(742)改称余姚郡。五代时,又改余姚郡所属鄮县为鄞县。五代后梁时,升郡为望海军节度州。宋太祖建隆二年(961),改称奉国军节度,郡名奉化,州名明州,鄞县为其属县,其全称为"奉国军节度奉化郡明州鄞县",节度州治所亦在鄞县。此后,明、清皆称鄞县。直至2007年,升鄞县为鄞州区,省称鄞州。

鄞县近海,自秦汉以来,农业、手工业和商品贸易逐步得到发展……特别是南宋鄞县科举人才辈出和开放式商业经济的快速发展,奠定了此后直到明清,鄞县农耕文明与海洋文明比翼齐飞的特色,塑造了宁波人勤劳务实、兼容并蓄的开放精神,以及集文人的儒雅和商人的精明为一体的新型宁波人。

……

自宋以来,鄞县进士从政官员的一个特点是,他们大都能问学不辍,著书立书,涌现出不少有影响的学者型官员。如,南宋著名学者王应麟,撰写了被誉为百科全书式的鸿篇巨制《玉海》、史学名作《困学纪闻》和儿童普及读物《三字经》。清代乾隆朝进士、著名学者全祖望,在史学领域做出了杰出的贡献,他历时九年,续纂黄宗羲的名作《宋元学案》,比黄氏原著增加了三分之一还多的内容。此外,他还著有《鲒埼亭集》及《外集》《诗集》共88卷,编有《续甬上耆旧诗》120卷。

总之,鄞县进士出身入仕的官员或执国,或为朝官,或为政一方,他们大多数都能恪守儒家"修身、齐家、治国、平天下"之道,为国出力,替民分忧。可以说是人才辈出、硕学相望。《鄞县历代登科录》搜集了鄞县自宋代以来1100名文、武进士的名录,并为这1100进士一一立传。可以说,本书是鄞州一千多年来社会精英的资料宝库,对于深入研究鄞州乃至宁波的历史,特别是鄞州和宁波的家族史、文化教育史以及社会史等,具有积极作用。

2月3日 《光明日报》刊载了刘石的《可望推进宋代文化研究的基础文献——读〈宋登科记考〉》,对这部著作给予了高度评价。

文章摘录如下:

《宋登科记考》是一部有关宋代科举的学术著作,同时也是一部有关宋代文化的基础文献。

作为学术著作,本书的学术价值首先体现在对宋代科举研究的贡献。清人徐松《登科记考》成书后170年,傅璇琮、龚延明先生发愿仿其例,编撰一部宋代科举编年史。历十六七年的青灯黄卷,终于面世。据本书编撰者的统计,有宋一代取士人数多达10余万人,是唐五代、明、清诸朝的4至5倍。本书辑录凡4万余人,臻于宋代登科总数的近半,远超台湾昌彼德、王德毅先生《宋人传记资料索引》所收的6千余人。仅此一项,其价值就不问可知了。

宋代以及有关宋代的文献数量庞大,梳理、采撷诚属不易,同样或更加不易的是,本书综合各种史料,为所录4万余名登科者一一撰写小传……并且每就原始材料加以甄别,对其疑误处多出按语考订,提升了本书作为学术著作的学术水平,同时也体现出作为基础文献的严谨求实。

……宋代诗文研究远不如唐代深入。究其原因,基础文献建设的缓慢当是其中重要的一点……本书既是科举制度史的专题文献,其意义却远不限于宋代科举制度和科举史的研究,又是关涉宋代学术文化研究方方面面的基础文献。

……我们研究历史很难离开士人的活动,也就不能离开他们的科举活动。科举史料对于古代文化研究的全面意义不言而喻,本书对于宋代文化研究的全面意义也就不言而喻,其中包含着的富于启发性的潜在选题甚多,对宋代学术文化研究可能给予的整体推进甚多。

……

一部高质量的基础文献的编撰,首先是一种高水平的学术著作,又同其他普通的高水平学术著作有着作用上的大不同。普通的高水平学术著作,其目标是让其他人在同一研究课题上从此免开尊口;而高质量的基础文献这一特殊的学术著作,却是让许许多多的人从此可以在许多研究课题上狮子大开口!

五百万字的一部大书难度有多大?本书著录人数几于宋代科举总人数的一半,而编撰者需要处理的相关文献不知有多少!在这个不读书好求甚解加上不出版就毁灭(publish or perish)的时代,用十数载的光阴篇篇排比,字字爬梳,少了奖金,晚了职称,其艰辛之状,编撰者的序言中已略有所述矣。不可理解的就是,学术制度的设立者们为什么要让这样的人少拿奖金多吃亏呢?

……

新时期以来,唐代文学研究的繁荣离不开傅璇琮先生的规划和引导,这已是唐代文学研究界的共识。《宋登科记考》的编撰与他的关系,本书序言讲的已很清楚了。相信今后从本书中得益的研究者,都会向傅璇琮先生表示敬意,当然,也会向龚延明和祖慧先生表示敬意。

按,正如文中所说:"高质量的基础文献这一特殊的学术著作,却是让许许多多的人从此可以在许多研究课题上狮子大开口!"此书甫一问世,就得到诸多研究者的关注并加以积极利用,检阅中发表了不少补正文章,如顾宏义的《〈宋登科记考〉太祖朝进士订补》(《中华文史论丛》2010第2期),韩冠群的《宋开宝六年进士登第人考辨》(收录于《宋史研究论丛》2011年第12辑),吴建伟的《宋登科记考》拾补——以碑刻文献为中心(《古籍整理研究学刊》2012年第6期),诸葛忆兵的《〈宋登科记考〉补正(北宋篇)》刊于《齐鲁学刊》2015年第3期,诸葛忆兵的《〈宋登科记考〉补正(南宋篇)》刊于《齐鲁学刊》2015年第5期。而在读研究生也将《宋登科记考》作为论文选题资料来源,如浙江大学陈永霖的硕士论文《宋代温州科举研究》(2011年6月),贵州师范大学魏恩燕的硕士论文《试论宋代川峡四路科举人才的分布——以〈宋登科记考〉为中心》(2018年4月)等。

3月24日 以特聘教授身份,应邀至杭州师范大学作学术报告,报告题目为《清代科举与〈儒林外史〉》。

3月26—28日 应邀参加在杭州师范大学召开的"第六届科举制与科举学国际研讨会暨中华炎黄文化研究会科举文化专业委员会第一届会员大会"。研讨会上,作了《〈宋登科记考〉成书经过与展望》的学术报告,并作为科举专业委员会主席团主席致大会闭幕词。

3月 《文学遗产》第2期的《学人荐书》栏目刊载张剑推荐《宋登科记考》(上、下册),文中写道:

关于宋代科举制的研究,百余年来虽有不少成果,但缺少一部全面记载科举发展基本情况的史料书。近五百万字的《宋登科记考》的问世,弥补了这一空白。它既有两宋科举大事记,按朝代、年号顺序,以年、月、日系之;又有两宋各种科目登科名录以及特赐名录,登科名录系于相应年月之下,凡无具体登科之年的登科人,作为附录,按姓氏笔画列于全书最后。《宋登科记考》的大事记与登科名录,其实是一部有宋一代三百余年的科举编年史。大事记辑录宋代科举方面的诏令、历届科举试之知举官与考试官,及有关各种规定、考试情况等,据此可以较为全面地了解宋代科举制度的沿革与进展。登科名录不仅收录了近四万余人,而且每人都撰有小传,包括姓名、字号、籍贯,以及何种科目登科、登科之年、初授何官、历官、终任官等内容,登科人小传之下,又附有主要资料出处,以示无征不信。凡所引材料有疑误者,酌加按语予以简明扼要的考订或说明。从另一方面看,它可以为两宋政治制度、士人仕宦、地域文化、家族文化等提供丰富的资料支撑和富有启发性的学术命题。

5月12日 《哈佛大学的"学术大餐"》一文刊于《光明日报》"国学版"。

文章摘录如下:

　　我曾有机会受哈佛大学东亚系和费正清研究中心邀请,参加了 First International Workshop on Biographical Database for China's History(中国史传记资料数据库第一届国际研讨会)。会议时间虽短,但感触良多,因第一次获得了和国内众多国际学术会议相比较的机会,就能看出两者举办同样的国际学术会议,差异在哪里。

　　哈佛会议给我印象最深的有三条:一是会议准备充分。

在会议召开前四个月,已落实好邀请出席会议者名单,在发出邀请函同时,并把会议日程方案寄了过来……比如在会议日程表上,我的安排是:报告的时间为11月21日下午4:30—5:00,报告的论文题目是《中国历代登科总录数据库》(以中文进行,并提供翻译)。会议主办方考虑到我不会讲英语,事前已安排专门的翻译人员,由我把论文先发过去,以便对口翻译。相比之下,我所主持过的国际学术会议,虽也按程序,提前半年甚至一年,一次、二次、三次发会议通知,但到最后发会议正式邀请函,有的被邀请的学者尚未能提供论文题目,直到开会前一两天,才能确定会议日程表,有时,直到会议报到之日,还有临时变更论文题目,或者说来不了的事发生。因而影响了学术会议达到预期的目标。反之,由于会议准备充分,哈佛会议的学术报告与讨论,完全按照会议的主旨高效率地进行,使会议自始至终充满学术氛围,丝毫没有走过场的现象。

第二,会议期间,就是安排学术活动,不穿插任何参观景点的活动。此次哈佛国际学术研讨会,共举行三天,会议活动安排得满满的,在会上有28位学者作了学术报告,并在每场报告之后,都有评论和与会者自由发言。从上午8:45起,到下午6:00止。除了会议中间有15分钟茶点供休息外,都是紧张的学术活动。相比之下,如我曾主持过的国际学术会议,三天中至少一天是参观,名谓参观,其实就是游览当地风景名胜……我所参加过的不少国际学术会议,概莫能外。在国内,似成惯例。

相比之下,我们的学术会议显得比较松散,而哈佛大学的学术会议,注意力高度集中在要讨论的问题上。在世界级国际学术交流平台上,来自亚、欧、美的各国学者,都把自己最新的研究成果拿出来,进行交流与切磋……会议直奔主题,取得了圆满成功……

第三,会议经费全用在会议学术活动上,不赠送任何礼品。

无须讳言,我们国内不少国际学术会议开得十分隆重,建立会议筹备领导小组,下设接待小组、会议秘书处,安排贵宾下榻宾馆,采购礼品。不少经费不是用在会议学术活动本身需要上,而是用在人际关系上。我这次参加哈佛大学国际学术会议,深感主办方懂得"矛盾论",善于抓主要矛盾。我到哈佛的来回旅费,及会议期间食宿费,全由他们包了;并考虑我从万里之外的中国来,还额外多报销了两个晚上的住宿费。会议没有接待组,只在电子邮件上告诉你到波士顿后,住哪条街几号宾馆。一切由自己解决。不过,也不是不管,对我这个第一次到美国的人,会议主持人包弼德教授请他的博士生到机场来接我,还是充满人情味的。会议期间,只安排了一次简朴的晚宴,一点礼品都没有。倒是包教授在家里设晚宴,二三十位外国学者在他家里品尝了美国的三明治、牛排。由此可以看出,哈佛国际学术会议经费全用在刀口上,不惜重金邀请国外学者与会,保证会议学术活动的圆满完成,此外,能省的钱就省了。当然,我不敢恭维哈佛会议的接待工作,相比之下,我们国内会议接待工作细致周到,体现了礼仪之邦的风度,理应弘扬。

我有幸参加了哈佛"中国史传记资料数据库第一届国际研讨会",就像品尝了一顿丰盛的"学术大餐",永远难忘!

5月15日 《清华大学学报》第3期发表了龚延明、张希清、张剑、诸葛忆兵、祝尚书五位先生关于《宋登科记考》的"专题笔谈"。"笔谈"主持按语写道：

> 当代学者编著的《宋登科记考》最近出版，在学术界引起较大反响。如何评价这部著作以及这部著作有怎样的学术意义，是很多人关心的问题。为此，《清华大学学报》编辑部邀请了几位学者，从不同角度论述《宋登科记考》的学术价值。

五位先生"笔谈"文章摘录：

龚延明《〈宋登科记考〉成书的回顾与展望》

《宋登科记考》……这是填补中国科举史研究的一项空白之作……我深感欣慰，《宋登科记考》的问世，为学术的进步做了一件有益的事。学术界朋友希望我能就《宋登科记考》成书的经过回顾和总结一下，也许对如何承继"实学"传统、加强人文社科的基础性研究有所启迪。

一、《宋登科记考》立项缘起

中国科举制度从 7 世纪开始至 20 世纪初，长达近 1300 年……宋代的科举制正好处于承上启下的关键时期……宋代登科人数是历朝最多的，据初步统计，两宋通过各类科举考试，录取了 11 万人以上，其每年平均取士人数，约为唐代的 5 倍，元代的 30 倍，明清两代的 3—4 倍。这当与宋代的经济发展与文化普及有很大关系。可以说，我们进行宋代政治、文化史或中国政治、文化史研究，无论从哪个学术角度考察，都必须联系宋代科举制度，这样才能使整体研究有所深入。

任何一门学科的确立与发展，首先要重视的是基础研究,科举史研究也不例外……遗憾的是,宋代科举史的基础性研究,长期以来无人问津……唐代文学史专家傅璇琮有感于此,于20世纪80年代,在他的名著《唐代科举与文学》中曾提到:研究宋代科举制,需要"效徐松之书的体例编撰一部《宋登科记考》"。这个创意,于1992年变为现实……在傅先生建议下,我和祖慧向全国高校古委会申请立项,2003年,由龚延明主持的《宋登科记考》课题,被批准列入高校古委会项目,拨给研究启动经费。于是,在傅璇琮先生指导下,《宋登科记考》编撰工作就顺利地开始了。

二、《宋登科记考》成书经过

一开始,我们已估计到这项工程难度大、费时长……实际投入之后,其工程之难度,大大超出我们的预料……从搜集资料、筛选资料、编撰………最后通过编审出书,前后竟用了17年之久!人的生命有几个17年?我们却默默地为《宋登科记考》献出了,回首走过来的漫漫长路,真是感慨万千!我已从50出头的盛年,步入"古来稀"之老年了。

《宋登科记考》的内容可分两大块:一大块是两宋300年科举大事记。科举大事记,选取宋代科举方面的诏令、历届科举试之知贡举官与考试官及有关取士与考场纪律各种规定等,资料力求齐全,以帮助读者了解宋代科举制度的全貌与内涵……《宋登科记考》中百万字的两宋编年大事记,就花了我整整三年时间,还不包括此后的一次次校对。"看如容易也艰辛",此之谓也。

《宋登科记考》另一大块内容,就是宋代进士名录、小传与资料索引。这是本书分量最大的核心部分。历榜登科人,按统一体例收录与说明。即每一登科人,依其所登科目,或进士,或诸科,或制科,或武举,或童子,或博学鸿词科,或上舍释褐,或赐第,以名次先后为序(倘不明登第名次,则以姓氏笔画排列),一一录入……经过七八年的努力,终于搜集到 4 万登科人名录和有关资料。其工作难度之大,可以想见。在掌握了 4 万登科人资料基础上,每科登科人,都必撰一小传,包括姓名、字号、籍贯、何种科目及第、及第之年、初授何官、最高官或终任官等……书稿完成后,统一用电脑录入,继而通稿。光校对就 7 次……利用电脑取代手写,有便捷之处,但也带来校对工作量大之弊。我们深刻地体会到,做基础研究,是一项枯燥、琐碎而麻烦的工作,需要有"不厌其烦"和坚韧不拔的精神。假如没有对事业的执着追求,和为学术献身的意志,是难以完成这样大的工程的。

三、对未来的展望

在学术界期待之中,《宋登科记考》终于问世。其带来的社会效应,将逐步彰显出来。

首先,对科举学、科举史及宋代专门史等学科的建设,提供了不可替代的宋代进士群体精英基础性传记资料,学术意义重大……

其次,将直接推动科举文献的研究。以清徐松《登科记考》出版为例,该书是有关唐五代科举登科录的开山之作,其学术贡献之大,不言而喻……其后订补《登科记考》的文章,连篇累牍,计不胜计,孟二冬有专门考订著作《登科记考订补》,这极大地推动了唐五代科举文献的研究……同样,《宋登科记考》也是宋代登科名录及相关科举制度材料编年的开山之作。其工作量又大出《登科记考》十倍以上。在取得不可磨灭的成绩基础上，其存在的遗漏、讹误，肯定不少。这在《宋登科记考》序言中已提及……诚恳地希望方家和广大读者提出批评、补充和指正……期待着《宋登科记考》在学术批评中得到不断改进，逐步完善。

第三，在完成《宋登科记考》基础上，我们正在继续撰编《两宋登科总录》。其体例和《宋登科记考》有所分工。《宋登科记考》的特色是有两宋科举大事编年记，及了解登科人的资料索引。而《两宋登科总录》的最大特色，就是所收两宋全部登科人，除了有小传之外，都有书证。这将给学者研究宋代登科人提供了更详赡的资料，循此可作进一步深入研究。

张希清《宋代科举研究的奠基之作》

《宋登科记考》（上、下册）……前后历时长达17年之久，可见其工程之浩大，其编撰者、出版者毅力之坚韧。喜获赠书之后，虽尚未及细读，但据我研究宋代科举20余年的经验，感到《宋登科记考》无疑是一部研究宋代科举的奠基之作；此书的出版，无疑是宋代科举研究中的一件大事。

……在宋代都有哪些人是科举及第的呢？长期以来，未有一部完整的资料书籍。宋代科举，虽然沿袭唐制，每榜都编有登科名录，但是，我们现在能够见到的比较完整的只有《绍兴十八年同年小录》和《宝祐四年登科录》两种进士登科录，而《咸淳七年同年小录》只在元刘埙的《隐居通议》中保留了一个摘要……目前有关宋人传记资料的工具书，收录人数最多的当属台湾著名学者王德毅教授等编纂的《宋人传记资料索引》，该书共收录有22000多人的传记资料，但其中科举及第者仅有 6000 多人。《宋登科记考》则收录了 40000 余人，是《宋人传记资料索引》所收登科者的 6.7 倍，这就大大开阔了我们的眼界。

为了进一步认识《宋登科记考》收录 40000 余人的价值，需要进一步弄清楚宋代登科的总人数……经初步考证，……北宋一代贡举登科总计约为 6.1 万多人。南宋一代登科人数……南宋一代贡举登科总计约为 5.1 万多人，两宋贡举正奏名进士、诸科登科者共约为 6 万人，特奏名进士、诸科登科者约为 5.2 万人，共约 11.2 万人……《宋登科记考》则收录了四万余人，而且每人都编撰了小传，并注明了史料出处，使宋代大约 35％ 的科举及第者进入了我们的研究视野。

在宋代科举中，进士及第者最为重要。而《宋登科记考》收录的及第进士也最多……《宋登科记考》将会对宋代科举制度以至整个宋史的研究起到难以估量的推动作用，称之为一部研究宋代科举的奠基之作，毫不为过。

科举是一种制度，是一段历史，是一门学问，也是一种文化。改革开放 30 多年来，中国"科举制与科举学"的研究活动愈来愈活跃，逐渐成为一门显学……《宋登科记考》的编撰出版既是中国"科举制与科举学"的研究活动愈来愈活跃，逐渐成为一门显学的标志性成果，又将对中国"科举制与科举学"的研究活动起到巨大的推动作用，同时也会大大推动中国古代政治、社会、文化的研究。

科举制度也是一份宝贵的世界文化遗产，作为中国的"第五大发明"，对世界文明的发展也做出了重大贡献……科举制度对西方的资产阶级启蒙运动和文官制度的创立，也具有重要影响。"科举制与科举学"的研究也是一门世界性的学问……《宋登科记考》的编撰出版不但将对中国"科举制与科举学"的研究活动起到巨大的推动作用,同时也会对国际"科举制与科举学"的研究活动和学术交流起到巨大的推动作用,将对整个"科举制与科举学"的研究做出不可磨灭的贡献。

张剑《从地域和家族视角看〈宋登科记考〉的文化价值》

对于科举制的研究,百余年来取得了不少可观的成果……宋代却缺少一部全面记载科举基本情况的史料书……《宋登科记考》的问世,终于弥补了这一项科举史研究中的空白。

这部宏著内容丰富,不仅收罗到了宋代 4 万余人的登科名录,而且编撰体例周详,材料考订态度严谨……《宋登科记考》的大事记与登科名录,其实是一部有宋一代 300 余年的科举编年史……它可以为两宋政治制度、士人仕宦、地域文化、家族文化等提供丰富的资料支撑和富有启发性的学术命题。这里仅从地域和家族两个角度谈谈《宋登科记考》的文化价值。

一

学术界有种观点认为:北宋时期文化中心在以汴、洛为首的北方,至南宋始完成从北方到南方的转移。这种观点自然有其合理因素,但并不全面,缺少更为具体的辩证分析。如果"文化"是指包含政治和经济在内的"文化",那么说北宋的政治中心在北方固然可以,说经济中心也在北方则不妥。事实上自中唐以后,中国的经济重心已经南移……尤其是北宋后期……更使江南地域经济的开发达到高潮。如果"文化"是专指与政治、经济两类并列的文化类精神活动及其产品的"文化",如学术、文学等,那么说北宋学术中心在北方则可……说北宋文学中心在北方则有疑问,因为南方的文化家族倒是大多以文学知名的,"唐宋八大家"中的宋六家皆为南方人士即为一证……(文化)是由人才创造的。《宋登科记考》恰好为我们从人才角度探讨南北地域文化提供了较好的范本……以太宗朝登进士科人士来做一区域统计……可以清晰看出,福建、江西、四川分别位于前三甲,几乎占据了登第进士的半壁江山……据统计,宋代仅福建一省进士数就高达 7000 余人,因此才有将"福建出秀才"列为天下第一之事(太平老人:《袖中锦·天下第一》)……

二

从家族视角看《宋登科记考》,有两点值得注意:一是同一家族的成员多有于一科中同时登第或于相邻科中先后登第,二是家族有仕宦背景的登科者数量要多于布衣出身者。

仍以太宗朝登科进士为例。同科或先后登第的家族人员,福建有李寅(雍熙二年)、李虚己(太平兴国二年)父子;翁处休、翁处恭兄弟(雍熙二年)……这一现象在唐代极其罕见,但在宋太宗朝则一下出现了几十例,而且太宗朝后愈演愈烈……家族中人同榜或连续登第,就构成了科举家族。它既表明家族作为一种特殊的文化因子已经加入科举文化圈中,同时又形塑出宋以后官僚队伍新的面貌……《宋登科记考》中所录太宗朝 442 名进士的家世情况,他们大多家世无法考索,有明确家世可考者不过百余人。其中祖、父两代未有仕宦、布衣出身的……不足 20 人,其他人物三代之内均有功名可寻……科举与做官发财的直接联系,使科举制度深入人心,受到全社会的追捧。仕宦家族、财富家族、文化家族显然在科举考试中比孤寒之士处于更为有利的地位……即使是那些决科而起的布衣人物,也往往成为新的仕宦家族的起点,他们以身作则,鼓励、指导和帮助着家族后人不断登科入仕,以图维持家族长久的兴盛……

宋代科举的积极性也不容低估。毕竟糊名制使考试在形式上具有了平等性,再加上知识、智慧、勤奋、运气等综合因素的作用,即使是注重教育的仕宦之家,也很难保证后代一定能够金榜题名,因此考试结果总是呈现仕宦背景者与平民出身者互有胜负的局面……社会流动真实的存在,既聚拢了士心,唤起了民众的向往之情,又发展了文化,稳定了社会……

三

如果能够对《宋登科记考》中所有资料做一统计分析,相信我们对地域和家族问题会有更加深入和全面的看法。如南宋士族是否存在与北宋截然不同的"地方精英化"?……再如对登科者家世背景的探讨,虽然我们从有限的数据和常理上推断有仕宦背景者的数量不会少于布衣出身者,但确切判断仍要等到对《宋登科记考》数据的全面统计后才能得出。

诸葛忆兵《科举制度与文学创作》

"学而优则仕",中国古代知识分子人生价值实现的唯一方式是出仕为官。历代选官与任官制度的改变,将影响一代知识分子的思维和行为模式。文学创作，作为知识分子的情感与生活之形象体现，也将随之变化。隋唐以来，影响并改变着知识分子的生活方式以及他们的文学创作的最大外部因素是逐渐建立且逐步完善起来的科举制度。科举史料的不断爬梳整理，科举制度研究的一步步深入，都将带动文学研究持续向前发展。从科举制度的角度审视一代文学之发展，引人关注的问题如下：这一时代有哪些文人经历了科举考试？是否通过科举考试对他们的人生或情感有深远影响？他们是哪一年考取进士、改变人生轨迹，从而带来文学创作改变的？与科举制度相关的社会文化对一代文学创作产生过怎样的影响？学者关心诸如此类的研究课题，在相关领域有许多研究成果问世。

……纵观宋代文学家群体，有如下三点不同于以前朝代的特征：其一，绝大多数都是科举考试出身，其中相当一部分官位显赫；其二，这些科举出身的朝廷显贵，往往都是一流的文学家，领导了当时文坛的创作风气，如欧阳修、苏轼、王安石等；其三，这些身兼朝廷权贵与文坛领袖者，许多人都做过科举考试的主考官，甚至对科举制度的变革提出自己的意见，反过来对科举制度的发展起了导向作用……

一个良好的社会文化氛围是文学创作繁荣的大背景。宋代科举制度的改变，首先影响到社会风尚的转移，它将广泛阶层的注意力吸引到"寒窗苦读"上去，形成普遍的求学好学的社会风气以及对科举高中者尊尚的风气，形成了对文坛成名人物崇拜的风气。

这样的社会风尚的改变，正是宋代帝王希望通过科举考试所达到的治理国家的一个重要目标……

勤奋好学关系到一个人的前途命运,宋人求学读书之风甚盛……两宋考取进士的人群数量也相当庞大,学者估计有11万余人。

　　然而,关于宋代科举考试史料的整理、宋代科举制度的研究,却有诸多学术空白点。近年来,从科举制度的角度审视宋代文学演变已经成为研究的热点问题……比较起来,反而是宋代科举史学研究相对滞后。由傅璇琮先生主编、龚延明先生和祖慧先生编撰的《宋登科记考》,收录宋代科举考试登科者近4万人,最大可能地弥补了宋代登科记之类文献记载的阙失,厥功之伟,功德无量。

　　以宋仁宗天圣八年(1030)科举考试为例。这一年登进士第者249人,《宋登科记考》辑录108人,近半数登科者姓名、事迹得以落实。这一科登第者,对宋代文学的发展有决定性影响。其中著名者如欧阳修、石介等人,直接导致宋代文风的巨大转变……

　　欧阳修是一位个性的张扬者,在现实生活的诸多方面都显示出敢作敢为的鲜明个性。欧阳修登第后,渐渐以文章名冠天下。随着官职的升迁,欧阳修逐渐成为朝野公认的文坛领袖人物……欧阳修是一位天赋很高的杰出的文学家,他在批评"时文"的同时,便认识到"时文虽曰浮巧,然其为功亦不易"(《与荆南乐秀才书》),肯定了"时文"所具有的独立文学价值。对石介复古而走向另外一个极端,欧阳修也不愿意苟同。他批评石介……尊儒复古,不应该走向怪诞僻涩,而是应该走向平易畅达……

　　北宋诗文革新获得巨大之成功,得力于欧阳修、苏轼等文学家的不懈努力,亦得力于科场风气的推波助澜……

天圣八年一科进士,多文才出众者……如果能以《宋登科记考》辑录为线索,将天圣八年登科而有诗文传世者做一综合研究,观察其同年间的诗文交往及文风相互作用,当能更加深入地理解科举考试给当代文风带来的复杂影响。

《宋登科记考》刚刚面世,以其为基础的相关文学研究工作尚未展开,然前景是相当可观的。

祝尚书《略论〈宋登科记考〉的体例》

《宋登科记考》(以下简称《宋考》),其《叙例》称"仿徐松唐、五代《登科记考》体例"。据徐氏的《登科记考凡例》(以下简称徐《考》),他其实并未见唐五代及宋人编纂的《登科记》原著(皆已久佚),其体例主要根据宋人的零星记载而自立。笔者发现《宋考》体例虽仿徐《考》,但并不完全相同,而是有所改进。本文还欲将《宋考》与唐、宋人所撰登科记体例作一比较,后者的资料来源是宋人洪适《大宋登科记序》所述,而《大宋登科记》乃仿唐姚康《科第录》。

一、关于《大宋登科记》

"登科记"创制于唐代。洪适《重编唐登科记序》曰:"(《新唐书》)《艺文志》著录姚康、崔氏、李奕三家,二十三卷。《(唐)会要》载郑氏上宣宗者十三卷。《崇文总目》有乐史修定者四十卷,今多亡矣。"至于宋代科举,宋人也曾编著过两部"登科记",第一部名《宋登科记》,凡三卷,晁公武《郡斋读书志》(衢本)卷九著录,称"未详何人所撰";第二部为洪适撰《大宋登科记》(以下简称"洪《记》")三十二卷(洪氏原本为二十一卷,后有增补,详下),陈振孙《直斋书录解题》卷七著录。撰人不详的三卷本久佚,别无可考,这里只论洪

《记》。

洪适所撰《大宋登科记》……虽也久佚，但洪适所作《大宋登科记序》（以下简称"洪《序》"）今存……根据这篇序文，我们可以了解该书的基本体例，并可与后来徐松的唐、五代《登科记考》及新著《宋登科记考》进行比较。

二、《宋登科记考》与《大宋登科记》体例比较

"登科记"是汇集较长时期内国家科举最高考试（宋代为殿试）各科登科人名的总录，这是主体，同时录有相关科举法令之类的史料。因为科目繁多，故体例较为复杂，而是否有完善的体例，是撰著成败和价值高低的关键，十分重要。

根据洪《序》，我们可将《宋登科记考》、徐松《登科记考》与《大宋登科记》体例，分六点进行比较。

……

据上所考，可知洪《记》、徐《考》、《宋考》三书主要的编纂体例，大体是相同的。不同处除历史条件异（如名录来源）可不论外，有如下三点差别：一是洪《记》不收武举和童子科，范围相对要窄。二是洪《记》所收登第人除少数注明乡贯外，一般不注资料出处，也没有小传。徐《考》、《宋考》皆注资料来源，徐《考》间有小传，《宋考》的小传更规范，内容更丰富。三是徐《考》录试文，《宋考》不录。宋代每榜登科人数较唐代多许多倍，试文流传下来的也很多，不录是正确的；否则，将十分烦冗。

要之，就总体论，《宋登科记考》虽是今人著作，它的体例基本沿徐松《登科记考》，但实际上也与唐、宋人所著"登科记"基本一致，而且更完善、更优化。

三、从《宋登科记考》体例论其史料价值

随着时代的不同,"登科记"的使用价值也随着变化。在科举时代,登科记以及同年小录、题名碑等,除供研究查考外,还有着十分重要的现实意义……对举子而言,能上"登科录"、题名碑及将来入"登科记",是他们的最大愿望和荣耀……

时至今日,无论是唐五代《登科记考》还是《宋登科记考》,绝不会有人再当"佛名经"了……但其史料价值却仍然不容忽视。"登科记"之所以受到后代学者们的重视,其编写体例决定了它具有很高的学术价值和使用价值。就本文讨论的《宋登科记考》体例而言,其大事记收罗诏条完备有序,登科名录尽可能一网打尽,小传精粹完整等,皆极富史料价值。兹略举三端以论之。

1. 科举大事记相当于一部丰富的科举史资料长编……

2. 名录和小传是研究地域文学和文化的资料库……

3. 名录也是家族文学、文化研究的资料库……

《宋登科记考》的价值是多方面的,以上只是管窥略及而已,比如它本身就是部巨型的宋代人名词典,单这点就很了不起。编纂体例有如施工蓝图,由于《宋考》体例的完善和优化,决定了它具有极高的学术价值和使用价值。

2010 年 6 月 10 日 清华大学国学院院长陈来教授来信。信件内容如下:

延明先生:

惠寄《宋史职官志补正》二册并写先生文皆于今日收到,甚为感动!前月曾在《清华学报》上见《宋登科记考》介评,深为佩服!此二书及即将出版之《两宋登科总录》,对宋史研究,贡献极大,亦可见先生沉潜功夫,实为当世学者之罕见。

杭州当日向热,北京已从短春跃入夏季矣!

即颂

研祺

陈 来

2010 年 6 月 10 日

6 月 18—19 日 应邀出席杭州师范大学人文学院举办的"'十二五'发展规划高层论坛"。

7 月 1 日 《中国社会科学报》公布了第二批"《中国社会科学杂志社》外审专家名单",列于外审专家名单之中。

8 月 25 日 《第六届科举制与科举学国际学术研讨会综述》一文刊于《中国史研究动态》第 8 期。

10 月 28 日 《曹操下葬时称"武王"可能性最大——与潘伟斌先生商榷》一文刊于《中国社会科学报》,后收录于龚延明著《中国古代制度史研究》(浙江大学出版社 2013 年版),题为《曹操正称汉魏武王、魏武皇帝》。

12 月 19—22 日 应邀参加由中国社会科学院和宁波天一阁合办的"科举与明代科举文献国际学术研讨会"。这是为了进一步利用新近出版的《天一阁藏明代科举录选刊》而举行的一次大会,会后讨论了对于这一丛书的改编和标点工作,并在会上作学术报告。

12 月 21 日 徐规先生逝世。撰写挽联哀悼。

吾师徐规先生千古

融学术于生命严谨治学雕巨制玉成史家绝唱

以科研促教学春风化雨育高材堪称杏坛领袖

2010 年　参加北京大学中古史研究中心学术交流会议。在英杰会议中心举行。与会学者还有：北大邓小南教授、阎步克教授、辛德勇教授，暨南大学张其凡教授，上海师大戴建国教授，博士生方诚峰等。

2010 年　《宋登科记考》（傅璇琮主编，与祖慧合作编撰），获得第三届中华优秀出版物（图书）奖。

2010 年　《唐诗中"少府"为何官？——从喻守真〈唐诗三百首详析〉说起》一文刊于《澳门文献信息学刊》第 2 期。

2010 年　《南宋清廉官崔与之仕履官衔系年考释》一文收录于朱泽君主编《崔与之与岭南文化研究》，人民出版社出版。

2011 年　71 岁

1 月 1 日　收到诸多学者同行贺年卡。其中复旦大学陈尚君教授寄语：

> 过年真好，忽然已六十，公然一叟了。白发添几茎，岁月剩多少？回首少年狂，平和今日好。新年怯寒冰，随宜不起早。寄语二三子，身体最重要！陈尚君恭贺

1 月 9 日　撰就《隋代科举制度》一稿，作为《隋唐五代登科总录》之附录——《隋唐五代科举总论》。

1 月 12 日　下午，与中国美术学院书法系戴家妙教授在课题室会面，接受了五月中、下旬为书法系学生上官制史课的邀请。并拟了供美院书法系学生用的《官制史讲座提纲》，命之为"官制十讲"：

　　1. 官制研究在文献学上的意义（总论）

2.官制与阅读唐诗宋词、明清笔记(侧重职官别名)

3.官制与阅读古文集、政书(侧重职官术语)

4.官制与古籍整理和研究(侧重标点)

5.官制与古籍整理和研究(侧重版本考证)

6.官制与释读碑刻(上,汉唐墓志,侧重官衔)

7.官制与释读碑刻(下,宋以下墓志,侧重官衔)

8.官制与官印(侧重历朝正式官名)

9.官制与章服(侧重官品)

10.官制文献与工具书(古与今)

1月18日 于浙江大学西溪校区启真名苑家中写就《〈岳飞的故事〉再版后记》,本文刊于2011年3月9日《中华读书报》第15版,题为《永远的岳飞》,后收入《岳飞研究论文集汇编》,题为《敬仰"民族魂"——〈岳飞的故事〉再版后记》。

文章摘录如下:

民族英雄岳飞,诞生于北宋崇宁二年(1103年)。今年公历3月19日,是他诞生908周年纪念日。在这十分有意义的纪念日,浙江古籍出版社适时地推出了《岳飞的故事》,向肃穆的杭州岳飞墓,献上了一曲缅怀英雄的赞歌。

《岳飞的故事》,在20世纪80年代初以《岳飞》为名出版后,转眼间已过去三十年。想当初,"文化大革命"刚结束,书荒未缓解,社会匮乏精神食粮,弘扬民族英雄岳飞,鞭挞杀害岳飞的四人帮宋高宗、秦桧夫妇与万俟卨的传记一出版,立即受到人民大众的热烈欢迎,第一次印刷10万册,很快销售一空,遂即加印10万册,以满足广大读者之需。作为一个史学工作者,能跟上时代需要,担当一份社会责任,用自己的学识为社会服务,这是最大的快慰。

《岳飞》出版的成功,对我继续研究岳飞是一个极大鼓舞。

　　1984年,杭州大学宋史研究室主任徐规教授和杭州岳飞墓庙文保所主任贾荣发共同倡议成立岳飞研究会,立即得到国内宋史学界的大力支持。是年冬,岳飞研究会在杭州正式建立……岳飞研究会成立后,在杭州市园文局资助下,已举行了五届学术研讨会,其中两届是国际学术研讨会……岳飞研究已从国内走向国外。

　　从撰写《岳飞》传的作者,到身为岳飞研究会秘书长、会长,我直接参与了组织国内外宋史研究者合力研究岳飞,从而推动了岳飞研究的深入发展,这也算我通过新的途径,为弘扬岳飞精神尽一份责任。自80年代初以来,岳飞研究经历了三十余年的历程,岳飞精神的认识也随之达到新高度,这就是:岁月可以嬗替,生活方式可以转变,市场经济可以冲击人们的信仰和精神追求,然而,民族英雄岳飞的崇高精神和高尚人格,诸如热爱和平、反对战争,反抗侵略、保家卫国,坚持统一、反对分裂,文官不爱钱、武官不怕死,严于律己、廉洁奉公,身先士卒、先人后己,身为高官、平等待人,军纪严明、秋毫无犯,敢犯天颜、反对独裁,事亲以孝、教子以严,为国家和个人的尊严宁死不屈,在当代不但没有丝毫褪色,反而愈显其熠熠生辉,光芒万丈!照得那贪官卑鄙、掠夺者凶残、剥削者贪婪、势利眼龌龊、媚外者软骨、新衙内堕落、恶势力残忍、骗子的无耻、迷失信仰的可悲、无敬畏的可惧、不孝者缺德、寄生者腐朽;同时,折射出当官为民者高尚、艰苦创业者伟大、廉洁奉公者磊落、爱国卫国者崇高、助人为乐者可赞、见义勇为者可歌、遵纪守法者可喜、尊老爱幼者可亲、慈善为怀者可敬。

伟大的革命先行者孙中山先生,视岳飞为"民族魂"。诚是,岳飞精神已成为中华民族精神的一部分。从 12 世纪到 21 世纪,岳飞的精神,代代相传,这是中华民族的一份珍贵的精神遗产。今天值得我们倍加珍惜,大力弘扬。

最后,录诗一首,以表示我对民族英雄岳飞的无上敬意。

只有他,静静地留下
——伫立在杭州岳飞墓前的哀思

该走的走了,
宋高宗带着他对岳飞的御批诛杀,
如云如烟,
难逃的是世世代代的口诛笔伐。

该走的走了,
秦桧带着他罗织岳飞"谋反"的罪责,
如雾如霭,
难躲的是千年万年受人唾骂。

只有他,静静地留在栖霞岭下,
如今已活到九百零八!
明媚的西湖做伴,
华夏子孙常来看他。

他不说，

却天天在讲话：

"莫等闲，白了少年头！"

箴言铿铿响遍中华。

他不说，

中原大地记着他：

"还我河山"气势如虹，

宁死不屈保国家！

他不说，

滚滚长江记着他：

"文官不爱钱，武官不怕死！"

廉洁奉公最伟大！

他是谁？

不说也知道：

民族英雄岳飞，

神州大地缅怀他。

1月18日　浙江古籍出版社路伟编辑来访，商约整理点校宋代孙逢吉的《职官分纪》（五十卷）事宜。当即应承。日记写道：

大雪天，路伟编辑来访，他说常用《职官分纪》，对此书有感情，与我商量整理点校事宜，甚为感动，当即答应了。

1月19日　接到台湾交通大学李弘祺教授从新竹来电话，告知两件事：一、邀请参加明年五月在台湾召开的"科举制学术国际研讨会",邀请函已发出;二、台湾清华大学历史系主任赖瑞和,春节期间将来杭拜访,请接待。当即答应,欢迎来访。(摘自日记)

2月3日 台湾清华大学赖瑞和教授来电,他已从西安抵达杭州,住华侨饭店。

2月4日 下午三时,赖瑞和教授来启真名苑拜年。相谈甚欢。他的日记写道:

> 赖教授著作《唐代基层文官》在中华书局出版,早已拜读,研究方法独到,从细微处见功力。他告知下一本书是《唐代中层文官》。晚餐,在五星级宾馆黄龙饭店高档的接待,使他很感动。他说:"大陆变化真大,使我大开眼界。"

2月15日 审读浙大历史系卢向前教授指导的博士生论文《唐代流贬官研究》,写就审读意见。

2月16日 应邀参加4月7—10号在江西遂昌召开的"汤显祖暨晚明文化研究国际学术会议",给主办方遂昌宣传部门发去会议论文《明代遂昌进士录》。

文章摘要为:

> 明万历十一年(1583),世界文化名人汤显祖,历经磨难,终于金榜题名,进士登科。十年之后,万历二十一年(1593),汤显祖到遂昌任知县。他一到江西山区的遂昌县,就深为这偏僻山区尊孔重儒的学风所感动。他参观了当地名宦祠、乡贤祠,深有感触地说:"遂昌虽地处山区,却地杰人灵。"
>
> 为了印证汤公的体会,并为研究遂昌明代精英、开发遂昌文化旅游资源,特将明代遂昌进士搜罗成篇,献给会议和遂昌父老乡亲。

2月18日 上午,接待义乌教育局金佩庆来访,就义乌大安寺塔建造年代进行了商讨。金先生认为该塔之"省干吴、忠翊郎某,王氏庚寅岁建之","庚寅"当为南宋乾道七年,而非北宋大观四年之庚寅。为他解答了"省干""忠翊郎"为何官的问题,并提供了相关资料。

按,这两职官条目已收录龚延明著《宋代官制辞典》(增订版),中华书局出版。(摘自日记)

2月28日 接待浙大出版社副总编黄宝忠来访,了解《中国历代登科总录》进展情况,以考量能否在浙大出版社出版。提出要两份有关《中国历代登科总录》材料给社领导。

3月1日 写毕给浙大出版社领导(含《中国历代登科总录》介绍)的材料,并亲自送给了黄副总编。(摘自日记)

3月4日 收到上海《中华文史论丛》寄赠的2010年全年的《中华文史论丛》一套。

同日 接到《史学月刊》编辑汪维真来电,说准备送一套2010年全年《史学月刊》。又,《文史》编辑部徐真真来电,告知投稿的文章《范仲淹仕履官衔系年考释》,得到外审专家很高评价,《文史》决定刊用。(摘自日记)

3月5日 上午,在课题室接待了在浙大中文系攻读现当代文学博士学位的《义乌商报》记者金小玲。送来了她采访的稿子《龚延明:选择史学,选择寂寞》。

下午三点,日本早稻田大学文学科博士生小二田章偕女朋友五味知子(东京庆应义塾大学)来访。两人是东京庆应大学本科同学。五味曾在复旦大学、台湾大学留学,能讲一口流利的汉语。(摘自日记)

3月9日 上午,北大邓小南来电,告知《岳飞的故事》后记

已经收到,准备在最近一期《宋史研究通讯》上刊用。(摘自日记)

3月9日 《永远的岳飞》一文刊于《中华读书报》第十五版"文化周刊"栏。

3月11日 清早,接傅璇琮先生电话,邀约参加八月上旬在宁波召开的"王应麟著作研讨会"。他的日记写道:

> 一大早,傅先生来电话说,他已在清华大学办公室里。昨天从《中华读书报》上看到了我写的一篇文章,写得很好。另外,约我参加八月上旬在宁波召开的"王应麟著作研讨会",问我时间上有无冲突?我想,武汉大学的学术研讨会是八月下旬,时间上没有冲突。于是答应了。

3月初 历史通俗读本《岳飞的故事》,由浙江古籍出版社出版。

3月18日 上午九点,应邀参加杭州市市区河道整治建设中心召开的《杭州运河(河道)文献集成》专家评审会。

3月19日 上午九点,在岳王庙举行纪念岳飞诞生908周年祭典活动。此次活动由岳庙管理处主持,以平民英雄承继岳飞报国精神为主题。在祭典活动中宣读了《岳鄂王祭》。

祭典仪式后,浙江古籍出版社为刚出版的《岳飞的故事》举行了签名活动。15元一本《岳飞的故事》,颇受欢迎,为购书读者签名持续了一个多小时。(摘自日记)

3月22日 接到中国社科院语言所董琨先生来电,邀请参加商务印书馆《辞源》第三版修订。商讨职官条目修订事宜,并说将发给修订体例等。

3月23日 收到董琨先生发来2000条职官条目,要求一年内完成。因手头课题任务繁重,不得不婉辞。他自述道:

董琨先生邀请我参加《辞源》第三版修订，深感荣幸。董先生说，此次修订是为了纪念《辞源》编纂一百周年，要赶在2015年出版，完成这些条目只有一年时间。我目前手头还有两个课题，修订任务联系时间为时过晚，感觉心有余而力不足，考虑再三，不得不婉辞。

3月25日 上午，给南京大学历史系李昌宪教授发去关于《宋代官品令与合班之制研究》国家课题后期申报的推荐信。

3月28日 《〈木兰诗〉与唐代勋级制度及其他——兼质疑马质斌先生〈木兰辞〉"策勋十二转"非唐勋制说》一文刊于《中华读书报》。

文章主要内容摘录如下：

近日从《中华读书报》(2011年3月23日)上，获读马质斌先生《"策勋十二转"新解》(下文简称《新解》)一文，感慨良多，旧学新知，如长江之后浪推前浪，永无尽头。马先生《新解》从一个新的角度，阐释《木兰诗》中"策勋十二转"并非唐制，从而欲摇撼支持《木兰歌》"经隋唐文人润色加工"的重要论据。文章对《新解》否定"策勋十二转"为唐代勋制的六点理由作了逐一批驳。

首先，据唐代勋级制，官与兵皆可因战功授勋。这就否定了《新解》所谓"木兰身份是兵，根本不可能'由士兵擢升为上柱国'"的论点。其次，唐代勋制，确立于唐高祖武德七年，是史上首次建立十二转勋制，在此之前无有称勋为"转"者。其所规定之视品，是用来表明自最低一转至最高十二转不同阶级而已，并非是文武官吏本身所拥有的品位决定其能自然地得到的相应视品的勋级。其三，勋转之"转"，与文官铨选之术语"迁""调""转"之"转"，不是一回事，不能等同视之……《新解》说："'转'不独用于奖励武官,文官升迁也称'转'。"将勋制等级之名"转",与铨选之迁转之"转"混为一谈,以至于认为迁转之"转"亦如"勋转",同属于奖励之制。其四,误读《资治通鉴》卷二一三、唐玄宗开元十六年十二月所载"丙寅敕"。敕文中的长征分番轮流洗沐与满五年酬勋是两回事,《新解》却理解为"平均每年一转,应当是每年享受一次探亲假"。这真是失之毫厘,谬以千里! 木兰戎马倥偬,方凯旋,哪有时间探亲,而且是十二次探亲奖励? 其五,《新解》反映出作者治史研究之严谨,尚有欠缺……《新解》所言:"西魏、北周都实行过勋转制度,只不过采用的是十等。"而据《唐六典》卷二《司勋郎中》记载,唐勋转制度源于西魏戎秩柱国;后周则沿西魏之戎秩,而等级增至七等;至隋,又采后周之制,增至十一等,并升上柱国为最高戎秩。但以上诸朝皆无勋转之制。"皇朝改以勋转",十二转之制至唐朝方正式形成。(参《北周六典》卷九《勋官》,《隋书·百官志》下)

综上所论,《新解》岂是新解? 实乃对唐代勋制的误解。

前辈学者说过:"文史不分家。"治中国古代文学史,必须同时学习、钻研中国古代史,且于名物制度尤当用心。笔者愿与马质斌先生共勉之。

3月30日 收到北大博士生陈文龙帮忙代购的《洛阳新获墓志》、《洛阳新获墓志续编》、《全唐文补遗》第一册、第五册,《千唐志斋新藏专辑》、《国学研究》(第19期)等,书款共1000多元,供《隋唐五代登科总录》课题组使用。

4月3日 接到中华书局李解民来电,约写一篇纪念文章,供世纪出版社张世林编邓广铭先生纪念文集用。他的日记

写道:

> 今天李解民来电,说:"世纪出版社总编张世林在编邓广铭先生集,能否撰写一篇纪念文章?"我说:"义不容辞!"

同日 接到四川重庆岳朝军(岳飞后裔,企业家)来电,告知参观了台湾日月潭文武庙,已联系与杭州岳庙结为友好文保单位。并询问日月潭文武庙匾额题什么字,建议题"浩气长存"。

他的日记写道:

> 今日接岳朝军电话,他说刚从台湾回来,去了日月潭文武庙,用于纪念岳飞和关公,他们已联系与杭州岳王庙结成友好文保单位。文庙正门是马英九题的"忠义千秋"匾额。门背后,要他题匾,问我写什么好?我说:"浩气长存!"

4月8日 收到香港中文大学中国文化研究所审稿费400港元。(摘自日记)

5月9日 建议浙大图书馆采购由中国人民大学和北京大学联合主持编纂、上海古籍出版社独家影印出版的大型文献整理项目成果《清代诗文集汇编》。该书收录了清代诗文集4000余种,涉及的作者计达3400余人,精装800巨册,价格28万元。(按:同意采购,已入库供师生使用。)

5月11日 写就邓广铭先生诞生一百〇五周年纪念文章——《北大名师奖掖后进之典范》。该文载张世林主编《想念邓广铭》,新世界出版社2012年版,后刊于2012年9月20日的《澳大镜报》。

5月20日 上午八点半,应邀参加杭州师范大学国学院揭牌仪式。

此次受邀的有三四十人,与会者:清华大学教授张岂之、陈来,华师大教授朱杰人,陕西师大教授李裕民教授等。浙大受邀的还有副校长罗卫东及何忠礼、张涌泉、陆敏珍、祖慧等教授。

同日　收到《范仲淹仕履官衔系年考释》之校样,《文史》拟刊用。建议6月6日前寄回。(摘自日记)

5月26—6月5日　赴台湾清华大学、中国文化大学学术访问。应邀参加台湾清华大学举办的"第七届科举制与科举学学术研讨会"。他的日记写道:

26日,上午十一点二十分抵达台北桃园机场。长庚大学博士后郑丞良来接。十二点左右,北京李世愉(历史所)、张希清(北大)、毛佩琦(人大)、徐勇(北师大)、胡平(教育部),武汉大学陈文新、俞来明,陕西师大田建荣等,由专车接到新竹"清华大学"附近的伯克莱饭店下榻。

下午在"清华"人文社科院会议厅举行见面会,由李弘祺教授主持,台湾大学高明士教授也来了。

27日,上午在台湾清华大学人文社科院举行"东亚书院与科举学术会议"开幕式,台湾大学高明士作学术专题报告。由"清华大学"院士、人文社科院院长黄人农致开幕词。使我大出意外,也令我十分激动的是,他在致辞中特别提到:"这次会议在台湾清华大学召开,专家云集,十分荣幸。其中,有我心仪已久的浙江大学龚延明教授,他那本《中国历代职官别名大辞典》,非常有用,我走到哪里都要告诉、都要推荐这本书让学生买。这是案头必备书。"

在台湾学界竟有如此知音!使我十分感奋!原来,我知道那本《宋代官制辞典》在海外影响很大,无论在日本、韩国等地。但现在《中国历代职官别名大辞典》,也逐渐为学术界所认知和得到高度评价,这是对我几十年宋代官制研究的最好肯定。我的三本专著《宋史职官志补正》《宋代官制辞典》《中国历代职官别名大辞典》都得到学术界的认可。此生,我已无憾。

28日,下午主持第六场学术报告会。四位报告人:中国人民大学毛佩琦《明初政治转型和科举制度的确立》、北师大徐梓《宋朝遗民与元初书院传统的弘扬》、台湾大学阎鸿中《汉代察举制度中的伦理》与用英文写成的德国图宾根大学 prof. Dr. Achim Mittag 的 Wang Anshi's 1071 Examination Reform and Rise and Fall the "New Learning"。我对每篇论文都一一作了学术批评,其创新之处分别作了概括。

29日,上午是会议最后一场学术报告。我是第一个发言:《宋代科举考试机构和考官》。论文旨在全面论述宋代自中央到地方科举考试机构的设置,及三级科举考试官员的组成与分工等制度。论文由三部分组成:

一、宋代科举考试机构主要有:礼部、中书省礼房、礼部贡院、御药院、地方贡院等。

二、宋代三级科举试:发解试(含漕试)、省试(含类省试)、殿试考官的资历、任命、职责分工等。

三、结语,即对宋代科举考试机构的设置、运行,与考试官的职责履行与监督等的总体评价。

学术界关于宋代三级考试研究果较多,但系统地将考试机构与三级考试考官两者结合来考察与论述,则还是第一次。本文是做"两宋登科总录"课题的一项前期成果。

5月30日,上午八点,与祖慧教授打车到阳明山中国文化大学。十点,在文学院会议室,院长王吉林亲自接待,举行与历史系教授座谈会。参加座谈的教师有:桂其逊(历史系主任）、林冠群（藏学家）、黄纬中（宋辽金史副教授、书法家）、韩桂华（宋史副教授）、孙秘书、小郑。

浙江大学与中国文化大学有特殊历史渊源，故而有一种特殊感情。诚如院长王吉林所说："台湾中国文化大学是浙江大学的一个分校。"1962年创办的中国文化大学，张其昀（晓峰）是该校创办人，原是浙江大学史地系主任，带了宋晞、程光裕等浙大学生过来，一起创业。同浙江有着血脉联系。所以，我们见到他们特别亲切，他们对浙大学者也特别亲切。

我在教师座谈会上作了简要发言，并介绍了"中国历代登记科总录"课题的学术价值及其进展。

6月1日，去台湾"中研院"史语所，由长庚大学郑丞良博士陪同。史语所柳立言先生接见，先到他的办公室。室内摆满书，柳先生指着案头的《宋史职官补正》《宋代官制辞典》《中国历代职官别名大辞典》说："龚先生的书，是我们常用的、离不开的书。"

然后，带我们到傅斯年图书馆，查阅明、清登科录，发现有一部《康熙六十年进士登科录》和《隆庆二年进士录》，只能复印一半。祖慧只好用笔记本输入剩下的部分。

该所藏有道光二十七年小金榜，通过柳先生以打折价1500新台币买了下来。

6月2日，应台湾大学历史系高明士之邀，去台北著名的春天素食点用餐，与其夫人及一位研究生古怡青，一同进餐。高先生赠我两本著作及一个录有《唐令集解》《天圣令钞》《日本国史纪》的优盘，很有价值。特别是《唐令集解》，想买未能买到，真所谓"踏破铁鞋无觅处，得来全不费功夫"。要感谢高明士先生的襄助。

下午,在小古陪同下,去图书馆查阅科举文献。查到五种清代登科录、十多种明代登科录。由小古帮助复印了《隆庆二年进士录》,其他,小古承诺由她设法复印。此行收获颇丰啊!

5月 《清代科举与〈儒林外史〉》一文刊于《北京联合大学学报》(人文社会科学版)第2期,本文系作为杭州师范大学特聘教授专题讲座的发言稿。后收录于天一阁博物馆编《科举与科学文献国际学术研讨会论文集》(上)(上海书店出版社2011年版)。

文章摘要为:

《儒林外史》是一部反映清前期科举社会士人生活的长篇讽刺小说。吴敬梓通过讽刺江南士人的众生相,抨击的是已经日益腐败的科举制度。我们今天要读懂《儒林外史》,必须了解清代的科举制度。如要搞清《儒林外史》中童生、贡生、监生、生员、秀才、举人、进士等一批与科举考试有关的重要称谓,就必须搞明白清代科举资格考试。

6月18日 写就《举重若轻论科举 纵横驰骋议文化》一文,评介刘海峰教授新著《中国科举文化》(48万字)。此文后刊于《中国史研究动态》2012年第5期。

7月23日 《两宋登科总录》书稿最后一次(第七次)校对完毕。他的日记写道:

太艰苦了!这1000万字书稿,最后一次校对,历时两年。

8月22—24日 赴上海师范大学参加中国宋史研究会理事会议,并为全国宋学宋史研究生培训班讲课。他的日记写道:

23日,上午,宋史研究会理事与全体研究生面对面交流。我讲《宋代官制研究的体会》。

下午，开中国宋史研究会理事会，讨论明年在河南大学举行的宋史年会议题。由河南大学苗书梅教授介绍会议筹备情况。

24日，上午，与会学者一同参观世博会保留的中国馆。其中最吸引人的是动态电子版《清明上河图》。

9月10日 《职官制度学养与出土文献整理——以新出土唐、宋两方墓志释读为例》一文刊于《浙江大学学报》（人文社会科学版）第5期。（原载于《古籍整理出版情况简报》总483期。2011年第5期，题名：《职官科举学养与出土文献整理——以〈宋故尚书刑部侍郎谢公墓志铭〉等为例》）

文章主要内容为：

新近出土的唐、宋两方墓志《唐赵勔墓志》《宋故尚书刑部侍郎解公墓志铭》的释文在涉及唐、宋官制方面有一些误读和不足，诸如对墓主和墓志起草人的官衔不予标点，将宋代本官阶和职事官混为一谈，将唐代职官术语视为官名，未能区别唐、宋职官正称与别名之异等等，致读者对墓主的一生仕履稀里糊涂，直接影响对出土文献的正确利用。年轻的文物考古工作者应加强官制学养，提高释读新出土文献的水平。

9月19—24日 接待原中华书局、现任新世界出版社编委会副主任（主管选题）张世林编审，并安排给浙大新闻传播学院和宋学研究中心作讲座以及落实采访对象。他的日记写道：

19日上午九时接到张世林编审，安排在浙大圆正宾馆下榻。

下午，安排到新闻与传播学院作讲座，题目是《怎样做编辑》，由邵培仁院长主持。讲座报告，很受师生欢迎。

讲座毕，到我家里，商谈出版《国史五字经》事宜，初步商定，先申请选题，明年先出《宋史五字经》。（按，此选题即后来出版的《诗说两宋史》）

20日下午，安排在浙大宋学研究中心作讲座。题目是《二十世纪三十年代的学者》。

给张先生落实采访夏承焘、姜亮夫先生史事的对象：李剑亮与崔富章。

23日，在喜乐城，宴请张先生夫妇，并邀宋学研究中心主任束景南教授参加。

24日，由祖慧的研究生张香宁和沈利红送张先生夫妇到城站上火车，回北京。

9月20日　王建平为《宋登科记考》撰书评《十年成一剑，鸿基自兹始——评傅璇琮主编的〈宋登科记考〉》，刊于《北京大学学报》（哲学社会科学版）第5期。

文章摘录如下：

在学术研究领域，任何一项专题研究的深入发展，都需要基础研究的支持。有关宋代科举的研究，虽然不乏一些优秀成果，但从总体上来说，它既不如唐代科举研究那么兴盛，也不如宋代经济史、宋代政治制度史、宋代官制史等专门史那么深入，其中一个重要原因，就是宋代科举的基础性研究还很薄弱，尤其是缺少一部类似徐松所编《登科记考》那样的奠基之作。如今，在傅璇琮先生的倡导和主编下，由龚延明先生和祖慧先生编撰的洋洋四百余万字的《宋登科记考》（江苏教育出版社2009年11月出版）终于问世了，可以预期，今后的宋代科举研究必将取得突破性进展。这部宏著,在以下三个方面都展现出较高的学术价值。

一、收罗内容广泛丰富

从《宋登科记考》的"叙例"看,其搜罗资料的范围非常广泛,引书上千种……可以说是对宋代登科人的一次文献大普查,弥补了宋代科举研究的一大空白。

二、编撰体例精严周密

徐松《登科记考》三十卷,仿《资治通鉴》体例,按年编次……《宋登科记考》吸收了徐著的这种优长,基本结构亦分两部分,一为两宋科举大事记,按朝代、年号顺序,以年、月、日系之。一为两宋各种科目登科名录以及特赐名录,登科名录系于相应年月之下。大事记与登科名录融为一体……分类细致周详,洋洋大观。

在吸纳前人长处的同时,《宋登科记考》体例上也有不少改进或创新,如形式上以宋代诸帝分段编排,以期符合宋代历史发展实际。关于登科名录排列顺序,进士前三名列在各榜次之前,第三名以下,按姓氏笔画排列……登科人小传之下,又附有主要资料出处,以示无征不信。凡所引材料有疑误者,酌加按语予以考订或说明,等等。与徐著相比,《宋登科记考》在体例上也可以说达到了后出转精。

三、工具性与学术性兼顾

《宋登科记考》是一部优秀的工具书……但《宋登科记考》又绝非一般的工具书,某种程度上,它同时还是一部严谨的学术著作。这首先反映在《宋登科记考》的大事记与登科名录,其实是一部有宋一代三百余年的科举编年史……登科名录不仅提供大量人名,而且每人都撰有小传……撰写内容和方法非常科学。从另一角度看,它可以为两宋政治制度、士人仕宦、地域文化、家族文化等提供丰富的资料支撑和富有启发性的学术命题。

其次，《宋登科记考》对于文献的整理虽然强度大、范围广，但并非简单的资料罗列，而是对之予以系统地梳理、抉择和考订，有许多学术上的新发现……

当然，《宋登科记考》难免偶有遗漏，如王易简，宋末登进士，事迹见周密《绝妙好词笺》卷六，《宋登科记考》中似未收入。另外，金元别集和家谱资料中也有不少关于宋人登科的记载，似乎值得稍加关注。

总之，《宋登科记考》不仅对研究宋代科举史有积极意义，对于研究宋代政治史、文化史、文学史也具有重要的参考作用。如何进一步开发利用《宋登科记考》这座宝矿，傅璇琮先生和龚延明先生的《〈宋登科记考〉札记》(《新宋学》第1辑)一文已经做了初步揭示，《清华大学学报》2010年第3期也发表了……关于《宋登科记考》的"专题笔谈"，只要学人们善加利用，定能为学界不断奉献新的成果。

9月29日　应岳飞思想研究会岳朝军先生之邀，为《中华岳氏统谱》写序。此文刊于2012年7月1日《光明日报》"国学版"。此《序》后收录于由赵德润主编，郑州大象出版社2013年2月出版的《炎黄文化研究》第15辑中。

序言全文如下：

凡氏族之有谱，非难，难在重修。何也？缘自来修立族谱，可资鉴者有二：一是庐陵欧氏《宗谱》，一是眉山苏氏《宗谱》。二家之法，同中有异，各有其长。后人修谱可取资之。

于是，自宋以下，族谱体例，遂见其明，日趋完善。倘言族谱重修，其根深者，其蒂必固；其源者，其流必长；而其族大、族雄者，其任必重、其事必繁，非有志于尊尊、亲亲、慎终追远、光宗耀祖、弘扬祖威、教育子子孙孙者，难以承载如斯之重任。

修谱之难，犹难在考世系之源流，辨支派之异同，疑者阙之，实者传之。诸凡牵强扳援、诬宗乱族者，虽炬赫之尊、哥们之亲，皆斥之、拒之，未敢负不孝之名。此又非以扶持浩然气为任，以太史氏直笔述事为志者，所能担当。

而相台岳氏，有此大志者，固不乏其人。由岳飞思想研究会岳朝军、岳楚渔担纲，岳喜高任主编，顺应国家发扬谱牒文化的时代潮流，于中华盛世修谱。在海内外84岳氏分支宗谱基础上，毅然决然，组织编纂《中华岳氏统谱》。今之岳姓者，大都为岳鄂王之后裔。180万岳姓人中，岳鄂王后裔占其80%。《中华岳氏统谱》乃集天下岳鄂王五大宗支族人，一统岳武穆英雄宗族谱系；并将散居海内外之岳氏宗亲谱系分卷，合于一谱。予观鸿篇巨制《统谱》，结构合理，所涉南宋与岳武穆史实允当，岳氏宗亲谱系源流清晰、涵盖面广、信息量大。此乃以学会牵头，依靠岳氏宗亲合力完成之重大工程，是宗谱编纂的成功范例。此项工程之发起与编纂主持者，其志可嘉，厥功何伟，可敬可佩！

《中华岳氏统谱》一出，必将瞩目于世。此皆缘先祖岳鄂王之尽忠报国精神，一脉相承，维系与支撑着岳氏后裔的心灵与人生，致岳氏子孙瓜瓞绵绵，人人以齐家爱国自奋自励，英杰辈出、代有贤良，不唯敬仰先祖民族英雄之英魂，而能传承之、弘扬之，将先祖"民族之魂"，通过百万子孙身体力行，与中华民族之精神融于一体。唯其如此，《中华岳氏统谱》之刊行，既有功于中华岳氏宗亲之凝聚，并有功于岳飞爱国精神之弘扬,必为世人所称赏。

诗曰:

岁在辛卯,时序秋初。中华岳氏,新修宗谱。

追本溯源,数典怀祖。炎帝神农,是我原祖。

根扎泰山,望出淮楚。伯夷始祖,世系断续。

汤阴福地,天降世祖。武穆岳飞,国之砥柱。

百战百胜,镇遏强虏。进兵朱仙镇,直捣黄龙府!

还我河山,克日可数。昏君奸相,惊慌失措,

急诏班师,构陷世祖。罗织罪状,逼迫屈服。

宁为玉碎,不为瓦存。尽忠报国,为国捐躯。

民族英雄,人人仰慕。先祖积德,后人之福。

子孙繁衍,世界遍布。三十九代,百万巨族。

忠孝传家,英灵庇护。基业昌隆,英才辈出。

将军、教授,能文能武。工商巨子,创业致富。

世祖传人,铮铮铁骨。爱我中华,爱吾乡土。

中华传统,盛世修谱。天下岳氏,寻根问祖。

国治有史,家齐有谱。史以明鉴,谱系亲疏。

慎终追远,祖风延续。先人种德,后人得福。

五支宗脉,互勉互助。继往开来,拓展新途。

齐奔小康,光宗耀祖。泽被子孙,声威五湖!

最后,谨以岳飞研究会之名义,献上一联以示恭贺:

一脉相传卅九代,相台岳氏遍天下。

先祖德高后人福,浩然正气满乾坤!

(按,《中华岳氏统谱》于2012年由人民日报出版社出版。)

9月 《范仲淹仕履官衔系年考释》一文,刊于《文史》第3期。

文章摘要为：

> 范仲淹（989—1052），字希文，谥文正。曾改姓朱，名说。苏州吴县人。真宗大中祥符八年登进士第后，复姓范，名仲淹。仕至参知政事。曾主庆历新政，是宋代著名思想家、政治家、改革家。他的"先天下之忧而忧，后天下之乐而乐"的抱负，是中国传统和现代知识分子的立身榜样。本文对其一生履历官衔予以考证、整合和考释。

10 月 22 日　上午，参加第二届杭州社科院南宋史研究中心国际学术研讨会。提交参会的论文题为《"千品解"及其他——（南宋）王应麟〈小学绀珠·职官类〉札记》。

这次会议是由杭州市人民政府、中国社会科学院历史研究所主办，杭州市社会科学院承办，杭州西湖国学馆协办。本次会议是继 2008 年首届"中国南宋史国际学术研讨会"之后海内外南宋史界的又一次盛会。来自中国、日本、韩国的近 90 位海内外知名南宋史专家学者参加了研讨会。与会专家学者共提交了 80 余篇论文，并就南宋的政治、军事、经济、思想、社会、文化，以及南宋都城临安等相关议题展开了热烈讨论。（引自魏峰《第二届中国南宋史国际学术研讨会综述》，《中国史研究动态》2012 年第 1 期。）

会议期间，与海内外宋史界的许多朋友相见。主要有：日本早稻田大学近藤一成教授、日本学习院大学王瑞来教授、韩国裴淑姬教授、台湾清华大学李弘祺教授与研究生邱逸凡、台湾中国文化大学韩桂华教授、长庚大学博士后郑丞良、台湾大学王德毅教授、北大邓小南与张希清教授、人民出版社张秀平编审、首都师大李华瑞教授、上海师大朱瑞熙与虞云国教授、中山大学曹家齐、暨南大学张其凡、陕西师大李裕民、南京大学李昌宪、武汉大学杨果、河北大学汪圣铎、河南大学苗书梅与贾玉英等教授、湖北大学葛金芳、四川大学刘复生与粟品孝教授、上海李伟国、苏州方健等等。（摘自日记）

10月25日 上午，邀请北京大学邓小南教授到宋学研究中心作学术报告，题为《掩映之间——宋尚书内省管窥》。报告配合图片，将法定制度史与"活"的制度史研究结合起来，讲得十分精彩，深受师生欢迎。

10月27日 下午，应"中华书局百年庆"办公室邀请，去桐乡参加"纪念陆费逵办中华书局100周年"大会。三点到达，住进桐乡钱塘新世纪大酒店11楼1102室。中华书局翁向红、丛绿来看望。（摘自日记）

10月28日 上午十点，在桐乡图书馆前广场举行"百年历史图片展""'百年中华'精品图书展"，与在桐乡陆费逵图书馆成立"中华图书版本馆"的授碑、剪彩仪式。此次应邀参加庆典仪式的京、沪、杭三地名校北大、复旦、浙大各有一位学者出席。在庆典主席台上的有原新闻出版署副署长杨牧之、中华书局总编徐俊、副总编冯宝志、学术著作出版中心主任俞国林、桐乡市领导（其中有桐乡市文化局副局长张琳，原杭大历史系学生）。

下午，去石门湾参观了丰子恺故居。还到乌镇参观了古民居和文化名人茅盾的纪念馆与墓地。（摘自日记）

10月30日 晚上，应邀为中华书局百年华诞题词，以示恭贺，撰就贺联一副：

五千载中华文化传承百年中华称第一

文史哲学术精品出版百年中华占鳌头

注：中华书局创建于1912年元旦，创办人浙江桐乡人陆费逵。

11月1日 将所撰贺词,邮寄给中华书局翁向红,同时附寄《向中华书局人致敬》一文,请她转交给《书品》编辑梁彦。(摘自日记)

11月6日 下午,应浙大宋学研究中心邀请,《历史研究》编审路育松在浙大人文学院给文史哲师生作学术报告,题为《宋代忠节观念与实践》。选题新颖,内容充实,与会者反响很好,称受益匪浅,深受启发。(摘自日记)

2011年 与祖慧合作的《宋登科记考》,获浙江省第十三届哲学社会科学优秀成果一等奖。

2012年 72岁

1月1日 元旦,收到不少学术界朋友贺年卡。

1月14日 中午,学生浙工大沈小仙来家看望,并告知联合申报的课题"古代职官术语训释"获得教育部人文社科规划项目立项。这是她在古籍所博士后流动站时期合作课题的继续。(摘自日记)

1月19日 上午九时半,参加古籍所召开的年终总结会,讨论了《中华礼藏》在浙大出版社出版的事宜。出版社黄副总编也参会。

中午,全所教师在龙宫大酒店吃年夜饭。人文学院院长黄华新、副院长盛晓明、副书记沈玉应邀赴会。席间,与黄院长、束景南等谈及宋学研究中心建设事宜。同时,答应了祖慧提出参与她的课题点校《大唐开元礼》之《郊祀礼》的请求。(摘自日记)

1月20日 中华书局百年华诞纪念专文:《向中华书局人致

敬——由《宋代官制辞典》出版所想到的……》，刊于《书品》第1期。文章追述了《宋代官制辞典》出版的经过，表达了对中华书局人的感恩和深深的敬意。

文中写道：

使我难以忘怀的是，冯惠民先生对我撰编这部《辞典》予以赞赏，在一次全国性的古文献学术会议上，特别提到我正在做的《宋代官制辞典》，给我以很大鼓励。其后，冯惠民先生出任书目文献出版社总编辑，综合编辑室主任由李肇翔同事接替，并确定由徐敏霞先生任责编，直接与我联系样稿送审事宜。徐编辑，既是傅先生北大同学，又是傅先生夫人。她曾参与《古代汉语常用字典》的编纂，具有编纂词典的丰富经验、深厚的文史学养和高度的工作责任感。她仔细审阅了我送审的"凡例"和样稿，写了一份长达12页、写得密密麻麻的修改意见；并在样稿需修改处，一一贴上了写有批注的纸签。似这样的悉心指导，两年内达十余次之多！那切切实实、不厌其烦的高度负责精神，那严谨的一丝不苟的学术研究作风和深湛的学识，为保证《宋代官制辞典》的学术质量，起到了保驾的作用。同时，也反映了中华书局出版的学术著作，何以能深受学术界欢迎，中华书局的品牌何以能享誉海内外的个中原因。正是由于中华书局拥有一支具有学识精湛、严格把关的一流水平的高素质的编辑队伍。

……

傅璇琮先生具有前瞻性的学术眼光，冯惠民、李肇翔先生的肯定与鼓励，徐敏霞先生严谨的学风和高度负责的精神，直接把我推上了宋代官制研究的前沿。假如没有傅璇琮先生这一拍板，和综合编辑室集体后续的鼎力相助、高水平的审编,也就没有这部《宋代官制辞典》的面世。

……

值此隆重庆祝中华书局百年华诞之际,我要向支撑起饮誉海内外的中华书局的中华人,致以深深的敬意!

2月1日 《举重若轻论科举 纵横驰骋议文化——评刘海峰〈中国科举文化〉》一文刊于《中华读书报》"文化周刊",又刊于《中国史研究动态》2012年10月第5期。

文章从三方面加以评述:

一、科举文化的科学阐释

何谓"科举文化"? 作者认为:科举文化有狭义与广义两种文化概念。狭义文化,指的是精神文明领域中与科举相关的文学、史学、哲学、教育、艺术、社会习俗、社会心理和价值观等。而广义文化,则是"科举时代的整个民族文化"。也就是中国进入科举时代后出现的中国文化新走向……

该书为深入探讨中国科举文化,作出了长期的努力,积累了大量富于创新的学术成果,要言之,主要有下列几条:

其一,考证了中国科举文化产生的源头,是隋炀帝大业元年(公元605)。作者认为进士科的产生,是衡量科举制产生的最重要标准,而进士科的确立,正是在隋炀帝大业元年。

其二,对直接决定中国科举文化学术内涵的唐代考试科目设置,作了深入的梳理,澄清了学界对唐初秀才科存废问题的模糊认识,解开了关于俊士科性质不明的疑窦。

其三,提出了"科举制——中国的'第五大发明'"的观点……

其四,科举学的产生,是中国科举文化生命力延续的一个标志……该书充分论述了科举学的特征、形成和发展……

二、独出己见 多所发明

《中国科举文化》一书，一个显著特色，就是作者运用材料新，大量材料都是作者亲自从国内外刊物和论著中挖掘出来……——经过自己考量，从而引出结论。故而，通贯全书，其所探讨的学术问题，独出己见，多所发明。

比如，在日本，至今还流传着"科举、宦官、缠足"为中国三大奇习的讽刺，长期以来，总认为此言出于国人中有不满科举考试的士人的咒骂……《中国科举文化》的作者，为客观公正评价科举制……挖掘史料，终于发现，这竟然是出于西方传教士对科举制的恶意诬蔑。正是他们，将鸦片、缠足、科举列为"三祸害"（见该书 76 页）。一个叫弗莱尔（Fryer）英国传教士，于 1895 年，在中国出版的英文《中国文库》上发起以"鸦片、缠足、科举为中国三祸害"为题的征文，奖金自 5 美元至 50 美元不等（见《中国科举文化》76 页），至是年 9 月 15 日止，收到征文 150 篇！显然，这个征文动机不在批判科举制的弊病，而在于针对中国社会精英热衷于科举考试，严重阻碍了基督教在中国的传播的现实，用这种破坏科举名声的手法，为废除科举制推波助澜……在百余年来科举研究中，这个研究成果令人耳目一新，其卓然创见亦令人刮目相看。

三、披沙淘金见功力

《中国科举文化》是科举学研究的一项重大成果，支撑这项成果巍然矗立的是其大量的第一手文献资料，其中许多资料都是作者首次从善本、孤本，和前人视为一文不值的坊间刊印的策卷中沙里淘金发掘出来的珍贵资料……作者之论述，无一空言，言之有据，所据必实，令人叹服。

2月3日　上午十一时，浙江大学图书馆胡益镰副馆长，在古籍部高明主任陪同下，来图书馆六楼课题室拜访，询问了"中国历代登科总录"课题的情况，并表示图书馆将全力支持课题组工作。（摘自日记）

2月9日　收到宁波天一阁博物馆袁慧副研究馆员惠赠的其父袁元龙先生主笔点校的《甬上耆旧诗》（上、下两册）。他的日记写道：

> 今日收到袁慧寄来的《甬上耆旧诗》（上、下册）。这是其父点校的，书中所收宁波自春秋至明万历间两千多年七百多位宁波文人诗作，且一人一小传，文史兼长，颇有价值。袁老先生，年事已高，视力模糊几近失明，但矢志不移，完成此整理工程，可敬可佩！

同日，又收到浙江古籍出版社高俊英编辑送来《诗说先秦史》与《诗说两宋史》排版样稿。

2月19日　给浙大图书馆黄晨副馆长写了关于购买洛阳碑拓的意见，发给高明代转。信件内容如下：

尊敬的黄馆长：

您好！

高明同志转告您拟采购洛阳出土墓志碑拓目录，承您不弃，要我过目，甚为感动。

我于碑拓是外行，按理，没有发言权。然，恭敬不如从命，我虽不能从书法学的角度发表意见，或可从历史研究的视角谈一点粗浅的看法。

关于洛阳出土墓志、碑文，其学术价值之高，不言而喻，出版的数量也颇为可观。即以我手头掌握的就有：

赵君平编《邙洛碑志三百种》，中华书局 2004 年出版；

赵君平、赵文成编《河洛墓刻拾零》收拓本三百余方，北京图书馆 2007 年出版；

洛阳市第二文物工作队乔栋等编著《洛阳新获墓志续编》收拓本 304 方，科学出版社 2007 年出版。（1996 年该单位已出版过《洛阳新获墓志》）

赵文成、赵君平《新出唐墓志百种》，西泠印社出版社 2010 年出版。

仅以上所出版的墓志拓本已近千方（内有重复）。这都是拓本影印。与非拓本而专收墓志释文的《唐代墓志汇编》、《唐代墓志汇编续编》、《唐文拾遗》（10 册），专供史学研究的不同。拓本使用范围更广，如可供书法学研究。像西泠印社出版社出版的《新出唐墓志百种》，就是从书法艺术角度，从已出版的拓本中精选出来的，供书法爱好者揣摩和研究之用。

鉴于上述情况，我们学校图书馆在考量采购洛阳墓志碑拓时，要注意：

一、所开目录是否都是新的？未出版过的？

二、如已出版过，那身价就不一样了。

三、如本校需要扩大这方面的收藏，自然是好事，但首先要安排馆员将已出版的碑拓与卖方所提供的目录作一排比、筛选，以保证在"物有所值"的前提下，进行公平交易，避免不必要的吃亏。

以上意见，仅供参考。

再次谢谢黄馆长的信任。

266

龚延明谨上

2012 年 2 月 19 日

2 月 19 日　给中华书局文学室俞国林主任发去关于傅璇琮先生八十大寿寿庆文章。

3 月 12 日　下午,参加西溪校区图书馆"古籍阅览室"开馆仪式,并为新古籍阅览室题词:"百年名校古秘阁　一流校图新兰台"。揭幕仪式是在校图书总馆、分馆领导及古籍部馆员等陪同下,由罗卫东副校长亲自揭幕的,文科师生三十余人参加了这一隆重的揭幕仪式。

揭幕仪式后,罗副校长又上图书馆六楼,考察了新装修的、研究条件一流的工作室。罗副校长一进课题室,就对大家说:"四年前,我和张书记(张曦)一起就来过这个课题室,当时课题室条件比较简陋,现在好气派,是鸟枪换炮了!"并说:"龚老师依托图书馆丰富的馆藏,做出了不少一流的成果。现正在做《中国历代登科总录》国家课题,图书馆提供了良好的条件,学校也将在科研经费上继续支持这个大课题。希望龚老师和祖慧教授能安心地把这个项目完成好,为浙大文科建设出力。"(摘自日记)

3 月 17 日　以岳飞研究会会长名义率岳飞研究会同仁暨全体与祭者举行公祭。宣读《公祭岳鄂王文》,全文如下:

岳鄂王飞,诞生于北宋崇宁二年(1103)农历二月十五日,离今已有 909 周年,为了纪念这位中华民族英雄,岳飞研究会与杭州岳庙管理处隆重地举行公祭。

维公元 2012 年 3 月 17 日,农历岁次壬辰,二月二十五日。具位武林龚延明率本研究会同仁暨全体与祭者,谨以花篮酒果之奠,昭告于鄂王岳公之灵。

呜呼! 公生于世,九百零九载。唯生之时,国步维艰。

267

奸臣当道,昏君误国。靖康之祸,民遭锋镝。公怒发冲冠,扼腕泣血。奋起从军,妻离子别。转战千里,所向无敌。智勇双全,威名赫赫。建康之捷,逐敌于北。保卫江南,功不可没。挥师北伐,长驱河洛,破拐子马,郾城大捷。公之帅旗,插向河北。雄师挺进朱仙镇,直捣黄龙待痛饮。举国上下,欢呼雀跃。

收复中原,指日可待。国家统一,已可预期。

呜呼!大将在外,家贼难防。赵构秦桧,刁君奸相。各怀鬼胎,对金投降。十二道金牌,迫公班师。大好形势,毁于一旦!公恸哭流涕,对天长叹!豺狼当道,屈膝投降。对金议和,割土赔偿。韩岳二公,力主抗战。反对议和,声浪滔天。赵秦君相,极度恐慌。杀一儆百,欲斩蕲王。公舍身忘我,救韩(世忠)于难。引火烧身,打入牢房。公宁死不屈,绝食反抗。罪状"莫须有",赐死于浴堂。天为之泣,国人悲伤。天日昭昭!天日昭昭!公虽死犹生,千古流芳!

呜呼!公身为统率,遥想貔貅十万!仁义之师,视民如伤。纪律严明,秋毫无犯。"冻死不拆屋,饿死不打掳。"百姓爱戴,焚香顶礼。杀猪宰羊,载酒载粮。画公图像,奉祠在堂。

呜呼!公身为大将,遥想铁流浩荡!正义之师,捍卫家园。"还我河山",响彻四方!国家版图,寸土不让!"文官不爱钱,武官不惜死。"廉洁奉公,冲锋在前。高风亮节,旷世贤行。铮铮名言,至今流传!

呜呼!公之功勋,难以诉完。公之精神,代代相传。中国之大,谁不识公!民族英雄,谁不歌颂!

值公冥诞,莫祭于公之墓前。"尽忠报国",不忘公之千秋功业。誓以国家统一为己任,誓将公之爱国精神弘扬!以此告慰公在天之灵。尚飨!

4月10日 上午,在龙井双峰村35号遵生堂,高校古委会领导安平秋主任主持召开了浙大古籍所工作座谈会。下午,就《中国历代登科总录》提升为重大课题一事,进行了商议,安平秋先生表态,将运用古委会主任个人的经费权限,为《中国历代登科总录》追加5万元(注:5万元是最高限额)经费。

下午三点半,古委会秘书长杨忠、副秘书长曹亦冰、办公室主任卢伟,在所长王云路陪同下,又来到启真名苑家中和图书馆课题室专访,诸位对启真名苑新房和课题室称赞有加,认为工作条件一流,国内高校实属少见。(摘自日记)

4月25日 《唐孝廉科置废及其指称演变》一文刊于《历史研究》第2期。

文章摘要为:

自唐高祖武德初至德宗建中元年(618—780)的162年间,唐代科举科目中,设有孝廉科常科;贞观十七年(643)手诏举"孝廉茂才异等之士",简称举孝廉,此属制科孝廉;宝应二年(763),代宗否决礼部侍郎关于罢进士、明经科,代之以举孝廉的奏请,诏以孝廉科与进士科、明经科兼行考试取士;建中元年(780),德宗诏罢孝廉科。自德宗建中以后,在传统文献和出土文献中,凡涉及孝廉科及第之类的记载,均为明经科之别称。沿至明清,明经为举人之别称。

4月27日 参加学校举办的国学大师姜亮夫档案史料捐赠仪式暨姜亮夫先生诞生110周年座谈会,并在会上作了发言。发言稿全文如下:

尊敬的各位领导,尊敬的各位老师、同学们:

我有机会参加纪念姜亮夫先生诞生110周年座谈会，感到很荣幸。今天，借座谈会，想谈三点感想：

第一点，我于1956年进浙江师范学院，是在历史系就读，不是在中文系。那时候，只知道中文系名师辈出，夏承焘先生、姜亮夫先生、王驾吾先生等等，如雷贯耳。而我读历史系的时候，历史系名家不少，但不如中文系多，老浙大史地系有过张荫麟、陈乐素等名家，五六十年代，浙师院（杭大前身）有沈炼之、黎子耀、徐规先生。所以，对中文系有一种格外崇敬的心情。

1960年，我从杭大历史系毕业留校后，曾住在杭大新村，有机会见到同住在杭大新村的姜先生。但因各在不同系，加上年龄悬殊，我们并没有机会交谈过。

后来，终于有了同姜先生见面的机会。那是1993年，我调到古籍所当所长，接姜先生所长的班。我记得，当时姜先生身体不太好，住在浙江医院。古籍所办公室主任林家骊老师陪我去拜访老所长姜先生。我记得很清楚，病房布置得很高雅，墙上悬挂着香港中文大学饶宗颐先生题写的对联，床头摆着鲜花。91岁高龄的姜先生，半个身子靠在床头躺着。见面时，先生女儿昆武就着姜先生耳朵，介绍说来看望的是新任所长龚延明老师，姜先生露出了笑容。姜先生虽与我没有交往过，但他知道我是历史系教师。因姜老很重视历史，他曾经提出在研究生课程当中必须列入"中国古代官制史"课程。当时古籍所副所长、历史系徐规教授，即向姜先生推荐我为古籍所研究生上"中国古代官制史"课。他同意了。所以，他听到我的名字时，露出了笑容。这第一次见面，由姜先生的女婿徐老师拍照片留下了珍贵的纪录。此为杭大古籍所首任所长与第二任所长的合影,已交由浙大档案馆保存。姜先生已离我们而去十余年,但他那和蔼的笑容,一直保留在我心中。因为那笑容,传递给我的是长者对后进的鼓励,使我感到十分温暖。

第二点,国学大师姜先生的学问博大精深,我虽然不能够全面读懂姜先生的多学科的学术著作,但我拜读过姜先生的《古史学论文集》,我感触极深。姜先生是从事语言学、古代文学、文献学研究的,但他的历史学造诣十分深厚。姜先生为什么能够在语言学和古代文学等多学科领域作出誉满中外的大学问?我想,其中一个重要原因,就是他把语言学、历史学、古代文学研究结合在一起。比如《楚辞通故》巨著,倘若没有对《楚辞》涉及的名物制度的深湛研究,能达到"通故"吗?姜先生的学术道路表明:只有文史结合,文学、语言学、文献学的研究,才能博大精深。有鉴于此,我有一个建议:希望古籍所能够继承姜先生培养古典文献专业人才的传统,不要忽视历史学,在所内,重开"中国古代官制史"课程。

最后一点,我觉得人要有感恩之心。我们古籍所发展到今天,学术影响力,能够同北大古文献所相比,声名远播,这个成就,来之不易,靠几辈人的共同努力。但千万不要忘记古籍所的开创者、奠基人是姜亮夫先生。我们要永远铭记姜亮夫先生,他是古籍所这棵大树的种树人,古籍所这口智慧之泉的掘井人。古人讲"滴水之恩,当以涌泉相报",今天怕已很难有人能做到这一点了,但是,对有恩之师,永怀感恩之心,我们应该做到。值姜亮夫先生诞生110周年之际,谨献上一联,以表达我对姜先生的感恩之心:

前人栽树后人凉,姜先生创建古籍所,根深叶茂,大树干云誉中外;

饮水不忘掘井人,姜先生教书育学人,人才辈出,卓荦名家遍南北。

5月8日　接待广西师大出版社总经理、总编何林夏及其办公室助理汤文辉,广西师大文献出版社社长雷回兴一行。他的日记写道:

下午四点五十分,广西师大出版社总经理、总编何林夏,广西师大文献出版社社长雷回兴与何总办公室小汤(按:2018年,汤文辉履新接班为广西师大出版社社长)抵杭。晚上在粤浙宾馆招待,与人文学院副院长兼古籍所所长王云路教授、祖慧教授一同赴宴。席中商谈了《中国历代登科总录》出版事宜,在王云路所长斡旋下,稿酬适当增加到每千字70元。雷社长表示再签个补充合同:字数不限,交稿速度可缓,追求质量,希望磨成精品。

5月15日　应邀前往宁波大学参加"学术骨干引进答辩会议"。历史系钱茂伟教授开车来接,校外参加的还有浙江省社科院徐吉军及宁波工程学院陈家桢教授。他的日记写道:

下午四点半,会议开始,由副校长赵伐主持。人事处、人文社科处、科技处、教务处、研究生院负责人,人文与传媒学院院长陈君静、赵树功教授参加。应聘人员为人文学院张骁飞博士后(导师傅璇琮)。我的发言表示同意,讲了三条理由。最后全票通过。

晚上,宁波大学图书馆李英专程前来看望。(摘自日记)

5月　在上海师大古籍所与中国宋史研究会联合举办的"宋史研究生讲习班"发表演讲,题为:《我与制度史研究——学术研

究回顾与展望》。(本文收录于龚延明著《中国古代制度史研究》,浙江大学出版社 2013 年版)演讲主要谈了三部分内容:

一、七十年代末确立宋代官制研究方向;二、九十年代后的科举制研究;三、富于创新,不懈追求。

按照时间顺序,回顾了从进入学术领域,得到前辈学者指点帮助,确定研究方向;到扩大研究领域,创获丰硕成果;再到对未来的规划,保持创新思维,不断进取,笔耕不辍。坚信:学无止境,学术之树常青。

6 月 8 日　得到国家社科规划办(2012 年)18 号文件通知:"中国历代登科总录"课题列入滚动项目,即拟升格为国家社科基金重大项目,填写完成《国家社科基金重大项目(基础类)中期评估表》。(摘自日记)

6 月 19—23 日　应台湾"中研院"邀请,出席"第四届国际汉学会议"。史语所"近世中国的转捩点"议题邀请了大陆五位历史学家。分配在"科举与教育制度上的转变"一组,汇报的论文题为《论唐宋社会变革之科举推力》(按,该报告论文后以《宋代登科人初授官考论》为题刊于《文史》2013 年第 2 辑)。并在大会期间作了"关于《中国历代登科总录》数据库"的专场报告。浙江大学宋学研究中心《简报》第 5 期(总 15 期),刊发了此次会议情况介绍,内容如下:

6 月 19 日至 22 日,由台湾"中研院"举办的"第四届国际汉学会议"在台北举行。台湾"国际汉学会议"十年举行一次,是台湾规模最大的国际学术会议。本届国际汉学会议由历史语言研究所、民族学研究所、近代史研究所、中国文哲研究所、台湾史研究所、语言学研究所、人文社会科学研究中心联合协办。

此次应邀参加的世界各国专家共有 168 位,注册与会的学者为 3000 多人,规模盛大。本届会议是一次文史哲、考古学、民族学、台湾学、海洋学、社会学、宗教学等跨学科研究的一次国际学术大交流、大检阅。

龚延明教授是史语所"近世中国的转捩点"议题邀请的大陆五位历史学家中的一位。他在会议上作了《宋代登科人初授官考论》的学术报告。中国社会科学院历史研究所研究员黄正建对龚教授的论文报告给予了充分肯定和赞赏。会议期间,台湾"中研院"史语所还专为浙大龚延明教授和美国哈佛大学包弼德教授安排了以"史学研究新工具"为主题的专场报告会。龚延明教授作了题为《中国古代精英人物数据库及其检索》的报告,并用 PPT 演示了具体的检索操作方法。包弼德教授作了 CBCD(中国古代人物数据库)的输录与使用报告,也进行了使用方法的演示。这是史学研究朝着数字化发展的两项重大创新成果,期待着能早日完成,以为推动中国史研究的深入和中国学在世界的发展作出贡献。

6 月 27 日 《融会诗与史 贯通五千年》一文,刊于《中华读书报》。

文章摘录如下:

融会诗与史 贯通五千年

1990 年,我曾主编《绘画本中国通史》(六卷本)……开创了普及中国通史的一种新的史作体例……

……中国是诗的国度。从《诗经》、《楚辞》、汉赋、《乐府诗》、唐诗、宋词,到以毛泽东为代表的现代旧体诗词与新诗,构成了中华优秀文化传统的一个重要内容……所谓诗的国度,创作是一个方面,诵诗是另一个方面。自古及今,大部分来自民间创作的《诗经》,恋人诵之以表达相互追慕,外交场合诵之作为一种沟通的方式;童谣在民间传诵,是表示对朝政或社会人物的讽喻;在唐代,上自宫廷,下至乡野僻壤,诵诗成了一种风尚……全民念诗,蔚为壮观。当下,国学复兴,娃娃都会流利地背诵《三字经》,小学生无不会背上几十首唐诗……这就是诗的国度历史与现实。

伟大的文明,孕育于伟大的历史。中国又是一个历史记载传承最丰富、最悠久的国家。从甲骨文、金文、石刻、秦汉竹简、帛书到活字印刷等各种载体记载的五千年华夏文明史,一代一代传存下来……构成了中国最宝贵的精神财富的重要组成部分。从某种意义上说,中国又是一个"史的国度"。

我在想,能否将"史"与"诗"结合,将中国深邃而悠久的历史,用朗朗上口的诗歌的形式,提纲挈领、简洁明快地推向社会,为普及华夏悠久而辉煌的历史,寻找一种新的途径? 我想,这也是史学工作者应尽的一种社会责任。

因此,我有了《诗说中国史》系列的构思。

《诗说中国史》按朝代,分为八卷:《诗说先秦史》《诗说秦汉史》《诗说隋唐五代史》《诗说两宋史》《诗说辽金元史》《诗说明史》《诗说清史》。我采用古诗五言体的形式,通过再现重要历史人物和故事情节,叙述了中国自神话传说时代与历代王朝兴起与衰亡的历史。写作虽采用叙事诗的形式,但其内容严格地依据历史事实,页下一一注明所述史事的资料出处和原文,可供查证或进一步研究。此种体例,既适合具有中小学生水平读者,也适合大学生甚至研究生阅读参考。

《诗说中国史》,是历史百花园中的一枝小花,愿能给读者带来一瓣清香。

6月 《诗说中国史》系列丛书之《诗说先秦史》《诗说两宋史》,由浙江古籍出版社出版。

7月4日 下午五点四十分,受邀去杭州北山路连横纪念馆参加两岸岳庙交流座谈会。杭州职业大学校长胡征派人来接。他的日记写道:

> 参加会议的台湾访问团团长是台湾空中大学副教授蔡相辉。他自我介绍说,他原是中国文化大学历史系硕士生,师从程光裕教授。
>
> 与会的岳飞的后裔岳湛,是四川电视台主持人、岳朝军先生的助手,也是岳飞思想研究会的副会长,十分热情,也很尊重我。他在座谈会上说:"龚先生是180万岳飞后裔敬仰的岳飞研究专家之一,德高望重,是岳飞的精神的积极倡导者。"并说:"据中国网发布的消息,此次神舟九号三位宇航员,带上天的两本书,一本是《三国演义》,一本是《岳飞传》。这两本书,一讲忠于祖国,一讲义气。其寓意即为忠义之气贯长空。"

8月17—18日 前往北京,参加由浙江古籍出版社与北京大学历史文化研究所共同主办的"《诗说中国史》专家座谈会"。此次参加会议的专家有北京大学中文系教授、中国比较文学研究会名誉会长乐黛云,原中华书局总编、清华大学古典文献研究中心主任傅璇琮,北京大学历史系教授张希清,清华大学中文系教授、中文系主任刘石,清华大学人文学院院长、哲学系教授万俊人,中华书局总编、编审冯宝志,北京大学对外汉语教学中心

2012年8月18日在北大举行的《诗说中国史》专家座谈会合影

教授杨贺松，人民出版社编审张秀平，《历史研究》副主编、编审路育松，《中国史研究》副总编、编审张彤，《人民日报》文艺部主任袁晞，《光明日报》"国学版"总编梁枢，《中华读书报》陈菁霞，岳飞思想研究会会长岳朝军，国家博物馆研究馆员苏生文，杭州师范大学副校长、浙江大学教授何俊，澳门文化产业委员会委员、中华诗词学会常务理事、澳门诗词学会理事长冯倾城，浙江古籍出版社社长杨林海，浙江古籍出版社副总编石英飞等。

会议由北京大学历史系教授张希清主持，浙江古籍出版社社长介绍嘉宾，原中华书局总编、清华大学古典文献研究中心主任傅璇琮先生总结。

座谈会上，《诗说中国史》系列得到了专家学者的充分肯定和高度评价。以下文字摘自日记和座谈会录音，记述了参会经过及座谈会的发言内容。

17日下午二时，抵达北京，先已到达北京的浙江古籍出版社副总编石英飞来接。入住北大勺园6号楼101室。

下午四时，《中华读书报》总编王玮来北大勺园拜访。他说，因晚上要去上海参加书展，不能参加明天的"《诗说中国史》专家座谈会"，改派资深编辑陈菁霞代表他参加座谈会。

18日，上午九时，在北大二院(历史系会议室)举行"《诗说中国史》专家座谈会"。参加座谈会的有北京大学、清华大学、中国人民大学、杭州师范大学、中国社会科学院历史所、国家博物馆、《历史研究》编辑部、《中国史研究》编辑部专家学者，及《人民日报》《光明日报》《中华读书报》《中国社会科学报》《新闻出版报》等媒体主编、编辑二十余人。会议就《诗说中国史》系列(多卷本)撰写体例、普及历史的社会意义,对已出版的《诗说先秦史》与《诗说两宋史》的成就与不足,及出版形式等,进行了探讨。

清华大学历史系教授、原中国先秦史研究会会长李学勤先生发来贺词:"龚先生,承赐大作,不胜敬佩,十分感谢,唯因工作过忙及身体原因,愧难参加座谈会,恳请原谅,专此,祝愿座谈会圆满成功!大作早日全部问世!"

会上专家发言,精彩纷呈,根据录音,摘录几位专家发言。

北京大学中文系教授乐黛云发言:

我和我的老公汤一介非常看重浙大龚延明教授撰写《诗说先秦史》《诗说两宋史》,这是个非常大的创举。汤先生很想参加这个座谈会,但因最近身体不好,牙疼、头疼、心脏也不好,犹豫了半天,还是来不了。他虽然不能来,但我们俩一致认为,《诗说中国史》是个非常大的创举……在这里,我和汤一介先生衷心祝贺《诗说先秦史》《诗说两宋史》的出版,并期待全套《诗说中国史》早日问世!

中国人民大学历史系教授毛佩琦发言:

首先祝贺龚先生大著《诗说先秦史》《诗说两宋史》的出版!

这次座谈会我一定要来,虽然事多,我还是特地赶来了。龚先生号召力大。此外,也是冲着大著《诗说中国史》的重大意义,所以大家都来了!

用通俗的文字解读中国历史在中国有传统,《诗说中国史》正是继承了这一传统。《诗说中国史》选择以诗解读中国历史,上下贯通,这是龚先生的一个创造。原来仅仅是简单的萌芽状态,现在则做全部历史的描述,是具有里程碑意义的事情。

全书以五言为主要载体。这一选择非常巧妙……五言很平易，带有魏晋闲散的感觉，很上口，很简短……文字干净、准确，绝不因言害义。《诗说中国史》的创作形式非常值得提倡和学习。

清华大学哲学系教授、清华大学人文社科学术委员会主任万俊人发言：

龚先生的《诗说先秦史》《诗说两宋史》，它既是史学的一种启蒙、一种大众化，同时又是一种诗学的启蒙，一种高雅文化的引领。从这个意义上说，它恰恰是我们这个时代最急切的东西。因为缺少诗，我们的生活、我们的社会，包括我们的文化都显得很枯燥。用诗言体写中国历史并不是一件很轻松的事情，不仅需要有很深的史学造诣，更需要很深的诗学造诣。龚先生做到了，值得我们学习。

史学是我们建立民族文化认同的一个基础。对于文化认同，中西方有很大差异。西方强调我是谁。Who am I? 所以要把自己和其他人撇开。但中国人的文化认同往往侧重于慎终追远，即强调我们从什么地方来。即 where are we come from? 正是这种慎终追远的传统，使得我们中国的文化在世界文化中绵延不绝。实际上中国古代很多历史，最早都藏在诗里面，故而诗、史、思三者是结合到一起的。《诗说先秦史》《诗说两宋史》，正是中国文化认同的崭新体现。给当代史学吹进了一股清新的风。

杭州师范大学副校长兼浙江大学教授何俊发言：

今天来参加座谈会非常重要，这也是我的一种责任。

《诗说中国史》作为杭州师范大学的一项工程，我们会联合出版社一起做好相关出版工作。响应中央"走出去"的战略要求，以可信的知识文本，推广中国传统文化，将《诗说中国史》推向海外，争取推出韩文本、日文本、英文本。

国内顶尖的历史学专家龚延明先生，几十年如一日地坚持研究，其笔耕不辍的精神实在难能可贵。宋代以来，主流知识分子一直把文化的传承、普及、大众化作为自己的使命，龚先生作《诗说中国史》即是很好地传承了知识分子的优良精神，十分值得学习。

就现已出版的《诗说先秦史》《诗说两宋史》讲，龚先生是很用心的，一方面表现在坚守了严格的学术，并不是戏说，完全基于其对于历史资料的把握，所以在必要时注明出处。全书主要使用原始文献，也适当引用了现代人的研究著作，表明其在创作的时候不仅基于一手文献，还努力反映当代学者比较有代表性的研究成果。写作过程是非常严肃、认真的，是值得现在从事文化研究的学者学习的。另一方面表现在创作非常不容易，因为就一部中国史来讲，内容非常博大、深邃，所以用哪些语句表现漫长的历史是非常不易的。具体而言，怎样用简洁明了的语言将中国历史说清楚，怎样做到勾勒简明、语言清晰、层次清楚，都体现了龚先生的深厚史学功底。

《光明日报》"国学版"主编梁枢发言：

《诗说中国史》是非常优秀的精神食粮，完全可以作为中国史的入门、中国文化入门著作，为一般读者学习中国历史提供一个线索、一个拐棍、一个导师，可使读者跟随全书诗句一步步走，不明白可以参阅注释，想进一步了解，可再翻阅典籍文献。可以说，在普及国学的过程中，龚先生找了一个把各方面优秀资源实现优良组织的路径。

从篇幅上讲,相比于《诗说先秦史》,《诗说两宋史》内容相对单薄。可以说《诗说先秦史》是先秦文化史,史实、经济、军事、文化等全面开花,《诗说两宋史》是两宋兴亡史,主要叙述历史史实,对于其他方面阐述不多,可适当扩充相关内容,以全面展示宋代文化之美。

《诗说先秦史》《诗说两宋史》涉及那么多历史内涵,全用五言诗表达出来,非常不容易。向龚先生表示敬意。

《历史研究》副主编路育松编审发言:

首先祝贺《诗说先秦史》《诗说两宋史》出版!

《诗说中国史》是史、诗、画三者很完美的结合。全书无一言无来历,无一事无依据。所叙史事出自第一手文献,并吸收了当代研究成果。而表述形式采用了朗朗上口的五言诗,十分通俗。《诗说》的形式与内容的新颖统一,达到了雅俗共赏,既可深读,也可浅读。大众可读,专业人员也可作为教材来读,甚至历史专业博士生也可读。

注释详细、准确,实在难得。充分显示了龚先生深厚的学术功底。现在能像龚先生这样坚守实学的,恐怕已不多了。

文字以五言诗为主,显得干净、准确,灵活多变,朗朗上口。但又不拘泥于这种形式,其中也有三言,有化用名篇诗句,还有一些童谣、警句,全部融入其中,完全没有隔阂。

人民出版社综合编辑室主任、资深编审张秀平发言:

我和宋史界朋友较熟。龚先生在我这里报过好几个选题,如《资治通鉴词典》《中国历代百官图》《中国诗文化》等,都很好,人民出版社一直保留着。不期龚先生的《诗说中国史》，却交给了浙江古籍出版社。

我在人民出版社编过好多种中国通史。龚先生则另起炉灶，用诗歌阐述中国历史，对史学题材和诗歌本身都是创新、普及。现已出版的龚先生《诗说先秦史》和《诗说两宋史》，有学术功底、有智慧、有思想。我十分佩服。

原中华书局总编、现任清华大学古典文献研究中心主任傅璇琮先生的总结发言：

《诗说中国史》专家座谈会，是一次学术会议。专家们在发言中，一致认为用诗歌形式来写中国通史，龚延明先生的《诗说中国史》是第一部著作。已出版的《诗说先秦史》和《诗说两宋史》得到了与会专家的充分肯定。是具有文化创新意义的、开拓性的大众历史之成功之作。大家认为：《诗说中国史》这套书，将成为广大读者有趣而轻松地阅读中国发展史、认识中华五千年发展史提供通俗易懂的教材，具有里程碑式的意义。（下略）

座谈会引起社会高度关注，国内与知识界关系密切的媒体《光明日报》《中华读书报》《中国社会科学报》《中国新闻出版报》以及《杭州日报》等，纷纷进行了报道。浙江省社科联民管处处长刘东为龚延明教授的两本著作亲笔作了"《诗说先秦史》《诗说两宋史》推介"。

浙江省社科联民管处处长刘东所作推介，全文如下：

《诗说先秦史》《诗说两宋史》推介

《诗说先秦史》《诗说两宋史》，省哲社重点研究基地宋学研究中心、浙江大学龚延明教授著。该书是八卷本《诗说中国史》中的两卷，由浙江古籍出版社 2012 年 6 月出版。

在《诗说中国史》中，作者承继诗与史的中国文化传统，采用古诗五言体的形式，通过再现重要历史人物和故事情节，用"融会诗与史，贯通五千年"的形式与内容，对中国历史进行了通俗易懂的解读。《诗说先秦史》叙述了上古神话传说时代、夏商周三代和春秋、战国各个时期兴起与衰亡的历史。《诗说两宋史》叙述了北宋、南宋各自兴起与衰亡的历史。写作虽采用叙事诗方式，但其内容严格地依照历史事实，并一一注明所述史实的资料出处和原文，可供查证或进一步研究。这一体例，既适合具有中小学文化水平的读者，也适合大学生甚至研究生阅读参考。书中还配有历史插图，不但有助于读者对书中内容的理解，也增添了历史形象的美感。

这是一套面向大众进行中国历史、中国文化传播的普及性著作。作者将"史"与"诗"结合，将上下五千年，内容博大、深邃的中国历史用朗朗上口的诗歌的形式，提纲挈领、简洁明快地推向社会，是普及华夏悠久而辉煌历史的一种创新的表现方式和体例。面对深邃而悠久的中国历史，作者不仅用简洁明了的语言予以清楚表达，而且做到勾勒简明、语言清晰、层次分明。如《诗经》的发展历史很长，其中含纳了很多知识，很难概括，但是在《诗说先秦史》中，作者用非常顺口的诗句进行了汇总，如："周朝有行人，职事系在身。随身携木铎，边走边摇铃。好诗即上闻，报至天子听。总集三百篇，大名即《诗经》。"与民间口头文学完全一致。可以说，《诗说中国史》将全部历史用诗予以描述，开创了叙述中国历史的新文体、新形式，是提高全民文化水平的一个创举。

这是一套植根于史实、富于学术性的著作。作者作为我国在宋史研究、中国历史研究领域的顶尖专家,所撰写的《诗说先秦史》《诗说两宋史》,虽采用了文学诗歌的语言,但依据事实、有根有据,尊重历史、不搞"戏说"。看似通俗易懂、朗朗上口的历史著作,实际上涉及了政治、经济、军事、文化等领域,如对先秦诸子的认识与解读,对《诗经》《楚辞》的理解和阐释,都需要史学、文学、哲学这三大学科深厚的学术功底。《诗说中国史》还反映了作者进步的历史观。如在《诗说先秦史》中,体现了作者的战争观、统一观和对先秦诸子的认知;在《诗说两宋史》中,体现了作者对两宋的和与战、侵略与反侵略、统一与分裂、忠与奸以及宋与周边国家的碰撞所持的观点与立场,均具有鲜明的爱国主义、正义感与进步史观。

可以说,《诗说中国史》是将事实的历史与具有创新形式的叙述历史相结合的范例。如《诗说先秦史》对老子与孔子及道、儒关系的追踪,对《诗经》《楚辞》意义的探索等,进行了准确、简明的描述。对复杂的宋朝三百年历史,《诗说两宋史》叙述清晰,言之成理、事出有据。在 8 月 18 日于北京大学举行的"《诗说中国史》专家座谈会"上,这一由历史学家开拓大众历史新路径的成果,得到了北京大学哲学系教授汤一介、中文系教授乐黛云等北京大学、清华大学、中国人民大学、浙江大学、杭州师范大学、中国社会科学院历史所、国家博物馆、《历史研究》编辑部、《中国史研究》编辑部专家学者,及《人民日报》《光明日报》《中华读书报》《中国社会科学报》《新闻出版报》等专家学者的充分肯定和高度评价。认为这是一项跨学科的成果,是一种高雅文化的引领，是一件造福百姓、造福文化的工作，在普及诗歌和普及历史方面具有独特价值和重要意义，在当代文化需求中具有很高的政治意义和社会意义，是具有文化创新意义、开拓性的大众历史之成功佳作。大家一致认为，《诗说中国史》为读者提供了一部认识中国历史发展历程的基本教材，且雅俗共赏、富有可读性，是精英历史走向大众历史的一项标杆性成果，具有里程碑式的意义。

8月 收到日本广岛大学"冈元司先生遗稿集编集委员会·执行委员会"赠送书：冈元司《宋代沿海地域社会史研究》（日文版），汲古书院出版。题签写道："尊敬的龚贤明先生：此次我们将2009年10月因病急逝的冈元司副教授的遗稿整理成一册，并付诸刊行。冈老师的家属希望将本书赠送给与冈老师生前有深交的海外专家学者。在此，请允许我们谨呈上一册。如果本书对您的研究有帮助，相信冈老师也一定非常非常高兴，如能蒙您向认识的专家学者或年轻的研究生们推荐本书，实为荣幸。最后，我们衷心祝愿您身体健康，研究顺利！此致敬礼！冈元司先生遗稿集编辑集委员会·执行委员会 2012年6月。"

8月 《影响我学术人生的良师——傅璇琮先生》一文收入卢燕新等编《傅璇琮先生学术研究文集》商务印书馆。转录如下：

影响我学术人生的良师——傅璇琮先生

在我书房案头的玻璃台板下，摆着一张傅璇琮先生与我的合影。那是2007年3月，在北大举行的"邓广铭教授百年诞辰国际学术研会"上的留念。我特别珍惜这一张合影，这是因为它联着直接影响我学术人生的两位贵人——邓广铭先生与傅璇琮先生。

......

在我心目中，与邓广铭先生并重的是傅璇琮先生。由于年龄差距较少的关系，傅先生与我的交往更多、更密、更长，对我的学术人生影响也更大。可以说，从八十年代初至今，绵延三十多年的学术交往，已成为指点我、激励我成长的宝贵财富，和我人生中最灿烂记忆的一部分。

回忆三十余年交往，往事一幕幕纷至沓来，难以理清。我只能选三本书连着的故事说起。

一、帮我确立学术方向——《宋史职官志补正》的问世

1974年，我从部队复员回杭大历史系，重操旧业……回校后，直到七十年代末，我也没有明确的学术方向，仍彷徨在科学殿堂之门外。1979年，我所在的历史系宋史研究室，在商议同仁的研究方向时，研究室主任徐规先生，建议我研究朱熹。我当时考虑到研究朱熹的人已不少，加之希望科研能够与教学相结合，所以未接受。徐先生尊重我的意见，经考虑后，提出让我在系里开一门选修课"中国古代官制史"，科研方面则侧重宋代官制研究。我欣然同意。

不久，以徐规教授为学科带头人申报的《宋史补正》课题，列入浙江省哲学社会科学"七五"规划重点课题。根据研究室学术分工，我应承担《宋史职官志补正》工作。这可让我犯难了。因为，已有邓广铭先生《宋史职官志考正》这一得到陈寅恪先生高度评价的里程碑式作品在前，我这个刚刚涉足宋史领域的无名之辈，去续《宋史职官志考正》，能免"狗尾续貂"之讥吗？正处于进退两难之际，我请教了通过学术批评刚刚认识的、时任中华书局中国古代史编辑室主任的傅璇琮先生。傅先生坦陈了他的看法："邓先生是宋

史权威,为学术界所公认。他的《宋史职官志考正》是开山之作,是名作,但这不等于《宋史·职官志》研究工作已经终结。邓先生自己也不这样看。限于抗战时期资料之不足,还有不少遗漏。在五十年代,他就提出过需要对《宋史职官志考正》和《宋史刑法志考正》重新进行增补。我与邓先生有学术上的交往,深知邓先生的学术品格。他胸怀豁达,视学术如生命,十分关心宋史研究队伍的壮大。你的研究工作,只要脚踏实地,做好了,会得到他的肯定的。"傅先生这番推心置腹、语重心长的谈话,于我,犹如一盏指路灯。傅先生不但从学术发展角度和邓广铭先生的为人两个方面,肯定了我可以做《宋史职官志补正》;而且还在研究的方法上帮助我怎么做,即首先要充分占有材料,"把握宋代现存的所有官制史料",以做《宋史职官志补正》为基点,研究两宋官制史。这样,一下子驱散了我心头的疑虑,终于有勇气接受了《宋史职官志补正》的科研任务。

在傅先生鼓励和点拨下,我于八十年代上半叶,开始了《宋史职官志补正》工作。经过五年的努力,我终于完成了近 3000 条补正条目、50 余万字的《宋史职官志补正》书稿。1991 年由浙江古籍出版社出版。此书的出版时间,离邓先生《宋史职官志考正》1941 年出版之期,恰好半个世纪。

《宋史职官志补正》出版后,作为省重点课题研究成果,需要进行成果鉴定。我心中忐忑不安,不知学术界如何评价,尤其是邓先生的评价……1992 年 10 月,成果鉴定意见返回杭城。鉴定组五位成员对我的成果都表示了肯定。邓先生将五位成员的意见予以综合,写了一份总体的评价书……邓先生的评语,印证了傅璇琮先生所说的:"邓广铭先生衡量学术成果,不论资格,不计较对自己的研究的批评,完全以学术上有无建树为心中的一杆秤。"回顾我的学术人生,能跨出坚实的第一步,显然,是与傅先生为我指点学术方向分不开的。

二、帮我推向宋代官制研究的最前沿——《宋代官制辞典》的出版

通过五年时间专攻《宋史职官制补正》课题,我做了十五册厚厚的笔记(那时还没有电脑),积累了大量宋代官制的史料,基本上掌握了宋代官制的内涵。诚如傅先生所说,以做《宋史职官志补正》为基点,掌握丰富的宋代官制史料,可为进一步研究宋代官制打下坚实的基础。

继1984年完成《宋史职官制补正》之后,我计划致力于研究宋代官制史。但鉴于宋代官制十分繁杂,要对宋代官制有全面而深入的认识和论述,进而综合成一部两宋官制变迁史,诚非易事,我总觉得很难把握。

于是,我把我的想法,告诉了傅璇琮先生。但当时我有些担心,傅先生已走上中华书局副总编岗位,政务繁忙,还能有心与我这个高校普通教授继续交往吗?

正在我疑虑之时,傅先生及时地给我回信,他认为这的确是一个值得慎重考虑的问题,并问我,有没有时间来北京一趟,以便当面讨论。

1985年秋天吧,我上北京去拜访傅先生。傅先生请当时的总编办公室主任李岩接待我。李岩很热情,带我迎着灿烂的阳光,穿过车辆稀少的马路,住进了国务院招待所。此情此景,至今还历历在目。

当晚,傅先生在百忙中,抽出时间,请我在王府井大街

中华书局一楼的餐馆用餐,商谈了很长时间。他特地就专门史研究方法,表达了他的真知灼见。记得他说:如同唐代文学史撰写,须从唐代文学史长编、文学家传记考证、各个层面专题研究入手,不可能一蹴而就一样,宋代官制史的撰写,也须先做大量的前期准备。最好对宋代官制各个范畴、整体内涵及不同阶段的演变,都能有一个较深入的了解,如能作些专题研究,当然更好。在这样基础上写出来的宋代官制史,才能揭示两宋官制复杂的结构、运行的机制、职能的规定性与张力,及其演变的阶段性,等等。并鼓励我在《宋史职官志补正》完成的基础上,再接再厉,取得具有创新价值的宋代官制研究成果。

回杭后,我就傅先生的意见,作了认真考虑,认识到,撰写《宋代官制史》条件不成熟。为了达到对宋代官制有一个全面而深入的了解,将宋代官制研究的基础打得更深厚,我决定先编撰一部具有创新意义的《宋代官制辞典》。所谓创新,就是不同于一般只有正式官名解释的职官辞典,而要增加读者难以索解的宋代职官别名和官制术语两部分内容。我又把我的设想向傅先生汇报,傅先生表示赞同这个选题,并拍板:"如果做得好,可以在中华书局出版。"断代官制辞典出版,尚无先例,这要冒很大的风险,哪家出版社敢轻易承诺出版? 傅先生这一拍板,需要何等魄力和勇气,现在回想起来,心中仍是感动不已。

傅先生对我撰编《宋代官制辞典》的认可,给了我极大的鼓舞。1986 年,我开始了编纂《宋代官制辞典》的工作。其实,宋代职官别名,我是在做《宋史职官志补正》时,已同步注意研究。这缘于我一开始做《宋史职官志补正》时,就遇到职官别名拦路虎，直接影响到对原文的理解。如《宋史·职官志》卷二3814页："（王）佐时摄版曹，（林）宪尝为右史"、3815页"庆元后，台丞、谏长，暨副端、正言、司谏以上"。以上引文中版曹、右史、台丞、谏长、副端，到底是什么官？我都不明白，查词典也查不到。怎么办？是绕过去不管它呢，还是想方设法搞懂它？我反复想：既然我碰到这个难题，他人同样会碰到，做学问就要有见难而上的勇气，敢为人先的魄力。于是我决定，在做《宋史职官志补正》的同时，注意搜集宋代职官别名。虽然一时不懂什么版曹、台丞，什么谏长、副端，我遇到一个别名，就做一张卡片，经过不断积累，做成了数十万张卡片。同时，通过不断阅读文献找例释的方法，原来不懂的别名，一个个逐步获得解决。例如：

副端 （宋）御史台殿中侍御史别名。

【例】《宋史·职官志》卷二《崇政殿说书》："副端兼说书自余尧弼始。"

（宋）李心传《建炎以来系年要录》卷一五六绍兴七年秋七月甲申："殿中侍御史余尧弼兼崇政殿说书。"

（宋）吕陶《净德集》卷五《辞免殿中侍御史札子》："窃以副端之与丞杂，虽轻重不伦，而任责略等。"

可见，关于"副端"，虽然找不到直接的解释，但我们完全能够通过搜集例证予以解决。

后来，我在学术刊物上陆续发表了《略论宋代职官简称和别名》《宋代职官别名汇释选》……在傅先生鼓励下，我确定编纂《宋代官制辞典》时，能够提出将宋代职官别名列为《辞典》的一个重要部分，并已有一个接近完成《宋代职官简称别名汇释》的书稿。职官术语,也在做《宋史职官志补正》时,开始搜集词条和例释,有了不少的积累。

这样,到了 1987 年,《宋代官制辞典》编撰前期准备工作已经完成。傅先生表示,可与中华书局综合编辑室联系申请选题。综合编辑室室主任冯惠民先生,审查了我的申请报告,经与同室李肇翔(后接替冯先生为室主任)、徐敏霞等编辑商议,认为可以立项。并确定由徐敏霞编辑直接与我联系样稿送审事宜。徐编辑,既是傅先生北大同学又是傅先生夫人。她曾参与《古代汉语常用字典》的编纂,具有编纂词典的丰富经验、深厚的文史学养和高度的工作责任感。她仔细审阅了我送审的"凡例"和样稿,写了一份长达十二页、写得密密麻麻的修改意见。并在样稿需修改处,一一贴上了写有批注的纸签,似这样的悉心指导,二年内达十余次之多!那切切实实、不厌其烦的高度负责精神,那严谨的一丝不苟的学术研究作风和深湛的学识,为保证《宋代官制辞典》的学术质量,起到了保驾的作用。经过两年多编辑与作者的切磋的交换意见,最后报总编审批,终于同意将《宋代官制辞典》列入中华书局出版选题。1989 年 11 月 16 日,中华书局编辑部致函于我:"《宋代官制辞典》一稿,我们双方联系并就书稿编审中的一些问题交换意见,已两年有余。我们认为,这一选题是有意义的,你过去寄来的样稿,大体也属合适的,我们同意正式列入选题计划。"这份公函直接促成《宋代官制辞典》于 1997 年出版。

《宋代官制辞典》出版后,深受海内外宋史界专家、学者和研究生的青睐,已成为宋史研究必备的一本重要工具书。《宋代官制辞典》的成功,使我的宋代官制研究,登上了一个新台阶。而上述事实表明，正是傅璇琮先生具有前瞻性的学术眼光，直接把我推上了宋代官制研究的前沿。假如没有傅璇琮先生这一拍板，和后续的鼎力相助，也就没有这部《宋代官制辞典》的面世。

三、帮我开拓学术新境界——填补空白的《宋登科记考》

《宋代官制辞典》出版后，下一步做什么呢？按我的原计划，拟将撰写《宋代官制史》。

1991年，时任中华书局总编的傅璇琮先生向我建议："鉴于唐代进士名录，借（清）徐松辑录的《登科记考》，部分得以保存，大有裨益于今人；然而，宋代科举取士历朝最盛，却没有一部《宋登科记考》，这是学术界深感遗憾的事。你能否来做这件事？"我考虑后，这的确是一项具有创新学术价值的工程，同时，从广义上看，科举制也与铨选制有关联，属官制范畴，没有脱离我最初确定的官制研究学术方向。于是，我就答应下来了。商量结果，由我和祖慧教授合作，并经傅先生推介，向全国高校古籍整理工作委员会申请立项，争取科研经费支持。1992年，"宋登记科记考"得到高校古委会批准立项，获得一万元科研经费资助。

立项后，我们开始着手做"宋登科记考"课题。但是，如何做？对我们来说，准备不足。好在可以依赖傅先生，他是这个课题的发起人，对如何做《宋登科记考》一书，有较明确的思路。从《宋登科记考》的体例、科举文献的利用，都同我进行了多次交谈和书信交流。最初的样稿出来后，傅先生在百忙之中抽出时间审读，发现有什么问题，直接在样稿上一一作了批注，然后又寄回。有时，他将宋人文集、笔记和方志中看到的宋进士史料摘抄下来，寄给我们。这样，经傅先生不厌其烦地指点，我们对如何仿徐松《登科记考》，做好两宋科举大事记，搜集登科人名录与资料，撰写登科人小传，编撰《宋登科记考》，渐渐上了路。

两宋118榜科举考试，仅留下绍兴十八年和宝祐四年两榜《登科录》，116榜《登科录》都已灰飞烟灭。傅先生说："没有原始登科录参考，是带来不便，但我们能够从宋代史部、子部、集部海量的文献中，深挖登科人的资料。"遵此，我们经历多年，历尽艰辛，终于清理出四万一千零四十人的宋代登科人名录，并一一为他们撰写了小传。411万字的《宋登科记考》，2009年由江苏教育出版社出版。为中国科举史填补了宋无《登科录》的空白。这个四万一千宋代登科人是一个什么概念？我举两个例子作对比：一是研究宋史的人们常用的、台湾王德毅先生编撰的《宋代人名资料索引》，一共收录了二万多人，然此数只有《宋登科记考》所收登科人的一半。二是迄今我国收录人数最大的人名大辞典，即上海古籍出版社出版的、由上海47位学者共同完成的《中国历代人名大辞典》，包含了五万四千人。而我们所做的《宋登科记考》，仅收录宋代一代就达四万一千人，此亦可见《宋登科记考》之规模，且所收的，都是跳过"龙门"的宋代社会精英，其价值之高，不言而喻。

20世纪80年代，傅璇琮先生在他的名著《唐代科举与文学》中曾提到：研究宋代科举制，需要"效徐松之书的体例编撰一部《宋登科记考》"。这个创意，于2009年，终于变为现实。

从学术上说，《宋登科记考》的编撰，填补了宋代科举史研究的空白,受到了学术界的好评。对我个人来说,通过做《宋登科记考》,还使我开拓了新的学术视野,迈进了中国科举研究的新领域。

中国科举,这是一个曾经牵动古代中国官僚政府神经,影响古代中国社会思想、教育、文化走向,撬动中国国民生存方式的杠杆。研究古代官制,固然离不开对科举选拔官员制度的深入研究;就是研究中国,也离不开对中国科举的研究。傅璇琮先生,将我从官制研究引向科举研究,不但提升了我研究古代官制的层次,也提升了我对博大精深的中国文化的根的认识。傅先生,就这样,用他的精湛的学识、宽大的胸襟、助人为乐的精神、循循善诱提掖后进的风范,三十年如一日,指点着、温暖着我的学术人生。傅先生是我受益终生的良师。值傅先生八秩大寿,我怀着一颗感恩之心,衷心祝福先生长寿安康!并祝愿先生继续为中国的学术进步,贡献珍贵的学术积累和常青的成果!

8月29日 《中华读书报》头版,发表了记者陈菁霞撰写的《历史普及读物在形式和结构上比较单一 〈诗说中国史〉系列缝合精英与大众的断裂》一文,报道了"《诗说中国史》专家座谈会"情况。主要内容如下:

近日,在浙江古籍出版社和北京大学历史文化研究所联合主办的"《诗说中国史》专家座谈会"上,中国社科院历史所研究员黄正建指出,历史普及读物由著名历史专家撰写的比较少,在历史史实的准确性、历史认识的正确性等方面有一定缺陷。此外,这些历史普及读物在形式和结构上比较单一,十几年未变,缺乏吸引读者的新形势和新手段。

浙江大学教授龚延明先生有感于以上弊病,从中国是

"诗的国度"和具有"史的传统"出发,"诗""史"结合,用诗歌叙述中国史的崭新形式,创造了《诗说中国史》系列。在北京大学中文系教授乐黛云看来,该系列的出版是"一个非常大的创举"。她说:"目前文化发展事业中有很大的断裂,精英的工作与大众文化的传播好像完全是脱钩的,精英所做的事情越来越窄,虽然也是必要的,但不能绝大部分都来做这些事情。"

《诗说中国史》系列,用"融会诗与史,贯通五千年"的形式与内容,对中国历史进行通俗易懂的解读。如《诗说先秦史》,对东方文明之源周公、孔子的解读,对老子与孔子及道、儒关系的追踪,对《诗经》《楚辞》的意义的探索,对秦统一前中国古代政治、经济、文化史演变,及在先秦舞台先后登台的千古风流人物等,均用五言诗的形式,予以准确简明的描述。另外,该系列用"诗说"形式反映历史研究的新成果、新观点,如对商纣的评价、对周穆王西游的肯定、对周公与孔子同为东方文明之源的认识;又如对宋太祖之死因的分析、宋真宗是北宋坏皇帝、宋神宗在变法中的主导地位及岳飞之评价等等,作者融入了三十余年"中国通史"教学与研究的成果,多断于己意。

据悉,《诗说中国史》系列共八卷,此次首批推出《诗说先秦史》和《诗说两宋史》两卷。

8月 《新发现唐朝最早"策学"之作考证》一文刊于《浙江大学学报》在线优先版(人文社会科学版),正式纸质版为2013年1月,《浙江大学学报》第1期。

文章摘要为:

唐初的科举考试,不论进士科、明经科、制科都试策问。

为了应对科考,举子习作策论,官员也撰写作为辅导性质的策论,大量策论遂应运而生,从而在唐代形成一种特殊文体——策论。研究唐代的策论,则成为"策学"。时至今日,唐代时务策留存甚少,能够确定的最早的科场进士时务策,为贞观间上官仪之进士对策。至于作为习作或辅导性质的策学之作,有学者认为中唐诗人白居易成书于元和间的《白氏策林》四卷是唐代留存至今的最早策学著作。其实,迄今为止所能见到的唐代保存至今的最早策学之作,当属日藏《令集解》中所载唐太宗贞观初魏徵撰写的进士《时务策》,它比《白氏策林》早出一百七十年左右。

8 月 《北宋名相富弼仕履官衔系年考释》一文刊于《文史》第 3 辑,百辑纪念特刊。

文章摘要为:

富弼(1004—1083),字彦国,宋河南府(今洛阳)人。晏殊女婿。宋仁宗天圣八年(1030),以布衣应制举茂才异等科中第,始步入仕途。初授长水县知县,召试馆职,为直集贤院,差知谏院。庆历二年(1042)进知制诰,掌草外制。契丹兵屯边求地,富弼临危受命,奉使契丹谈判,视死如归,不辱使命。三年(1043),迁枢密副使。与范仲淹共商改革大计,推行"庆历新政"。为保守派所攻,以资政殿学士、出任郓州。历知青州、郑州、蔡州,判河阳府、判并州。至和二年(1055),为集贤相(同中书门下平章事、集贤殿大学士)。在任宰相期间,"守典故,行故事",无所兴作,务求朝政清静,史称"贤相"。嘉祐六年(1061),以母丧,解职守制。依常制,宰相守三月丧,即起复。仁宗屡召起复相职,弼以坚守三年父母丧礼,固辞,不领俸禄。英宗即位,治平元年

（1064），起为枢密使、检校太师、行户部尚书、同中书门下平章事（使相），封郑国公。神宗即位，熙宁二年（1069），二次拜相，为昭文相（同中书门下平章事、昭文馆大学士）。时值王安石变法，因反对新法，出判亳州。请老，进封韩国公，致仕。元丰六年（1084）薨，享年八十，谥曰"文忠"。富弼一生，三朝元老，官至极点，享尽荣华富贵，其一生履历系衔，最能反映宋代官制结构的多元性和复杂性。本文对其一生仕履官衔予以系年排比考证之外，与之相关的职官制度与职官术语，均一一予以阐释，期有助于读者了解北宋名相富弼的仕履和北宋前期复杂多变的官制。此外，历代官员仕履官衔系年考释的体例，希望能为年谱编撰，开创一条更深入、更准确、更细致复原传主身份地位的新路。

9月3日 全国哲学社会科学规划办公室下达社科规划办通字 2012[31]号"关于国家社会科学基金项目滚动资助的通知"："龚延明同志：经全国哲学社会科学规划领导小组批准，您承担的国家社会科学基金项目《中国历代登科总录》（批准号 03BZS008），通过专家评估，我办对该项目予以滚动资助 80 万元。"

9月3日 《光明日报》刊载了《诗说先秦史》之"百家争鸣"篇。

9月10日 路史撰文《弥补精英历史与大众历史断裂的成功之作》刊载于《浙江大学学报》第 5 期。文章的主要内容为：

文章介绍了《诗说中国史》专家座谈会的概况，指出《诗说中国史》在专家座谈会上得到了充分肯定和高度评价。专家认为，《诗说中国史》为历史学家走向大众历史开拓了新路径……

原中华书局总编、清华大学古典文献研究中心主任傅璇琮在座谈会最后总结说:"《诗说中国史》专家座谈会是一次学术会议。大家一致认为用诗歌形式来写中国通史,龚延明先生的《诗说中国史》是第一部,已出版的《诗说先秦史》和《诗说两宋史》是具有文化创新意义的、开拓性的大众历史的成功之作。同时,符合中央关于加强历史知识的宣传普及的指示,为读者提供了一部认识中国历史发展进程的基本教材,且富有可读性和广泛的读者覆盖面,达到雅俗共赏,在当代文化需求中具有很高的政治意义和社会意义。"

9 月 12 日 夏卫东的《从精英历史走向大众历史的标杆性成果——龚延明〈诗说中国史〉专家座谈会侧记》一文刊载于《中国社会科学报》"历史学"专栏。(本文系此次座谈会录音整理稿)

文章分四部分记述了《诗说中国史》座谈会中,与会专家对该系列作品的价值和创新性表现手法的充分肯定与评价。

一、面对精英文化与大众文化的断裂,《诗说中国史》担当普及大众历史的重任;二、"深入"浅出的成功范例;三、"大众历史"通俗化不等于庸俗化,用民族传统诗歌形式表述是高雅的"浅出";四、《诗说中国史》是认识中国历史发展进程的通俗教材。

9 月 12 日 汤一介、乐黛云《弥补精英历史与大众历史断裂的创举——评龚延明〈诗说先秦史〉〈诗说两宋史〉》一文,刊于《中华读书报》的"文化周刊"栏目。据乐黛云教授在"《诗说中国史》专家座谈会"上的发言整理。全文如下:

弥补精英历史与大众历史断裂的创举

——评龚延明《诗说先秦史》《诗说两宋史》

《诗说先秦史》《诗说两宋史》是个非常大的创举。

目前文化事业发展中有一个很大的断裂，精英的工作与大众文化的传播好像完全是脱钩的，精英所做的工作范围越来越窄，当然这些工作也是必要的，但不能只做这些事情。如果所有的人都只做很窄很小的题目，那大的事情谁来做呢？尤其是提高全民文化水平，提高全民对中国历史、中国文化的了解，这是一个非常重要的问题，但是现在没有人做，没有人真正认真的研究这个问题。所以在老百姓中泛滥的是所谓的"戏说"，有的电视剧甚至不忍目睹。虽然不能用历史事实来要求文艺作品，但是有的作品实在"戏说"得太出格了，这些作品无法让大家学到知识，无法让大家得到精神的提高和享受。所以必须要有人来做普及的工作、大众文化提高的工作，但是很多有学问的人往往不愿做，觉得是小菜一碟，没有太大的价值，不能传之久远。而真正在做大众普及工作的人所拥有的专业知识又太过有限。由此可见，大众文化和精英文化的脱钩是个很严重的问题。所以，很需要有学问的，尤其是顶尖的学者来做大众文化传播工作。龚延明先生的《诗说先秦史》《诗说两宋史》让我们很感动，书中每句话都有出处，旁边还有注释，不是随便来讲的。龚先生在宋史研究、中国历史研究方面都是顶尖的人物，能够放下身段做造福于百姓、造福于文化的工作，我们是非常敬佩的。

文、史、哲在中国原来是不分的，是合在一起的。可是到了后来,特别是西方学术进入中国后,文史哲分得很清楚,没有一个很好的结合。目前,西方也在回归文、史、哲跨学科的研究,而且这种跨学科研究在当前研究中是非常重要的,也就是要做到使文、史、哲相互沟通,将文、史、哲重新汇集在一起,并运用现代的手段,通过媒体、绘画,造福国内外大众,尤其是孩子。龚先生在这一点上也是走在最前列的。1990年,他主编过一部《绘画本中国通史》(六卷本),这套书影响很大。我在国外的孙子很爱看,连带中文、历史一起看。

现在,龚先生又向前跨出了一步,将诗与史结合在一起,撰写了一套《诗说中国史》(八卷本),内涵富于学术性。龚先生从一开始就将绘画、诗歌与历史本身结合在一起,的确是一个创举。希望浙江古籍出版社在出了《诗说中国史》以后,出版诗、画、史结合在一起的图书,可采用小开本,走简装、平价路线。这不仅有益于国内,也可造福广大华侨子弟。国外华侨子弟的传统文化教育正是缺少一个简明易懂的范本,目前所出图书,往往太深、太厚,很难读,自然不易引起相关读者的阅读兴趣。《诗说中国史》中的插图非常漂亮,利于阅读。

历史本身有两个不同的层次,第一个层次是事实的历史,另外一个层次是叙述的历史。叙述的历史与作者的观点、掌握资料的多少、取舍、重点有很大关系,怎样取舍,怎样详略,不同的作者写的都是不一样的。最好两个层面有个交叉点,虽然是叙述的历史,但是必须要依据事实,有根有据。龚先生对此做得比较好。他所撰的《诗说先秦史》《诗说两宋史》,真凭实据正确地反映历史,这是对事实历史的尊重。更值得称道的是,用五言诗来叙述,朗朗上口,不枯燥,显得活泼。可以说,《诗说中国史》是将事实的历史与具有创新形式的叙述历史两者相结合,是一个非常重要的创举。

比如《诗说两宋史》,宋朝三百年历史那么复杂,该书的诗说两宋历史,却非常清晰,言之成理、事出有据。如果没有顶尖的学术修养,是写不出来的。

9月19日 下午浙江省社科联副主席何一峰、省社科联民管处处长刘东一行,在校社科院副院长袁清、社科管理服务中心主任程丽的陪同下视察调研了浙大宋学研究中心,他们首先参观了《中国历代登科总录》研究室,对《宋登科记考》《诗说先秦史》《诗说两宋史》及获国家社科基金滚动资助80万元的"中国历代登科总录"项目等给予了高度评价。(摘自浙江大学宋学研究中心《简报》第5期,总15期,2012年9月21日刊发)

9月20日 《北大名师奖掖后进之典范——为纪念邓广铭教授诞辰一百〇五周年而作》一文,刊于《澳大镜报》。(该文载张世林主编《想念邓广铭》,新世界出版社2012年版),又,邓广铭先生评《宋史职官志补正》的两份意见稿影印件收录于龚延明著《中国古代制度史研究》,浙江大学出版社2013年版。

文章开头写道:

如果邓广铭先生还在北大工作,今年,他正好一百〇五岁(1907—2012)。就是这个"如果",把一代史学大师和我们阴阳分割已整整十四年(1998—2012)。

然而,这个"如果",抹不去邓先生那慈祥亲切的音容笑貌,抹不去矗立在书架上近千万字的皇皇巨著《邓广铭全集》,抹不去邓先生开创新宋学的卓越贡献,也抹不去他泽溉后人的智慧之泉和刚直独立的人格、奖掖后进的风范。

接着叙述了邓先生对自己的奖掖成为"学林佳话"（陈来《醉心北大精神的史家》，《读书》2001年第1期）以及在《宋史职官志补正》出版后的成果鉴定，邓先生郑重其事，先把鉴定组四位成员意见归纳为两点，接着，邓广铭先生又专门写了他自己个人的鉴定意见。

文章饱含深情，继续写道：

> 邓先生以八十四岁的高龄，审阅一个地方高校普通教师的成果，如此负责，如此认真，并用已经有些颤抖的手，亲笔写下716个字的评语，这是何等感人！充分体现了邓先生对宋史研究成果的高度重视，对培养年轻教师倾注心血的热心和真诚。

> 对《宋史职官志补正》的评价，谁最具权威的发言权，自然是非邓先生莫属，也就是说，只有经得起邓先生的严格审查，才能证明我的研究工作没有失败。邓先生的评语，使我深受鼓舞，又使我十分不安。我感到邓先生对我是鼓励多了。实际上我所做的《宋史职官志补正》，不过是站在邓先生的肩膀上摘到的果实。邓先生却自谦"我的那篇文章（按：指《宋史职官志考正》）只能算作开'大辂'之先的'椎轮'"，反而称我那本《宋史职官志补正》为"大辂"。自古以来，不乏文人相轻之例、同行相轧之病。然而，我在新时代却亲身感受到文人相亲的温暖，亲身感受到前辈大师心胸的豁达开阔，和奖掖后进不分亲疏、不凭门户、不讲地域，但论学术的高尚人格魅力。这是目前社会上存在品评学术、分配学术资源，亲、疏有别，师生、非师生有别，同门、非同门有别，南、北、东、西有别，本单位、非本单位有别，哥们、非哥

们有别的不普遍但常见的现象,与前辈大师唯论学术相比,真是不可同日而语。

邓广铭先生光风霁月、磊落无私的襟怀,高山仰止,值得永远钦敬!

由于得到北大名师邓广铭教授的奖掖和提携,坚定了我在职官科举史、宋史研究园地继续耕耘的决心。

继《宋史职官补正》出版后,《宋代官制辞典》(179.6 万字)、《中国历代职官别名大辞典》(227 万字)和《宋登科记考》(合作,411.7 万字)等成果陆续问世,并得到学术界同行的肯定和好评。邓先生如地下有知,这也是我可以告慰先的一份成绩单:我没有辜负先生对我的期望。

我在治学道路上的机遇,使我深切地体会到:大师的学识是人类社会宝贵的精神财富,值得敬仰;大师高尚的人品、以提携后进为己任的广阔胸怀,同样是人类进步的精神财产,而且更难能可贵、更值得尊敬。

9 月 25 日　到仁和饭店,参加杭州社科联举办的"岳飞爱国精神座谈会"。会议发言摘要《岳飞的爱国精神与世长存》,交与《杭州日报》发表。文章摘要为:

岳飞诞生于北宋徽宗崇宁二年(公元 1103),离今整整九百零九年了。九百余年来,民族英雄岳飞的爱国精神,一直为中国人民所敬仰、传颂。岳飞的人格魅力和爱国主义精神体现在哪里?可以概括为以下十点:

一、"尽忠报国""还我河山",反抗侵略、反对分裂的爱国主义精神;

二、"文官不爱钱、武官不惜死",廉洁奉公、舍身忘我的为官之道;

304

三、"冻杀不拆屋、饿死不打掳",秋毫无犯的严明军纪;

四、"敌人未灭,何以家为?"岳飞国而忘家,拒绝了宋高宗为他建造私邸的高尚品格;

五、"待一万人如待一人"的平等待人的作风;

六、身先士卒、冲锋陷阵,与士兵同甘苦、不搞特殊的治军之道;

七、不顾个人安危,仗义执言,为救抗金名将韩世忠,引火烧身的志士义气;

八、事亲以孝、教子以严的美德;

九、敢犯天颜,重社稷、轻君主的爱国忠贞;

十、为国家和个人的尊严视死如归、宁死不屈的高尚情操。

9月30日 中秋节,日本学者王瑞来来电致以节日祝福,赠诗一首:

月是故乡明,

佳节倍思亲。

月有云遮时,

清辉自长存。

回赠一首:瑞来教授:今读您的诗,觉得情融于中,此时此境,十分贴切,至为感人。特对一首:

中秋明月千载同,

岁岁望月人不同;

古今心事谁能解?

唯有诗书能相通!

同日,浙大副校长罗卫东发来节日祝福:

明月洒清辉,

丹桂飘清香；

神州同欢庆，

天涯共此时。

10月2日 审读完毕《中华岳氏统谱》（200万字）书稿三大册。写就审读意见发给主编岳喜高先生。转摘审读意见如下：

喜高先生：

节日好！

前前后后，花了半个来月，已将《中华岳氏统谱》审阅毕。

总的印象良好，可以说：《中华岳氏统谱》乃集天下岳鄂王五大宗支族人，一统岳武穆英雄宗族谱系；并将散居海内外之岳氏宗亲谱系分卷，合于一谱，成鸿篇巨制。综观《统谱》，结构合理，所涉南宋与岳武穆史实允当，岳氏宗亲谱系源流清晰、涵盖面广、信息量大。此乃以岳飞思想研究学会牵头，依靠岳氏宗亲合力完成之重大工程，是宗谱编纂的成功范例。此项工程之发起与编纂主持者，其志可嘉，厥功何伟，可敬可佩！

当然，因涉及历代典章制度，产生一些差错甚至个别硬伤，致有瑕疵，这也是事实……现将一些未妥之处，列举如下：

将明清之职官，掺入夏朝、周朝……或官衔标点，或产生误解，将"廉车"解释为正任官，"主簿"写成"主薄"，御史写作"御使"，"监贺州银场"误为"监贺州银厂"。564页，"岳觌……司农承知，江陵安抚使"，标点乱点，应改为"岳觌……司农丞，知江陵府兼安抚使"。564页"岳逢……滋事郎，澧州路推官"，宋代何来"滋事郎"？"澧州推官"，画蛇添足,变成"澧州路推官",此条应改为"承事郎、澧州推官",两者须用顿号而不是用逗号,等等,不一而足。这些都是硬伤,必须订正。

所附的一些官制表,是有参考价值的,但较凌乱,不合规范。事实上,《统谱》涉及岳飞官衔较多,如果能将我的研究成果《岳飞官衔系年考释》(收录于《岳飞研究》第一集)和《从岳飞和周必大封爵看宋代爵制》(收录于龚延明《中国历代职官科举研究》,中华书局 2006 年版),看一看就明白,不要绕那么多弯,还看不清楚。

所收岳氏进士,宋代收了一个"岳曾",还不可靠;而岳超之子"岳建寿",是南宋绍兴二十四年武进士,却未收。我帮助考出了《统谱》中的王大用、王昱、王翔分别为明弘治六年、洪武十八年、清嘉庆十三年进士(见 583、584 页)。

所附《岳飞思想研究论文选》,有罗英、丁力所撰《关于岳飞》,是长篇小说《岳飞》后记。观其全文,丝毫不及小说《岳飞》,我也不清楚此《岳飞》写得如何,那就何必作为书评录入? 倘编者认为此文写得好,那就收录该文即可,将副标题删去。免得横生枝节,扯及不一定可信的长篇小说《岳飞》。

……

《统谱》560 页所载"历代名人传略"中,无岳飞。未妥。岳飞地位崇高,但也不能因此搞"特殊化",将其置于"(岳氏)历代名人"之外,其小传可从简。

……

以上,仅供参考。

如需要我做什么。随时联系。

　祝

编安！

龚延明谨上

2011年10月2日

10月5日　重阳节,应义乌图书馆馆长陈亚文之邀,前往他家参观收藏的文物。他的日记写道:

　　陈馆长爱收藏文物,付出很多,但不经商。这次,陈馆长邀我到他家去,目的也是去参观他收藏的文物珍品。他所收藏文物,摆满了一个大房间,客厅也是。其中唐代文物较多。宋、明也不少。他曾在文物市场上购买了一只唐代铜鹅,其匠心是再现骆宾王名诗《鹅,鹅,鹅》意境。据传,义乌籍唐初诗人骆宾王,少年时,曾在义乌稠城观赏绣湖上戏水的幼鹅,写下了名篇《鹅,鹅,鹅》。少年骆宾王的故事,在义乌民间广为流传。这可能是这一文物得以流传下来的历史背景。我当然喜欢上了这只昂首划水浮游的铜鹅。陈馆长察觉了我的心思,毫不犹豫就将铜鹅从架上取下来,送给了我。我不好意思。他却大方地说:"我收藏文物,分文不取,将来要送给博物馆,供大家欣赏。"我立即建议,将来可捐赠给浙大博物馆。他表示,这是一个好主意,会考虑。

　　临别,馆长口占《辛卯重阳感怀》诗一首赠送:

　　秋高望远天地空,

　　青山落暮渐迷蒙。

　　堪恨未得名与利,

　　却喜几净心玲珑。

　　我是懂得他的本意的。他的连襟在义乌经营文物,成为巨富。这个对比太强烈,有时家人不免发些牢骚,这就是讽喻"堪恨未得名与利"。其实他内心是"却喜几净心玲珑"。于是我即回赠以《辛卯重阳和韵赠亚文》:

> 秋高天远山万重,
>
> 身在故园情意浓。
>
> 谁能看破名和利?
>
> 唯我亚文真英雄!

10 月 14 日 下午二点,参加在浙大西溪校区行政楼二楼会议室召开的"宋学研究中心整改建设会议",并在会议上作了《宋史与职官科举方向科研情况》的发言。会议有省社联副主席邵清、秘书长周鹤鸣、民管处处长刘东、浙大社科研究院常务副院长周谷平、社科院袁清、人文学院副院长盛晓明等出席。中心主任束景南汇报了宋学研究中心建设整改情况。

11 月 《诗说中国史》(十卷本),获杭州市委宣传部文化创意工程经费资助 10 万元。

12 月 5 日 应邀担任"浙大图书馆人文系列讲座"主讲人,作"北朝《木兰歌》与唐朝本《木兰歌》名物制度异同辨析"的主题演讲。

12 月 28 日 答复中国人民大学历史系博士生郑庆寰(导师包伟民)请教的宋代阶官问题。

12 月 30 日 将江苏省社科规划办网上送审的"江苏省博士论文抽样检查专家评审稿"的评审意见发送过去。

2012 年 《明代遂昌进士登科录》一文收录于《汤显祖—莎士比亚文化高峰论坛暨汤显祖和晚明文化学术研讨会论文集》,浙江大学出版社出版。

2013 年　73 岁

1 月 18 日　下午,在课题室,接待王云路教授博士生张福通来访,征询官语研究一事。给出几点提议:官语研究在古代汉语研究中应占一席之地……他表示,对官语研究很感兴趣,将致力于这方面的研究。(摘自日记)

1 月 24 日　得知华师大古籍所裴汝诚教授逝世,甚为痛惜。该所发来讣告,即致唁电。他的日记写道:

> 有些意外,多年的朋友,突然走了,甚为痛惜!

1 月 28 日　收到 2012 年《文史增刊》第一期,内选刊了《诗说中国史》中的两首:《〈诗经〉颂》与《经略幽燕与杨业之死》。

1 月 30 日　接到中国人民大学唐宋史研究中心李全德发来邀请函,邀请参加 4 月 13 日在人大举行的"南宋徐谓礼文书研讨会"。

1 月　《"千品"解及其他——王应麟〈小学绀珠·职官类〉札记》一文刊于《北京联合大学学报》(人文社会科学版)第 1 期。

文章摘要为:

> 文章对"千品"和《小学绀珠·职官类》中未标年代的职官加以了释读。王应麟取"千品"为题,概述的是楚先王祭祀之制。即通过不同祭祀等级(相应有不同的牺牲、时间、音乐等规制)以"致神"外,还有天子、诸侯率百官、千品、万官、亿官以"奉神"。所谓"百官、千品、万官、亿官",究其实,无非是天子百姓、诸侯百官及其僚属而已,与后世"九品"不存在源流关系。

1月　《诗说中国史》选篇:《盛世开元与甘露之变》刊于《文史知识》第1期。

2月5日　已调往中国人民大学的原浙大历史系教授包伟民到启真名苑家拜访,送来了他与郑嘉励合作整理的新出土文献《武义南宋徐谓礼文书》(中华书局出版)。

2月6日　上午,收到与岳朝军共同主编的《岳飞研究论文集汇编》样书(浙江大学出版社出版)。精装烫金封面,大方厚重。此集汇编了岳飞研究会五届学术会议所有论文,对岳飞研究具有很高的参考价值。

2月　续聘为杭州师范大学特聘教授,独自承担的《诗说中国史》(十卷本)列入杭师大"文科振兴项目",首期资助出版经费16万元。

3月8日　接到历史系梁太济教授一次来信,指出《宋登科记考》中的遗漏。感谢其指出其中遗漏,为此写了一份感谢信,予以回复,其中写道:

　　指出其中遗漏,这是好事,非常感谢。只有不断订正,集众人之智,学术才能进一步推向前进。

3月14日　下午三点,接待澳门大学语言学研究生黄晓莉专程来家拜访,还送来一篮水果。他的日记写道:

　　黄晓莉说特别喜欢我的书,喜欢做学问,希望得到我的指点。她现在是研二,今年毕业,在澳门已找到工作。年轻人能如此热爱做学问,这真使我感动!

3月22日　与祖慧合作《宋登科记考》,获第六届高等学校科学研究优秀成果奖(人文社会科学)历史类二等奖。

3月24日　上午八点,登科录课题组成员江西师大文学院邱进春副教授从南昌专程过来,汇报了《明代登科总录》补充资料情况。他的日记写道：

> 今早，邱进春从南昌过来汇报课题进展情况，他说，几
> 个大省通志中明代登科人物基本收齐，尚在校对，未输录。
> 《明史》中的进士重新做了一遍。他博士毕业后，继续与我
> 合作，协助做《明代登科总录》的后期工作。他做事认真、踏
> 实，不辞辛劳，文献功底扎实，可以信赖。又划给他科研经
> 费 5 万元。

3 月 25 日 《诗说秦汉史》之"独尊儒术"篇刊布于《光明日
报》。

4 月 13 日 上午，中山大学曹家启陪同台湾中正大学杨宇
勋教授来访。中午十二点半，去玉皇山蓝天清水湾国际大酒店，
参加由台湾文化大学、浙江大学历史系和杭州市社科院共同举
办的"第三届海峡两岸宋代社会文化学术研讨会"。提交会议论
文为：《宋代科举考试机构与考官考论》。后刊布于《科举学论
丛》2013 年第 1 期。此文又收录于刘海峰、李兵主编，2014 年 12
月由华中师范大学出版社出版的《科举学的提升与推进》一
书中。

论文摘要为：

> 论文旨在全面论述宋代自中央到地方科举考试机构的
> 设置，及三级科举考试官员的组成与分工等制度。由三部
> 分组成：一、宋代科举考试机构主要有：礼部、中书省礼房、
> 礼部贡院、御药院、地方贡院等。二、宋代三级科举试：发解
> 试(含漕试)、省试(含类省试)、殿试考官的资历、任命、职责
> 分工等。三、结语，即对宋代科举考试机构的设置、运行，与
> 考试官的职责履行与监督等的总体评价。学术界关于宋代
> 三级考试研究成果较多，但系统地将考试机构与三级考试

考官两者结合起来考察与论述,则还是第一次。

按,《第三届海峡两岸宋代社会文化学术研讨会论文集》于2013年12月由浙江大学出版社出版。杭州市社科院院长辛薇为论文集作序。介绍了"海峡两岸宋代社会学术研讨会"的经历,摘录部分内容如下:

> 第一届"海峡两岸宋代社会文化学术研讨会"是由浙江大学历史系承办;第二届"海峡两岸宋代社会文化学术研讨会"是由台湾中国文化大学历史系承办。这次第三届"海峡两岸宋代社会文化学术研讨会"由杭州市社会科学院和浙江大学历史系共同承办,既有两校间的渊源,更有杭州市社会科学院的一份责任。为什么这么说呢?
>
> 众所周知,张其昀先生是我国著名的史地学家、教育家,他曾经多年担任老浙江大学史地系的系主任和文学院院长,他在职时聘请了张荫麟、陈乐素、方豪等著名宋史专家到浙江大学任教,从而奠定了尔后杭州大学和浙江大学宋史研究的基础,培养出了一大批以徐规、倪士毅等教授为代表的宋史学者以及他们的弟子。仅就在我们杭州市社会科学院南宋史研究中心的7位研究人员中,就有何忠礼、方建新、徐吉军、范立舟等6位教授毕业于浙江大学或杭州大学。
>
> 张其昀先生赴台后,又在台北创办了"中国文化大学",有以宋晞、程光裕先生等为代表的许多原浙江大学的教师跟随任教,同样培养出了一大批著名的宋史专家,并有力地推动了整个台湾地区宋史研究的蓬勃发展。由此可知,两岸宋史研究和学者之间,渊源很深,关系密切,可谓同根同源,而杭州市社会科学院南宋史研究中心是近年成长起来

的南宋史研究的新兴力量，虽然在南宋史研究方面取得了一些研究成果，但还只能说是刚刚起步，需要认可，更需要积累，为此，就有了由我们与浙江大学历史系共同承办的第三届"海峡两岸宋代社会文化学术研讨会"。两岸学者定期举办宋史研讨会，实在是一件很有意义的事。

……

这次研讨会，共收到论文 36 篇，内容非常丰富，包括了宋代的政治、经济、军事、文化、思想、典籍、人物等各个方面……现在将它们结集出版，为推动宋代史研究的深入发展，略尽我们的一点微薄之力。是为序。

杭州市社会科学院院长、研究员　辛薇

2013 年 8 月

4 月 16 日　接待台湾中国文化大学历史系主任王吉林，率王明荪、韩桂华、陈清香、连启元、中正大学杨宇勋、佛光大学赵太顺、台北医科大学通识教育中心邱佳慧一行八人，到访《中国历代登科总录》课题室（浙大西溪校区图书馆 6 楼）。（摘自日记）

4 月 20—21 日　应邀参加由中国人民大学历史学院、唐宋史研究中心举办的"徐谓礼文书与宋代政务运行研究学术研讨会"，并在会上致辞。致辞摘录如下：

新出土的，由包伟民、郑嘉励编的《武义南宋徐谓礼文书》十二卷，首次以官员录白告身、敕黄、印纸文书的面貌惊现于世，这是二十一世纪宋代官制研究文献的伟大发现。其于宋代官文书研究的价值，及与宋代诸官员任命、磨勘相关的各级官司与主管官的运作模式的研究价值，不言而喻，是无可替代、独一无二的，谓之国宝，名至实归。《武义南宋

314

徐谓礼文书》的整理与出版,其功至伟,于宋代官制研究具有里程碑式的意义。作为一个宋代官制研究者,在这里,谨表示衷心的祝贺与感谢!

《武义南宋徐谓礼文书》一出版,立即吸引了宋史研究者的极大关注。人大唐宋史研究中心组织的这次学术研究讨会,不仅仅是南宋徐谓礼文书研究的大检阅,我们可以预期,以此为起点,必将推动宋代官文书研究的热潮和一场革新。(从略)

此次会议由人民大学历史系副院长刘后滨主持,会议致辞的还有孙家洲、包伟民、荣新江、邓小南等,与会的还有首都师大李华瑞、上海师大虞云国、中山大学曹家启、北大赵冬梅教授、浙大古籍所博士后周佳等。会议就新出土宋代文献《武义南宋徐谓礼文书》进行了多角度讨论,以期增进学界对于宋代政务运行机制的认识,并推动其他材料中相关政务文书的整理与研究。(摘自周佳撰写的《会议简报》,刊于《古籍所大事记》)

4月21日　接待了中国人民大学国学院常务副院长黄朴民、中央电视台赵爽及国家博物馆苏生文夫妇来访,并相互赠书。他的日记写道:

上午,人大国学院常务副院长黄朴民来访。他是老杭大历史系黎子耀先生的高足,擅长先秦史及思想史。久别重逢,相谈甚欢。收到他的大著《先秦两汉兵学文化研究》和两本《国学研究》,他是该刊执行主编。回赠他《岳飞研究论文集汇编》与《诗说先秦史》《诗说两宋史》。

下午中央电视台赵爽与国家博物馆苏生文夫妇来访,送来新作《重解晚清之谜》。

又,正在北大哲学系跟随汤一介先生做博士后的学生方芳也专程来访。告知目前正承接国家重大课题《儒藏》组成员送交的点校稿。

4月　《诗说中国史》选篇《苏武牧羊》刊于《文史知识》第4期。

5月1日　《宋代登科人初授官考论》一文刊于《文史》第2辑。

文章主要内容为：

　　两宋科举常科与非常科登科人，与唐代相较，从总体上说，礼遇较高、出路较好。在宋代，登科人授官高低、升迁快慢，视不同科目而异。相比较而言，制举优于常科，常科文举优于武举，文举进士科优于诸科。进士科是两宋科目的主干科目，为入仕的根本之途，故衡量宋科举登科人之待遇与出路，主要看文举进士科。

　　文章分六部分进行考论：一、文科正奏名进士初授官，二、文科诸科正奏名初授官，三、文科特奏名进士、诸科授官，四、武举进士初授官，五、制举赐出身与授官，六、词科赐第授官。其中文科正奏名进士考述结论为：两宋进士授官待遇最优在太宗朝，其后呈下降趋势，高不过七品，低止于从九品选人阶。其第五甲赐同进士出身，须守选补官。皇帝登基后的龙飞榜，或有特恩，突破常例。

5月10日　上午，浙江古籍出版社徐晓玲来取《诗说秦汉史》书稿，并借去七本供配插图用的书。

5月15日　《论宋代皇帝与科举》一文刊于《浙江学刊》第3期。人大复印资料《宋辽金元史》2013年第5期全文转载。

文章摘要如下：

　　综观20世纪以来海内外对宋代科举的研究，科举制度本身研究较多、较深入，其次，是关于宋代科举对社会的影响，即宋代科举与教育、文化、生活等研究也比较重视，成果日渐增多。但是，对于科举的上游——宋代皇帝、政府，研究者却很少，尤其是宋代皇帝与科举的研究更少。文章分别加以论述，期以增进读者对宋代何以成为科举社会，两宋科举何以最兴盛、登科人数达十余万，成为一个空前绝后的科举社会的了解。

5月20日 上午九点半，美国宾夕法尼亚大学图书馆魏春秋来访。他是耶鲁大学教授韩森的博士后，相互交流了学术研究中如何注意文献版本异同的问题，并带来韩森教授的问候。他的日记写道：

> 韩森教授在80年代末90年代，交往较多，到家里来访过三次，是学术界老朋友。当日，祖慧教授与她的博士后周佳，以及工商大学历史系姜勇也在座。

5月22日 得知原杭州大学校长沈善洪教授逝世，享年82岁。他的日记写道：

> 沈校长主政杭大十年间，文科获得飞速发展，在国内外取得了很高声誉。沈校长爱才，不拘一格提拔人才，为人称道。我从历史系调至古籍所当所长，接国学大师姜老的班，就是他拍板的。

> 补记：5月23日《杭州日报》副刊发表了浙江工业大学原副校长肖瑞峰撰写的纪念沈校长的文章《独将青眼向后学——我所接触到的沈善洪先生》（原载于《西湖》2011年第12期）。写得非常好，满怀深情，向这位已逝的不是大师胜似大师，且具有王者风范和担当精神的老校长，表示了诚挚的敬意。

5月30日　应约为浙大社科院写了一份董氏文史哲奖励基金感言。摘录如下：

> 董氏文史哲奖励基金，创办已整整二十年。这是经历了文史哲从传统学科到现代裂变为多学科的二十年，也是经历了以文科著名海内外的杭州大学并入以理工科闻名于海内外的浙江大学阵痛的二十年。在这二十年的巨变中，我能够坚强地成长起来，在史学阵地站稳了脚跟，并能以浙大人在学术界发出声音，我要感谢这其中曾给予我雪中送炭的温暖、激励我在学术上不断奋进力量的董氏文史哲奖励基金。我的第一本学术著作《宋史职官志补正》，就得到董氏文史哲奖励基金二等奖的奖励，这期间，已故著名词学家吴熊和先生激扬的评语，至今铭刻在心。董建华先生鼎力支持原杭州大学文史哲发展的壮举，与正直的评审专家奖掖后进的博大胸怀，这两股力量之合力，必将为浙大文史哲的建设、发展与繁荣，继续发挥其独特的积极作用。

> 我感谢董氏文史哲奖励基金。她的名字与原杭州大学和今日浙江大学文科的发展永远相连。

6月5日　接到唐奖委员会召集人李达哲先生签发的公函，被聘为"唐奖汉学奖"候选人提名人。"唐奖汉学奖"是由台湾企业家尹衍梁个人效法诺贝尔奖精神捐助成立，发扬盛唐精神的唐奖的四个奖项之一。"唐奖委员会"评选机构由台湾"中研院"主持。

6月9日　应聘为甘肃省"国务院批准的建设华夏文明传承创新区"的专家库成员，承担"历史文化名城名镇名村保护利用"组的规划及项目审批等工作。

6月23日　晚上，去西溪圆正宾馆拜访来浙大古籍所指导

工作的高校古委会秘书长、北大杨忠教授和古委会秘书处顾歆艺。赠送他们《诗说先秦史》《诗说两宋史》各一本。（摘自日记）

6月24日　上午十点二十分，到古籍所会议室参加古委会召开的工作会议，所长王云路向古委会汇报工作，重点汇报了"中华礼藏"课题。

7月1日　收到甘肃省党委宣传部聘书，被聘为"历史文化名城名镇名村保护利用组"专家。主要职责是参与组织论证传承创新区建设的重大规划和项目，对有关方面的具体工作提供对策和建议。（按，2013年国务院批准甘肃以建设华夏文明传承创新区为平台，推进文化大省建设，建立华夏文明创新研究专家库，划分为14个专家组。）

7月16日　上午到课题室，与课题组成员祖慧、周佳一起讨论《清代登科总录》进展，及岳飞研究会申请更改法人代表事宜。

7月18日　被聘为中国文物保护基金会专家。

7月25日　领取杭州市民政局颁发的《社会团体法人登记证书》，担任杭州市岳飞研究会的法人代表。其业务范围：开展与本会业务范围有关的研究宣传交流服务。

8月14日　《诗说秦汉史》列入浙江省社联下达的"关于公布2013年浙江省社科联社科普及立项课题和拟出版资助项目"通知的资助项目之中。

8月23日　与武汉大学余来明商谈"辽金元登科总录"课题。他的日记写道：

> 上午九点五十分，在浙大西溪校区图书馆六楼课题室与武汉大学中国传统文化研究中心余来明副教授商谈"辽金元登科总录"课题，就体例、文献使用及完稿期限等方面进行了交谈。他承担元代部分。商定于2015年6月底前

交出《元代登科总录》书稿。在座的还有祖慧教授与她的博士后周佳。

8月24日　下午,收到中华书局点校本《二十四史》及《清史稿》修订工程办公室寄来的《史记》精装十二册"征求意见本"。给修订办公室发去几点建议,转录如下:

一、卷首影印武英殿本《三代世表》,载有"汉太史令司马迁撰"等署衔,很好,既能使读者了解司马迁进《太史公书》时的官衔,又例示了古本《史记》的原貌。建议《二十四史》修订本各朝正史皆能仿此。

二、对比修订前点校本《史记》,修订本《史记》校注标号,显得所占位置增大,感觉不是很好,还是原来紧凑、突出正文文字为妥。

三、《史记》"修订前言"中,首先提及《史记》为司马谈与司马迁父子两代人的努力成果,很好。但所谓"司马谈病危,嘱咐司马迁继承父业,完成《史记》"这说法,似有可商榷之处。因司马谈执迁之手遗嘱只言"无忘吾所欲论著",即迁所转述之"悉论先人所次旧闻"。其脑子里尚未有明确之《史记》书名。司马迁完书之后,也不称《史记》,曰《太史公书》(见《汉书·司马迁传》)。这一切,修订者心中均有数。这是个如何表述更为客观、更符合史实的问题。

四、《史记》"修订前言"第5页:"班固在此基础上撰成《汉书》百篇。"众所周知,班固因李陵叛逃事件牵连,被处死,而《汉书》尚缺八表、一志。后和帝命其妹班昭等续竟。故而史家通常谓班固等撰《汉书》,虽也通言班固《汉书》,但罕见谓"班固撰成《汉书》百篇"。建议将"百篇"二字删去。

五、修订本第10册第3971页顺第2行:"庀困鄙、薛、彭城。"关于"鄱"县地名之校注,修订本校订了"田襄"为"白襄"之误。然,正是这位白襄《鲁记》指出蕃县因避陈蕃之讳,改名为鄱。这是十分重要的史证。因班固《汉书》卷六十二《司马迁传》,第 2715 页写得很清楚:"阮困蕃、薛、彭城。"即是说:在汉代,东汉灵帝之前,蕃县之名,并无有其他变称。故而唐宋之《史记》版本称"鄱"县,其所由来,有了《汉书·司马迁传》,已一目了然。陈蕃在东汉名气极大,是权阉眼中钉、清议领袖。建议修订本补上《汉书·司马迁传》"阮困蕃、薛、彭城"这条宝贵史料。

9 月 4 日 《诗说汉代经学》一文发表于《中华读书报》第 15 版"国学文化周刊"栏。

9 月 6—7 日 应岳飞思想研究会会长岳朝军之邀,参加"岳飞思想研究会第六届第五次常务理事会"。他的日记写道:

> 6 日,中午十二点半,杭州三联职业学院院长胡正(其妻姓岳)来家门口接我到杭州火车东站,乘高铁到山东曲阜,转车到济宁嘉祥县。入住"嘉祥大酒店"717 房间。应岳飞思想研究会会长岳朝军之邀,以贵宾身份,列席"岳飞思想研究会第六届第五次常务理事会"。

> 7 日,上午开会,应邀在会上就杭州岳飞研究会与岳飞思想研究会合作事宜提了三点建议。其中包括办一个《岳飞研究通讯》。下午,在县文物旅游局长张凤文陪同下,参观了著名的"武梁祠"的汉墓石刻画像,拍了好多照片,这是意想不到的收获。晚上,与岳朝军商谈学术研究合作事宜,提出能否在经费上支持杭州岳飞研究会。得到他积极的回应。初步意向为:三年开一次岳飞研究学术研讨会,每次资助 15 万;每年资助学会活动经费 5 万元。到十月份来杭州

时进一步落实。

10月7日 上午，在浙大西溪校区图书馆六楼课题室，接待了中央政法委陈主任，省政法委领导、校党委任少波副书记的到访。由人文学院院长黄华新陪同，宋学中心陶然也在座。陈主任对宋代历史特别是南宋历史颇感兴趣。席间对陈主任提出的有关南宋宰相如何，为什么南宋经济比北宋发达……诸多问题，一一谈了自己的看法。（摘自日记）

10月11日 就台湾史语所柳立言教授关于一则史料质疑的答复。信件是通过周佳电子邮件转来的。信件内容如下：

延明兄：

有史料一则，烦请解惑为盼。

《宋会要辑稿·崇儒》一之三二《太学》绍兴十三年（1143）二月十二日条：

诏："补太学生，以诸路住本贯学满一年，三试中选，不曾犯第三等以上罚（游学者同），或虽不住学，而曾经发解，委有士行之人，教授委保，申州给公据，赴国子监补试。其令〔'令'应作'今'〕秋四方士人来就补试，恐有已到行期，或见在路，其间有不曾住本贯学之人，难以阻回，权将执到本贯公据人许补一次。"从国子监司业高阅请也。

七月壬申，时国学新成，补试生员，四方来者甚众，凡六千人。丙子揭榜，取徐骧等三百人。

针对"其间有不曾住本贯学之人"，有两种意见：

1."不曾住本贯学之人"，即学校之中，非本贯的学生，或游学生。当时已公布的补试资格，应是"曾住学之人"，即官学生，但没有声明限于本贯生，于是非本贯生也来了。既难以阻回，只好权同或权充他们的本贯同学，可以参加补试,但只是"许补一次",也就是说,游学生以后不得再考。这就不难理解,当史官修正已公布的太学补试资格版本,记下"最后"版本之时,说:"以诸路住本贯学满一年、三试中选、不曾犯第三等以上罚,游学者同……委有士行之人,教授委保,申州给公据,赴国子监补试。"其中强调官学生要"本贯",并将"游学者同"四字缩写,因为是临时条款,不算正文。

2. 按照诏书的意思,下不为例的并非"游学者",而是指不符合第一类或第二类两项应考资格,却已执有本贯官府发给公据的士人,他们可能在本贯学就读不满一年,也可能没有就读;可能曾经考过解试而落榜,也可能从未考过解试。这一项考试资格的通融,实际上是把南宋太学的第一次补试,开放给某些一般士人参加。

不知高见如何?

立言

2013.10.09

答复如下:

1. 南宋国子监太学招补太学生,其目的已非入太学求学,太学生与科举考试挂钩,是为了取得国子监发解试名额。因国子监解额录取比例高于州县名额,于是竞相博取太学生入学资格。

2. 为了控制报考参加补太学生考试的人数,于是在国子监高闶提议下,出台新政策,如须在本贯州、府、军、县学住读一年以上等条件,方许补试。但因绍兴十三年二月公布新政策时,已有大量学子涌向临安准备参加补太学生考试。这些报考生,按照十三年前的规定,持有州府所发公据

（曾经发解之类），但并不符合"住本贯学满一年以上"新要求，已到临安府或在从广东北上途中，为了社会安定，决定通融，也可参加考试。据《系年要录》，此项新政，于绍兴十四年方正式实行。

可参《宋登科记考》上册第 759 页。

立言兄所言第二种意见为妥。

以上所言，供参考，尚祈立言兄谠正。

龚延明

2013 年 10 月 11 日

10 月 20 日　参加在杭州举行的"首届礼仪中国国际学术研讨会"闭幕式。晚宴中，与北师大语言学家王宁教授交谈，并赠书。他的日记写道：

> 下午，祖慧开车接往兰天清水湾大酒店去参加"首届礼仪中国国际学术研讨会"闭幕式。北师大著名语言学家王宁教授到会并作学术报告。晚宴，与王宁教授坐一起交谈，王教授平易近人，谈吐得体，赠送她一本《诗说秦汉史》。

10 月 21 日　下午四时许，学生江西师大副教授邱进春来访。汇报了《明代登科总录》补充明代文集中人物传记资料的进展情况，约定 2015 年校对完《明代登科总录》。又拨给他一万元科研经费。

10 月 22 日，参加古籍所三十周年所庆，并在会上发言。发言稿摘录如下：

> ……这一切，显示了由杭大发展过来的浙大古典文献专业、古汉语、宋史传统优势学科，在"钱"雾弥漫、学术沾染商业化的氛围中，依然江流石不转、薪火代代传的昌盛学术气象。

古籍所，是我们古籍所师生共同的学术母亲。在母亲三十岁生日的时候，我们每个人，把一项项成果制作成精美的蛋糕，作为献给母亲生日的礼物，祝愿古籍所在学校、社科院、人文学院的关爱和支持下，在所长的带领下，在全所师生的共同努力下，一如既往地"依靠团结建设强所，依靠实力打造品牌"，再接再厉，更上一层楼！

"一年好景君须记，正是橙黄橘绿时。"在这美好的秋天，希望所友们，在欢庆所庆的同时，抽出时间，故地重游，再一次重温当年在杭州与西湖拥抱的美好记忆。

10月23日　与前来参加古籍所所庆三十周年的毕业学生相聚，赠送新出版的著作《诗说秦汉史》《中国古代制度史研究》。师生在课题室六楼相聚畅谈，中午在喜乐城聚餐，欢宴，拍照留念。他在日记中写道：

上午九时，已出站的博士后曹家启，已毕业的博士生宫云维、黄明光、毛晓阳、沈小仙、邱进春、方芳等陆续到图书馆六楼"中国历代登科总录"课题室相聚，祖慧、周佳也来了。赠送每人新出版的著作《诗说秦汉史》《中国古代制度史研究》。大家欢声笑语，畅谈不已。在天井园子拍照留念。

中午到喜乐城三楼包间聚餐，工作特别忙的杭师大人文学院副院长夏卫东赶到了，云南民族大学高明扬也乘飞机到达。大家济济一堂，十分难得的一次聚会，留下了一段师生团聚，欢乐而幸福的美好回忆。参加聚餐的还有祖慧的博士后沈利红，研究生汪卉、杨竹旺。

10月24日　上午九时，曹家启、方芳、周佳、祖慧、中华书局徐真真再次来课题室相聚。曹家启邀请在座的师友明年春到广州中山大学举行学术交流活动。

10 月 著作《诗说秦汉史》由浙江古籍出版社出版。

10 月 专著《中国古代制度史研究》由浙江大学出版社出版。

10 月 31 日 下午,应台州市人民政府之邀,参加在解放路口新侨饭店六楼会议厅举行的"《台州文献丛书》咨询委员会议"。会议中,提出了可抓台州文化特色,先出《台州十大文化名人传》《台州名人名作》《天台宗佛教典籍选刊》《台州进士录》。委员会成员对《台州进士录》很感兴趣。此次受邀的与会专家学者还有:连晓鸣(省社联原副主席)、吴秀明(浙大中文系教授)、张涌泉(原浙大古籍所所长、教授)、陈加旭(省委党校)、林家骊(浙大中文系教授)、史晋川(浙大经济学院教授)、董平(浙大哲学系教授)。台州市政府副秘书长茅国春、台州文化广电新闻出版局局长郑楚森、台州文化广电新闻出版局副局长屠荣彪。

12 月 26 日 《宋代科举考试内容考述》一文刊于中国人民大学院刊《国学学刊》第 4 期。

文章的主要内容为:

> 科举考试内容,决定着通过科举选拔具有何种知识、何等样管理能力的人才。它又直接影响官、私学课程的取材,并对士人的人生追求和社会时尚,起着风行草偃的导向作用。这是从最高层统治者到最低层庶民百姓都重视和关心的问题。随着朝代更换、时代变迁,科举考试内容,经历了不少变化,但总的模式,没有能超出儒家经书和正史的范畴。这就从根本上决定了中国社会文化发展的方向。本文着重探讨了宋代科举考试的内容,并试图从中见出科举考试在稳定大一统王朝,凝聚民族文化方面的作用。

12月 《诗说三国史》(《诗说中国史》系列丛书之一),由浙江古籍出版社出版。

2014年　74岁

1月12日 下午,参加由桐乡市农办主持在杭州华北饭店举行的"中国《二十五史》百名清官评审会"。在会上,提出了什么是清官的四条标准:(1)廉洁奉公;(2)于维护国家主权、统一和国家发展中有杰出贡献,不惜献出生命;(3)为民立命、为民请命、为民谋生;(4)在中华民族各族人民中已有口碑。

应邀出席评审的专家还有:北京有傅璇琮(清华大学)、陈高华(中国社科院历史所)、郭松义(中国社会科学院历史所),上海有邹逸麟教授(复旦大学),以及杭州张建斌(浙江社科院院长)等。

1月16日 收到台湾清华大学赖瑞和教授来信,说他在台湾新竹一家书店购买到了《中国古代制度史研究》。

1月30日 专著《义乌历代登科录》由浙江古籍出版社出版。转录《序诗》如下:

　　故乡人写故乡书,书中皆是登科人。
　　科举已成旧时迹,科举文化传至今。

　　"初唐四杰"骆宾王,原是唐朝中举人。
　　抗金元帅宗泽公,进士出身登朝廷。

　　宋末状元王龙泽,宋亡隐居好名声。
　　溪西榜眼名朱质,殿试荣获第二名。

元代进士有黄缙，大名鼎鼎官翰林。

皇帝师傅三十年，家住稠城绣湖滨。

大园村人吴百朋，文武双全著功勋。

二十九岁登进士，官至尚书正二品。

清朝进士朱之锡，运河功臣称"河神"。

民国名人朱献文，拔贡出身登翰林。

义乌繁华有今日，先贤基因泽后人。

前人种德后人福，不忘历代登科人。

在《序例》结尾写道：

编撰《义乌历代登科录》是为了乡邦文化的传承和弘扬尽一点绵薄之力。希望义乌父老乡亲能对照历史记载，对照家谱、族谱和口口相传的历史，在《义乌历代登科录》870位登科人（含进士203名）中，找到本乡、本村、本族先贤先祖的名字和业绩，以弘扬先贤先祖的德泽功业，激励今人薪火相传，并为文化强村、强乡、强市、强国发挥能尽和应尽的力量！

2013年6月18日题于浙大宋学研究中心

1月31日 大年初一，与复旦大学陈尚君教授新年酬唱。陈尚君教授贺年诗云：

赠君：

八尺蒲稍疾如电，赤兔宝刀真英雄。

的卢绝尘过无影，龙驹千里走春风。

更有西域汗血骥，驰骋天下建奇功。

我策驽骞方十驾，追随南北各西东。

陈尚君恭贺新年

回赠贺诗云：

马年赠马诗，一篇名马史。

才思君敏捷，古今任骋驰。

马年寄祝福，正是腾飞时！

2月2日　收到日本京都龙谷大学木田知生教授来信，告知收到了托留学生汪潇晨带去的《中国古代制度史研究》，十分高兴。（摘自日记）

2月18日　《光明日报》发表了中山大学教授曹家齐对《中国古代制度史研究》的书评《"不怕慢，只怕站"——龚延明〈中国古代制度史研究〉评介》，此文后收录于赵德润主编，2015年12月由郑州大象出版社出版的《炎黄文化研究》第17辑。后文相对前文有所扩展。

文章摘录如下：

《中国古代制度史研究》一书，由浙江大学出版社2013年10月出版。全书共944页，收文99篇，近150万字；主要内容分为四个部分，即上编"官制研究"52篇，中编"科举制研究"28篇，下编"序跋书评及其他"31篇，另有"附录"。收录当代学人对龚先生著作的书评8篇……

书中所收论文大致可分为五个类型。一为专题研究，如《中国历代职官别名研究》《论宋代皇帝与科举》《宋代官吏的管理制度》《论清代科举八股文的衡文标准》等。二为具体考证某项制度源流变迁之作，如《"宰相"官起源考识》《关于西汉"武功爵"的级数及其他》《唐代孝廉科之置废及其指称之演变》《宋代两"天文院"考》《关于明代"内阁"出处之商榷》等。三为职官、科举文献订误、考释与补正之作,如《文莱国宋墓"判院蒲公"索解——兼评〈西山杂志〉(手抄本)的史料价值》《〈文献通考·职官考〉订误》《〈宋史·职官志·总序〉注释》《〈文献通考·宋登科记总目〉补正》等。四为从职官角度对人物仕履考订与考释之作,如《〈全宋文〉小传中有关官制问题的商榷》《文学遗产整理与官制学养》《北宋改革家范仲淹仕履官衔系年考释》《北宋名相富弼仕履官衔系年考释》等。五为对职官、科举制度概念及文献学意义之阐发之作,如《论官制研究在文献学上的意义》《关于科举制定义再商榷》《"科举家族"定义商榷》等。

……

对于龚先生的卓越学术成就,曾有不少学界同仁好奇是如何做出来的。《中国古代制度史研究》中的下编和附录给大家提供了答案。一篇篇序言、后记和致辞,不仅展现出龚先生每项成果形成的背景和艰辛历程,亦表达出龚先生对于学术和具体研究问题的认识与思考。其他学者的书评则又是对龚先生治学成就的肯定和嘉许。特别值得一提的是,邓广铭先生评价《宋史职官志补正》一文的手泽,集中在914至917页首次公布,这是展示邓广铭先生豁达大度提拔后进的生动例证,具有现实的教育意义。

……

读完《中国古代制度史研究》全书,读者一定对龚先生的治学有这样的感叹:精湛的学术成就来源于厚实的积累,富于创新的成果皆是艰辛的汗水换来,古人所云"梅花香自苦寒来",此之谓也!

2月28日 下午二点半,日本早稻田大学博士生小二田章与五味知子夫妇来访。

3月26日 受邀到杭州师范大学作讲座。他的日记写道:

上午十点半,杭师大历史系主任陈兆肆和舒仁辉老师来接,前往杭州师范大学新校区(位于余杭仓前),为历史系大三学生和年轻教师做讲座。下午开讲,题为《"不怕慢,只怕站"的治学之道》。

3月31日 上午九时,邀请日本学习院大学东洋研究所研究员兼浙大宋学研究中心教授王瑞来讲学,学术报告题目为:"从近世到近代——宋元变革论述要",在人文学院咖啡厅举行。到会的有古籍所、中文系、历史系教授及数十位研究生。其中教师有古籍所宋学研究中心的束景南、祖慧、关长龙、冯国栋,中文系副主任陶然,历史系主任刘进宝、副教授陈志坚,以及祖慧的博士后周佳。(摘自日记)

4月13日 上午,应河南汤阴文化局王波清之邀,为其所著《咏赞岳飞古今诗词辑》撰写了一首诗《民族英雄岳飞赞》,转录如下:

大鹏展翅黄河边,

束发从军勇争先,

百战百胜谁能敌?

支撑江山十六年!

抗金、求和水火间,

金牌十二到前线,

将军班师心泣血,

落入虎口千古冤!

正面战场无人敌，

侧身难防君相奸。

鄂王坟前千秋祭，

奸臣长跪万世谴。

下午，为学生毛晓阳专著《清代宾兴公益基金组织管理制度研究》写序。主要内容转摘如下：

专著《清代宾兴公益基金组织管理制度研究》发前人所未发，具有创新意义：

一、指出"清代宾兴"，已非《周礼》"以乡三物教万民而宾兴之"之"宾兴"，经数千年历史演变，至明清时期，已成为专门资助考生参加科举考试的公益基金。

二、改变了前人限于一省一地零散研究的局面，是书视野开阔，在全景式地、宏观地对清朝宾兴全貌予以观照的前提下，着重探讨了清代宾兴公益基金组织的管理制度，是一项具有开拓性的研究。

三、自清末以来，宾兴公益基金，已淡出人们视野，逐渐被人遗忘，要对清代宾兴公益基金组织的管理制度予以发覆，难度很大，晓阳博士用竭泽而渔的功夫……摸清了宾兴资产的获得主要通过社会捐赠和行政筹资两种途径，清代宾兴资产实现增值主要经由田产、存款、房产、特种等四种主要形式，以及清代宾兴的外部监管机制和清代的内部管理制度。这是宏观着眼、微观入手研究取得的重要成果。特别值得注意的是，关于清代宾兴的外部监管机制问题的探讨。此前不仅在宾兴研究领域未出现相关论述，其他研究中国古代慈善、公益组织的知名论著……也均未对此问题展开讨论。书中详细论述了清代宾兴的外部监管机制可以分为政府立案监管机制和基层社会监管机制两个方面，已经形成了一个较为开放的体系，并能对宾兴的日常运营形成有效监督，从而为宾兴这种社会公益基金组织实现其公益目的与公益职能提供了保障。这项研究成果，具有现实借鉴意义，于完善当代公益基金的监管和拓展当代教育公益渠道，都能有所启迪。这是本书的最大亮点。

　　本书研究还有一个鲜明特点，它是一项跨学科的研究，晓阳立足于历史学、教育学，旁及经济管理学、社会学等多种学科的知识体系，从不同学科的研究视角，将清代遍布全国各地的宾兴，由表及里，由现象到本质，进行深入的探讨，将清代宾兴，最终定位为一种社会公益基金组织，进而就公益资产的倡议发起、公益组织的内部管理、公益活动的外部监督、公益思想的舆论宣传等等方面，进行了系统的考察。这在一定程度上拓展了中国教育公益史的研究领域。

4月14日　据台湾《汉学研究》统计，在近六年论著引用率最高的现代学者中，排名第9位。浙大社会科学院网站、浙大人文学院网站公布了这则消息。消息主要内容如下：

　　台湾《汉学研究》是著名的学术刊物，在海内外有较大学术影响力。最近刊登了一篇"《汉学研究》历史论著类引用文献计量分析（2004－2009）"。统计了该刊22卷至27卷所发表的82篇历史类论文……引用最多的18位现代学者排名是：钱穆、余英时、Robert van Gluik、梁启超、顾颉刚、陈寅恪、何冠彪、孙卫国、龚延明、小岛毅、王利器、高明士、曹家齐、Lunn Struve、孔凡礼、平田茂树、余嘉锡、黄一农。龚延明教授排在第九位。

4 月 18 日　浙江古籍出版社陈小林（按：2020 年履新副总编）与路伟来访，商谈学术成果出版事宜。小林希望《中国历代职官别名大辞典》（增订版）在浙古出版，并希望未来的《中国历代职官术语汇释》也能在浙古出版。

4 月 25 日　《历史研究》第 2 期书讯，介绍了龚延明著《中国古代制度史研究》（浙江大学出版社出版）。

5 月 3 日　上午，上海师大古籍研究所刘江、苏州大学社会学院丁义珏来访，交流了创办沪、杭、苏三地宋史青年学术沙龙的事宜。

5 月 14 日　《清正　高效　创新：〈中华读书报〉印象记》一文刊于《中华读书报》第三版"精神家园"。文章摘录如下：

> 《中华读书报》二十岁了！
>
> ……在林立于大江南北的众多纸质媒体中，论资历，《中华读书报》不是老大哥，是小弟弟。然而，她以清正高雅、向读书人传递正能量的办报宗旨，高效处理来稿、编发稿件的使命感、责任感，不拘一格用稿的创新精神，与熔古今中外新老图书知识于一炉、为读者高高树立起引领健康向上阅读的风向标，日益显示出其高雅的读书人之报刊的特色，以欣欣向荣的姿态屹立于媒体之林。
>
> 我热爱《中华读书报》。我是《中华读书报》长期订户，是《中华读书报》的忠实读者……我每周必读的一张报纸就是《中华读书报》。为什么？因为她给予了我个人读本所不可能获得的新知和时代前沿的图书信息。
>
> ……我又是《中华读书报》的作者。从作者和编辑交往的角度，我感受最深切处，有二：
>
> 其一，是《中华读书报》编辑的高效率处理稿件的工作

作风。

2011年3月23日,《中华读书报》"国学"版刊登了一篇题为《"策勋十二转"新解》的文章,提出《木兰诗》中"策勋十二转"并非唐制,并认为以《唐六典》、新旧《唐书》所记载的唐代勋制来解释"策勋十二转"是把人们引进"死胡同",从而摇撼中国文学史研究者认为《木兰诗》"经唐代文人润色加工"的结论。此事非同小可。因为这不是纯学术争论的问题,是关乎对制度史的认知的知识性问题。一旦无视历史事实,而凭主观臆造解读古代文学作品以开标新立异之风,将会影响正常健康的学术研究。于是我坐不住了,我身在杭州,是25日才看到《中华读书报》上所载此奇文的,当晚即动笔写了一篇长达近五千字的《〈木兰诗〉与唐代勋级制度》一文。写好后,立即用电传发给该报王玮总编……在接续的一期《中华读书报》(3月30日)就以半个多版面,在"国学"专版上刊发了。而且以头版头条刊登了《〈木兰诗〉与唐代勋级制度》的导读,十分醒目。这说明对我的拙文非常重视,其编发速度之快,令我惊讶!编辑部从26日接到投稿,经审读、编审、发稿、编排,到30日出版,这真是高效率。要想到,"国学版"手头积下多少稿子,如此优先处理,为拙文大开绿灯,体现了《中华读书报》处理稿件轻重缓急的把握,对牵涉学术史具有公认度结论翻案与反翻案争论文章时效性的高度重视。

其二,是《中华读书报》不拘一格用稿的创新精神。这些年来,我在做国家社科基金重大课题"中国历代登科总录"之余,同时撰写一套历史普及读物《诗说中国史》(共九卷),已出版《诗说先秦史》《诗说秦汉史》《诗说三国史》《诗说两宋史》。为了了解读者对我这种创新通史写作体例的看法,我试着向《中华读书报》"国学"专版投了一篇《诗说汉代经学》。汉代经学史上的今、古文之争,可谓是经学史研究的一个热点,用散文表述也不是那么简单。而我尝试用五言诗言简意赅地予以高度凝缩与概括,用了 132 行五言诗完成了"诗说汉代经学"这一问题的表述。其可读性与知识性到底如何?学界会认可吗?这就是我投稿的出发点。我也知道,"国学"版从来没有刊登过用韵文写中国哲学史文章的先例,因此并未报太大的希望……使我喜出望外的是,在 2013 年 9 月 4 日《中华读书报》"国学"版,赫然看到《诗说汉代经学》的标题,这篇稿子居然发表了。我感慨万千。《中华读书报》打破惯例,不拘一格起用"诗说"历史的稿件,其背后必然有一种创新精神在支撑着……

　　值此《中华读书报》二十岁华诞之际,我写下了上述简短的文字,谨以表达我对《中华读书报》热爱之情,和感恩之心!

6 月 5 日　上午十点,浙大哲学系副教授王淼到课题室拜访,请求给他的博士后出站报告《明代的传统历法研究及其社会背景》提些意见。

6 月 20 日　下午,参加古籍所研究生毕业欢送会。作为老教授代表,与崔富章教授一同被请上台接受学生的献礼。会上,以一句话赠予毕业生,"人生当不虚此行,努力地往前走。怎么走?不怕慢,只怕站"。所长王云路非常赞同,并就此作了进一步引申,讲了一个故事:一位英国牧羊人,下决心以一人、一生之力,将六千亩荒山都栽上橡树。老人坚持每天撒 100 颗橡树籽,浇上水。也是不怕慢,一天又一天,年复一年,终于将这片广袤

的荒山全部绿化！目标实现后，不久离开了人世。牧羊人留下的不仅仅是六千亩山林，更可宝贵的是坚韧不拔的精神！（摘自日记）

7月8日 《二十载寒暑重拾千秋科举人物》一文刊于《光明日报》，介绍了《中国历代登科总录》首册《宋代登科总录》。

文章主要内容概括如下：

《中国历代登科总录》（以下简称《总录》）项目历时近二十载，"收录了自隋至清1300年间科举考试录取的登科人，总人数达12万人左右，总字数达3270万字。《总录》是迄今为止国内外规模最大的关于中国古代人物的传记资料"。它的完成"将为科举史研究提供最基础的数据和资料，将为中国科举研究打下坚实的基础，具有填补空白的学术意义"。《总录》所引书证均来自第一手文献资料，这一资料库已经建成线上数据库，方便检索。"由此为我国古代文、史、哲研究开阔视野。"《总录》所提供的进士出身的中国古代社会精英人物的传记资料，大部分是新开发出来的资源，便于文、史、哲研究，有利于推动人文社科各种专门史的深度发展。

7月28日 上午，暨南大学郭声波带博士生来课题室访学，进行学术交流。带来他的新著《中国行政区划通史》之《唐代卷》（上、下）两册。回赠他《中国古代制度史研究》。（摘自日记）

7月 经全国第十六次社会科学普及工作经验交流会组委员研究认定，《诗说中国史系列：诗说秦汉史》被评为"全国优秀社会科学普及作品"，颁发了荣誉证书。

8月19日 上午九时半，参加在杭州百瑞运河大酒店举行的邓广铭奖励基金评审会。评审了七部著作，三等奖改称优秀奖,两个二等奖,三个优秀奖,未评出一等奖。评审委员共8人,他们是北大邓小南、首都师大李华瑞、上海师大朱瑞熙、浙大龚延明、台湾长庚大学黄宽重、台湾政治大学刘静贞、日本大阪大学平田茂树、中国社科院历史所王曾瑜(缺席)。(摘自日记)

8月22日　以浙江大学宋学研究中心名义邀请日本宋史学会会长、日本大阪市立大学平田茂树教授为浙大师生作学术报告,题为《宋代政治史研究的新可能性——以科举社会的"人际网络"为线索》。以浙江大学宋学研究中心学术委员会主任身份主持了此次学术报告会。会上与平田教授进行交流的学者,有宋学中心主任陶然教授、中心副主任冯国栋教授、祖慧教授、吴铮强副教授及台湾新台北大学山口智哉等。平田教授的报告主要内容概括如下:

> 他认为,目前,中国史研究的主流已经从以往的政治史、经济史转移到社会史、文化史等领域,政治史研究遭遇瓶颈、面临挑战。近几年,中国、日本等学者一直在探求宋代政治史研究的新可能性。所谓"新可能性",第一是研究对象的开拓。即从以往以制度和事件为中心的政治史研究模式,进一步拓展到诸如国际秩序、政治文化、中央与地方关系、地方史等领域。第二是新史料的发掘与使用。既要对传统史料进行新角度的解读和使用,也要充分利用以往为政治史研究所忽视的史料,比如石刻、墓志铭、政治日记、小说、随笔、文集、书信、方志、族谱、家谱等。随着政治史研究议题和史料的拓展,研究方法也应当予以跟进。比如从过程、结构、关系等视角切入,将制度和制度以外的其他政治因素相结合,综合考察政治权力运行的整体构造和微观实态。

最后，平田教授以宋代科举社会研究为例，示范说明了如何从系统、网络、空间等角度来考察科举的"社会流动性"和"再生产体系"功能等问题。

8月23日 校社科院周石发来喜讯：《诗说秦汉史》获全国优秀社科普及奖。并发来证书及浙江省社联表彰文件。

9月8日 中秋节，应北京大学中古史研究所中心主任邓小南教授之邀，参加中心举行的学术座谈会。他在日记中写道：

> 下午，邓小南教授到勺园来看我，并把已阅读的《从紊乱到正名的宋代官制沿革》一文电子本带来，在电脑上一起看，她看得很仔细，订正了不少差错，为进一步修改提供了很大的帮助。（按，此稿后刊于《历史研究》2015年第5期，题为《唐宋官、职的分与合——关于制度史的动态考察》。）

> 晚上，小南先生林老师开车接我去参加中古史中心中秋节聚会。皓月当空，院中两棵高大的乔木，在秋风吹拂中飒飒作响。桌子上堆满了月饼、水果、酒水，研究生一一作了自我介绍，与在座的研究生进行了热烈融洽的宋史研究交流。结束后，与小南在办公室合影留念，清华大学的方诚峰送我回勺园。

9月9日 作为岳飞研究学者受邀到门头沟龙泉宾馆，参加了由政协召集的"'精忠岳飞'纪录片座谈会"。（创作方为海军影视制作中心）并向前来看望座谈会成员的教育部副部长刘利民提出恢复中小学教科书岳飞的内容，得到了赞许。他在日记中写道：

> 晚上，教育部副部长刘利民到会。他在白天陪同习近平主席看望北师大师生后，于晚上来看望座谈会成员。我是作为岳飞研究学者被邀请的。我向刘副部长提议："中小

学教科书中,需将删去的岳飞故事放回去。"他激动地表示:"这个建议好!要在中小学教科书中恢复岳飞故事的内容,这是形势所需,是弘扬中华传统文化,发扬爱国主义精神所需。"

9月12日 下午五点,接受《中华读书报》记者曲祯朋采访关于中小学课本恢复岳飞内容的必要性。

9月17日 《中华读书报》以头版头条刊登了记者曲祯朋的《岳飞的故事有望重返中小学教科书》一文。其中有教育部副部长刘利民的表态,也有就民族英雄岳飞称号所作的采访发言。

9月24日 《中国史研究》副主编张彤来函,嘱咐将《徐谓礼仕履系年考释一文》英文标题、内容提要、关键词发过去。此文将近期刊用。(摘自日记)

10月9日 代表人文学院参加浙江大学"人才问题研究"(比较人才学)座谈会。召集者:浙江大学副校长罗卫东。

10月21日 下午,新加坡国立大学易君健副教授来访,请教如何做科举人才对当今区域人才的影响的课题。(注:他是学经济管理的,选题好,难度大。因为需要丰厚扎实的历史文献学功底。)(摘自日记)

10月21日 完成《宋代登科总录》后记,题为《兀兀穷年为哪般 传承文化敢担当》。以一首诗结尾,转录如下:

盛年意气冲霄汉,敢揽课题四千万!

四千万字《登科录》,贯通一千三百年。

追踪当年登科人,经史子集须搜遍。

青灯黄卷伴寂寞,"上穷碧落下黄泉"。

十万进士回眸处,廿载心血凝其间。

《总录》工程何其大,今日交出第一卷:

名《宋代登科总录》，集合进士达四万。

钱江奔腾东入海，岁月易逝不复还。

上个世纪黑发人，新世纪中白发苍。

物欲横流拒门外，兀兀穷年为哪般？

振兴中华应有责，传承文化敢担当！

11月26日 《岳飞究竟因何而死？》一文刊于《中华读书报》第五版。

文章的主要内容为：

> 绍兴八年至十一年间，以韩世忠、岳飞为代表的爱国抗金派，与以高宗、秦桧为首的屈己议和派发生激烈冲突，无法调和。为了尽快缔结第二次宋金"绍兴和议"、保住赵构为首的南宋小朝廷，高宗、秦桧最终采取了"杀一儆百"的高压政策，以压制住抗战派。这就是岳飞之死的根本原因。

12月9日 中华书局编辑徐真真来访。《宋代职官科举简史》（后来改名为《宋代官制史》）书稿交由她责编。他在日记中写道：

> 此选题从上报到中华书局领导批准立项，总经理徐俊签字，用了一星期，速度甚快。

12月20日 晚上七点，在图书馆课题室会见宁波出版社社长马玉娟及其随行吴波与沈建国编审，邀约商量主编点校《天一阁藏明代登科录》《会试录》《乡试录》事宜。他在日记中写道：

> 此项工程较大。我予以婉拒。但他们坚持要我领衔把此宝贵科举文献整理出版。为学术，为友情，难以拒绝。点校费一千字60元。

12月30日 就落实主持点校《天一阁藏明代登科录》《会试录》《乡试录》事宜，给宁波出版社吴波与马社长回函：

吴编审并请转马社长：

　　承蒙你们的信任，把《天一阁藏明登科录》《会试录》（《乡试录》取消点校）点校工作，委托我主编，并组织团队承担点校任务。经联系，我已物色了做明清科举研究的年轻学者毛晓阳、邱进春、方芳、闫真真四位，分工承担。他们表示愿在我负责下接受点校任务，先把手头工作往后推。

　　据吴波编审统计，《明代登科录》161万字，分三册；《明代会试录》96万字，分二册。《乡试录》10册，分量最大，放后一步。如果澳大博士闫真真能通过你们的考核，进入贵社工作，她可担当协调、编审和承担第二批部分点校任务（她边工作边完成博士论文，目前还不宜压得太重）。这样总共5册，2015年上半年，组织三位学者，首先完成《明代登科录》。

　　现存海内外明代登科录共70余种，天一阁本56余种（含《进士履历便览》），我主持《中国历代登科总录》子项目《明代登科总录》（1000万字）都利用了，所以，对天一阁藏明代登科录得失，我很熟悉。我可以考虑写一篇总序，并负责审查把关。

　　12月20日晚，马社长亲率吴波、沈建国编审来浙大商谈，已与我取得共识和双方合作意向。下一步如何落实任务，完成期限及主编、点校者稿酬，要不再商量一次？以便签署合同。

　　此致
敬礼！

　　　　　　　　　　　浙江大学古籍研究所龚延明上
　　　　　　　　　　　　　　2014/12/30

342

12 月　与祖慧合作的《宋代登科总录》（14 册，1000 万字），由广西师范大学出版社出版。

2015 年　75 岁

1 月 15 日　与方芳合作的《宋代科场管理研究》一文刊于《浙江学刊》第 1 期。

文章摘要为：

> 宋代科举进入完善阶段，确立了三年一次的三级考试。录取人数大大超过唐代一榜几十人的规模，一跃而为一榜录取数百人至有上千人的规模。宋代科举取士，成了选拔宋代官员的主渠道。由于科举利害至大，竞争的激烈，随之而来，科举弊病丛生，试官与登科人结成"座主""门生"，拉帮结派；试官与考生相勾结作弊。考场考生作弊更是五花八门。为了维护科举考试的公正性、公平性，宋代逐步建立起一套较为严格的科场管理制度。如禁止及第举人称呼知举官、试官为"座主""恩门"；实行知举官、试官锁院制；试卷实行糊名制、誊录制；禁止考试官、监官收受举子财物，或主动向举子索贿；禁止举人挟书、传条子、口授、请人代笔等舞弊行为；设别头试，以回避考试官亲嫌，等等。强有力地遏制了科举考试中的腐败行为。其中一些管理制度，如试官锁院制，试卷实行糊名制、誊录制，禁止考试官与亲嫌回避制等等，为明、清所继承，并对当代考试制度具有借鉴意义。

1 月 27 日　回复《中国史研究》副主编张彤发来的审稿问题。他在日记中写道：

《中国史研究》副主编张彤发来审稿意见，说："你的文章（《南宋文官徐谓礼仕履系年考释》）两个问题。"第一个是"将作监主簿"与"将作监簿"是否一回事？回答：那当然。第二个问题是"牒奉敕"如何断点？回答：牒：奉敕（差知平江府吴县县丞……）。

2月20日　《南宋文官徐谓礼仕履系年考释》一文刊于《中国史研究》第1期。

文章摘要为：

本文是对《武义南宋徐谓礼文书》的解读。解读选取的视角，是依据出土官诰文书，对徐谓礼三十年仕履，按年、月、日将其历任差遣、职事官与相应的官衔，进行了梳理、整合和考释，使这个南宋名不见经传的中层文官的仕履得以复原，期有助于深入解读《武义南宋徐谓礼文书》，并有助于从中了解南宋官荫制、官职迁转、除授、考课以及官衔结构制度的具体运作过程。

3月15日　撰就《简明职官别名辞典》"凡例""前言"与"后记"，当晚发给了上海辞书出版社赵航。转摘"后记"如下：

《简明职官别名辞典》后记

"工欲善其事，必先利其器。"阅读古籍、研究古代文史哲，离不开官制辞典工具书。关于中国古代官制辞典……各种版本的中外中国古代官制辞典有十几种之多。这给广大读者提供了解决有关中国古代职官各种疑难问题的钥匙。

然……多是大部头辞典……对非专门从事学术研究的读者，也许有使用不便之处。为此，上海辞书出版社提出了出版"简明官制辞典"的选题……史地编辑室约我将227万

344

字的《中国历代职官别名大辞典》浓缩，另行出版一本《简明职官别名辞典》，以适应更多读者的需要。我觉得这个思路很好，于是接受了这个任务。经过再三斟酌，从原《中国历代职官别名大辞典》中，择要选出2696条词条，编著成这本50余万字的《简明职官别名辞典》。

我要特别感谢上海辞书出版社史地编辑室余岚、赵航、王圣良等编辑，他们对我的官制史研究的热情支持，和认真、细致、严谨的编审，保证了《简明职官别名辞典》的顺利出版。《简明职官别名辞典》是历史百花园中的一朵小花，愿能给读者带来一瓣清香！

3月23日　《新宋学　旧宋学》一文刊于《光明日报》"国学"版。（后作为《宋学研究》发刊词）全文迻录如下：

新宋学　旧宋学

何谓"宋学"？一言以蔽之：宋学，研究宋代的学问。

宋代三百年历史，有多少学问好研究：政治、经济、军事、思想、文化与社会生活，各个方面，都有丰富的历史内涵，曾经在10世纪至13世纪的历史舞台上，有声有色地表现过，并留存在人类特定时期的记忆里。以消逝的宋代社会为研究对象的种种学问，毫无疑义，都属于宋学研究，宋代学问的研究。然而，这样一个平常的命题，却因清人将汉儒经学重考据的特点概称为"汉学"，宋儒经学重义理的特点，概称为"宋学"，变得复杂，以至于后人视"宋学"即为宋代经学之研究。

《钦定四库全书总目》卷一《经部·总叙》："国初诸家，其学徵实不诬，及其弊也琐，要其归宿，则不过汉学、宋学两家互为胜负。夫汉学，具有根柢，讲学者以浅陋轻之，不足服汉儒也。宋学，具有精微，读书者以空疏薄之，亦不足服宋儒也。消融门户之见而各取所长，则私心祛而公理出，公理出而经义明矣。盖经者非他，即天下之公理而已。今参稽众说，务取持平，各明去取之故，分为十类：曰易，曰书，曰诗，曰礼，曰春秋，曰孝经，曰五经总义，曰四书，曰乐，曰小学。"

又，因《宋史》专列《道学传》，"道学盛于宋"，后人更以朱子理学视为"宋学"哉！

自宋元至明清之古代学者，本无现代学科之界分，即没有历史、文学、哲学等等学科分类的概念。显然，宋元人讲"宋代道学"，清人讲"汉学""宋学"，讲的都是经学研究，儒学研究，他们没有想过关于汉代历史的研究，也不止于儒学，对宋代历史的研究，也不止于儒学研究，绝无以汉学与宋学囊括相关两个朝代所有学问的想法。时至今日，已有明确之学科概念，当将"宋学"范围放而大之，未能沿袭古人这种特定的概念，把"宋学"圈子画得很小："宋学"就是与"汉学"相对的经学研究，非宋代经学研究者，概莫进来。将宋学视作新儒学研究的专名。持这种观点的学者，留下的弊端在于：除此之外的研究，皆非"宋学"。那么，试问：宋代政治史、经济史、文化史、军事史研究，该叫什么研究呢？它们就不是研究宋代的学问、宋代的学术吗？当然不是。如果谓之"宋史"，那"宋学"不就成了独立于"宋史"之外的独尊之学吗？

"宋学"一词，近代谁最先提出？众所周知，是著名史学家陈寅恪先生。他在20世纪40年代所撰《邓广铭〈宋史职官制考证〉序》一文中说："吾国近年之学术，如考古、历史、文艺及思想史等,以世局激荡及外缘熏习之故,或有显著之变迁。将来所止之境,今固未敢断论。惟可一言蔽之曰,宋代学术之复兴,或新宋学之建立而已。"

具有深邃现代学术眼光的历史学家陈寅恪先生,针对邓广铭宋史专著《宋史职官志考正》所作书评,首次提出"新宋学"的概念,其前提就是针对宋史制度史研究而发。所谓"新",是相对于清代学者所称的旧"宋学"而言。其所下的"宋学"的定义,已跳出与"汉学"相对的狭义"宋学"藩篱,明确指出:诸凡宋代考古、宋代史学、宋代文艺、宋代思想史等等,均属宋代学术之研究,都属"宋学"。当然他所列的文、史、哲几门学科,仅为举例而已。不是宋代学术内容的全部。宋代的绘画、宋代的宗教、宋代的教育、宋代的金石学等等,同样属于宋学范畴。在"新宋学"的概念下,"旧宋学"已成为宋代学术的一个分支,两者不存在抵触,更谈不上对立,而是母体与子体的兼容。

清人与陈寅恪先生关于"宋学"的定义,是迄今为止最具代表性的狭义与广义"宋学"、小宋学与大宋学的命名,也是对新、旧宋学科学的划界。

至于其他种种关于"宋学"的说法,莫不由上述两种定义所衍生。比如,1985年,邓广铭先生在《略论宋学》一文中说:"新儒学即宋学,以及由宋学而衍生出来的理学。"漆侠先生在《宋学的发展和演变》一文中说:"与汉学相对立,宋学是对探索古代经典的一大变革。"等等,都是讲旧"宋学"。邓先生在讲"宋学"之后,接着就讲"宋学"研究;而漆侠先生在讲"宋学"时,特别强调与陈寅恪先生所讲"新宋学"之区别:"新宋学包括了哲学(主要是经学)、史学、文学艺术多个方面,涵盖面是比较广的";而"宋学则指的是,在对古代儒家经典的探索中,与汉学截然不同的一种新思路、新方法和新学风"。显然,邓、漆两位宋史专家所论"宋学"是旧宋学,是宋代经学之研究,而不是论"新宋学",宋史的学术研究。

1998年,在申报教育部一百个重点研究基地时,浙江大学宋学研究中心通过几番讨论,对新、旧宋学(大、小宋学),取得了共识:"宋学",兼容新、旧宋学。在此基础上,本中心决定公开出版以《宋学研究》为名的学术研究刊物,旨在建设一个以宋史为核心,汉代宋代文史哲研究,以及与之相关的承前启后朝代文史哲研究的学术平台。

4月3日 下午,应邀参加了在杭州连横纪念馆召开的"纪录片《岳飞·精忠报国》剧本座谈会"(由海政文工团影视创作中心制作)。并在座谈会上,针对该剧"未能概括好岳飞精神,未能如实反映岳飞的事功与精神"的问题,将岳飞精神、美德、人格魅力概括为十条,得到与会者认同。(具体内容参见2012年9月25日杭州社科联举办的"岳习爱国精神座谈会"的发言《岳飞的爱国精神与世长存》。)

4月4日 邀请重庆岳飞思想研究会会长岳朝军、副会长岳湛两位先生到浙大来交流岳飞研究会学术活动的经验。首先谈了最近民政部批准了"中华岳飞文化促进会"成立,这是由岳福洪(政协常委)为会长的半官方团体。此会本由岳朝军以重庆岳飞思想研究会与杭州岳飞研究会名义申报,后来岳朝军退出,由岳福洪接手。不过,真正从事岳飞研究的是杭州岳飞研究会与重庆岳飞思想研究会。(摘自《访谈记录》)

4月24日 古籍所所长王云路教授的博士生张福通来访,请教未来学术研究事宜。他说毕业后,可能去南京大学中文系

工作,提出希望毕业后能继续得到指导,从事古汉语中官语研究(以唐代为中心)。(摘自日记)

4月 《诗说两晋南北朝史》(《诗说中国史》系列丛书之一),由浙江古籍出版社出版。

5月5日 应北京匡时拍卖公司之请,花了三天时间,解读台北故宫博物院藏南宋司马伋与吕祖谦两件官告文书《司马伋可总领淮西江东军马钱粮制词》《吕祖谦恩转朝散郎制词》。从历史学角度验证其为真迹。(摘自日记)(按,解读之文,《宋代真迹官告文书的解读与研究——以首次面世的司马伋吕祖谦真迹官告为中心》一文刊于《中华文史论丛》2016年第1期。)

5月12日 上午应邀出席了在北京匡时国际拍卖公司举行的"南宋司马伋、吕祖谦真迹官告座谈会"。该公司邀请了四名宋史专家,北大邓小南、人大包伟民、上海师大虞云国及浙大龚延明。此外还有裱糊专家、书法家等,共十余人。他在日记中写道:

> 经中华书局学术编辑室主任俞国林推荐,参加了在北京匡时国际拍卖公司举行的"南宋司马伋、吕祖谦真迹官告座谈会"。公司董事长董国强、副总经理谢晓冬等主持会议。座谈前,参观了官告陈列室。两份官告均由绫纸制作。已经后人修制,藏于日本,流回到大陆。这是继武义南宋徐谓礼录白官告出土后又一重大发现。它的优势是真迹,徐谓礼文书是手抄副本,相辅相成,构成双璧。会上,我对两份官告作了全面解读。有几处疑问在会上提出来讨论。北大邓小南提供了一个重要解读,即司马伋官告任命时间是乾道二年九月二十八日,《景定建康志》中查到的资料,司马伋是九月二十五日到任。是日期有误吗?小南说,宋代有

"省劄"文书，因工作需要，等不及正式官告下达，可提前赴任。

　　下午，我与虞云国教授出席了新闻发布会。回答了中外记者有关新面世的两份南宋官告文书真实性的提问。

　　5月13日　上午八点半，到《历史研究》编辑部办公大楼，与编辑路育松晤面。送她新出版的《诗说两晋南北朝史》。北京之行，由祖慧的博士生汪潇晨陪同。（摘自日记）

　　5月15日　上午，完成了一篇学术论文《南宋真迹官告首次面世：司马伋、吕祖谦官告的解读》（配有官告照片），发给了《中华读书报》。（摘自日记）

　　5月20日　《南宋官员委任状真迹首度露面——司马伋、吕祖谦官告的解读》和《宋代四万进士档案的重构》两文，同时刊于《中华读书报》的第5版和第15版。

　　《南宋官员委任状真迹首度露面！——司马伋、吕祖谦官告的解读》的主要内容为：

　　　　对秘藏于域外的南宋著名理学家吕祖谦和宋代大史学家司马光曾孙司马伋的真迹官告，作了解读，认为"此次发现的官告，书仪格式保存完好，对学术界、文化界研究探讨宋代官制及其运行提供了极其宝贵的第一手文献"。"为研究宋代官文书运作，提供了最可靠的原始档案，学术意义重大。"

　　《宋代四万进士档案的重构》的主要内容为：

　　　　介绍了《宋代登科总录》，是继2009年《宋登科记考》出版后，又一份科举文献硕果——1000万字、14册。"总共搜集了41040位登科人，重构了宋代四万多进士的档案。这是迄今为止，关于宋代登科人物最大的数据库。""《宋代登科总录》相较《宋登科记考》又提升了一个层次，增加了书证，使四万一千多个宋代登科人的小传都有了文献资料的支撑。"

7月15日 接到北京国家社科规划办孙璐来电，告知其领导对《宋代登科总录》成果很重视，约写一篇做课题的心得，在《光明日报》上发表。

同日 祖慧来电说，人文学院传达罗卫东副校长指示，校报要来采访，专门报道如何坚持做《宋代登科总录》的历程。

8月2日 宜兴岳飞思想研究会岳培忠一行四人来访，讨论了在宜兴举办岳飞国际学术研讨会事宜。应邀，为他们编写的《岳飞在宜兴》写了诗序，并签名。《序言》转录如下：

《岳飞在宜兴》序

《岳飞在宜兴》，书香沁人心。奋斗历三载，铸造此工程。
推岳飞研究，向地方延伸。岳飞之一生，叱咤掀风云。
驰骋战场上，所向无不胜。战士到将军，抗金威名振。
岳飞之遗迹，万千留至今，在武汉、九江，在淮安、南京，
在广德、杭州，在郑州、朱仙镇。爱国之资源，发掘待今人。

岳飞在宜兴，勇做带头人。金骑下江南，江南遭蹂躏。
高宗逃海上，兀术追不停。国难正当头，热血胸中升。
岳飞自建康，转战到宜兴。兵少又乏粮，如何击金军？

岳飞在宜兴，打造岳家军。宜兴根据地，屯粮又扩军。
饿死不打掳，兵士不进城。飞治军严明，受百姓欢迎。
游寇闻风逃，金军不敢侵。岳飞在宜兴，一方保安宁。

宜兴人感激："再生父母恩！"家家挂飞像，视飞如亲人。

焚香祀岳飞，奉飞如神明。岳飞在宜兴，秣马又厉兵。

宜兴是福地，造就岳家军。金军北返时，岳家军出征。

静安获大捷，歼敌三千人。金军北逃遁，收复建康城。

建康收复后，岳飞回宜兴。岳飞尊贤达，张渚访高人。

大年迎将军，高堂论时政。大年请题字，飞欣然答应。

壁上写"题记"，千古一雄文："金人长驱，如入无人境。

叹将帅无能，壮不及长城。余发愤河朔，总发誓从军，

大小二百战，所战无不胜。今提一旅孤军，振起于宜兴！

夺回咽喉地，收复建康城！今暂休兵卒，待朝廷新命。

若大举北伐，当深入边庭。一举复故地，五国迎'二圣'！

凯旋还师时，拟重返宜兴。勒功刻金石，岂不快人心！"(《宋岳鄂王文集》卷下)

岳飞在宜兴，壮大岳家军，军威得重振，捷报传朝廷。

岳飞在宜兴，宜兴更出名。英雄留足印，代代传精神！

8 月 24 日　河南大学历史文化学院田志光教授、胡志彬老师带领 11 位热爱宋史的学生从开封来访学，座谈，交流宋史学习、研究的心得，展望未来。他在日记中写道："与年轻学子交流，甚有裨益。"座谈后，合影留念。

10 月 25 日　《唐宋官、职的分与合——关于制度史的动态考察》一文刊于《历史研究》第 5 期。

文章摘要为：

> 传统的职官制度史研究，一般以固定的官制为主要研究对象。但在制度执行过程中会不断产生权宜官制，即"活"的制度。静态的、固定的制度与权宜的、"活"的制度是制度发展过程中相互碰撞、相辅相成的两大部分。因此，研

究官制需将固定制度与"活"的制度结合起来,唐宋官、职的分与合即可作为这一研究的对象。官与职分离,始于唐高宗朝;经唐中、后期使职差遣逐渐取代职事官,产生名实不相符的"紊乱"局面。宋承唐制,官与职分离更甚,致官、职、差遣离而为三,成为常态;直到宋神宗元丰改制,"官复原职",才结束了官与职分离的"紊乱"局面,确立起以职事官、寄禄官、职名为核心的新官制。唐宋官、职长达430年的分合演变史,是固定官制与"活"的官制互动的典型。

11月1日 与汪圻合作的《〈职官分纪〉版本源流考述》一文,刊于《文史》第4期。

文章摘要为:

本文以《职官分纪》各本问世年代为序,从宋、元本的流传的记载,明抄本、清抄本庋藏考以及年代不明抄本等四方面进行了考述,参考了宋以后史料,特别是各家藏书目录、题跋,试图厘清《职官分纪》诸本的产生年代,及其在藏书家、藏书单位间的辗转递藏,同时介绍各本特别是现存诸本的版本特征。

11月10日 《光明日报》刊发了潘晟为《宋代登科总录》撰写的书评《宋代科举史研究的基石——〈宋代登科总录〉读后》。

文章内容摘录如下:

断代科举史研究在制度和个案研究的基础上进一步深化,需要一个重要的资料基础,就是有关该时代各科登第人的记录……与其他朝代相比,宋代作为中国古代科举发展的最为重要的时代,有关其各科登第人的资料,既缺乏便于利用的相对完整的第一手原始文献,也缺乏经过系统整理编纂的汇编文献,这是宋代科举史研究的一个重大缺憾。

这个缺憾,随着《宋代登科总录》的问世,终于得到了弥补。

龚延明等在主持完成《宋登科记考》的基础上,新推出的《宋代登科总录》……为宋代科举史研究提供了便于利用的、权威的、全面的登科人资料总库。

……不仅收录考辨文榜进士登第人资料,更将进士科以外的其他各科登科人资料都做了全面的搜求,因此它并不仅仅是进士登第人的人物传记资料汇编,而是宋代各科登第人资料的集合,是宋代登科人资料的总集……

《总录》编纂中最重要的一个特点是在登科人条目下提供了详细的书证,并严格按照史料的原始程度先后排列。这不仅为读者提供了极大的便利,省去了查阅原始文献的大量时间,也为初学者以及资料条件并不完备的学者提供了学习和阅读原始文献的机会,理解不同类型文献对于相同人物记载的史源演变过程,有助于深入理解不同文献在不同场合的价值。

……

《总录》的意义和价值并不限于为各类读者提供了一部资料丰富翔实的宋代登科人总数据库,它同时也是断代科举史研究的典范。

首先,它是建立在深入、扎实的学术研究基础之上,并非单纯的科举人物资料汇编。这除了体现在数量庞大的各条目随文考证之中,更体现在最后一部分《宋代科举总论》对宋代科举的总体论述之中。

……这一附于书后的《宋代科举总论》,不仅为前面各册宋代登科人资料提供了脚注和解释,其实质上更是一部有独到见解的宋代科举考试制度的专著。

显然,宋科举人物小传与书证相结合,宋代登科录与科举史相结合,做课题与学术研究相结合以解决课题中遇到的疑点与难题,这是《宋代登科总录》的特色所在,为我们树立了断代科举史研究的典范。

《总录》提供了如此规模的人物传记资料数据库,对于科举史研究有着巨大的推进作用,其表现是多方面的。

首先是对科举史具体问题研究的推进。《总录》按进士、诸科、特奏名、制科、非常科的分类著录体例,加上以登科人名编制的索引,为此类科举史专题问题的深入提供了极为便捷的检索工具和基础史料支持。因此,它无论是对于有心的初学者,还是有志于深化科举史的专家,都可以提供很好的帮助;它既可以提供快速的检索,又能提供最基础也是最重要的史料,为进一步的研究起到发现问题,做出第一判断的作用。

其次,对科举史之外其他专门史研究提供宋代精英人物数据库。《总录》收录了4万余登科人的资料,这是迄今年为止,最为全面、权威、可靠的宋代登科人物数据库,因此在为宋代科举史研究提供人物数的同时,也为其他专题的史学研究以及其他学科的研究提供了极为丰富的资料,并打开了丰富的可想象学术研究空间。

11月16日 刘京臣在《光明日报》"国学版"发表了书评《搜遗撷英廿载光阴——读〈宋代登科总录〉》。

文章主要内容为:

14大册近1000万字的皇皇巨著《宋代登科总录》(以下简称《总录》),是宋代科举研究的基石,《总录》首先以118榜先后为序,将可考之登第者一一系于榜下……每位登科者,都有独立小传,包括登科人姓名、字号、籍贯(所属州县)、亲属关系、登科年、何种科目登科、登科后初授官、经历官、最高官或最终官以及谥号等项,小传之下为第一手资料支撑的书证。体例甚为周详。可以预期,宋代科举及其相关研究将会有突破性的进展。以下仅以小传为例,粗略探讨其可以拓展的研究空间……

就地域而言……《总录》中有大量祖孙、父子、兄弟、叔侄登第的资料,这无论对于地域人才分布,还是科举命运与家族盛衰关系的研究,都提供了宝贵的数据资源。

就家族而言……《总录》呈现出了更多的家族、亲属、姻亲等进士群体脉络,完全可以构建出立体的宋代人物关系网络……

科举制源起中国,其影响却不仅限于中国。比如日本、朝鲜等,宋代科举对朝鲜的影响,不仅仅限于制度层面,还吸引高丽王朝的士人赴中国就学、应举……这是《总录》提供的研究古代东亚文化交流的宝贵史料。

11月25日 《中华读书报》刊登了日本学习院大学王瑞来教授为《宋代登科总录》(简称《总录》)撰写的书评《宋代科举人物的渊薮——评龚延明主编〈宋代登科总录〉》,文章将《总录》与2009年出版的《宋登科记考》加以比较,进行评述。

文章摘录如下:

编撰一千万字的《宋代登科总录》,要翻检几乎全部的现存宋代文献和大量元明清以迄民国的方志,这样巨大的工程量,想象中,绝非几个人,甚至是少数人所能承受的。然而,实在是犹如奇迹一般,就是在龚延明、祖慧为主的几个人的坚持下,前后历经近二十载的努力,皇皇巨著,终于完成。《宋代登科总录》(14册)的编竣,让两宋11万多人的进士及第者登科录,在宋金、宋元两次战火洗劫后,还能寻检到其中的4万余人的档案资料,从而为宋代科举研究打下了坚实的基础,其功至大。

……

那么,这部《宋代登科总录》与以前出版的《宋登科记考》区别在于何处呢? 二者对比,便可以发现有着很大的不同。

第一,对登科人数量的增补。搜集两宋三百年登科人名,其实是在浩瀚的文献大海中捞针……

可贵的是,从《宋登科记考》到《宋代登科总录》,编撰和增补,前修后出由一人,都是由龚延明教授带着他的助手来完成的。对比之下,后者比前者在人数上增加了两千多人。这种对学术事业的谦逊、虔诚、敬业和执着,令人由衷敬佩。在学术界也难免浮躁的当今,龚延明教授的沉潜宁静与锲而不舍值得所有学者学习。

第二,对登科人文献资料征信,在注明资料出处之外,又增加了书证……不过,《宋登科记考》或许是出于篇幅的考虑,对收录的登科人仅注明资料出处……然而《宋代登科总录》则在每个登科人之下,不仅注出资料出处,而且有书证,从原文献中引录与该登科人相关的第一手资料……比较《宋登科记考》,《宋代登科总录》拥有更多的优势,既注明登科人资料出处,又迻录相关的第一手资料……这就为研究者减省了按图索骥的查检功夫……

由此联想到,学术界的各个领域,都编纂有很多大小不等的专业工具书,在编纂之时,无疑也有资料普查或汇集的过程……迄今为止，囿于工具书的编纂体例或篇幅，几乎都不录书证资料。对此，自然不能苛责编纂者和出版者。然而，在广西师大出版社大力支持下，《宋代登科总录》做到了有资料出处、有书证，实在令读者喜出望外。毫无疑问，这种全录资料的创新编纂方式，亦给专业工具书的编纂带来有益的启示。

第三，对内容的修订增补。从《宋登科记考》到《宋代登科总录》的变化，不止于增加了书证，还对登科人小传进行了全面的修订和增补……

第四，体例变更与价值提升。《宋登科记考》是仿照清人徐松《唐登科记考》……目标指向，就是力图恢复昔日登科录的原貌。因此，于各科之前，编者详细列述试题以及考试过程。然而《宋代登科总录》的目标指向则不同，重在登科人的资料汇集……《宋代登科总录》删除了《宋登科记考》列述试题以及两宋科举大事记的部分。因为这部分内容……跟登科总录收录登科人的传记资料没有必然的联系，所以其删亦宜。

不过，《宋代登科总录》却增加了原来《宋登科记考》所无的内容。这就是在每朝之前加入了对该朝科举的详细数据统计。数据归纳，一为不同科目考试统计……二为每榜各科登科人数的统计……三为该朝总体各榜各科登科人数统计。加入了这部分内容，读者首先便会对该朝科举登科状况有一个总体的认识。这便使《宋代登科总录》在考察不同时期的文化趋势方面，为读者归纳了宏观的数据，使本书在传记资料之外，有了更为广泛意义上的价值提升。这可以视为对传统登科记在体例上的突破与创新。

第五，新史料利用。《宋登科记考》出版几年来，又陆续有新的文献史料出版面世。编纂者亦不断留意和追踪最新学术信息，及时将相关史料采录到《宋代登科总录》之中……

《宋代登科总录》既犹如一个为宋代四万多精英建立的档案库，又犹如一座矗立的全榜题名的丰碑。档案库为文史研究提供了极大的便利，而丰碑则展示着中国科举的灿烂文明，同时也铭刻着撰编者的辛劳和智慧，述说着广西师范大学出版社的远见、魄力和文化贡献。使用档案库，仰望丰碑，令人心存感激，当致以敬意。

12月11日 与祖慧教授合作的《宋代登科总录》荣获浙江省第十八届哲学社会科学优秀成果"基础理论研究类"一等奖。

2016年 76岁

1月2日 撰写《宋代官制史》之"门下省"。按：此书已由中华书局董事长徐俊签约出版合同。

1月5日 撰写《中国历代职官别名大辞典》"增订版后记"。

1月9日 收到吉林大学高福顺来信，称已收到《宋代登科总录》赠书，他承担《辽代登科总录》。接到北大张希清来电，他刚从美国回来，准备赠送一套他主编的《中国科举史》（五卷本）。（摘自日记）

1月12日 收到武汉大学余来明来信，称已收到《宋代登科总录》赠书，他承担《元代登科总录》。收到张希清主编《中国科举制度通史》一套5册。今天将完成的《中国历代职官别名大辞

典》(增订版)发给了广西师大出版社虞劲松。(摘自日记)

1月18日 将校对完毕的论文《宋代真迹官告的解读与研究:以司马伋与吕祖谦官告为中心》,二万多字寄回上海《中华文史论丛》胡文波编辑,已确定在第一期发表。(摘自日记)

1月23日 闻听傅璇琮先生逝世消息,心情十分悲痛。他在日记中写道:

> 下午,小汪(汪潇晨)来修电脑,告诉我一个非常突然的消息:傅璇琮先生逝世! 令人震惊!
>
> 他曾告诉我:骨折住院。这没有引起我的重视,以为是老年人骨质疏松,未能赶到北京看望。就那么匆匆地走了。十分悲痛。
>
> 傍晚。复旦大学陈尚君教授来电告诉我:下午三时十四分,原中华书局总编傅璇琮病逝,享年83岁。噩耗得到证实。
>
> 傅先生与我有三十多年学术交往情谊,对我的学术道路有重大影响,对我帮助极大,是我的学术恩师。他的故世,是学术界、出版界的重大损失,也使我十分悲痛。
>
> 晚上,写了一篇悼念傅先生的短文。

1月24日 给《光明日报》发去悼念傅璇琮先生的文章。他在日记中写道:

> 上午,给《光明日报》发去悼念傅璇琮先生的悼文:《一位高人留给浙大的最后绝响——悼念傅璇琮先生》。

1月29日 学生毛晓阳从福州赶来杭州看望,与在杭州的学生小聚。他的日记写道:

> 上午,学生毛晓阳从福州赶来看我。
>
> 中午,在伊家鲜同门小聚,与会的学生:宫云维、夏卫

东、毛晓阳、沈小仙。谈得甚欢。

1月29日 《光明日报》刊登了在八宝山举行的傅璇琮先生追悼会的新闻《蔼然长者去　学脉有赓扬》，其中提及所撰挽联，文中写道："'高言高功高德高人秀于林　妙思妙文妙作妙手出仁心'，这是来自杭州的龚延明哀思。"（摘自日记）

1月30日 撰写了追忆傅先生的长文：《智者的风范——记傅璇琮先生二三事》，载于《书品》2016年第4期，题为：《智者风范　仁者襟怀——记傅璇琮先生二三事》。

智者的风范——记傅璇琮先生二三事

在我长途跋涉的治学道路上，我有幸得到学术界三位名家的指教、奖掖和提携。第一位是著名的宋史专家徐规先生的指教，在杭州大学攻读期间，是他指教我做学问要严谨、扎实，切忌急功近利，要有甘于寂寞、坐冷板凳的刻苦精神。徐先生是我学术人生的第一个领路人。第二位，是饮誉海内外的宋史权威、北大名教授邓广铭先生的奖掖。邓先生对我那《宋史职官志补正》的充分肯定，在学术界已传为佳话……邓先生是我学术人生的护法神。第三位，是海内外著名的出版家、唐宋文学专家傅璇琮先生的提携。从1980年认识傅先生开始，直到今天，我们的学术交往已整整三十七年！傅先生从中华书局古代史编辑室编辑、主任，到中华书局副总编、总编，他数十年如一日，在学术上热情地提携我，使我从开始学术方向不明，走上有明确的学术方向，找到学术富矿，又帮助我将开采的学术产品，推向社会。从《宋史职官志补正》《宋代官制辞典》到《宋登科记考》，我在学术道路上每前进一步，可以说，都离不开傅先生的提携。傅先生既是帮我塑造学术人生的总工程师,又是良师益友。

一、学术批评与人为善,"不打不相识"

1979年,我应上海人民出版社之约,撰写《杭州与西湖史话》。在写作过程中,涉及一首著名的唐人写的《灵隐寺》诗,其中"楼观沧海日,门听浙江潮"一句,尤为脍炙人口,至今传诵。关于此诗作者,学术界颇有争议。我就据唐人孟棨的《本事诗》,提出此诗为骆宾王、宋之问二人合作的看法。其实,我对唐代文学谈不上研究,尚不知深浅。此文在《杭州大学学报》1980年第一期刊出后,该刊第二期就登出了傅璇琮先生的《关于宋之问及其与骆宾王的关系》批评文章,否定了我的骆、宋合作的观点,认为这首《灵隐寺》诗是骆宾王所作,文中也指出我在运用史料上的错误,把《新唐书·文艺传》,误作《旧唐书·文苑传》。拜读之后,深感批评之中肯、立论之可信。其资料运用旁征博引、纵横捭阖,更使我折服。回头再看自己所写的文章,实在浅薄,不免汗颜。

当时我并不认识傅璇琮先生,从徐规先生处了解到,傅先生是中华书局编辑、唐代文学专家。然而,这么一位专家,在批评文章中,言辞婉和,十分诚恳地提出问题,批评仿佛就像商讨一样,对一个名不见传、文中出现低级错误的无名之辈,完全没有居高临下的架子。这使我感动。傅先生这一批评,对我震动很大,使我认识到:做学问光凭"小聪明"是不行的,必须要有长期积累;运用史料一定要严谨,不能马虎。这是在文章内容之外,我所受到的教育。

我对傅先生的学术批评,不仅没有不高兴,相反,傅先生深湛的学识，和与人为善、切磋学问的批评态度，感动了我、教育了我，在心中油然升起一股敬仰和感谢之情。于是，我给傅先生写了封信，一方面，表示接受批评；另一方面，希望今后能够继续得到学术上的指点。傅先生很快就回了封信，说通过学术批评，期以推动学术的进步；还说我的文笔流畅云云。就这样，这一批评文章，开启了我们此后三十余年的学术交往。不久，他来信约我写一本《宋太祖》小册子，列入《中国历史小丛书》。我欣然接受。《宋太祖》书稿交给中华书局后，他曾对我说："《宋太祖》文笔很好，我在编辑部会议上也讲了。编辑部想再请您写一本《王安石》。"这给予我很大鼓舞。中华书局是海内外著名的一流出版社，在八十年代，能在中华书局出书，治文史哲的学人，谁都是引以为荣的。虽是几万宁的小册子，对我这个还在学术道路上摸索的人来说，却是大事了。于是，我很快地，又写了一本小册子《王安石》。《宋太祖》《王安石》分别于1983、1986年在中华书局出版。

有一次，在京聚会，席间有人问起我们怎么认识的，傅先生笑着抢先回答："我们是不打不相识。"指的就是通过这次学术批评结识的事。

我这个尚未跨入学术殿堂之门的年轻人，通过接受学术批评而能结识大学者——傅璇琮先生，此后并一直得到傅先生学术上的指导，这是我人生道路上的机遇和幸运。

然而并非所有的学术批评，都能有这样的结果的。在学术界，我们也见到过有的学术批评，架势盛气凌人、用语尖酸刻薄，结果引起被批评者的不满，最终酿成相互谩骂、相互攻讦的局面。不但学术批评目的没有达到，反而伤害了学者之间的感情，污染了学界的空气，这是不可取的。

傅先生对我的批评，可以说是学术批评的一个范例，这就是抱着开展学术批评以求真的宗旨，相互切磋学问与人为善的态度，这不但能使被批评者心悦诚服，而且会促使批评与被批评者之间建立起学术情谊。"以文会友"，此之谓吧。

二、出版家兼学者的高度——从《宋史职官志补正》说起

1974年，我从部队当工兵复员回杭大历史系，重操旧业……我离开大学教师岗位已十二年，谈不上有什么历史研究。所以直到七十年代末，我也没有明确的学术方向，彷徨在科学殿堂之门外。1979年，我所在的历史系宋史研究室，在商议同仁的研究方向时，研究室主任徐规先生，建议我研究朱熹，我当时考虑到研究朱熹的人已不少，加之我希望能够科研与教学相结合，所以未能接受。徐先生尊重我的意见，经考虑后，提出让我在系里开一门选修课"中国古代官制史"，科研方面则侧重宋代官制研究。这样，教学与科研能相辅相成，我欣然同意。不久，以徐规教授为学科带头人申报的"宋史补正"课题，列入浙江省哲学社会科学"七五"规划重点课题。根据研究室学术分工，我理应承担《宋史职官志补正》工作。这可让我犯难了。因为，已有邓广铭先生《宋史职官志考正》，这一得到陈寅恪先生高度评价的里程碑式作品在前，我这个刚刚涉足宋史领域的无名之辈，去续《宋史职官志考正》之作，能免"狗尾续貂"之讥吗？正处于进退两难之际，我请教了……傅先生。傅璇琮先生虽身为出版社编辑，但他又是通观文史全局的专家。趁傅先生来

杭州的机会,我们在杭州城站红楼饭店,进行了一次长谈。针对我的顾虑,傅先生坦陈了他的看法:"邓先生是宋史权威,为学术界所公认。他的《宋史职官志考正》是开山之作,是名作,但这不等于《宋史·职官志》研究工作已经终结。邓先生自己也不这样看。限于抗战时期资料之不足,还有不少遗漏。在50年代,他就提出过对《宋史职官志考正》和《宋史刑法志考正》需要重新进行增补。现在你去挑起这副担子,应该说是学术发展的需要。你年轻,精力充沛,研究条件又好,只要能刻苦钻研,在邓先生《考正》的基础上,必有新创获。我与邓先生有学术上的交往,深知邓先生的学术品格。他胸怀豁达,视学术如生命,十分关心宋史研究队伍的壮大。你的研究工作,只要脚踏实地,做好了,会得到他的肯定的。"他又说:"一个人的时间、精力终究有限……有得必有失,从事中国古代官制史教学可以,专门研究则以断代为佳。〔结合科研〕你可以选择《宋史职官志补正》作为苦练基本功的阵地,逐步把握宋代现存的所有官制史料,在此基础上,继续深入,在'深'的方面,把根子扎得更深,争取站到学科前沿。"傅先生这番推心置腹、语重心长的谈话,于我,犹如置身在旷野难以辨别前进方向的时候,突然看到前方亮起一盏指路灯,傅先生不但从学术发展角度和邓广铭先生的为人两个方面,肯定了我可以做《宋史职官志补正》,而且还在研究的方法上帮助我怎么做,即首先要充分占有材料,"把握宋代现存的所有官制史料"。这样,一下子驱散了我心头的迷雾和疑虑,使我鼓起勇气前行。我终于接受了《宋史职官志补正》的科研任务。

在傅先生鼓励和点拨下,我于80年代上半叶,开始了

《宋史职官志补正》工作,头三年,我把精力集中在搜集、阅读、摘抄《宋会要辑稿》《续资治通鉴长编》《职官分纪》《古今合璧事类备要》《吏部条法》《庆元条法事类》《宋朝奏议》《宋史》等史籍、类书以及宋人文集、笔记、方志等等。按《宋史·职官志》十二卷内容顺序,做了15册、300多万字分类笔记中的宋代官制史料。继而,用二年时间,参考邓先生《宋史职官志考正》,缜密地考订《宋史·职官志》,前后共花了五年时间,完成了近三千条补正条目、50余万字的《宋史职官志补正》书稿,1991年由浙江古籍出版社出版。此书出版时间,离邓先生《宋史职官志考正》1941年出版之期,恰好半个世纪。

《宋史职官志补正》出版后,诚如傅璇琮先生所预料的,邓广铭先生"胸怀豁达,视学术如生命"。他衡量学术成果,不论资格,不计较对自己的研究的批评,完全以学术上有无建树为心中的一杆秤。《宋史职官志补正》出版后,需要进行成果鉴定。浙江省社科规划办聘请邓广铭先生担任浙江省哲学社会科学重点课题《宋史职官志补正》鉴定组组长,同时聘请了中国社科院历史所研究员王曾瑜、陈智超,上海师大古籍所研究员朱瑞熙及中华书局编审汪圣铎,成立成果鉴定小组。邓先生郑重其事,先把鉴定组四位成员意见归纳为两点……然后,自己又专门写了鉴定意见:"我那篇文章(按:指《考正》)只能算作开'大辂'之先的'椎轮'。然而'大辂'却一直迟迟没有出现。直到八十年代,国内学者中,才有杭大历史系龚延明同志出而专心致志于宋代职官制度的研究……以五个春秋的时间和精力,完成《宋史职官志补正》这一巨著。"邓先生的评语,既使我心中悬着的一块石头掉下了地,同时又使我十分不安,我感到邓先生对我是鼓励多了,实际上我所做的,不过是站在邓先生的肩膀上摘到的果实,我的成果岂能视为"大辂"呢?这是前辈大师对我的奖掖,我自应把邓先生的鼓励当作继续努力的目标。邓先生对我这一成果的充分肯定,使我深受鼓舞,坚定了我在官制史研究这块园地继续耕耘的决心。

我转述邓广铭先生对《宋史职官志补正》的评价,正好证明傅璇琮先生的学术眼光是何等深邃!他一方面,站在出版家兼学者的高度,指出《宋史·职官志》补正仍是一个有很大空间的学术阵地,而且可以作为深入研究宋代官制的基础,循此走向学术前沿;另一方面,傅先生在学术界交往甚深,他对学术大师邓广铭先生广阔的胸襟十分了解,所以能在我犹豫、彷徨之际,鼓励我走近学术大师、去做《宋史·职官志》考正的研究工作。假如没有傅先生的这番点拨和鼓励,我根本不敢去做《宋史职官志补正》。记得,当时,我曾经对一位同事讲过,要不,我还是去做一些《宋史列传》补正工作算了。要是真的去做《宋史列传》补正,就不可能有《宋史职官补正》的出版,也就不可能有500余万字的宋代官制资料积累,谈不上继续深入宋代官制研究,当然也就不可能有《宋代官制辞典》《宋登科记考》成果了。

说起《宋代官制辞典》,更是离不开傅先生的提携。《宋史职官志补正》出版之后,我对宋代官制资料已有了较充分的积累。下一步该怎么走?这时我又想起了傅先生的话:"从事中国古代官制史教学可以,专门研究则以断代为佳。你可以选择《宋史·职官志》补正作为苦练基本功的阵地,逐步把握宋代现存的所有官制史料,在此基础上,继续深入，在'深'的方面把根扎得更深，争取站到学科前沿。不要满足于做一个一般有些成就的学者，要做一个有较高成就的学者。"那么，在完成《宋史职官志补正》，如何继续深入？联想到在做《宋史职官志补正》过程中，我碰到过职官简称别名与职官术语这两个"拦路虎"。为了扫清这两个障碍，与做《补正》同步，我已注意搜集宋代职官别名与职官术语的例证与释例。宋史界有一个共识，认为宋史研究有两大难题：一是宋代官制，一是宋代儒学（李学勤、王曾瑜《中国古代史研究资料》）。我就想，如果撰编一部《宋代官制辞典》，在解释宋代正式官称之外，加上宋代职官别名与职官术语的解释，这也许对解决治宋史的难题——宋代官制会有帮助。我把这个想法写信告诉了已任中华书局副主编的傅璇琮先生。傅先生很快回信，谈了他的看法："宋代官制的确很复杂，出一部《宋代官制辞典》，对治宋代史与宋代文学史，都很有必要。问题是，出版断代官制辞典还没有先例。出版可能有些困难。但是，如果您能做出特色，具有较高学术价值，即使是断代官制辞典，也可以去争取出版。您不必犹豫，先做起来。"

傅璇琮先生是唐宋文学史大家，他深知历史制度之于文学史研究的重要性。他在名著《唐代诗人丛考·后记》中，对唐朝诗人姚合的仕履所作的考证，就是运用了职官制度史的学识：

钱起考：姚合《极玄集》卷上载钱起仕履，说是"终尚书郎、太清宫使"。后人因此太清宫使称他的，如宋人诗话《诗史》谓"唐太清宫使、翰林学士钱起多作佳篇"云云。而按之于唐代官制，钱起是否曾为太清宫使，是颇可疑的，唐太清宫使之称一般是宰相兼的。如《新唐书》卷四十六《职官志》一，谓："宰相事无不统，故不以一职名官，自开元以后，常以领他职……至于国史、太清宫之类，其名颇多，皆不足取法，故不著其详。"这里说得很清楚……修国史及太清宫使也是宰相所带的名号。北宋时宋敏求的《春明退朝录》曾说："唐制，宰相四人，首相为太清宫使。"而我们知道，钱起的官位最高不过是考功郎中，就是说，只是尚书省的一个郎官，是不可能为太清宫使的，《极玄集》所载当误。

这个例证，已能说明傅先生《唐代诗人丛考》为什么具有很高的学术价值，为学术界所推崇。就因为他治文学史不离治史，文史紧密结合。唯其如此，他对我做断代《官制辞典》，不仅仅从出版家出版市场的立场评判，同时能从专家学者的高度予以审视，所以他在权衡了出版市场需求与学术价值两者之间的利害关系后，决定支持我去做《宋代官制辞典》。

我心定了，我做完了《宋代职官别名汇释》《宋代职官术语汇释》两个项目，同时加快做宋代正式官名词条的搜集与释义。1987年，我感到编撰一部有特色的《宋代官制辞典》，已有较大把握，遂向中华书局编辑部提出了选题申请。那时，傅先生已升任中华书局总编，需统筹全局，工作上，不便与我直接联系。选题一事，就委托综合室编辑处理。具体审稿任务又落实到徐敏霞先生身上，由她与我直接联系。徐敏霞先生也是北大高才生，有深厚的文献根底，保持了中华书局严谨的编审作风，工作极细致、认真。她看了我送审的样稿后，第一次写的书稿审读意见长达十二页，字写得密密麻麻，样稿中凡需修改处，一一贴上写有批注的书签。此后,在审读样稿、确定撰写体例方面,通信十余次,给予我悉心提示。经过两年多作者与编辑的反复讨论、修改,最后,《宋代官制辞典》从编写体例、条目释文的写作要求、引用书目的学术规范,都达成了一致意见。1989年,中华书局编辑部经过讨论,傅先生拍板接受了《宋代官制辞典》的出版,签下了出版合同。接着,我又用了近三年时间,完成全部书稿,在学术专著出版十分困难的大气候下,傅先生出于对有特色的学术著作的重视,不顾阻力,予以全力推动。1997年,中华书局终于出版了近189万字的《宋代官制辞典》。《宋代官制辞典》出版后,受到了学术界特别是宋史界的欢迎,被誉为"继邓广铭先生《宋史职官志考正》之后,宋史研究又一里程碑式之作"(王曾瑜《宋史研究的回顾与展望》,刊《历史研究》1997年第3期)。获得浙江省第九届哲学社会科学优秀成果著作一等奖,第三届中国高校人文社科研究优秀成果历史类三等奖。《宋代官制辞典》能够做成并在中华书局出版,是与傅璇琮先生学者型出版家的支持和帮助分不开的,可以说,没有傅先生对该《辞典》的学术价值评判,拍板接受在中华书局出版,就不会有此书问世。

《宋代官制辞典》的出版,标志着我在官制研究方面深入了一步。显然,我能在学术上取得不断进步,有赖于傅璇琮先生的提携,这也是我的幸运。

三、唐宋文学家兼史家的深邃——从《宋登科记考》谈起

1991年夏天,我在完成了《宋代官制辞典》后,正在考虑下一步做什么。傅璇琮先生仿佛了解我心思似的,于是年6月10日给我来了一封信:"你今后几年,我想,或者仍就官

制史的路子走,深入一步,写《宋代官制史》。邓先生的评价,我认为是合乎实际的。我对你有厚望,我认为你已具有底子与功力,完全能有进一步的成就。或者即以我们在北京讨论的意见,搞《宋登科记考》。"

其时,傅璇琮先生在出版了名作《唐代科举与文学》后,正想进一步考察宋代科举。

论及宋代科举制之研究,应该说,海内外学人已取得不少成果,而且还在继续全面开展。遗憾的是,与科举制兴起阶段唐代相比,就会突现一个很大的缺陷:唐代已有清朝学者徐松编撰的《登科记考》,提供了内容丰富的唐、五代科举编年史,以及历届登科人及其生平履历,给研究唐代历史、文学和社会文化,提供了切实的基础资料。而宋代则没有,换言之,宋代科举制研究最基础性的工作,尚付阙如。

傅先生是唐宋文学研究专家,但他兼有史家的史识与史学功底,他的智慧之深邃,正是基于能将文史研究紧密结合。他站在文学家与历史学家高度,十分重视基础性资料整理与研究。他觉得,宋代科举于宋代文学、历史与社会文化影响十分深远。而迄今研究宋代文学史与社会文化,还没有如研究唐代条件好,有《登科记考》提供的唐代科举基础资料支撑,而宋代则没有《宋登科记考》,这是一个严重缺陷。于是,下决心要仿徐松编撰《登科记考》体例,撰编一部《宋登科记考》。怎么着手做?因为宋代科举史料繁多,傅先生感到此"决非一人之力所能胜任",他很自然地联想到了我。此时我正好完成了《宋代官制辞典》,还未确定下一步研究计划。在北京一次聚会上,他即向我提出了合作做《登科记考》课题的意向。我的第一个反应是,我研究宋代官制与做《宋登科记考》并不矛盾,科举属官制铨选范畴。其次,要研究宋代科举制度,必须掌握最基础的登科资料,迄今为止,海内外关于宋代科举研究成果虽然很多,但一直缺乏《宋登科记考》基础资料之支撑,这已成为宋代科举研究后天之严重缺陷。为此我欣然接受傅先生的提议。于是两人一起商定,合作从事《宋登科记考》的编纂。工作放在杭大(现改为浙大),傅先生任主编。

从1992年下半年起,在傅先生主持下,我就开始把主要精力投入《宋登科记考》课题的研究工作。我的主要合作者是祖慧博士(现为浙江大学古籍所教授),此外,聘请了历史系魏得良教授、图书馆线装书部主任及馆员尤钟麟等专家参与,并组织历史专业本科生、研究生帮助做些方志书中所载进士题名录的抄写等等。

运作《宋登科记考》,需要大笔科研经费,怎么办?傅先生亲自为筹集经费奔走,帮助我向高校古委会申请立项。1992年,我在杭大历史系任教,与古委会无联系,不能申请项目。他开始想请杭大古籍所副所长崔富章帮忙,让我任古籍所兼职教授,未果。后来,我通过省教委高教两处渠道,与高校古委会联系申请。申请表交上之后,傅先生又亲自向古委会负责人安平秋教授,评委之一、南京大学周勋初教授等解释《宋登科记考》立项的意义。在提交给古委会近五十个申请项目的激烈竞争中,《宋登科记考》课题申请得到批准立项,获得了宝贵的一万元经费资助。当然,对《登科记考》这么大的项目,一万元经费,只能做启动经费,还是很不够的。于是,傅先生又与美国华人李珍华教授取得联系,建议他也参加此项目,并希望他能在李先生所在学校申请立项,李珍华欣然同意,并通过傅先生立即打过来5000元人民币。遗憾的是,不久李先生病故,与美国学者合作的愿望未能实现。以后,则由傅先生和我共同挑起《宋登科记考》课题的重任。

1993年11月,因工作需要,原杭州大学领导,将我从历史系调至古籍所,接替九十高龄的姜亮夫先生所长的班,担任杭大古籍研究所第二任所长。由于双肩挑,《宋登科记考》课题进展就慢了下来。加上《宋登科记考》之工作量实在太大,要涉及两宋浩繁的史料,所以,前前后后做了近十年之久!光校对打印稿就达七次,每校一次就得花上半年左右时间。在这前后近十年的编撰工作过程中,傅先生通过审读书稿,不断对书稿提出修改意见,其间来往书信,经年累月不断,我每次寄去部分样稿,他总是在百忙中,尽量安排时间先批阅,有问题则作出眉批,为保证书稿的质量,付出了大量心血。现在我略举傅先生一些修改的眉批,以窥见一斑。

《宋登科记考·天圣二年》:

1.“元绛”条:《宋史》本传〔引文〕,可稍简。

2.“毛洵”条:《宋史》本传,似应在周必大〔文集〕之后,这需有统一体例,是否以时代先后为准,如后之“叶清臣”条。

3.样稿原文:“孙锡,字昌龄。真州人。咸平二年登进士第……宋王安石《临川集》卷九七《孙公(锡)墓志铭》:‘公讳锡,字昌龄……以天圣二年进士起家。’”

傅先生批注:“咸平”为“天圣”之误。

4.样稿原文:“孙舜甫,一作夷甫常州武进人。”

傅先生比注:"夷甫"后加逗号。

5."许彦先"条:"宋苏辙《栾城集》卷二八《许彦先知随州》(文略)。"

傅先生批注:为何"文略"? 应有登第年之记载。

6.样稿原文:"张瓌……宋王称《东都事略》卷三七《张洎》……孙瑰。"

傅先生批注:"瑰"应作"瓌"。

7.样稿原文:"周中和……秦和人。"

傅先生批注:"秦和"为"泰和"之误。

9."曹平"条,眉批:"同三礼出身","三礼"漏加书名号,应为同《三礼》出身。

10."孙抃"条,原文:"宋王得臣《麈史》卷七"。

傅先生眉批:《麈史》仅三卷。

11."杨正臣"条:"察襄,擢天圣八年进士第"。

傅先生眉批:"察襄"为"蔡襄"之误。

12."皇甫辽"条:"景祐元的甲戌张唐卿榜"。

傅先生眉批:"景祐元的"为"景祐元年"之误。

13.p.169"傅仪"。

傅先生眉批:已见前页168"傅仪"条,重。

14."裴煜"条:引"清厉鹗《宋诗纪事补遗》卷一《裴煜》"。

傅先生眉批:厉鹗非《宋诗纪事补遗》著者。

以上所举例,并非全部,但即便从上引眉批,已可窥见傅先生对《宋登科记考》审稿之细致,从体例、简繁体更换、错别字、标点、引书作者等等,都在他严谨的审视之下,一一挑出存在问题。让我们能及时订正并引以为戒,帮助书稿通过一次次修改、一遍又一遍校对，不断提高质量，直到2004年全部定稿。

定稿的《宋登科记考》，在仿徐松《登科记考》体例基础上，又有新的改进。

……

《宋登科记考》完成后，还有一个十分重要的出版问题。又是通过傅先生的努力，最后落实在江苏教育出版社出版，使科研成果实现了向市场产品的转化。

总之，《宋登科记考》从选题确定，编纂体例的设计，向高校古委会申请立项，落实经费资助，以及审稿把关，到最后落实出版，傅先生都付出了大量心血和智慧。他是《宋登科记考》的总设计师和监理人。没有傅先生，也就没有今天这部500万字的开山之作——《宋登科记考》。

……于研究中国科举制度史、文化史、政治史，具有重要意义，特别是对研究宋代文化高度繁荣的原因，宋代科举与文学的关系，宋代区域文化的特点等等，都有直接的参考价值。我庆幸能有缘和傅先生合作撰写《宋登科记考》，能为学术的发展作出贡献。（注：关于《宋登科记考》的撰编和出版，刊《古籍整理出版情况简报》2000年第1期）

我和傅璇琮先生三十七年的学术交往，不说电话联系，光书信往来，就在300封以上，过从至密。年龄上，他只长我半辈，但其学术成就与学术地位，不知高出我多少，无法比较。但他始终平易近人，不摆架子，和蔼可亲，视我为挚友。夜深人静，当我默默地回顾与傅先生交往的往事，一件件、历历在目，一桩桩、涌上心头，心潮澎湃，难以自已。他所具有的出版家兼学者的高度，文学家兼史家的深邃，唐代文学领军人物的全局胸怀与高超的组织艺术,和对后进不遗余力的提掖,值得我永远敬仰。

2月4日 《留给浙大的最后绝响——悼念傅璇琮先生》一文刊《光明日报》第 14 版,又以《一个高人留个浙大的最后绝响——悼念傅璇琮先生》为题,刊于《书品》第 1 期,《科举学论丛》(线装书局出版)第一辑,全文转载。

全文迻录如下:

在浙江极寒的日子,一月二十三日下午,突然传来了极寒的噩耗——浙江之子傅璇琮先生逝世。

太突然了!

我无法相信,因为傅先生正向我微笑,那么亲切和蔼的笑容,那么熟悉的面影,他就坐在我的对面,同我谈初唐诗人宋之问的生卒年;指点我研究宋代官制须从点到面,先从《宋史职官志补正》基础研究做起;同我谈做学问要见难而上,可以试试编撰《宋代官制辞典》;同我谈唐代科举与文学研究,"文史"不分家,研究唐代文学必须研究唐代历史;启迪我,唐代科举有徐松《登科记考》,宋代没有,可否一起做《宋登科记考》? 同我谈《宋学研究》刊物的出版,这不,我手中还捧着一个多月前,他在病床上写给我的亲笔信——《宋学研究》第一期出版"贺词"。他信中说起,因二次摔倒骨折住院。我当时没有警觉,以为老年人骨质疏松,摔倒骨折,不是大毛病,没有想到去北京医院看望。

我无法相信,先生十一月二十八日的信,竟然是他留给我的最后的声音,也是他留给浙大的最后绝响!

我陷入悲痛,无声的泪流了下来。人生苦短。一位高人的生命,难道就这样杳然无声地走了? 不再回头,不再回头看一看亲人,看一看学术界的友人,看一看三十多年来一直得到先生指点、扶持、激励的后学?

我无法相信,从王府井大街中华书局起点,到太平桥西里先生府上,三十多年建立起来的、从未中断过的学术联系,已渗透我的学术生命,渗透在我的职官科举研究的成果之中,怎么可能突然隔断联系,从此再也不能聆听先生的教诲,再也不能为先生泡上一杯龙井茶,向先生请教学术研究如何设计框架、如何创新?

今天下午,复旦大学陈尚君教授告诉我,先生是上午十一点突然休克,经三个多小时抢救无效,离开人世的。这是严峻的事实。

我不能不相信,先生匆匆地走了,他来不及告别。

现在我手上捧着的先生这份珍贵的"贺词",成了先生留给后学的最后勉励和期望,也是先生留给浙大的最后绝响,祝福浙大宋学研究中心办好,办成海内外新宋学交流的平台。先生在生命的尽头,惦念着的还是学术建设、学术发展和人才的培养,他博大的胸怀,展现的是高人的风采。现把先生用颤抖的手,一字一句艰难地写下的最后亲笔信,转录下来刊布:

贺　词

中华书局原总编、中央文史研究馆馆员、清华大学古文献研究中心主任　傅璇琮

浙江大学宋史、宋词研究饮誉海内外。一代宋史学家张荫麟、一代词宗夏承焘在先,陈乐素、徐规、吴熊和名家继起。薪火相传,文脉不绝,后继有人。欣闻浙大宋学研究中

心，在弘扬宋史、宋词传统学科优势的基础上，融文、史、哲于一炉，已满十周岁，在学术积累的基础上，创办《宋学研究》，构建新宋学的学术交流平台，可喜可贺！期待贵中心之《宋学研究》，将吸引海内外最前沿、最新的宋学学术成果，奉献于学界，从而有力地推动新宋学的长足发展！

读着这封绝笔信，我难以克制，泪水再一次流下。

我望着先生的背影，正驾鹤西去，祥云缭绕，身后是他留给后世的一座座学术丰碑：参与整理《全唐诗》、点校《二十四史》，专著《唐代诗人丛考》《杨万里范成大资料汇编》《唐代科举与文学》《唐翰林学士传论》《李德裕年谱》《李德裕文集校笺》（合著），参与主编《中国古籍总目》《续修四库全书》《全宋诗》《全宋笔记》《全唐五代诗》《唐五代文学编年史》《宋登科记考》等，为后辈学者撰写的大量《序》和《跋》……

我无法追上已升华登天的傅先生，再也没有机会在学术会议上搀扶先生走上台阶，我只能在他身后，轻轻地呼唤：傅先生，一路走好！

最后让后学在先生灵前祭上一副挽联，寄托我的哀思：

高言高功高德高人秀于林

妙思妙文妙作妙手出仁心

2月29日　接到上海科举博物馆徐征伟来电，说傅璇琮先生是《科举学论丛》的学术委员会委员，该刊准备辟专栏刊登悼念傅先生逝世的文章，索求刚刚在《光明日报》刊发的纪念文章《留给浙大的最后绝响》。

3月9日　收到北京匡时国际拍卖公司书画部刘鹏短信，说他从微信上看到2016年第一期《中华文史论丛》刊发的《宋代真

迹官告文书的解读与研究》论文,表示文章写得很好。(摘自日记)

3月22日 收到上海寄来的《中华文史论丛》,内刊新作《宋代真迹官告文书的解读与研究》,一万五千多字。文章的主要内容为:

> 本文是对首次面世的南宋司马伋与吕祖谦真迹官告的刊布、解读与研究。前者系南宋孝宗乾道二年(1166)任命司马伋为"总领淮西江东总领所总领"的绢本差遣官告,后者系南宋孝宗淳熙五年(1178)吕祖谦恩转朝散郎绢本官告。这是南宋真迹官告的首次现身,学术价值堪与南宋武义出土的徐谓礼官告文书媲美。司马伋、吕祖谦官告是真迹绢本文书,它们的面世,回答了官员官告的格式、材质、形制到底如何的问题。本文就两份官告制词、告词内容进行了逐字逐句详细解读,并据官告提供的实证,对宋代中级文官任命文书的运行流程进行了分析,有助于对宋代制度文书的了解和进一步研究。

3月22日 晚上八点半,已毕业博士生多洛肯来启真名苑家中看望。他现任甘肃西南民族大学文学院院长,作为甘肃少数民族代表,近日来浙大参加中央统战部举办的培训班。晚上特地从浙大华家池校区赶过来,师生交谈甚欢。(摘自日记)

3月27日 上午九时,周佳来家接,前往参加"第八届江浙沪青年宋史学术沙龙"。赠给与会者两篇论文:《唐宋官、职分与合》(刊《历史研究》2015年第5期)为制度史动态研究个例;《宋代刑部建制述论》〔选自未出版《宋代职官科举简史》书稿,后刊于《河北大学学报》(哲社版)2016年第5期〕。并在会议上致辞,提出三点意见,迻录如下:

一、弘扬尊老传统(以徐规先生专著取名《仰素集》取名为"仰素",即敬仰老师陈乐素为例),和尊重学术批评(以我正确对待傅先生在宋之问生卒年问题批评为例),说"满招损、谦受益"的道理;

二、制度史研究的二翼:传统的、成文法官制的静态研究,新兴的、制度运作的动态研究;

三、如何整合江浙沪地区宋史研究力量,加强品牌建设,得用好学术沙龙平台,不断激活江浙沪青年宋史学术沙龙的生命力和影响力。

按,此次会议,有来自苏州大学、南京大学、上海师大、复旦大学、同济大学、华中科技大学、杭师大、浙江工商大、浙江大学、同济大学等高校近20位年轻宋史研究者参加。

4月3日 上午,撰写了关于"浙学"研究的一个学术建设补充提案,交给省人大办公室(由校党委督查室董小军转交)。摘录提案补充意见如下:

对《关于加强浙学研究的建议》提案的补充意见

蒋承勇教授等人大代表的提案,道出了浙江学人的心声,我为之拍案叫好!

提案下传,让更多人参与,广集众人智慧,同样值得点赞!

我仅补充一条为提案领衔人所忽略的、浙学研究的一个重要方面:浙学的主体——浙江精英人物的研究。

浙学是浙江学术,不必囿于浙东学派等小范围。浙学是中国地域文化——吴越文化的传承与发展,这也是区别于蜀文化、齐鲁文化等地域文化的特色所在,这是一。

又,浙江学术的繁荣,靠的是浙人、浙江文化人,整理与研究浙学,不能忘掉浙学的主体——浙江人物,特别是浙江精英人物,这是二。

希望浙学研究的策划者,既做到见物(图籍、契约、家谱等)——浙学载体,又见人——浙学的主体。

浙江古代精英人物,首先是唐宋以来的登科人。浙江是科举大省。特别自南宋定都杭州之后,一方面,杭州(临安)成了全国政治和文化的中心,另一方面,北方士大夫和大族,大量南迁,在浙江定居,与原两浙人融合。这两大因素,使浙江迅速成为人文荟萃之地。其登科人数,节节攀升,从北宋次于福建、四川、江西、安徽(当时属淮南西路)、广东等路,处于中游,至南宋,一跃居于全国前列。此优势,延续至明、清,浙江登科进士人数,始终保持前三名的位置。特别是明、清两朝状元和榜眼(第二名)之数,浙江与江苏两省交替领先,所占最多。

据大略统计,自隋至明清登科人数,全国约 16 万左右。值得骄傲的是,这 16 万登科人中,浙江进士达一万五千以上,约占全国进士总数近十分之一,这是十分了不起的浙学文化资源!

要了解浙江自隋唐以来的政治、思想、经济、文化、教育、军事等等浙学史,和浙江人在国家舞台上所扮演的角色,不可能绕开这一万五千多精英人物的活动。诸如政治家兼军事家宗泽、于谦,政治家陆贽(唐名相,进士出身,嘉兴人)、杜衍(宋代力主改革的宰相)、刘基,思想家陈亮、王阳明,科学家沈括,军事家葛云飞(武进士),教育家吴震春(燕京大学第一任华人校长、教育部次长)、蔡元培,文学家孟郊、钱起、张志和、陆游、袁枚、龚自珍,百科全书式的历史文化学家王应麟,史学家胡三省、宋濂、邵晋涵、全祖望、章学诚、徐松,地理学家王象之,经学家卢文弨、俞樾,绍兴师爷宗师汪辉祖,天一阁创建者、著名藏族书家范钦,等等,如果我们能将这一万多进士出身的浙江古代精英,都能搜集起来,并为每一个人立一个小传,使我们能一一了解他们是哪个县人、何年登科、做过什么官,有什么著作和业绩,这是挖掘浙学底蕴,十分有价值的浙学文化研究工程。它将为建设浙江文化大省,开发一大宗学术、文化资源。

建议把建立《浙学精英人物数据库》,列为"浙学创新工程标志性工程"之一,即列为第六大标志性工程。

4月14日 《明代登科总录》书稿已由课题专职输录员打印出来,共 12,000 多页,计 1,638 多万字。工作量超过 1,000 万字的《宋代登科总录》。

4月16日 下午二点半,《登科录》课题组成员江西师范大学副教授邱进春自驾车从南昌到杭州。将《明代登科总录》打印稿,以及天一阁《明登科录》46 榜线装本(一大箱)、《献征录》(4册)、《明代人名字号索引》(上、下)、《明代职官表》一同带回去,进行校对。约定年底完成一校。(摘自日记)

4月20日 上午,宁波出版社钱升升与张爱妮二位编辑专程来课题室,就天一阁藏明代登科录整理事宜做了交流,向他们讲述了天一阁藏《明代乡试录》(7 册,800 多万字)的整理体例,二位编辑均表示赞同,认为,如此整理,能使读者看明白乡试录的多元内容,不致混沌一团。同时,还将已经整理好的电子本明代天一阁藏《乡试录》(800 多万字)拷贝给了出版社。自此正式承接了出版社委托的主编重任。(摘自日记)

4月21日 收到《北京大学学报》编辑部管琴编辑来信,告

知所投稿《宋代崇文院馆阁官虚实两重职能》史料扎实、很见功力。已交主编和编辑部讨论。(摘自日记)

4 月 27 日 下午,接受古籍所研究生党员赵满江、李丰、赵国静、韩宇、王忠培等六人的党员专访,谈治学经历和岳飞研究的体会。座谈了将近两个小时。座谈会后,拍了合影留念并赠送他们一人一本书。此次访谈主要谈了三方面体会:

> 一个知识分子党员,要爱国、爱党、为人民服务,这是党员基本的党性。做学问,则首先要定好学术方向;其次,则要见难而上,不怕苦、甘于寂寞,富于创新,不跟风;第三,不怕慢、只怕站,坚韧不拔。做到这些,必能实现理想,在事业上取得成功。(摘自日记)

4 月 28 日 下午,在人文学院咖啡厅,听俄罗斯学者索罗琴(现在中国人民大学)来浙大作的学术报告:《10—13 世纪华北佛教与西夏佛教史》,感受深刻。他在日记中写道:

> 下午听俄罗斯学者索罗琴作学术报告《10—13 世纪华北佛教与西夏佛教史》。汉语演讲,十分流利,一个母语俄语的学者,能懂西夏文、梵文、英语和汉语,实在了不起!他利用黑水出土的西夏佛经等文献,把西夏佛教和辽朝佛教及与汉藏佛教的融合路线展示得十分清晰。最后结论是:西夏佛教,使华北地区成为汉藏佛教圆融的场所,要写《汉藏佛教史》,不可缺西夏佛教这一块,其功不可没。他说:西夏很穷,西夏人只喜欢打仗和做法事两件事。他们以打仗掠夺汉人财富为业;又相信敬佛、做法事能治病。

5 月 9 日 收到《北京大学学报》编辑部管琴来函,通知《宋代崇文院双重职能探析》一文,经编辑部讨论通过,主编也"较为认可"。

又,《文献》主编张廷银来函:《明代三级科举考试珍贵文献》一文已获通过,争取年内安排发表。(摘自日记)

5月11日　华中师大林岩(正在浙大高等研究院做课题)来接,前往参加浙大之江分校浙江高等研究院的中国古代文学工作坊研讨会。在会上作了历史与文学关系的发言,介绍了撰写《诗说中国史》就是文学与史学结合的实践。会议由南开大学卢盛江教授主持。

5月12日　《绳锯木断重构宋代四万进士档案》一文刊于《光明日报》,此文后收录于刘海峰、郑若玲主编,2016年11月由华中师范大学出版社出版的《科举学的系统化与国际化》中,增加了《登科总录》的成书经历和学术价值内容。

文章的主要内容为:

《中国历代登科总录》于1996年10月,由教育部全国高校古籍整理委员会批准立项。2003年,进而为国家社会科学规划办批准列入国家社科基金项目;2012年,经国家社会科学规划办组织专家进行重大项目中期评估,提升为国家社会科学基金滚动资助项目。《中国历代登科总录》全书分为五卷:《隋唐五代登科总录》《两宋登科总录》《辽西夏金元登科总录》《明代登科总录》《清代登科总录》,将收录自隋唐至清末进士等登科人12万左右,总字数约3750万。

课题从批准立项后,我们的团队经历近二十年努力,《中国历代登科总录》的第一份硕果——1000万字、十四册的《宋代登科总录》,首先在广西师范大学出版社出版。

宋代三百多年,共举行118榜科举考试。然而,前人没有做过断代的《宋登科记》。唐代,有清人徐松撰写的《登科记考》。我们要做《宋代登科总录》课题,是从零开始……课题组同仁甘坐"冷板凳",从宋代基本史籍、文集、笔记、人物传记、方志、碑刻等大量文献资料中,去搜寻宋登科人名录和有关资料。经十余年的努力,总共搜集了 41040 名登科人。我们完成的、刚出版的 14 册《宋代登科总录》,提供了一份两宋 118 榜登科录,重构了宋代四万多进士的档案。这是迄今为止,关于宋代登科人物最大的数据库。

《宋代登科总录》所收每一个登科人,都有一份小传,即凡从现存文献中能辑录到的宋代登科人,按朝代、榜次顺序,列其姓名,姓名下列字号、籍贯、登科年、初授官、所历官(举例)及终任官(或最高官)、谥号。小传之下,附书证。书证引用书,写明哪一朝作者、书名、卷次及与小传有关信息的原著引文。书证尽量做到三条以上……这些已逝的登科人,大都是曾经在宋代叱咤风云的精英……从他们身上可以窥见宋代科举制度的生命力、创造力和影响力。正是在他们的影响和带动下,宋代出现了当时世界上最为繁荣、最为光彩夺目的文化。

科举文化流淌在中华传统文化的血脉之中。

《宋代登科总录》的问世,具有重要的学术价值:

一、摸清了宋代科举家底——留存至今的登科人名录,为开辟宋代科举研究新思路提供了四万多登科人的大数据,可以统计宋代进士出身的宰相数量是多少;与非进士出身的宰相比例如何;进士出身的翰林学士比例有多高;北宋前期、后期与南宋时期进士地域分布变化;说明什么问题;有多少进士具有双重籍贯;世官之家与寒门出身进士比例如何;有没有变化;进士出身与非进士出身人在官僚队伍中的比例,及其在中高层官僚队伍中的比例如何,有何变化;

宋代文化名人中进士与非进士比例如何等问题，从而有助于深入研究宋代社会人口上、下和地域的流动性，区域经济的发展与变化，官僚队伍选拔与科举制度的紧密关系与公开、公平程度，贵族与平民社会地位的升降态势等，从而为打开宋代科举研究新思路搭桥铺路。

二、《宋代登科总录》所运用的书证资料，均出自第一手文献资料，具有翔实可靠的权威性……

三、做课题与学术研究相结合，保证了《宋代登科总录》的科学性、准确性和解释疑难的学术质量。宋代科举制度变化比较大、比较复杂，在我们撰写的过程中，碰到的问题自然多。如宋代载籍中的"进士"，不等于"及第进士"，不像明清，凡文献中提及的"进士"，就是登科进士……贡士举、恩科、词科、州郡县名的变化等等，都是必须搞清楚的学术问题，这直接关系到收录登科人的标准、范围与撰写小传的正确性。我们课题组成员边做课题，边进行学术研究，逐个解决课题中所遇到的难点、疑点。以上研究成果，陆续发表在学术刊物上……

四、提供了两宋三百年古代文化精英的传记资料库，有助于开阔宋代文史哲研究的视野，推进宋代专门史研究的深入。

……闻着发着书香的 14 册《宋代登科总录》，想起从零做起，在茫茫历史尘烟中，在与青灯黄卷为伴的漫长岁月中，年复一年，终于寻觅到 40140 个宋代登科人，笔者仿佛如登山队员，终于登顶。回眸山脚，看那一步一个向上登攀的脚印，深深体会到：做学问来不得浮躁，来不得急功近利，真需要沉下心来，真需要有一种绳锯木断、精益求精的慢功夫,甘于寂寞、坚持不懈的韧的精神。

5 月 13 日　应河北大学宋史研究中心贾芳芳来函约稿,给《河北大学学报》发去论文《宋代刑部建制概述:制度史的静态研究》。

5 月 19 日　收到《河北大学学报》编辑卢春艳来函,说收到文稿,"质量非常高",决定在近期教育部名栏"宋史研究"刊用。

同日　接到河北大学宋史研究中心刘云军来函祝贺,称《职官分纪》点校本被列入了 2016—2020 年国家古籍整理出版计划。经电话询问浙江古籍出版社陈小林确认,已获批准出版资助 18 万元。即刻将此好消息告知了合作者汪卉(祖慧的博士研究生)。(摘自日记)

5 月　主编《天一阁藏明代科举录选刊》丛书,由宁波出版社出版。

6 月　《青山有幸》一文载于王济民主编《杭州印象》(修订版),浙江人民出版社出版。

> 杭州是一个文化深厚的历史名城,文章介绍了西子湖畔、栖霞岭下的岳王庙。岳庙是人们为了纪念民族英雄岳飞而建造的。"庙内建筑分为岳飞墓、忠烈祠和启忠祠三部分,是国务院第一批公布的武安国重点文物保护单位……岳飞以文武双全、德才双馨无可匹敌的实力与美德许身报国。他那公正不阿的品质、高尚的民族气节和爱国主义精神,已经成为激发人们更加热爱祖国、热爱人民、坚决反抗外来侵略的强大精神力量,一直感染和鼓舞着后人……21世纪的今天,岳飞已经成为一个炎黄子孙引以为豪的光辉名字,并已成为一种民族凝聚力的象征。西湖因有岳飞的忠魂真骨长眠于此而增辉。"

7月8日　给中华书局总编顾青写信,建议值明年《宋代官制辞典》出版20年之际,中华书局出增订版。

7月12日　收到宋云彬古籍整理出版基金办公室发来《推荐邀请函》,邀请担任"宋云彬古籍整理奖"推荐专家委员会成员,共同促进中国传统文化的传承与古籍整理出版事业的发展。〔按:宋云彬(1897—1979),浙江海宁人,我国现代著名的爱国民主人士,文史学家、编辑家,1957年被错划成右派。次年调北京中华书局,参与《二十四史》点校及编辑出版工作,是点校本《史记》的主要点校者和责任编辑,并独立承担了《后汉书》点校,参与了《晋书》和《南齐书》《梁书》《陈书》的编辑工作,被誉为点校本"二十四史"责任编辑第一人,为新中国古籍整理事业做出了不可磨灭的贡献。宋云彬先生毕生收藏的书画,经其后人委托,由中国嘉德进行了专场公益拍卖。拍卖所得全部无偿捐出,交由中华书局设立"宋云彬古籍整理出版基金"。基金将评选"宋云彬古籍整理奖",立意表彰优秀古籍整理成果和编辑人员。这是国内首个由民间筹资的古籍整理出版基金。〕

7月13日　审阅国家社科基金办送来的国家社科基金后期资助三个项目。

7月25日　上午,中华书局总编顾青来电告知,经会议决定,《宋代官制辞典》明年出增订版。并已落实责任编辑。下午,中华书局许桁来电,告知局里安排她为《宋代官制辞典》增订版责编,并且说,明年一定可以出增订版。(摘自日记)

7月　《宋代崇文院双重职能探析——以三馆秘阁官实职、贴职为中心》一文刊于《北京大学学报》(哲学社)第4期。

文章主要内容为:

　　北宋崇文院是宋王朝国家藏书馆,内分昭文馆、史馆、集贤院、秘阁,通称"三馆秘阁",分藏经、史、子、集四部古籍,书画及本朝著述。在宋代右文国策驱动下,三馆秘阁配置了大量馆阁官,他们的实际职务是藏书编目、校对版本、读书深造,既是藏书家、修书匠,又是深造儒学、杂学的高级研读者。崇文院在保护古籍、弘扬传统文化、培养具有深厚儒学修养的官僚人才方面,发挥了突出作用。馆阁官之选,自集贤殿修撰至史馆检讨,皆天下英俊,然必试而后命。一经此职,遂为名流,中外皆称为"学士",是升迁捷径,宰执官的后备队。馆阁官实职是崇文院首要的职能,宋代士大夫都以能任馆阁官为殊荣,但馆阁官编制有限,这就催生了崇文院虚职功能职名、贴职的产生。职名作为官员文学行义标志性的荣衔,构成了北宋前期以"官、职(职名)、差遣"为核心的职官制度。虚衔职名在宋代官制史上具有特殊重要的意义。

8月20日 参加在广州中山大学举行的"十至十三世纪中国史国际学术研讨会暨中国宋史第十七届年会",提交会议论文为《宋代宗正寺简史》。

8月30日 下午收到北京《文史》录稿通知,称:尊稿《点校本〈二十四史〉天窗补阙及其它》经过编辑部三审和专家匿名外审,《文史》拟于近期刊用。(摘自日记)

9月 《明代三级科举录的文献价值——以天一阁藏明代〈登科录〉〈会试录〉〈乡试录〉为中心》一文刊于《文献》第 5 期。(人大复印资料《宋辽金元史》2017 年第 1 期全文转载此文)

文章主要内容为:

中国一千三百年科举史,明以前留存下来的《登科录》仅《绍兴十八年进士登科录》《宝祐四年登科录》和《元统元年进士录》三种,而明代保存至今的《登科录》据统计有 58 种,其中天一阁独家所藏明代《登科录》就有 41 种。且迄今为止,未发现唐、宋科举时代的会试录和乡试录。而天一阁庋藏明代《会试录》38 种、《乡试录》277 种,《武举录》11 种,《武乡试录》8 种。这三级科举录共同构成研究明代科举制度最原始、最基本、最权威的文献。让天一阁珍藏明代殿试登科录、会试录、乡试录,通过修复、整理、出版,面向社会,流动起来,为广大读者服务,最大限度地实现其宝贵的学术价值,这是学术界的呼声和期待,也是文物图书馆业界的使命与担当。

9 月 《宋代刑部建制述论——制度史的静态研究》一文刊于《河北大学学报》(哲社版)第 5 期。

文章主要内容为:

> 宋刑部之制,沿袭隋、唐。在宋代,刑部之职能变化,分两个阶段:北宋前期,刑部官员无职事;刑部之权,为审刑院与纠察在京刑狱司所分。但刑部并非空壳,尚掌有昭雪天下死罪之司法权,及犯罪免职官员经赦重新叙用等职事。为宋初四家中央司法机构之一,则大理寺为最高审判机构;审刑院为复议大理寺断案机构;刑部为大辟复核机构;御史台为刑法最高监督机构。元丰五年,行新官制,刑部尚书、侍郎及其所属四司刑部司、都官司、比部司、司门郎中、郎中、员外郎,官复原职。职掌刑法、狱讼、奏谳、赦宥、叙复之政令。元丰改制之后,中央司法机构由四家精简为二家,大理寺、刑部。御史台则为司法监督机构未变。天下奏案,必断于大理寺,详议于刑部,然后上之于宰执,决之于皇帝,这就是元丰改制后,确立的宋代刑事审判制度。这也从刑政

方面，体现了宋代以皇帝为核心的中央集权的进一步加强。

9月 《中国历代别名大辞典》的简编本《中国历代职官别名辞典》纳入上海古籍出版社策划出版简明史地工具书系列，并于9月出版。

10月8日 下午将论文《宋代爵制名与实》，以特快专递发往《中国史研究》编辑部。（摘自日记）

10月19日 参加由浙大古籍所主办的"纪念沈文倬先生百年诞辰暨东亚礼乐文明国际学术研讨会"。在主席台做了专题发言，题为《宋代礼乐机构太常寺论述》。中国社科院历史所唐史研究所吴丽娱教授与会，并作了报告。

10月26日 晚上，应浙大资深教授、古籍所教授张涌泉之邀，参加了1986届古籍所第二届研究生班同学会。共十位同学，到了九位。他们是：张涌泉、刘跃进（北京《文学遗产》主编）、卢敦基（《浙江学刊》主编）、周崇坚（上海文创公司）、李丹禾（浙江省药管局处长）、李剑亮（浙工大人文学院院长）、沈金浩、杨志强、王魁伟等。应邀的老师还有雪克、平慧善、方建新、陈叶。（摘自日记）

11月4日 下午四点半，杭州城市学研究会来接，前往钱江新城的瑞立江河汇大酒店，参加"城市论坛"中的"宋史研究成果"评审会。评委有：包伟民、史景波、朱瑞熙、龚延明、张邦炜、苗书梅、陈峰、范立舟、顾宏义。与会的还有中山大学曹家启、上海师大戴建国等宋史界同行。城市研究院的马智慧列席，有两名公证员。（摘自日记）

11月9日 收到上海辞书出版社出版的《简明中国历代职官别名辞典》（59万字）样书10本。

同日 收到宁波出版社出版的龚延明主编天一阁藏《明代

科举录选刊》(含《登科录》三册、《会试录》二册、《乡试录》十册)。点校、整理本,总字数 1237 万字。

晚上五点半,应邀参加了由省社科院吴光在紫金港为毛佩琦教授(中国人民大学明史专家)举行的宴请。与老朋友毛教授在杭重聚,相谈甚欢。(摘自日记)

11 月 11 日 《浙江大学报》刊载了凯伦撰写的《以诗之音谱史之曲》一文,对《诗说中国史》诗史结合的创作手法加以品评和赏析。

文章摘录如下:

> 若要用一种文学体裁来形容中国历史,那毫无疑问应当是"诗"。精炼的文字、饱满的内涵,与五千载中国历史的浪漫气韵不谋而合,那是"腹有诗书气自华"的翩翩风度,是绵延不绝、薪火相传的盛世之象,也是清风明月、淡泊悠然的大国之从容。

> "有家就有国,有国就有史。"一阵悠扬的唱腔轻轻浅浅地传来,滔滔中国史,如一部优美的传说生动地浮现眼前。以五言诗为载体,龚延明先生的《诗说中国史》系列牢牢抓住了读者的眼球,他谦逊、谨慎,同时大气、从容,以一个"百姓学者"的姿态,平和地向我们走来,他以诗的音符,为读者谱出了一首首动人的乐曲,含着历史的印记、藏着文化的气韵。

> 在《诗说先秦史》中,"神话与传说,记忆之摇篮",首句虽温和平静,却力量十足,为整本书奠定了基调。三皇五帝的先迹,夏商周三代的成功开辟,春秋战国的纷纭战事、百家争鸣……龚延明向我们一一道来。"中国天下中,统一势头强",他总结商周之交的形势;"战争别离苦,有谁能体会?

392

往事越千年,白骨化尘埃。今人读《诗经》,谁能不感慨?仿佛见壮士,周公依稀在。"他感同身受地伤怀历史的沧桑巨变;"'孔德之容,惟道是从',道德之修养,遁道必成功。"引用原著,他生动地描绘了一场春秋战国的思想之争……

在这些长诗中,作者叙述最多的便是历史的真迹。在书的每一页上,龚延明都仔细地注释了史料的出处,力求严谨。龚延明曾说:"在当今'知识爆炸'的时代,书籍堆积如山,而人的精力有限,我们必须镇定地把握住自己:有的书要翻破,有的书要读破,有的书可以不读。"

用韵文解读中国历史,史与诗的结合,正如作者自己所概括的,"开风气之先,是一种文化上的追求与创新"。这些历史诗歌不同于普通的历史传记。历史学家们大段的文字,平铺直叙地陈述历史,艰深晦涩的表述往往会把大众拒之门外。而龚延明选择的这种新形式便很好地补足了这一短板,语言通俗易懂,内容平易近人,如同一位长者在亲切地与后辈们谈天。学者们形容这些长诗是"从精英历史走向大众历史的标杆性成果"。一直以来,历史似乎都在被学术化和专业化,一般的老百姓总是觉得这些繁杂深刻的内容与他们无关。这种精英文化与大众文化之间的断裂正呼唤着有识之士来进行历史普及、大众文化提高的工作。

在《诗说中国史》的专家座谈会上,学者们高度评价了这本著作,认为这是一部认识中国历史发展历程的基本教材,具有重要意义。

《诗说中国史》围绕一个"说"字,将博大精深的历史亲切地"说"给读者听,如一盏午后的清茶,沁人心脾,芳香无穷。这一个个朴实而厚重的方块字,敲击在文化的琴键上,荡漾出悠长而动人的不朽乐章,值得我们反复吟唱、久久回味。

11 月 18 日　上午,给《光明日报》发了纪念傅璇琮先生逝世一周年纪念稿:《智者风范　仁者襟怀》,九千多字。下午,收到梁枢先生回函,告知《光明日报》"文学遗产"正计划出纪念傅先生文章,去年发过《留给浙大的最后绝响》,今年要准备出个专版。

下午三点,已毕业博士生毛晓阳从福州来杭拜访。他是来参加在浙大紫金港召开的学术会议的。(摘自日记)

11 月 29 日　接到《浙江大学学报》编辑部徐枫主编通知:"基础研究与学术创新"专栏所组五篇稿,外审已全部获通过!五篇论文题目为:

基础研究与学术创新——《宋代登科总录》专题笔谈

一、《〈宋代登科总录〉与创新的宋代精英人物数据库》(龚延明)

二、《从宗室进士数据变化看宋代宗室政策演变》(周佳)

三、《从登科数据看宋代童子科政策演变》(汪潇晨)

四、《大数据与宋代状元若干问题研究》(祖慧、杨竹旺)

五、《〈宋代登科总录〉与国际科举史研究新的推进》(日本平田茂树)

2017 年　77 岁

1 月 15 日　晚上 10 点,接《光明日报》"国学专栏"主编梁枢来电,告知本月 23 日,要出一期"纪念傅璇琮先生逝世一周年特刊"，已组织了四篇专稿，因《智者风范　仁者襟怀》一文篇幅长，报纸容不下，要求删节至2400字。（按，其他三篇作者为原中华书局总编李岩、南开大学罗宗强教授、国家图书馆詹福瑞。）

1月18日　《〈宋代登科总录〉与创新的宋代精英数据库》一文刊于《浙江大学学报》（人文社科版）第1期。

文章摘要为：

> 《宋代登科总录》是一项宋代科举的基础性研究，它提供了四万多宋代登科人的小传及相关第一手书证，从而建立起一个庞大的宋代精英人物数据库。《宋代登科总录》所收四万余登科人，每人都立一小传，每一小传都有多元信息：字号、籍贯、三代有无仕宦、登第年、初授官、历官、最高官或最终官、谥号等，并有书证。这无异于为宋代登科人建立了可供检索的档案。《宋代登科总录》储存的多元进士信息的大规模数据，使得有关宋代官僚队伍来源的开放性与流动性、进士的地域分布、科举与地域经济、科举与科举家族的兴衰、科举与地方文化教育等的多视角研究得以铺开，生发出不同课题，能有效推动宋代科举研究的学术创新。

1月23日　《智者风范 仁者襟怀》一文刊于《光明日报》纪念傅璇琮先生逝世一周年专栏。文章摘录如下：

> 傅璇琮先生走了整一年了，然而其身影，仿佛并未远行，他的精神，他的著作，一如既往，还在影响我们、伴着我们。傅先生从中华书局古代史编辑室编辑、主任，到中华书局总编，他长期在学术上热情地提携我，使我从开始学术方向不明，走上有明确的学术方向，找到学术富矿，又帮助我将开采的学术产品，推向社会。从《宋史职官志补正》《宋代官制辞典》到《宋登科记考》，先生既是帮我制订学术人生的

总工程师，又是我的良师益友……

　　我和傅璇琮先生37年的学术交往……傅璇琮先生留给我最深刻的印象是：具有出版家兼学者的高度，文学家兼史家的深度，仁者之心的温度，唐宋文学领军人物的全局胸怀，奖掖后进的大师风范，和高明的推动与组织学术研究发展的才干和艺术。

　　先生已逝，山高水长。先生的精深学问，与他不遗余力地奖掖后进、培养中青年学者的崇高境界，已成为一份珍贵的遗产，永远值得我们珍惜和继承。

2月1日　《点校本"二十四史"补阙及其他》一文刊于《文史》第1期。

文章摘要为：

　　本文的考订对象是中华书局点校本"二十四史"。考订的方法有四：一是版本校，则利用类书《初学记》《太平御览》《职官分纪》所引用的唐、宋版本十七史，对校点校本"二十四史"版本传刻之误；二是他校、互校，则利用史作如《唐六典》《续资治通鉴长编》《皇宋十朝纲要》《文献通考》《万姓通谱》等，方志如《山东通志》《福建通志》等，宋人笔记《却扫编》《铁围山丛谈》等，专著如《宋元学案》等，校订"二十四史"中的人名、记事之讹误，并补文字空阙；三是互校，将"二十四史"中新、旧《唐书》《北史》《魏书》等进行互校，订正文字舛误；四是运用第一手史料书证，校正标点失误，如以《嘉定赤城志》、明代天一阁藏《乡试录》《会试录》中的书证，订正《宋史·兵志》《明史·选举志》中标点之误等。

2月15日　《宋代宗正寺简史》一文刊于《中原文化研究》第1期。

文章摘要为：

　　宋代宗正寺地位经历了由高向低的演变，其转变的节点是宋仁宗景祐三年（1036年）新建大宗正司。此后，自唐以来由宗正寺掌管皇族事务的职能，转由大宗正司管辖。元丰改制后，进一步缩小了宗正寺的职能，局限于管理皇族属籍登记、宗姓取名、皇帝玉牒、宗室类谱等图籍。随着这一变化，宗正寺专设了玉牒所，负责撰修《皇帝玉牒》《宗枝属籍》《仙源积庆图》《宗藩庆系录》《仙源类谱》等帝籍、宗谱。除《皇帝玉牒》特藏于玉牒殿外，其余四书均藏于属籍堂。宋代宗正寺地位下滑的根本原因在于，首先，宋代没有沿袭唐代"五世而斩"的宗室政策，这就使宋代宗室后裔，呈几何级数增长，宗室人数大量增加，管理日益困难；其次，宗正寺长官又是庶姓，"皇族狃习富贵，或弗能以礼法饬其下"，非皇帝亲属要去管理皇族，是难以驾驭的；最后，管理皇族事务之权交由以宗室充任的大宗正司。导致宗正寺职能与权力的减弱是宋代宗室政策导致的历史必然。

　　总之，宋代宗寺与宗司并存，是宋代特殊宗室政策的产物，在中国古代宗室史上，实属空前绝后。

　　2月20日　下午，在星都宾馆五楼西泠厅，参加"学习习近平总书记传承中华优秀传统文化系列重要论述座谈会"，由省社科联党组书记盛世豪主持，主要议题为省社科联副主席邵清通报浙江文化研究工程一期实施和二期推进情况。作为专家在会上发言的主题为《发掘人脉资源　丰富浙学内涵》。

　　2月27日　《发掘人脉资源　丰富浙学内涵》发言稿内容刊于《浙江日报》。

　　文章主要内容概括为：

介绍了《浙江进士登科总录》(注:重大项目名称为"浙江历代进士录",编号:17WH20019ZD)被列入了浙江文化研究工程的第二期项目,"这是具有揭示浙江传统文化底蕴研究和建立浙江精英人物档案库的重要课题"。指出这一研究对浙江文化研究工程的建设具有十分重要的价值。"是对浙江人民历史上生动实践的总结,也是对浙江文明传承脉络的梳理,更加丰富了与时俱进的浙江精神的内涵。追寻浙江文化人人脉,必将成为乡贤教育、国民教育的生动教材,为浙江建设文化强省提供人脉资源基础"。

3月15日 与沈小仙合作的《唐宋"入阁"朝仪与议政之制源流考》一文刊于《河北大学学报》(哲社版)第2期。

文章摘要为:

"入阁"在皇帝朝参仪制与议政决策中发挥过重要作用,为制度史研究所不可忽略。但"入阁"仪制的产生缘由及朝仪、议政制度变化,古籍记载存在相互抵牾之处,学界研究也有分歧。"入阁"的使用,经历了由动词短语"延宾入阁""进入内殿"转化为典制术语"议政入阁""朝仪入阁"的演变过程,文章考述了"议政入阁"与朝仪入阁的制度内涵变化。"议政入阁"始于唐贞观年间,由紫宸入阁演变为延英入阁等;"朝仪入阁"源于唐玄宗时期,因朔望朝避正殿而入便殿行礼的权宜之举,发展为常朝于便殿行礼,至唐末规制大变,由便殿所行常仪转为正殿所行大礼,乃至北宋别制"入阁"仪,成为朔望日于正殿举行之盛礼。进而还辨正了"入阁"在文献记载及相关研究中存在朔望入阁、常朝入阁、朝仪入阁与议政入阁等混淆现象。

3月16日 写就纪念邓广铭先生诞生110周年诗歌《仰

望》,未刊发,后在纪念大会上朗诵。

5月20日 应邀参加北京大学历史系、北京大学中国古代史研究中心举办的纪念邓广铭先生诞辰110周年纪念会议。朗诵了纪念诗歌《仰望》。全诗迻录如下:

仰　望

有的人活着,喧哗过一番,
死后,
人们就把他遗忘。

有一位老人,走了,
却倍添人们对他的思念。
这一位老人,
住在北大朗润园。

大家看——
他捧读《光明日报》,
坐在未名湖畔椅子上。
关心国家大事,
祖国何日再富强!

在遭受列强欺凌的年代,
他热血贲张怒发冲冠,
研究民族英雄岳飞,
渴望大中华挺直腰杆!

他研究爱国词人辛稼轩，
中原一介书生，深爱祖国大好河山。
高举义旗，斩敌渡河投临安。
金戈铁马，气吞万里擒豺狼！

他研究王安石，
为富国强兵，雄心满满。
呕心沥血立新法，
阻力重重何其难，
变法运动未成功，
神宗皇帝也迷茫。
老人苦思失败之因，
研宋史探寻强国理念。

他视学术为生命，
让年轻人踩上他那宽阔的肩膀！
他诲人不倦，子弟三千，桃李芬芳。
他给我们太多太多……
"新宋学"是他一手缔造构建。
老先生走了，
泰斗之光在海内外闪亮！

壁立千仞，
无欲则刚！
先生有一副刚直心肠。
他看不惯虚假，

待人真诚友善。

他严肃对待学术批评，
是就是、非是非，
君子坦荡荡！
他又是诤友，
对同仁也不讳直言。

襟抱五海，
是先生的广阔胸膛；
灿若星辰，
是先生精神遗产不灭的光芒！

先生走了，
慈祥的笑容留在心间。
让我道一声：
感恩邓先生，
做人做学问，
为我们树立了标杆！

先生走了，
《邓广铭全集》立在我的书桌上。
学海无涯，
为我们引领导航！

缅怀邓先生，

让我敬上一瓣心香：

您纯净的灵魂安息在天堂！

您高尚的精神鲜活在人间！

6月2日　撰写完成浙江省社科联规划办第二期文化工程重大课题《浙江进士录》（1000万字）申报表。大课题分三个子课题：(1)《隋唐五代宋浙江进士录》；(2)《明代浙江进士录》；(3)《清代浙江进士录》。

选题的主要内容转录如下：

据初步统计，《浙江历代进士录》人数大致如下：

唐五代十国浙江进士总数为110人左右；

宋元浙江进士总数为7900人左右；

明代浙江进士总数为4100人左右；

清代浙江进士总数为2860人左右。

总计：浙江历代进士总数在15000人左右

《浙江历代进士录》课题内容，按年代顺序，将自唐五代至明清浙江省所属府、县的进士尽量搜集，每一进士写一小传，并附上第一手文献资料作书证。

《浙江历代进士录》撰写统一体例：小传分十项内容，依次为登科人姓名，字、号，籍贯（所属州县），亲属关系，登科年，登科后初授官，登科人仕履，重要事迹，最高官或最终官，谥号等……要完整地搜索某位登科人的这十项信息……需要翻阅大量第一手文献，做细致的考证和梳理工作。以清代义乌县进士朱一新为例：

【朱一新】字蓉生，号鼎甫。金华府义乌县人。光绪二年(1876)进士第二甲第三十名，赐进士出身，钦点翰林院庶吉士。初授翰林院编修，差湖北乡试副主考，补授陕西道监察御史。

《光绪明清两代进士题名录·光绪二年进士题名碑录丙子恩科》:"赐进士出身第二甲一百五十六名:朱一新,浙江金华府义乌县人。"

北图藏《中国历代石刻拓本汇编》(086)页39光绪十二年(1886)刻《御史题名横石》:"朱一新,浙江义乌县人。光绪丙子科进士,由编修补授陕西道。"

清缪荃孙《续碑传集》卷十九仝武祥《陕西道监察御史朱君传》:"姓朱氏,讳一新,字蓉生,号鼎甫,浙江义乌人……光绪丙子恩科曹鸿勋榜下进士,释褐授翰林院庶吉士,丁丑散馆转编修……迁陕西道监察御史……二十六年……七月二日卒,年四十有九。"

清钱维福撰《清秘述闻续》卷八《乡会考官类》八《光绪十一年乙酉科乡试》页762:"湖北考官:编修朱一新字蓉生,浙江义乌人,丙子进士。"

清朱彭寿编著《清代人物大事纪年·光绪二年丙子·科第》:"二甲进士朱一新,编修,陕西道御史。"

民国《义乌县志稿》七《科名·进士》:"光绪二年丙子恩科曹鸿勋榜中式三百三十九名　朱一新,钦点翰林院编修。乙酉,湖北乡试副主考,陕西道监察御史。"

6月30日　《浙江历代进士录》申报得到批准,列入浙江第二期文化工程重大课题(编号:17WH20019ZD)。课题组成员为:浙大古籍所龚延明、祖慧、周佳,图书馆邹爱芳,宁波大学图书馆李英,浙大城市学院汪潇晨。经费50万元。

7月12日　《宋代军权三分制研究》一文刊于《清华大学学报》(哲社版)第4期。(按,此文为人大复印资料《宋辽金元史》

2017 年第 5 期全文转载）

文章摘要为：

唐代，兵部是全国最高军事行政机构，至宋代，兵部大权旁落，军权转归枢密院，枢密院成为中央最高军事指挥机构。宋太祖鉴于五代枢密使权力过大，压倒相权，严重威胁皇权之教训，对枢密院进行分割，将其直接统兵权划给三衙（殿前司、侍卫亲军马军司、侍卫亲军步军司），三衙崛起，升为中央最高统兵机构。枢密院掌兵籍、虎符，有发兵之权，而不统兵；三衙有握兵之权，而不能发兵。两者互相牵制。枢密院、三衙侵夺了兵部大部之权，但兵部仍作为中央军事机构留存，权力减弱了，并非没有一点军权，它还掌握厢军、民兵、部分后勤保障等军政事务。从而形成了宋代军权一分为三的局面。这是由于宋太祖、太宗汲取唐、五代兵连祸结、割据混战的教训，对军制进行的大刀阔斧的改革，建立起枢密院—三衙—兵部新体制；亦是宋代"事为之防，曲为之制"的祖宗家法，在控制军队方面的具体实施。从而导致唐代兵部统兵体制，历五代，演变为宋代的军权三分制。

9 月 与汪潇晨合作《宋代帝阁双重职能研究——以宋代帝阁职能、职名为中心》一文刊于《中华文史论丛》第 3 期。

文章摘要为：

本文主旨是论述宋代帝阁建立的沿革。宋代帝阁，自龙图阁至显文阁十一阁，具有图书、书画收藏，文物陈设，宗室档案管理，宗庙御容奉祠等功能。随着皇帝更迭，帝阁赓续缔构，设立的诸阁职名日益增多。北宋前期，本以三馆秘阁之馆职，作为侍从官或文学英俊所带职名，称之为贴职。随着龙图阁等帝阁增设，帝阁职名开始进入贴职行列。神宗元丰改制,罢馆职带职,打开了以帝阁职名作为贴职的大门,这是帝阁由单一职能向双重职能转型的节点。随着徽宗朝、南宋贴职制度的发展,帝阁职名终于取代馆阁职名,成为贴职序列的主体。由此,馆阁官的双重职能淡出,而帝阁双重职能则出现了强化态势,这是值得重视的宋代官制变革,这个变化反映出宋代皇帝文治的理念固化和加强皇权的政治张力。

10 月 《北宋开封府内外城规制及其厢坊管理制度研究》一文载于戴建国、陈国灿编《朱瑞熙教授八秩寿庆文集》,北京商务印书馆出版。

文章主要内容为:

北宋京师开封府城的建筑规制,是三重城圈的结构:即宫城(大内)、旧城(里城)和新城(外城)。里城被包在外城中央,大内又被包在里城西北区域。开封外城东北有五丈河自西向东贯穿,南有汴河从外城、里城自西向东打斜穿过,金水河则由外城西偏北之金水河水门流经外城、里城,流进宫城内,里城南之外城区,蔡河自外城普济门东蔡河上水门向北右拐向西,再南拐从外城广利门蔡河下水门流出城外。

大内在里城之西北,宫殿所在,即禁中。大内由宫墙与都城隔开。里城与外城各有城墙环绕。这就是古代都城封闭式结构的传承。

接着文章依次从四方面进行了阐述:一、里城(旧城)、外城(新城)的结构;二、里城(旧城)、外城(新城)的厢房划分;三、开封府左右厢房管理;四、开封府内外诸厢巡检司。

11 月 1 日 收到原北大历史系教师、无锡市文化局长、岳飞研究会理事顾文璧先生来信，信中说要一本《岳飞研究论文集汇编》（龚延明、岳朝军主编，浙江大学出版 2013 年版），欲了解当今岳飞研究之成果与形势，同时了解他的三篇研究论文的刊印情况。（摘自日记）

11 月 25 日　与汪卉合作的《〈职官分纪〉的官制史文献价值》一文刊于《上海师范大学学报》（哲社版）第 6 期。

文章摘要为：

> 文章从《职官分纪》辑校宋以前史书中职官资料，提供北宋哲宗元祐以前宋代职官史料，著录《元祐令》三个角度，冀以说明其官制史文献价值。《职官分纪》收录的自先秦至北宋前期佚书、异文，可用以网罗佚文，校勘以中华书局点校本正史为代表的传世文献。其所著录的北宋元祐以前官制史料，采自宋代当时所能见到的官修《实录》《国史》《官品令》，十分宝贵；其所保存的《元祐令》虽不完整，但乃迄今为止唯一保存下来的北宋《官品令》，是研究宋代官制史必备的参考资料。

12 月 16 日　《文学遗产》编辑刘京臣在《光明日报》"国学版"发表了书评《科举文献整理的新成果——读龚延明主编点校本〈天一阁藏明代科举录选刊〉》。

文章主要内容为：

> 隋唐以来，中国有"科举社会"之称。科举制度成为我国历史上选拔人才的主渠道，科举取士，自隋唐至清，沿用一千三百余年，为历代王朝国家机器的运转，输送了大量人才……
>
> 然而明代之前，原始的、完整的登科录，仅存南宋《绍兴十八年进士登科录》《宝祐四年登科录》和元朝《元统元年进

士录》三种,值得庆幸的是,"明代保存至今的《登科录》据统计有 58 种,其中天一阁独家所藏明代《登科录》就有 41 种"。迄今尚未发现唐宋时期的乡试录、会试录。相形之下,天一阁藏明代《乡试录》227 种、《会试录》38 种就显得格外珍贵,正如龚延明先生所称"这三级科举录共同构成研究明代科举制度最原始、最基本、最权威的文献"。(《明代三级科举录的文献价值:以天一阁藏明代〈登科录〉〈会试录〉〈乡试录〉为中心》,《文献》2016 年第 5 期)

在海内外读者期盼之中,宁波出版社将天一阁之宝——明代《乡试录》《会试录》《登科录》,于 2006 年至 2010 年影印出版,嗣后,与龚延明先生及其团队合作,又将这些古籍珍本"转换成图片和文字数据,并通过主题词编辑技术建立了古籍资源数据库",涵盖了《乡试录》277 种、《会试录》38 种,以及登科录 56 种的 45 种,总字数达到 1247 万字,初步建构起天一阁藏明代科举文献的数字化体系。其中,《乡试录》277 种,是迄今为止海内外首次整理出版的科举录,弥足珍贵。

2016 年,在此数据库基础上的文本版《乡试录》及点校本《会试录》《登科录》正式出版,从影印本到数据库,再到文本版、点校本……这是文献整理从单一的传统模式到多元化的转型。

与乡试、会试、殿试三级科举考试相应的,点校整理本《乡试录》《会试录》《登科录》,涵盖了明代科举考试不同层级的试卷内容与登科人物资料,这为了解某科、某地、某级的具体可靠情况,提供了翔实的第一手材料,是明代科举文献的渊薮,为读者研究明代科举带来了极大方便……以《科举录》为依托,有了已经数据化的《科举录》信息,结合明代史籍、文集、笔记进行研究,从地域、家族、出身、文学与政治倾向等角度详尽考察整个明代官员、士人交游与互动成为可能。以上,限于篇幅,仅从一个视角考察《登科录》(殿试录)而已。

而由龚延明主编、经点校整理出版并已数字化的天一阁藏明代《登科录》(3 册、225 万字)、《会试录》(2 册、149 万字)、《乡试录》(863 万字),总 15 册、1237 万字,是一个卷帙浩繁、明代三级考试原始文献的宝库……为深度了解中国科举社会的真实面貌,和推动与科举相关联的学科研究的发展,提供有益的帮助。

2018 年　78 岁

1 月 4 日　与宁波大学图书馆副研究馆员李英和浙大图书馆邹爱芳商讨《浙江历代进士录》子课题《浙江明代进士录》的体例和课题分工与实施计划。

1 月 5 日　国防大学《军事史研究》编辑部张陈编辑来函,告知该刊已从南京政治学院移往国防大学。已收到投稿《北宋开封府城厢坊管理制度研究》一文,暂定今年刊发。

1 月 12 日　中午,收到中华书局许桁编辑寄来特快专递《中国历代职官别名大辞典》(增补版)合同,中华书局总经理徐俊已签字。下午,古籍所所长王云路、副所长贾海生及办公室小屈三人来课题室看望。他的日记写道:

> 下午近五点,所长王云路、副所长贾海生及办公室小屈

三人来看我。王所希望我今后参加所里一些学术活动,并说我的学术研究成果连续保持所里最多的,是对古籍所的有力支持。

1月30日 接到广西师大出版社虞劲松来电:《明代登科总录》(1400万字以上),申请国家出版基金已获得通过,今天开始公示,资助额度250万元。

1月31日 《中华读书报》刊登了福建师大郭培贵教授撰写的书评《天一阁藏〈明代科举录选刊〉》。

文章主要内容摘录如下:

文章认为,"这套《选刊》对此前宁波出版社影印出版的明代41科《登科录》及另外4种进士名录、38科《会试录》和277种《乡试录》进行了全面校勘和部分标点,使往日稀少难见的珍贵科举文献,从深藏于阁中的镇馆之宝,变得普及易得,既嘉惠学林,便于科举研究者的使用,又推向社会,满足广大读者的检阅。这是传统文献整理出版和科举史界的一件大事,也是普及科举文献的一件大事"。而主编龚延明先生在该丛书《总序》中对科举制、明代科举及其科举文献的历史作用和价值都给予了中肯的评价,认为"中国科举制具有塑造中国古代知识分子立身治国形象、打造中国大一统和合文化形态、建构东亚儒家文化圈与催生现代西方文官制度产生的价值"。"科举与国运相联系,成为中国封建社会皇帝权力的象征之一,是国家机器正常运行的重要标志,是调节国家政策的杠杆,是士大夫梦想所寄,是凝聚民心的纽带。"又指出:"研究中国古代社会,离不开科举研究,否则绝不可能完整认识中国古代社会的政治与文化。"相比于宋代《登科录》,明代《登科录》的"家状信息量增加了",但削去了进士参加会试的次数,"这说明在明代进士登第更为艰难,举数多,在家状中列出,没有积极意义"。这些观点,对于促进科举研究的深入,具有重要的启示意义。

1月15日 《北宋西京河南府双重职能研究》一文刊于《河北大学学报》(哲社版)第1期。

文章主要内容为:

北宋河南府为西京所在,构成府一级行政管理与含有宫城的京城管理的双重职能。这一特殊性,产生了河南府行政机构之外的留守司、分司等特殊的机构和与之相应的用人制度。从而形成了不同于宋代诸路路属府级行政管理制度的陪京府管理运作的模式。论文分述了:一、西京及河南府的沿革,及其为北宋三陪京之首的建制。二、河南府的职官制度,自府长官尹、少尹、知府,府属判官、推官至左、右军巡院等,其设官分职大体与开封府同,但编制成员远逊开封府。三、西京留守司制度及所属留守机构,留司源自河南府城内有宫城,为皇帝行幸起居之所。西京不同于东京之处,即便皇帝不亲征,平时,仍置西京留守,然其守卫、修葺宫城职能,渐渐退化,逐渐成为安置贬官或退闲、优贤朝臣之地。河南知府兼留守,导致河南府行政管理具有双重职能的特点。西京留守司所属留司御史台、国子监,"粗有职事",多为安置退居二线重臣或与当轴有异见之朝官,具有实职与虚职两种职能。四、西京分司官,名为中央派出机构之官员,在宋代已蜕变为一种特定的通称官名。无定员。其职能为优容有功劳而疾病不能任事者,及有过犯的责授官,为闲职,乾领禄俸。宋代西京留守司与分司官,是宋代滋生冗官的一个病灶,但多少也发挥了化解朝廷激烈政治斗争缓冲器的作用。

2月8日 在浙大西溪校区启真名苑家中接受刘海峰教授的访谈。此次访谈录《科举文献、登科总录与科举学——龚延明教授访谈录》刊于《科举学论丛》2018年第1期。（全文见附录一"访谈录"。）

2月10日 《光明日报》刊登了中国出版基金规划管理办公室关于"2018年度国家出版基金资助评审结果公告"：《明代登科总录》成为国家出版基金资助的重大项目。

2月22日 中华书局许桁编辑来信告知，《宋代官辞典》（增订版）将于三月初寄出，询问需要订购多少册，答复要订15册。（摘自日记）（按，《宋代官制辞典》自1997年出版以来，应读者需求，重印了四次，今年又出增订版。）

2月23日 上午九点许，《浙江进士录》课题组成员宁波大学图书馆李英来拜年。谈了《明代浙江进士录》的进度，她已完成宁波府明代进士录，正着手做绍兴府士录。

3月2日 收到中华书局历史编辑室鲁明来函，称《宋代官制辞典》是"皇皇巨著，有口皆碑"，应读者所需，现在又出了增补本。又说，希望能给《二十四史修订简报》写篇文稿。

下午五点左右，收到中华书局许桁编辑特快专递寄来的增订本《宋代官制辞典》5本，定价308元，字数198万。红色布封面，大方，高雅。（摘自日记）

3月27日 下午，邀请美国亚利桑那大学田浩教授到浙大宋学研究中心作学术报告，题为《南宋浙东儒学与道学的演变》。在浙大西溪校区图书馆五楼典雅的古籍部阅览室大厅，吸引了浙大文、史、哲众多师生前来倾听。（摘自宋学中心《通讯》）

4月30日 书评《士人命运与历史变革》，刊于《光明日报》。

文章对五卷本"王瑞来学术文丛"的学术成就给予了高度评价。全文如下：

　　自20世纪80年代起，王瑞来教授便以整理《宋宰辅编年录》和关于宋代皇权与相权问题研究的新见解蜚声学坛。其治学特点，是从文献整理和史实考订入手，继而着眼深层次历史问题进行宏观的分析。近十余年来，他着力探索中国唐宋以来历史的发展规律，力倡"宋元变革论"，引起学界关注和热议。其扎实的学风，将文献整理与史学研究相结合的治学风格，为他带来了丰硕的创新成果。"王瑞来学术文丛"是王瑞来30多年来学术研究的集萃，从整体上展现出他的治史理路，即从唐宋史籍版本校勘、文献研究、人物考论等入手，在掌握历史文献、把握唐宋元历史脉络的基础上，深入探究从"唐宋变革"到"宋元变革"的中国历史发展过程。

　　在这套洋洋五大卷的文丛中，《近世中国：从唐宋变革到宋元变革》尤其堪称杰构。此卷建立在另外四卷文献研究、个案研究的基础之上，又具有宏观视野和理论深度，是王瑞来关于中国唐宋元时期历史深入思考的结晶。该卷之考察立足于宋代，分别讨论中国古代中央集权制下皇权与相权的内涵与关系、宋代士大夫政治下皇权走向，以及以科举和宗族为重要特征的区域社会问题。其研究先是从政治史角度讨论唐宋变革问题，继而把目光投向社会，以士人命运为切入点，观察士人流向，考察知识精英参与地域社会之活动，关注社会转型，寻觅中国历史由宋入元，经历明清，从近世走向近代的历程。其中对宋元变革问题之申论与解析，以及从中得出的观点，是近年来颇具影响力的学术议题。

作者提出"宋元变革论",丝毫没有标新立异之意,也不是否定"唐宋变革论"。他认为,近世中国社会深刻演变,并非止步于中唐至北宋。唐宋变革论的指向是:"中唐藩镇兴起,贵族制崩溃,五代重塑中央集权。至宋,在军事上的种种施策,保证了强大的皇权。"自宋太宗起,大兴科举取士,通过科举考试,从儒士中选拔官僚队伍,致使士大夫势力上升,开始制约皇权,于是,与中唐以后武将分裂统一国家势力完全不同的政治生态出现了。儒士出身的士大夫官僚阶层,以忠君忠社稷一统天下为己任,从而,由军事实力支撑的皇权便成为强有力的士大夫政治基础。北宋士大夫政治的形成,是唐宋变革论的归结点。

然而,作者过人的史识,使他注意到,宋代士大夫政治,因"靖康之变,北宋遽然灭亡,政治场的位移,开启了一个变革。靖康之变是一个促因,许多变革的因素已酝酿于北宋,这些因素伴随着时空的变革而发酵,偶然与必然汇合,从而造就了宋元变革"。到南宋,淮河以南赵宋王朝半壁江山的版图严重缩小,在北宋后期已出现的"员多阙少"现象日益突出,士大夫通过科举入仕的道路愈显艰难。千千万万士人,先已被挡在登科大门之外,而千分之一、万分之一有幸"登龙门"的进士中的大多数,又陷入"四等七阶"选调的苦海。所谓"四等"是指两使职官、初等职官、令录、判司簿尉,"七阶"是指承直郎、儒林郎、文林郎、从事郎、从政郎、修职郎、迪功郎,都是最低阶层的官僚,仕途得不到保障。作者以士人命运为切入点,观察士人流向,关注社会转型,由表及里,探寻中国历史由宋入元,经历明清,从近世走向近代的历程，由此总结出宋元变革论。作为宋元变革论实证研究例证的《金榜题名后："破白"与"合尖"》一文，从制度层面深刻揭示了南宋士大夫政治生态的变化："寒士改官视为再第。"残酷的现实，逼使士人不再一拥而上都去走科举"独木桥"，而南宋社会经济繁荣，给士人择业带来了更多机会。作者指出，自南宋开始，士人从专一追求入仕转变为流向多元化。"不走仕途走他途，他途同样充满魅力。"江南商业市镇发展最初的高潮出现在南宋。这就为多数下沉士人流向地方，提供了广阔的机会。"胥吏、幕士、讼师、商贩、术士、乡先生，都成为士人的谋生选择。社会流动由纵向更多地趋于横向。下层士人和官僚无法进入主流的结果，最终必然是漫长溢出的支流淹没了主流，社会发生转型。"作者引用美国哈佛大学包弼德教授的观点，社会转型，一个重要的标志是士大夫身份由国家政治精英演变为地方精英。不过，作者认为，政治精英演变为地方精英不是发生在北宋，而是在南宋。

　　继而，作者进一步论述了宋元变革的完成，是在元朝。元朝停废科举，基本堵塞了旧有的士人向上流动的通路。彻底绝望的士人只能一心一意谋求在地方的横向发展。以知识优势为吏和从事地方教育，是元朝士人的最多选择。大量士人参与到地方社会，提高了地方社会的知识层次，引领了社会转型。在理清了宋元变革的历史脉络后，作者进一步指出：明清以来强势的地方乡绅社会，来源正是南宋历元的变革。

　　"宋元变革论"，具有雄辩的实证基础，令人信服。这不是一时即兴之言，而是作者30余年治史的思考，是对宋代政治文化深入研究长期积累的结果。这项研究成果的贡献,是将学界对近世中国的审视,不再停留于"唐宋变革论",而是进一步向下引向宋元至明清的社会转型,在中国史研究之域,具有引领作用。

6月6日 《南宋行在所临安府研究》一文刊于《中原文化研究》第3期。

文章主要内容为:

南宋行在所临安府在城市建置与管理体制方面有其特点,主要体现在行在临安府的沿革、行在大内规制、临安府城厢管理布局、临安府衙及职官制度四个方面。一、京城中央官署布局,唐代长安、北宋东京开封尽量与居民生活区隔开,置于皇城内;而南宋不同,在临安府,朝廷衙署的植入往往是在城内见缝插钉地安置,与市民生活区杂处。二、南宋临安府城厢管理体制正在发生变化,在"以厢统坊"的大格局之下,"街巷"兴起,取代"坊市",这是唐、宋城市变革的一个重要标志。三、提出了南宋行在"御街"与"御路"两者不能完全等同的观点,对相关考古学论著将御街与御路混淆,主张南宋御街(天街)"贯穿皇宫"的观点,表达了不同看法。四、南宋京师称"行在所",因而导致其与东京开封府在设官分职上的差异。临安府由杭州升格,高宗虽定都临安府,但未能正称临安府为京师,而称"行在所",名义上仍以东京开封府为京师,以示"恢复之志"。故而,临安府官职设置,降格于开封府,仍带有州郡府治之印记,如:临安知府,正称"知",而开封府知府必带"权"字;开封府不设通判,以判官、推官为佐贰;临安府设通判;开封府不设左、右司理院,而设左、右军巡院;临安府设左、右司理院,却不置左、右军巡院。

415

通判、司理院本为州郡官，北宋京师开封府皆不置，临安府仍保留州郡官不变。至于府院，开封府为司录参军；而临安府仍沿用杭州州格称录事参军，等等。

7月2日 撰写诗歌《悼徐敏霞女士》，哀悼中华书局资深编辑、《宋代官制辞典》责编徐敏霞。

悼徐敏霞女士

故人西辞登琼楼，笑容仍留物依旧。

北大才女宁抱檠，为作嫁衣献春秋。

卅五年前蒙赐书，纤丽秀笔垂不朽。

《宋代官制辞典》结书缘，编者作者成挚友。

亦曾款款话桑麻，西子湖畔笑声柔。

《十国春秋》成故物，留传身后仍风流！

一身空空已归去，万事寂寂一旦休！

在天愿化神仙鸟，无忧无虑永无愁！

（按，补记：此诗得到中华书局总编顾青的肯定，他说："是的，她在天堂不再有烦恼，'无忧无虑永无愁'！"）

7月5日 接待中华书局总编顾青率古联数据有限公司总经理洪涛、产品部主任穆荷怡，中华书局古籍部主任胡珂、主任助理李勉，学术部助理孟庆媛一行六人，到浙大宋学研究中心进行学术交流。

7月6日 上午，在浙大西溪校区图书馆五楼会议室主持召开了关于建设"中国历代登科录人物数据库"的会议。会议首先汇报了《中国历代登科总录》纸质出版物与数据库建设的进展情况，接着，现场在电脑上演示了"中国历代登科总录数据库"所收11万进士的检索、筛选功能。这一设想得到了总编顾青和中华书局其他五位学者的充分肯定。参与此次交流的还有浙大宋学研究中心成员祖慧、周佳、汪潇晨等。

下午，与中华书局顾总、洪总商议签署合作开发"中国历代进士登科数据库"的合同事宜。他的日记中写道：

> 在商议中，大家一致认为需要得到广西师大的支持与帮助。因为《中国历代登科总录》是与广西师大出版社签署出版的，纸质出版版权已包括了"信息网络传播权"，所以需要得到转让授权给中华书局，才能签署。不过，经过此番交流，大家对做好"中国历代进士登科数据库"仍充满信心。

8月15日　收到广西师大出版社法定代表人、社长汤文辉签署盖章的《中国历代登科总录》补充协议，协议明确表示同意"甲方(龚贤明)将上述著作的信息网络传播权的普通权利也授予某一第二方，用于建设和运行"。他在日记中写道：

> 汤社长的大度风范，令人十分感动。这一补充协议有力地推动了与中华古联数据公司合作打造"历代进士登科数据库"计划的落实。

8月30日　《〈宋史〉校订与官制》一文刊于《点校本"二十四史"》及《清史稿》修订工程简报(第99期)

文章主要内容为：

> 对《宋史》中的讹误，从制度层面阐释其不妥之处。一、涉及州名、军号、州等、州格文字之点校；二、与百官相见仪有关文字之点校；三、涉及官司创置时间及官衔中文字的点校。

9月　《宋代"军"行政区划二重制研究》一文刊于《浙江大学学报》(人文社科版)第5期。

文章主要内容为：

军源于唐初,为防御蕃部扰边,政府在屯驻戍边处设置军、守捉、镇等军事管辖区。因军事需要而置的军自宋真宗朝以后淡化了军事色彩,但得到了保留,成为固定的地方行政区划,这是宋代军不同于唐五代军的主要特征。宋代的军虽与州、府并列,但数量很少,作为地方行政管理单位显得不成熟、不稳定。同时,存在"州级军"与"县级军"二重制,对此特殊性需要认真关注。州级军隶属本路;若降为县,则隶于州、府,军使兼知县。宋初所置与州并列的军大部分为太祖、太宗朝,尤其是太宗朝所建;军的分布最突出的是北方、西北边境的河东、河北道、关西道。县级军两宋皆置,以南宋为多。另外,"军使"为官名,不是州之下、县之上的行政单位。

10 月　接到华东师范大学学术著作出版基金会发来邀请函,邀请参加学术著作出版基金书稿评审。

11 月 11 日　接待中山大学历史系曹家齐教授来访,并邀约毕业留杭工作的学生宫云维、沈小仙等前来共进午餐,师生欢聚畅谈,合影留念。

11 月 16 日　邀请海外学者日本学习院大学王瑞来教授、美国哈佛大学包弼德教授来宋学中心讲学,地点在浙江大学西溪校区图书馆古籍部阅览室。聆听讲座的除了浙大的文、史、哲各系的师生,还有杭州其他高校的多名教师。转摘宋学中心《通讯》如下:

> 应浙大宋学中心的邀请,上午九点,日本学习院大学东洋文化研究所王瑞来教授开始演讲,题目为《警惕数据库——学术研究亲历谈》。他通过学术研究的实例,对于文献的可信度,阅读文献的能力以及利用电子数据库的便利

和存在的弊端做了分析和阐述,并给研究者提出几条宝贵经验:一、文献本身的可信性须审视;二、利用好工具书,大海也可以捞针;三、使用数据库须有古文基础,同时对数据库的使用和研究环境的革命也提出了警示。讲座最后与学生互动环节,有多名学生向王先生请教了治学经验和咨询相关使用文献资料的问题,得到了王先生的一一解答。

下午一点半,美国哈佛大学东亚语言文明系包弼德教授开始演讲,主题为《中国历代人物传记资料库(CBDB)的运用价值》。首先龚延明教授介绍了包弼德教授开发 CBDB 中国历代人物传记资料数据库的历程、成就及其推广使用的广阔前景。接着包弼德教授现场演示了 CBDB 的使用方法,包弼德教授开放式的交谈,使得座谈会气氛十分活跃,与众多浙大文、理科学生交流了对 CBDB 的使用情况。包弼德教授通过大屏幕视频,对听众提出的问题一一作了直观的解答。座谈会后,包弼德教授还到龚延明教授课题室参观。他对"中国历代登科总录"数据库建设,十分关心。

11 月 《两宋都督府职能比较研究》一文刊于《文史哲》第 6 期。

文章主要内容为:

都督府在北宋、南宋都存在,而且在宋金战争中,曾经发挥过未可忽视的作用。两宋都督府有显著不同的职能,北宋为州格与虚衔,南宋为宰执兼领的统一前线诸路军马指挥的军事统帅机构。对两宋都督府的三重职能进行比较研究可知:其一,北宋都督在地方行政区划上,它既是六等州格都督州、节度州、防御州、团练州、军事州的最高一等;又是五等府京府、陪京府、都督府、次府、余府中的一等。其二,与州、府相联,北宋所设都督,有大都督、中都督、小都督之别,其实这时都督为亲王、宰执遥领之虚衔,无实职。其三,南宋初期,因宋金战争形势严峻,于是有宰执兼领都督诸路军马之置,发挥了战时区域最高军事指挥的职能。自绍兴后,都督诸路兵马府的设置,贯穿南宋七朝中的六朝(唯光宗朝例外),逢战必设,成为常态。通过两宋都督府的比较,得出结论:北宋大都督、中都督、都督之设,是沿隋唐诸路总管府、都督府之制,与州郡建置相联,属"都督州建官"体制,非统兵作战体制。而南宋以宰执兼都督诸路军马,传谕皇帝调动军队部署的旨意,节制前线诸大将,统一号令,保障军队供给,以便宜行事,属统帅作战体制。

11 月 接受浙江省文化和旅游厅聘书。特聘为浙江省古籍保护工作专家委员会委员。聘期三年(2019—2021)。

12 月 31 日 《"中国历代登科总录"项目成果简介》一文刊于河北大学宋史研究中心姜锡东主编《宋史研究论丛》第 2 辑。

2019 年 79 岁

3 月 《北宋开封府城厢坊管理制度研究——兼论北宋禁军在京师治安管理中的作用》一文刊于《军事历史研究》第 2 期。

文章主要内容为:

北宋京师东京开封府,是宫城、里城、外城内三重结构;实行厢坊制,该制源于唐代以坊墙相隔、封闭式为特征的坊市制,至宋代坊墙倒塌,才演变为里城、外城划分厢、坊二级基层行政管理单位,实施以厢统坊的新的城市社会治安管理体制。真宗天禧五年(1021年),开封府新、旧城里行政区被划分为八厢,由勾当左、右厢公事等分管;军巡区被划分为十二厢:左军厢共七厢(包括城东三军厢),右军厢共五厢,左、右军事厢设左、右厢巡检,由殿前司侍卫亲军马、步军四厢都指挥使分管。应该说,开封府并不存在"军队巡厢向都厢转化"的问题,而是在以厢统坊的格局下,分别采用左、右厢公事行政管理系统与禁军巡检系统两个管理系统,而禁军管军辖下都巡检,在维护京师社会治安中具有举足轻重的地位。

4月 《中国历代职官别名大辞典》增订本,字数增加至240万字,由中华书局出版,书名为中华书局董事长徐俊亲笔题署。

5月1日 《宋代爵制的名与实——与李昌宪、郭桂坤等学者商榷宋代十二等爵制》 文刊于《中国史研究》第2期。

文章摘要为:

> 本文对"北宋前期十二等爵的存在""'郡公、开国公'只是'开国郡公'省称的误解"等问题进行考证。分析了《宋史·职官志》同一《志》中出现三种不同爵等的原因:1.因其所据《官品令》制订时间有先后,造成爵等差异。2.宋爵制有皇室爵系列不带"开国"字,属特封系列;文武臣僚封爵与食邑等挂钩,属带"开国"之系列,二者又有重叠处,使人有"一头雾水"之感。3.令文中之爵等与实际执行封爵又有不相符合之处,显得混乱。结论:北宋前期,宋代的确存在过十二等爵,不过实际执行中,"嗣王、开国郡公、开国县公"三等爵并未行封,徒具于令文中。元丰改制,九等爵与南宋令文中十等爵,在实际施行中仍有令文之外的封爵或徒具于令文中之爵等。

5月10日　《打造自主创新民族品牌的科举人物数库——〈历代进士登科数据库〉》一文刊于《浙江大学学报》（人文社科版）第3期。

文章摘录如下：

　　1995年，笔者向高校古委会申请《中国历代登科总录》课题，得到批准；2003年，该课题被批准为国家社会科学基金一般项目；2012年，经专家中期评估，被提升为国家社会科学基金滚动资助项目。《中国历代登科总录》迄今已历经24年，工程巨大，包含五个子课题：《宋代登科总录》(1,000万字，14册，2014年已由广西师范大学出版社出版)，《明代登科总录》(1900万字，计划2019年底出版)，《清代登科总录》(1,400万字，2020年交稿)；此外，还有两个子课题《隋唐五代登科总录》(180万字)和《辽西夏金元登科总录》(150万字)。《中国历代登科总录》总字数达4,000万以上。课题组全体成员边做课题，边建立"历代进士登科数据库"，使人文社科研究从卡片时代走向数字化研究的时代。

　　这24年来，是否有坚定的学术信念，是否有坚强的工作毅力，是否有组织、协调研究团队的能力，是否能始终保持积极向上的人生态度，都是对笔者的严峻考验。我挺过来了，自感欣慰的同时，也为团队的紧密合作感到自豪。

　　关于《中国历代登科总录》，有三个亮点：第一，原创性强。收录隋唐至清代10万多名进士，每个进士都有一小传，列登科人姓名、字、号、籍贯，有仕履的亲属，登科年份，初授官，重要历官，终任官，谥号。每个小传都有书证支撑……可以说"字字有来历，条条有出处"……

　　第二，学术性强。做课题与学术研究相结合，《中国历代登科总录》从唐朝做起,还是从隋朝做起? 徐松《登科记考》从唐代开始,没有收隋代进士。学界关于科举试自唐开始还是从隋开始,始终有争议。为此,我们专门梳理了《隋书》、唐宋文献中有关科举制起源的史料及相关学术研究成果,确认中国科举考试取士始于隋。于是,笔者和祖慧合作写了一篇《科举制定义再商榷》一文,发表在《历史研究》2003年第6期上。在此基础上,笔者完成了《隋代登科录》,有秀才科、进士科、孝廉科、明经科、制举。其中大名鼎鼎的孔颖达就是隋大业初明经及第。我们就是这样,坚持将学术研究与做课题紧密结合,以保证课题成果的学术质量。

第三,采取了实证性和数字化研究方法,大大提高了研究工作效率,开拓了多元利用课题成果的功能⋯⋯课题组聘请了浙江大学计算机专业的老师,按笔者的设计,编制《中国历代登科总录》的数据存入和筛选查检软件。科目、榜次、登科年代、姓名笔画都用数字代替⋯⋯可以说,20世纪90年代末起,我们实际上已开始做原始的中国历代科举人物数据库了。如今,我们与国内顶尖的人文社科出版社——中华书局古联公司合作,推出了拥有10万多名进士的"历代进士登科数据库"。

"历代进士登科数据库"上线发布后,中央文史馆研究馆馆长、北大资深教授袁行霈先生誉之为一项浙江大学文科教授与中华书局"强强联合"的成果,并得到了全国高校古委会主任安平秋等专家学者的充分肯定,受到了学术界的高度关注和欢迎。

现在我们所处的时代可以说是21世纪全球人文社科研究数字化革命浪潮的时代。我们不但要做追潮人,更要勇敢地站立在潮头之上。在中国传统文化数据库建设上，我们中国史学和文物工作者要有家国情怀，要有自主创新、建立民族品牌的意识，我们要为子孙后代留下自己掌控的数据库。浙大人领军创建的"历代进士登科数据库"正是迎潮流而上的一项自主创新成果。

5月23日 参加在北京大学静园二院208会议室举行的由中华书局与北大中古史研究中心合办的"'历代进士登科数据库'上线发布会暨科举文献的整理与数字化应用学术研讨会"，安平秋、邓小南、张志清、刘跃进、刘海峰等专家学者以及学术媒体记者51人出席了会议。会议安排进程及主要内容如下：

中华书局总编顾青主持"历代进士登科数据库"上线发布会，阐述了"历代进士登科数据库"的成因及过程，同时转达了北京大学教授、中央文史研究馆馆长袁行霈老先生对本次会议的贺词。袁行霈老先生表示："首先，我很钦佩龚延明先生，他的书我都看过也常常用，他多年来进行文献的整理很不容易，并且成绩斐然；其次，'历代进士登科数据库'是一个大工程，把它做成数据库方便多了，龚先生有眼光，中华书局有能力，你们强强联合，造福学界我很高兴，对此我表示热烈的祝贺。"

高校古委会主任安平秋、北大人文社会科学研究院院长邓小南、国家图书馆副馆长张志清分别在发布会上致辞。刘海峰教授、刘京臣先生等作会议主题发言。

作为"历代进士登科数据库"数据库主讲人，在发布会上发言，主要内容摘录如下：

尊敬的安平秋先生、张志清副馆长、邓小南教授，尊敬的各位专家学者、媒体记者和来宾：

在座的诸位多是各界名流,重任在肩,或是崭露头角的青年才俊,个个都是大忙人。承蒙诸位俯允邀请,光临此会,是我们会议举办方的荣幸!我个人谨代表浙大宋学研究中心,向大家深表谢意!

特别感谢小南教授,为会议提供了具有历史感的静园二院会议场所,使我们仿佛感受到一种新文化运动的氛围。的确,我们这次论坛,可以说是在二十一世纪全球人文社科研究数字化革命浪潮中,高高掀起的一个巨浪,我们不但要做追潮人,更要勇敢地站立在潮头之上。

我建议在北大开这个会议,基于两点考虑:

一、我在"十万进士数据库"里查到北大老校长蔡元培,是光绪十八年(1892)进士!小传中写着:辛亥革命后,蔡元培做了教育总长、北大校长和中央研究院院长。我们浙大竺可桢老校长,没有赶上科举时代。但查到了浙大前身求是书院创办人林启,是光绪二年(1876)进士,但尚未称大学。从大学校长视角看,蔡元培应是全国上千所高校老校长中唯一一个进士出身的科举人物!难怪北大有重视文科的基因。巧合的是,现任北大校长郝平教授,又是文科出身,科举试中有文科,我以为北大与科举最有缘分,这也是北大文科师生的福分。这是我选会议地址的第一点考虑。

二、古联数据公司做成的这个"中国历代科举人物数据库",其基础是我主持的《中国历代登科总录》课题。饮水思源,这个课题源头是设在北大的高校古委会。(申报经历从略)

没有最初在高校古委会的立项,今天的一切,都归于零!所以,我要感恩高校古委会的学术眼光,感恩安平秋先

生的支持！"不忘初心"，这也是我建议在北大开会的第二
点考虑。

关于《中国历代登科总录》，我自以为有几个亮点：

第一，原创性强，可以说"字字有来历，条条有出处"；

第二，学术性强，做课题与学术研究相结合；

第三，研究方法实证兼具数字化，大大提高了研究工作
的效率，开拓了多元利用课题成果的功能。

主讲人古联（北京）数字传媒科技有限公司总经理洪
涛，在现场演示了数据库的使用方法和主要内容，让来宾对
数据库的使用和特点有更加直观、深入的了解。会后大家
合影留念。

51 位参会专家名单如下：

安平秋　全国高校古籍整理研究工作委员会主任

邓小南　北京大学人文社会科学研究院院长

张　帆　北京大学历史学系主任

张希清　北京大学历史文化研究所所长

赵冬梅　北京大学历史学系教授

龚延明　浙江大学宋学研究中心学术委员会主任

冯国栋　浙江大学人文学院副院长

孙英刚　浙江大学东亚宗教文化研究中心主任

吴铮强　浙江大学地方历史文书编纂与研究中心副
主任

汪潇晨　浙江大学宋学研究中心秘书

刘　石　清华大学人文学院副院长

侯旭东　清华大学历史系主任

刘后滨　中国人民大学历史学院副院长

管　琴　《北京大学学报》副编审

苗书梅　河南大学历史文化学院教授、《史学月刊》主编

王　玮　《中华读书报》总编

陈菁霞　《中华读书报》记者

张　贺　《人民日报》记者

杜　羽　《光明日报》记者

上官云　《中新社》记者

沈杰群　《中国青年报》记者

吕家佐　社会新闻网记者

尹　琨　《中国新闻出版广电报》记者

白玉静　《图书馆报》副总编辑兼执行主编

路艳霞　《北京日报》记者

黄　茜　《南方都市报》记者

顾　青　中华书局有限公司总编辑

洪　涛　古联（北京）数字传媒科技有限公司总经理

穆荷怡　古联（北京）数字传媒科技有限公司产品部负责人

5月24—26日　应邀参加了在兰州西南民族大学举行的第十七届科举学与中华传统文化学术研讨会。会上介绍了"历代进士登科数据库"的建立及其价值。

5月25日　晚，接受已经毕业的博士生、西北民族大学教授多洛肯组织的同门"庆祝导师八十大寿"的祝寿仪式，参加仪式的有博士后曹家齐，博士生宫云维、多洛肯、毛晓阳、高明扬、陈长文、邱进春、方芳等。并当面签赠学生每人一本增订版《中国历代职官别名大辞典》。

428

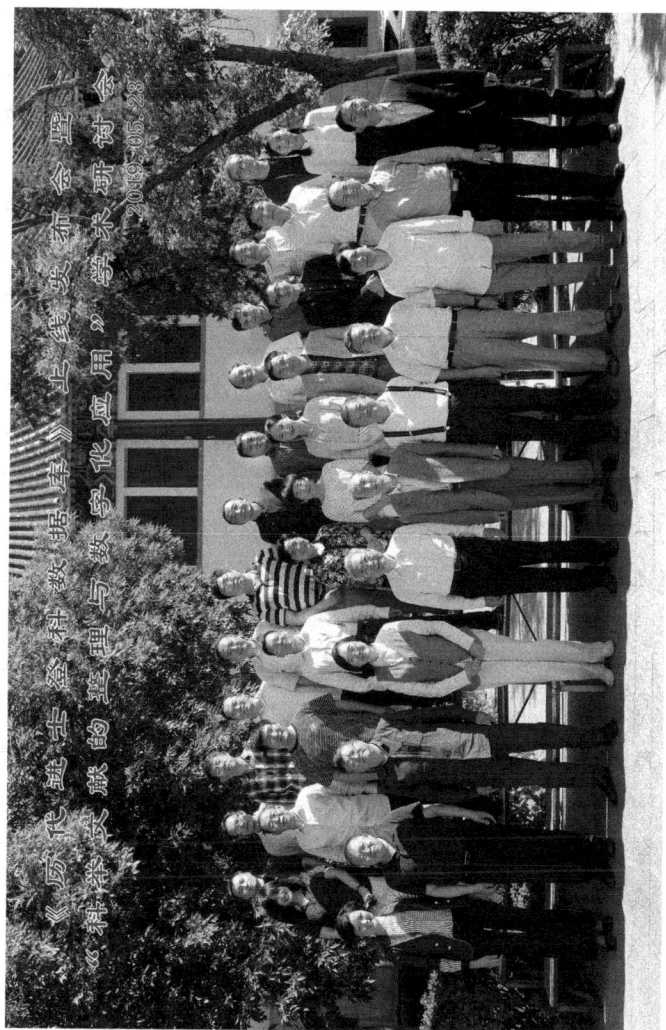

《历代进士登科数据库》上线暨发布会暨

"科举文献的整理与数字化应用"学术研讨会

2019·05·23

2019年5月23日参加在北大举行的"历代进士登科数据库"上线新闻发布会的专家学者合影

5 月 29 日 《〈历代进士登科数据库〉怎么来的?》一文刊于《中华读书报》。

文章追述了《中国历代登科录》从 1995 年高校古委会申请立项得到批准,到 2003 年获得国家社科基金一般项目的批准,再到 2012 年,经专家中期评估,提升为国家社科基金滚动资助项目的经历。其中写道:

> "历经二十四年的漫长征程",这"对我是否有坚定的学术信念,是否有坚强的工作毅力,是否有组织、协调研究团队的能力,是否保持积极向上的人生态度,是一次严峻考验。我挺过来了,自感欣慰"。

> "我要感恩高校古委会的学术眼光,感恩古委会主任安平秋教授的支持! 我缺乏科研经费最困难的时候,古委会连续追加了三次经费,每次两万元。不能再追加了。我有时不得不自己掏腰包。安先生知道我的困境,准备动用主任基金,追加四万元,感动至今! 好在,浙大社科院雪中送炭,将其列入 211、985 项目,拨款十余万。更重要的是,2012 年提升为国家社科基金滚动资助项目,一下子获得八十万元资助,从此缓解了科研经费问题。"

5 月 29 日 光明网记者王洪波在《中华读书报》发表《〈历代进士登科数据库〉日前上线》一文,介绍了 5 月 23 日"历代进士登科数据库"上线发布会,暨"科举文献的整理与数字化应用"学术研讨会的相关情况。

文章写道:

> 《历代进士登科数据库》,涵盖从隋至清一千三百年历代进士登科人物资料,总字数超过四千万,为研究中国科举史乃至文化史、政治史、教育史提供了基础性资料。《数据

库》共收录历代进士十万人以上，囊括历代各科举类目（包括进士、诸科、特奏名、制科等），所收录人物除著录姓名、字号、籍贯、朝代，以及具体的登科时间（年份）、所属科目和在位帝王等信息外，还综合进士人物的出身、登科、历官等方面的经历逐一撰写生平简介。与会专家对数据库的价值给予了高度肯定。厦门大学考试研究中心主任刘海峰教授指出，"《历代进士登科数据库》上线，标志着科举文献的整理和应用将进入一个新阶段，其对推动科举学乃至整个中国古代史的研究，都具有深远意义"。

利用《中华读书报》的信源，各大网站和报纸对此加以转载介绍。5月25日《中国青年报》以《能查1300年历代"金榜题名时"！〈历代进士登科数据库〉上线》为题，5月30日《南方都市报》以"《历代进士登科数据库》上线 1300年间登科人物信息一键查！"为题，均对这一重大事件作了相关报道。

6月11日 浙江社科网发表了《历经20载整理研究〈历代进士登科数据库〉上线发布》一文，对数据库以及会议专家对这一工程的高度认可作了概括报道。文章写道：

> "国家图书馆副馆长张志清表示，《历代进士登科数据库》与时代接轨，立足于学术前沿，着眼于快捷有效的检索服务和自动化的数据统计功能，为学界提供了极大便利，也为古籍保护和古籍数字化做出了贡献。""厦门大学考试研究中心主任刘海峰、中国社会科学院文学研究所副研究员刘京臣，分别从科举进士对中国历史的影响，以及数字人文发展的因素等方面对《历代进士登科数据库》给予了高度评价。他们一致认为，龚先生能够在坚守固有传统的同时与古联（北京）数字传媒科技有限公司紧密合作，将登科文献

数字化,标志着科举文献的整理和数字化应用将进入一个新阶段,让学者能够更好利用相关姓氏数据和科举文献,进而推动科举学研究,让中国传统文化研究向纵深扩展,'乘十万进士之幸,中华文化之幸'。"

6月14日 浙大文科网上全文转载《〈历代进士登科数据库〉怎么来的?》一文(刊于《中华读书报》),并于文末加了浙大副校长罗卫东的感言:

浙江大学龚延明教授早年致力于中国宋代职官制度研究,是杭州大学宋史研究的骨干之一。

龚先生在临近退休之年,又开启了历代登科研究这一宏大的基础研究课题。二十四年如一日,带领一个小团队,锲而不舍,在近八十岁高龄,终于完成了这个累计4000余万字的重大学术基础成果。可喜可贺可敬可佩!

这样的生命投入,这样的"笨功夫",没有强大的学术信念和浓厚的学术兴趣,是不可能想象的。

对于一位退休老师的学术坚守,学校也尽了自己最大的可能予以支持和关照。在他最困难的时候,社科院想方设法筹资雪中送炭,图书馆一直为其提供充分的工作空间和资料保障。人文学院在队伍建设上确保龚先生中意的年轻学者顺利引进。等等。

很多人以为办文科很便宜,不用什么投入,一个人、一张纸、一支笔、一方书桌即可。殊不知,文科才是真正的奢侈品,需要的天赋、兴趣、恒心和毅力,在今天哪一样不是奢侈品?! 一个文科学者要做出体面的学术作品,需要丰富的图书资料供给、必需的物理空间和稳定的生活保障,以及相应的学术服务人员,没有不菲的资金投入,这些条件又怎么可能具备?! 即便有了这些基本的条件,能否做出好成果还难说。所以,若以简单的投入产出公式来评价和决策,或以急功近利的心态学者,无论如何是做不了好的文科的。

当然,投资文科也是最划算的,"十年磨一剑,一剑用百年"! 好的学术作品,惠人无数,其效用的发挥短则几十年,长则千百年,惠人无算,历史地看,当初那些所谓的巨额投入又算得了什么呢?!

6 月 23 日 应邀参加在南京中国科举博物馆举行的"大数据下的博物馆运营与发展高峰论坛"。中华书局与科举博物馆签约,启动了"历代进士登科数据库"项目。并接受了南京中国科举博物馆颁发的聘书,聘任为"南京中国科举博物馆学术顾问"。《扬子晚报》以《〈历代进士登科数据库〉在科举博物馆投用,隋至清代 10.2 万名"学霸"生平可查》为题,对此次活动作了报道,并介绍了查检方式。

6 月 《宋代登科总录——创新的宋代精英数据库》一文刊载于包伟民、戴建国主编《开拓与创新——宋史学术前沿论坛文集》,上海世纪出版集团、中西书局出版。

7 月 2 日 记者杜羽撰写《"历代进士登科数据库"上线——二十四年走出一条学术新路》一文,在《光明日报》"七一"专版刊布。(按,该文同日《凤凰网》国学版全文转载,题为:《历代进士登科数据库:二十四年磨一剑 一剑用百年》,7 月 4 日《中国社会科学网》加以全文转载。标题为:《打造自主创新民族品牌的科举人物数库——〈历代进士登科数据库〉》)

全文摘录如下:

> 每每走到西溪校区图书馆六层,浙江大学图书馆副馆长黄晨都会看一眼古籍研究所教授龚延明的办公室——不

出意外,那扇门总是敞开着的。

……二十多年来,龚延明和他的团队不仅在故纸堆中孜孜以求,还在互联网上乘风逐浪:纸质本《总录》全部出版尚需一些时日,以《总录》为基础的"历代进士登科数据库"日前已经率先在中华书局"籍合网"上线。年近八旬的龚延明说:"我们不但要做追潮人,更要勇敢地站立在潮头之上。"

十万精兵,点滴积累

"龚延明'惹不起',他手下有'十万精兵'。"私下里,北京大学教授安平秋和朋友这样开玩笑。"十万精兵",就是指龚延明研究的那10万多名进士。

……

"科举是中国帝制时代具有代表性的文化符号,历代进士中有很多彪炳史册的济世之才。从隋唐到明清,大部分政治家、文学家、教育家都是进士出身,民族的兴衰、朝代的更替、国家的治乱与他们密切相关。"厦门大学教授刘海峰说。科举是进士群体登进仕途的转折点,科举文献记载着他们的科举经历和家世出身等信息,在政治史、教育史、文学史等方面都有重要学术价值,是一个尚待开发利用的文献宝库。

……在浩如烟海的古文献中,很多进士的名字都已湮没,更遑论传记资料。明洪武十八年(1385)殿试,472名进士榜上有名。他们的名字原本都刻录在《洪武十八年榜进士题名碑》之上,但明成祖朱棣执政时,此碑被毁。后人根据残碑及地方志等文献,陆续找到了422人的名字,可仍不完整,而且错误不少。

"我们做历代登科总录,一定要完整、准确,不能将阙就阙,以讹传讹。"抱着这样的信念,龚延明与邱进春专门进行研究,最终确认,保存在《皇明进士登科考》一书中的《洪武十八年会试录》完整收录了472名进士名单。捧着就此编成的一册登科录,他感慨万千:"光这一榜进士,就这样厚厚一本,180页。明代科举共89榜,就要有这样的89册。当初是知其不可而为之,现在回过头看看,真会冒冷汗!"

龚延明的"十万精兵",不是从天而降,而是这样一点点积累汇聚起来的。

勇立潮头,惠人无算

因为体量过了庞大,《中国历代登科总录》启动之初,龚延明就决定制作数据库,虽然那时还是20世纪90年代,虽然连他自己也不大清楚数据库为何物。

龚延明1960年从杭州大学历史系毕业,是接受传统学术训练成长起来的学者,以往的著述都是借助一张张手写的卡片完成的。

可是,对于《总录》,他初步估算了一下,仅宋代的41000多名进士,平均每人四张卡片,就需要16万多张卡片,无论是抄写后的归类,还是编写时的查检,都很困难。即使把这些卡片全部转换成电子文本,如果只是杂乱无章地堆放在一起,同样不便于查检。

……龚延明找到本校计算机专业的老师帮忙,按照他的设想制作了专用软件,凡输入一条进士资料,软件就会自动把此人归至某朝、某榜、某一科目,凡检索朝代、榜次、科目、人名,软件就会显示筛选后的结果。正是这些今天看起来并不复杂的功能,极大地提升了《总录》的编纂效率。

……"很多人以为办文科很便宜,不用什么投入,一个人、一张纸、一支笔、一方书桌即可。殊不知,文科才是真正的奢侈品,需要的天赋、兴趣、恒心和毅力,在今天哪一样不是奢侈品?"得知"历代进士登科数据库"上线的消息,浙江大学副校长罗卫东在微信朋友圈写下了这样一段话,"一个文科学者要做出体面的学术作品,需要丰富的图书资料供给、必需的物理空间和稳定的生活保障,以及相应的学术服务人员,没有不菲的资金投入,这些条件又怎么可能具备?……当然,投资文科也是最划算的,'十年磨一剑,一剑用百年'。好的学术作品,其效用的发挥短则几十年,长则千百年,惠人无算。历史地看,当初那些所谓的巨额投入又算得了什么呢?"

惠人无算,并非虚言。

这样一个数据库,让图书馆人有了一个好助手。国家图书馆副馆长张志清还记得,过去给古籍编目,每次进入书库,都要推着一个满载着工具书的书车,其中不少书都是为了查考古籍作者的生平而准备的。一个"历代进士登科数据库",不仅抵得上好几部工具书,而且检索起来更为便捷、高效。

这样一个数据库,让学术研究有了更为坚实的基础。在清华大学教授侯旭东看来,对进士群体的系统梳理,对理解隋唐以后的中国史有重要意义,用大数据的方法挖掘这些资料,为未来的学术研究带来了很多可能性。

侯旭东笑言,浙江人不仅善于经商,民营企业做得好,在浙江大学执教的浙江人龚延明,通过 20 多年的探索,又为知识生产提供了一个新的范例。

如此说来,龚延明团队 24 年的不懈努力,既为学界贡献了丰富的文献信息,又蹚出了一条学术新路。

7月3日 大洋网、《天天快报》作者刘琛的《10 万名进士"简历"背后的学术工匠精神》一文,对数据库的学术价值、应用价值和团队治学精神做了详尽报道。主要内容如下:

从学术价值角度来说,龚延明带领团队成员日复一日,经过 24 年的努力探索,将现存 10 余万名进士的传记资料几乎一网打尽,编纂出 4000 万字的《中国历代登科总录》。这一学术成果填补了科举文献整理的空白,让相关学术研究有了更为坚实的基础。一个"历代进士登科数据库",不仅抵得上好几部工具书,而且检索起来更为便捷、高效。

从治学角度来说,这部学术作品的漫长编撰过程体现出了龚延明教授治学的工匠精神。首先贵在精益求精,《中国历代登科总录》在数据的准确性、权威性、全面性上受到不少专家认可。书中针对公元 6 世纪以来 1300 多年,超 10 万名历代进士登科人物撰写的小传,每个人的小传都要求做到"字字有来历,条条有出处",书证也是尽可能从第一手文献中抄录。这 10 多万名进士的资料正是靠着龚延明教授一点一点积累汇聚起来的,如此严谨的治学态度值得敬佩。其次贵在坚持,十年磨一剑,砺得梅花香。

在 24 年的编撰过程中,龚延明教授的团队也曾遇到过不少困难,比如缺少经费和技术支持,但这些都没有使他产生畏难情绪,而是保持着"板凳须坐十年冷,文章不写半句空"的定力,挤掉杂念、排除浊气、潜心治学,用自己长期的坚守成就这样一部优秀的学术作品。

如今，随着互联网的发展，很多信息都能在网上轻松检索到，各类数据库也层出不穷，但这其中也夹杂着很多虚假、无效的信息，准确性和权威性难以保证。学术界正需要更多像龚延明这样具有工匠精神的治学者，即使在纷繁复杂的互联网世界也能潜下心来、默默付出，在准确、权威、全面上下大功夫、苦功夫、硬功夫。

9月10日 参加校友杨招棣、严雪宾伉俪藏品捐赠给浙大图书馆的捐赠仪式。杨招棣曾任杭大历史系总支书记、杭大教务处处长、杭州市委副书记，杭州岳飞研究会创办者之一，是畏友。（摘自日记）

9月 《宋代地方统兵官体制研究》一文刊于《军事历史研究》第5期。

文章摘要为：

宋代地方统兵官的源头是始置于北周的、作为行营或地方高级统兵官的大总管，宋代称马步军都部署。英宗继位后，避讳，改都部署为都总管。在太宗朝，都部署有成为禁军屯驻地方重镇统兵官之趋势。"澶渊之盟"后，宋辽休战，真宗罢"行营"之号，标志着都部署由中央临时差遣出征的统帅向地方驻扎的统兵官之演变。至仁宗朝出现"路分部署、兵马钤辖以上"之称，表明都部署统兵之制度化、规范化，路分部署体制完成由战时统兵体制向和平时期地方统兵官体制之转型，脱离了中央三衙禁军的军事编制。神宗熙丰"将兵法"推行后，既有路、州马步军部都署与兵马钤辖，又有诸路正将、副将，产生重叠。至南宋初，战时统兵体制宣抚司、都统制、制置司体制取代了宋辽交战时的行营都总管体制,但地方诸路州郡帅臣带马步军都总管或州兵马铃辖不废,名分为管"州郡分屯"之兵,维护地方治安而已。宋王朝为收回地方军权而构建的地方统兵体制,即都总管、兵马铃辖、兵马都监、巡检分布于路、州(府、军、监)、县三级的"州兵官"体制,与中央"枢密院—三衙"统管下的御前诸军、屯驻大军的都统制、统制、统领、将副官"统兵战守官"体制,合成了两宋地方准军事力量负责维稳、与中央正规军负责对外防御之军事体制,这是中国军事发展史上具有创新意义的篇章。

10 月 26—27 日　在杭州湖光饭店,和祖慧教授共同主持召开了由浙江省哲学社科重点研究基地浙江大学宋学研究中心主办、浙江大学人文学院协办的"东亚宋学国际学术研讨会",并以宋学研究中心学术委员会主任的身份在主席台致欢迎词。提交会议的论文为《宋代爵制》。

《欢迎词》摘录如下:

尊敬的各位嘉宾,各位专家学者:

上午好!

2019 年 10 月 26 日,浙江省哲学社会科学重点研究基地浙大宋学研究中心主办的"东亚宋学国际学术研讨会",在浙江大学如期开幕了!

万物有质、有形,时间不可思议、不可言说。它可以给任何人创造任何机会,也可以给任何人不创造任何机会。就看你能否把握。相约、承诺,为了迎接我们相聚的机会,我们共同经历了漫长的等待……终于等到了这一天,时间定格在 2019 年 10 月 26 日。我相信,这一天,将留存在我们每个人学术生命的记忆里,也将载入中国史研究动态的史册之中。

……今天,我们来自四面八方的海内外宋学界同行,相聚一起,济济一堂,聚焦宋学前沿的学术问题,有幸、有缘,在一起相互切磋、相互交流,这机会来之不易,让我们共同珍惜、把握住这一宝贵的时刻,祝愿在宋学研究上,取得丰收!

今天,在主席台上就座的,有我们中心的领导浙江大学社会科学研究院院长褚超孚教授,有我们中心的省级领导省社联科研管理处处长胡晓立,有著名宋史专家、日本大阪市立大学平田茂树教授,有青年长江学者、人文学院副院长冯国栋教授,有兄弟中心——南宋史研究中心主任、著名宋史专家何忠礼教授,有浙大宋学研究中心主任暨中文系系副主任、著名宋词专家陶然教授。还有著名宋史专家北京大学赵冬梅教授,这次会议,她将以开幕式主持人的身份亮相。

最后,我受浙大宋学研究中心的委托,对诸位的到来,表示诚挚的欢迎!

宋学研究中心主任陶然教授致欢迎词。

浙江大学社会科学研究院院长褚超孚致开幕词。

开幕词摘录如下:

宋学,顾名思义,是研究宋代的学问。历经三百年的宋王朝,曾经在十世纪至十三世纪的历史舞台上,有声有色地表现过,并以高度繁荣的历史文化,留存在世界文明的记忆中。七、八百年之后,我们只能凭有限的历史遗存去寻踪追影,于是有研究宋代政治的、宋代思想的、宋代文学的、宋代军事的、宋代财政的、宋代科举的、宋代儒学的、宋代道学的、宋代佛教的、宋代考古的、宋代绘画的,等等种种学问的产生。

……诚如著名史学大师陈寅恪先生所说:诸凡宋代考古、宋代史学、宋代文艺、宋代思想史等等,均属宋代学术之研究,都属"新宋学"。

大家知道,宋史自20世纪30年代以来,就是老浙大具有优势的人文学科,执教于浙江大学史地研究室的张荫麟先生,是蜚声中外的宋史旗手,此后,通过张其昀、宋晞、陈乐素、徐规先生等著名宋史专家,把宋史研究的旗帜一代一代往下传至新浙大,时至今日,宋史仍在浙大人文社科之林,迎风飘扬。与之并驾齐驱的是夏承焘、吴熊和先生薪火相传的宋代词学,久负盛名,为浙大人文社科又一传统优势学科。

浙江大学宋学研究中心,在潘云鹤校长签署批准下,成立于2002年2月,中心集聚了中文系、历史系、哲学系、古籍所等浙江大学传统优势学科中的宋学研究人才,是浙江大学人文重点强所。2006年,在省社联推动下,列为浙江省哲学社会科学重点研究基地。以全面探究宋学、弘扬宋学精神为学术宗旨,形成了宋代职官科举制度、宋明理学、经学史及思想史、宋代文学、佛教与道教文化五大学术方向,影响力正在逐步增大,是目前国内外一个以全面研究宋学为标志的学术中心,也是浙大哲社三大重点研究基地之一。

……此次举办宋学国际学术研讨会,得到在座的海内外专家学者的支持,共同构建新宋学的学术交流平台,吸引海内外最前沿、最新的宋学学术成果,奉献于学界,期待这次宋学国际学术研讨会,能有助于推动新宋学的发展,这也是学校对人文社会学科建设寄予的期望……

按,这次会议有来自中国、日本、韩国等国的宋学研究学者50余人参加,大会主题发言第一场是杭州市社科院南宋研究中心主任、浙江大学历史系教授何忠礼,题目为《谈谈对历史人物的评价问题——以对宋高宗的评价为例》;第二场是日本大阪市立大学文学研究科平田茂树的报告,题目为:《南宋士大夫"重层"且"复合"的网络与交流——以崔与之所谓"书信"的材料为线索》。本次会议分小组围绕"人物与思想"(日本学习院大学王瑞来教授主持)、"制度与文化"(中山大学曹家齐教授主持)、"文献与数据"(台北中国文化大学韩桂华教授主持)等话题展开了深入讨论。

10 月 27 日 晚,邀请日本学习院大学教授王瑞来先生到宋学研究中心讲座,题目为《宋元变革视域下的江南儒学》。

10 月 《北宋太常寺礼乐机构述论》一文刊于《中原文化研究》第 5 期。

文章摘要为:

礼乐制度是源自周代君王统治臣民的一种重要制度。礼与乐有分工,但相辅相成。宋代汲取唐末五代礼乐制度崩溃的教训,尤其重视礼乐制度的建设。因此,礼乐机构也就始终成为宋朝中央官僚机构的核心组成部分。宋代主管礼乐制度的机构,经历了阶段性变化:北宋前期太常寺不掌礼乐事,礼乐职能为太常礼院、礼仪院所侵;元丰新制后,太常寺重掌礼乐,仿《唐六典》新建编制,设太常卿、少卿、丞、博士、主簿等,且各有职掌,并下辖郊社署、太乐署、鼓吹署、教坊等礼乐机构;至南宋时基本上沿袭北宋之制而有所压缩。

11月1日 《〈宋史·职官志〉北宋前期选人寄禄官阶考正》一文刊于《文史》第4期。

文章摘要为：

> 《宋史·职官志》九《元丰寄禄格》所载"旧官"选人七阶，职官名称讹误严重，亟须订正。经与《宋史·选举志》对比，《宋史·职官志》严重失误有两处。一、关于漏"军事判官"，以及不能区分刺史州军事判官与州级军判官之误。二、关于"知录事参军、知县令"前阙漏"试衔"之误。

11月 《宋代文官寄禄官制度》一文刊于《河北大学学报》（哲社版）第6期。

文章摘要为：

> 宋代官制繁杂多变。北宋前期，"官"变成了"禄"。这个"官"本应是正宗的职事官，在北宋却离经叛道，变成了"寓禄秩"的阶，即本官阶。这与唐之前以官品定职禄大反其道。北宋徽宗朝崇宁、政和前宋代文臣选人、京官、朝官，由本官阶改为寄禄官大夫、郎，其沿革及职能变化分三部分内容：本官阶，寄禄官（元丰改制与崇、政改制），寄禄官分"左""右"。文章结合不同时期文官官衔，用实证予以阐释，为研究宋代文臣寄禄官制度提供了新的视角。

11月 《宋代都总管司长官及其官属研究》一文刊于《军事历史研究》第6期。

文章摘要为：

> 宋代都总管司长官有路经略、安抚使兼路马步军都总管，路安抚使兼路马步军都总管，路马步军都总管，管勾都总管事四种级别称，其中以带"经略使、安抚使"衔级别为最高。都总管司属官有——走马承受公事，负责掌握边防与

地方军情,监视大帅,是皇帝派往地方部队中的耳目;也有兵马钤辖、兵马都监、兵马监押、巡检等属官。自北宋初到南宋,朝廷一步步将地方都总管(部署)、兵马钤辖、兵马都检、巡检等将领,转变为路、州府、县三级地方统兵官,这种由军事战守之统兵官向州司兵官转变之过程,体现了宋廷在掌控中央军权的同时,对构建负责地方维稳的军事力量之重视。

12 月 北京古联数字传媒科技有限公司市场经理周晓竹撰写的"历代进士登科数据库"上线发布会暨"科举文献的整理与数字化应用"学术研讨会综述,刊于《科举学论丛》第 2 期。

文章摘录如下:

"历代进士登科数据库"由浙江大学龚延明教授主持编纂,以登科人物的传记资料为主要内容的专业在线数据库产品。该数据库由中华书局全资子公司古联(北京)数字传媒科技有限公司设计开发,该库基于知识服务的概念,利用互联网技术下数据储存易于拓展的特点,为用户提供快捷有效的检索服务和自动化的数据统计功能……

"历代进士登科数据库"的功能特色如下:

(1)内容体例严谨完整,针对人物除著录姓名、字号、籍贯、朝代,以及具体的登科时间(年份)、所属科目和在位帝王等信息外,还综合进士人物的出身、登科、历官等方面的经历逐一撰写生平简介;

(2)征引资料均配套提供具体书证内容……并标明出处……为用户查阅、使用提供极大便利;

(3)支持登科人物各项著录信息的全文内容检索,同时提供快速搜索、高级检索、二次检索等多种检索模式,配合检索功能辅助汉字关联和精确/模糊检索服务；

(4)提供各类统计功能,用户可以通过姓氏、朝代、登科时间(年份)、所属科目和在位帝王等固定维度,或者自行定义筛选条件,对应生成统计图表,实现数字人文可视化操作。

在本次会议上,全国高校古籍整理研究工作委员会安平秋高度赞扬了龚延明及其研究团队的学术精神,并表示,古籍出版与数字化两者结合,是学界未来的发展方向。北京大学人文社会科学研究院邓小南也就"历代进士登科数据库"表达了自己的看法。邓小南认为……目前大多数数据库基本上是材料的汇聚、集合,有的甚至前期校订功夫不足,材料的可靠程度要靠研究者自行判断、辨析。"历代进士登科数据库"则非常不同,其基本资料是课题组历经近20载的时间巡检查阅了各类传世文献和出土史料……经过全力的辨析和辑校最终汇聚而成的。

厦门大学考试研究中心刘海峰对本数据库发表了其学术观点,指出经过1300年,科举和进士在中国历史上留下了深刻的印记。科举是中国帝制时代具有代表性的文化符号,进士可以称为世人的表率、社会的精英。历代进士中有很多成为彪炳史册的济世之才……刘海峰还表示……(《中国历代登科总录》)现在包括明代科举录的选编等其他四项已经完成了……在中国的人文领域,很少有像科举学这样有大量可信的资料作为实证研究……最后表示,无论科举制在历史上功过得失如何,它总是历史的客观存在,曾经长期左右世人的命运和文风时尚,1300年间传统中国官僚政治、士绅社会和儒家文化皆以科场为中心得以维系和共生,科场成为中国社会政治生活和人文活动的关键场域。相信随着龚先生主持的"历代进士登科数据库"上线发布,科举文献的整理和数字化应用将进入一个新阶段,让人们能够更好地利用相关进士数据和科举文献,进而推动科举学的研究,中国传统文化向纵深扩展,"诚十万进士之幸,中华文化之幸"。

中国社会科学院文化研究所刘京臣发言表示,数字人文的发展必然离不开几个因素,第一个要素是数据。对于数字人文真正能推进而言,严谨的数据非常重要。如中华书局这样,把已经出版的文献数字化,这样数据就是完整的。第二个是我们利用现代技术的手段对其进行梳理,像清华大学统计中心的副主任邓轲,发明了一种无干预的分词技术,这对我们擅长人工干预的数据进行匹配来说是革新。

从团队而言,数字人文取得好的发展,团队是必不可少的。团队包括两个方面,一是传统的人文学者,二是理解传统人文学者需求的团队。如中华书局,他们有非常深厚的文史的学术积淀,同时在 2014 年成立古联公司,把自己传统学术的路途与新的技术结合。一些年轻的学人使用比较多的数字人文项目,比如说哈佛大学推的 CBDB,它对中国学术最大的影响不在于免费提供的 42 万条历代的数据,而在于在中国学界推广其方法论。其方法论可归纳为三条,第一条是群体学,第二条是 GIS 的推广,第三条就是社会网络分析系统。

习近平总书记在提高国家文化软实力方面说到"要系统梳理传统文化资源,让收藏在禁宫里的文物、陈列在广阔大地上的遗产、书写在古籍里的文字都活起来"。这意味着学界要探索与时代相结合,充分利用数据库、虚拟现实等等多种技术手段呈现文献,用时代的特色来展示对传统文献所能带来的时代性质的改变。

中华书局总编顾青表示,一直从事传统文献的整理和出版,最近五年逐步介入古籍数字化的工作,每天都会被数字化各种新的可能性所震撼。顾青表示,也许要不了多少年,学术会在大的数字化的环境下得到更进一步的进展,这中间有无限的可能性。同时,数字化的建设会对学者的学术水平和学术研究能力提出全新的挑战,学者需要有一些新思维才能用得起、驾驭得住这一套新的数据。

2020年　80岁

1月1日　向浙江省社联办曾海芳发去《浙江历代进士录》进度表。

1月2日　参加古籍所祖慧教授、周佳副教授主持的《宋史选举志》研究生读书会,并就研究生提出的问题答疑。研究生读书会成员有:束保成(博士后),费习宽(博士生),硕士生:吴雨绮、丁晨、吴雨笛。

1月3日　接到点校本《二十四史》暨《清史稿》修订办公室主任马婧来电,称已经收到投寄的关于《汉书》《宋史》中点校失误订正的稿子,会抓紧处理。(摘自日记)

1月13日　北京古联数据有限公司总经理洪涛来电告知:美国哈佛大学、普林斯顿大学、中国社科院图书馆、南京科举博物馆、厦门大学图书馆、福建师大图书馆均已购买了"历代进士登科数据库"。

1月18日 接待北京古联数据公司总经理洪涛与产品部主任穆荷怡、推销部主任康宁临一行五人。晚上,在浙大西溪校区举行"'历代进士登科数据库'走进浙大"活动。会上,向听众介绍了"历代进士登科数据库",浙大图书馆已开通试运行。洪涛总经理作了如何使用"籍合网",示范了登录"历代进士登科数据库"检索历代任何一个进士,或按地区、姓氏提取统计数据的检索功能。受到文科师生的热烈欢迎。

1月19日 教育部公布了2020年第八届高等学校科学研究优秀研究成果奖评奖结果,与祖慧合作的《宋代登科总录》获得历史类二等奖。按,证书是2020年12月10日颁发。

3月21日 接到《中国历史研究院集刊》编辑部路育松、高智敏编辑发来的《两宋俸禄制度通论》(3万多字)的二校样稿。

3月30日 《宋代经筵制度探析》一文刊于《中原文化研究》第2期。

文章摘要为:

> 宋代自太宗后,无一朝不开经筵。经筵制度,在宋代被定为"皇朝家法",其可视为特殊的对皇帝的再教育制度。经筵制度源于西汉,经筵官侍读则始置于唐,唐末五代废弛,宋复经筵制度,较为健全。宋代经筵官设,可分前后两个阶段,"元丰改制"后侍读、侍讲、崇政殿说书多为兼职。之所以出现经筵官以兼官为主的情况,主要有以下原因:一是经筵官身为"帝师",必须由学问好、有声望、有地位的名儒硕士(多为进士出身)担任;二是皇帝将经筵授课视为一条了解外部和咨询时政的渠道,因此,相对独立于相权的台

谏官,就常成为经筵兼官;三是经筵官又是权相暗箱操控、打探皇帝信息动态的难得孔道。因此,宋代台谏官多兼经筵官,这也反映出经筵官之除授,成为宋代皇权与相权明争暗斗之地。结合宋代经筵讲读的时间、内容、场所和方式,纵向考察两宋经筵制度,亦可看出其为宋代文治的成功发挥了重要作用。

3 月　收到中国人民大学人文社会科学学术成果评价研究中心中国人民大学书报资料中心颁发的荣誉证书。证书写道:

根据 2016—2018 年度复印报刊资料学术专题刊转载数据与同行专家综合评价,您被评选为"复印报刊资料重要转载来源作者(2019 年版)"。

4 月 20 日　疫情之下,有感于学术活动陷于停顿,却不影响做《浙江历代进士录》课题,吟《无题》诗一首。全文如下:

世界灾难,

命运与共,

人民至上,

中国东风;

个人至上,

欧美西风。

谁是英雄?

谁是狗熊?

尽显本相,

甩锅何用?

农民种田,

工人复工,

一介书生,

少了活动，

宅在家中，

照样用功。

7月15日 《宋路级地方行政区划名与实》一文刊于《清华大学学报》第4期。

文章摘要为：

> 文章深入考察了两宋地方行政管理沿革，论证了宋代确实存在路、州（府、军、监）、县三级管理体制，解决了学术界长期存在的关于宋代地方行政区划，是路、州、县三级制，抑是准三级制，州、县二级制的争论。揭示出不同观点产生的原因，在于宋代路级行政区划不是单元的路长官管理体制，而是多元路长官，即路监司集体分工管理路级行政、财政、刑法的体制；且在南宋因军事需要，旁生帅司路，路级监司管理体制，又增入了新的成分，使宋代路级地方行政管理呈现出权力分散、相互牵制的特色。

7月16日 在浙大紫金港校区办公室，召开《清代登科总录》进度检查会。《清代登科总录》进入后期收尾阶段，经祖慧教授在日本内阁文库与北京第一档案馆调查，还有不少清代《登科录》《会试录》《同年录》，需要设法抄录。日本还要去一趟。北京，拟安排研究生去抄录。参会的有课题组成员祖慧教授、周佳副教授、汪潇晨博士。（摘自日记）

8月2日 收到人民教育出版社辞书编辑室谢友仁关于委托编写《中国古代官制简表》的公函。函文写道：

> 龚延明先生：《新编学生词典》为帮助广大中小学生了解中国古代文化，提高国学修养，将编写《中国古代官制简表》作为附录。此表中职官主要收录古代文献（特别是古诗

文名篇)中常见者,内容包括官名、官品、职掌、章服等。

8 月 3 日 为《浙江省进士录》结题评审会准备材料。从各子课题交上的 1000 万字书稿中,选印了《浙江历代进士录》三个子课题的部分内容,隋唐五代、明代、清代《浙江进士录》(各送审书稿 30 万字左右)。

8 月 6 日 在浙大西溪校区图书馆 508 会议室,举行浙江第二期文化工程重大课题《浙江进士录》结题评审会。以课题负责人身份向省社联主任邵清、规划办主任董希望及办公室吴春芬汇报了课题完成情况。参加会议的有评审专家中山大学历史系教授曹家齐,浙江社科院院长徐吉军,浙江大学历史系教授陆敏珍,《浙江大学学报》执行主编徐枫,及课题组成员祖慧、周佳、李英、邹爱芳、汪潇晨。

课题情况汇报摘录如下:

一、《浙江历代进士录》的学术价值

……本课题提供了浙江省历代登进士档案库,也是最大的浙江省精英人物档案库,为检索浙江任何一名进士提供了极大方便。从而为本省了解各市县乡贤、精英人物,开展传统文化教育、开辟旅游文化资源,以及编修方志、族谱,都具有权威性的、现实意义的咨询功能。并有助于研究浙江省的科举史、学校教育史、地方经济史、人文风俗史。它将为建设浙江文化大省,开发一大宗学术、文化和旅游资源。

二、研究的基本思路、主要观点及写作大纲

(1)先摸清历代浙江进士人数

据初步摸底,《浙江历代进士录》人数如下:

唐五代十国,浙江进士总数为 110 人左右;

宋元浙江进士总数为 8000 人左右；

明代浙江进士总数为 3500 人左右；

清代浙江进士总数为 3200 人左右。

总计：浙江历代进士总数在 15000 人左右

（2）按不同朝代归属浙江省的行政区域收集进士史料档案，每人写一小传，附有第一手史料的书证……研究思路：

其一，以今天的浙江省版本图为准，将隋唐至明清的浙江省不同时期所属府县理清，尽量免误收或漏收浙江的历代进士。

其二，按年代顺序，分三个子课题《浙江唐五代宋元进士录》《浙江明代进士录》《浙江清代进士录》进行。

三、研究的创新之处

以分省、分县的形式，撰编历代进士录，属首创……为全国各省开启撰编各省科举名录提供了一条新路……向世界展示中华博大精深的文化，提供了新的资源。就浙江本省来说，本课题提供了浙江省历代登进士智库，也是最大的浙江省精英人物总传，为检索浙江任何一市、一县的一名名进士提供了极大方便。从而为本省了解各市县乡贤、精英人物，开展传统文化教育、开辟旅游文化资源，以及编修方志、族谱，都具有权威性的、现实意义的咨询功能，并有助于研究浙江省的科举史、学校教育史、地方经济史、人文风俗史。

四、项目实施团队

《浙江历代进士录》项目之下分 3 个子课题，课题承担者 6 人。分工如下：

（1）《浙江唐五代宋元进士录》

课题负责人——龚延明，浙江大学人文学院古籍所教授。

课题组成员——汪潇晨，浙江大学城市学院讲师。

（2）《浙江明代进士录》

课题负责人——龚延明，浙江大学人文学院教授。

课题组成员——李英，宁波大学图书馆副研究馆员。

邹爱芳，浙江大学西溪校区图书馆古籍部馆员。

（3）《浙江清代进士录》

课题组负责人——祖慧，浙江大学人文学院古籍所教授、博导。

课题组成员——周佳，浙江大学人文学院古籍所副教授。

五、成果

本课题历经三年（2018.5—2020.6）按期完成。

（一）《浙江唐五代宋元进士录》（326 万字）；

（二）《浙江明代进士录》（371 万字）；

（三）《浙江清代进士录》（221 万字）。

收集了浙江历代进士总数：17811 人

《浙江历代进士录》总计 919 万字，共分 18 册（16 开本），出版。

请诸位专家批评、指正！

7 月 《宋代幕职州县官双重职能的分与合》一文刊于《浙江大学学报》（人社版）第 4 期。

文章摘要为：

宋初官制承袭后周之制。五代时选人并无所谓七阶之制,是候选集注的官员总称,即赴三铨磨勘、注授的官员,也称待选人、守选人。选人范围较广,其中最底层的幕职州县官入宋以后逐渐成为文官系列中的最底层。文官系列由选人、京官、朝官三个由低到高的层次组成,此选人专指幕职州县官,共分七阶,为选人的本官阶,决定选人俸禄。然而,宋代州县地方官中也有幕职官,是差遣官,有实际职务。也就是说,幕职州县官有两种职能,既是选人七阶,又充当州府军监县的差遣官,两者容易混淆,需要鉴别。元丰改制时,文臣京官、朝官本官阶易为元丰寄禄阶,而选人本官阶未及改,直至徽宗崇宁二年,选人七阶方易为将仕郎至承务郎七阶,从而结束了选人二重职能的紊乱状态,幕职州县官作为选人七阶职能废罢,合为一元制的州府军监县的属官。

8月28日　将《宋代官制史》书稿交《中华书局》出版社学术中心主任俞国林。全书160万字。

9月　《为浙江文化人建档立传》一文收录于浙江省社会科学界联合会《浙江文化研究工程亲历纪》。文章主要内容为:

　　全文分两部分,第一部分"遇上好时代,传承文化的春风扑面而来",陈述了在当前弘扬传统文化的大好形势下,以浙江文化创造者为研究主体,申报了浙江文化研究工程第二期项目:《浙江进士登科总录》;第二部分"任重道阻行且长　砥砺前行勇担当",介绍了课题的规划。

10月21日　得知《浙江历代进士录》招标由商务印书馆中标的消息。他的日记写道:

　　上午10点,浙江省社联在网上招标《浙江历代进士录》书稿出版。10点37分,商务印书馆文津公司总经理丁波来电,说:"龚老师,《浙江历代进士录》,我们已中标了。合同文件都已签好,没问题了! 接下来,就是我们书稿加工的事了。有什么事,我们随时联系。"中午,商务印书馆总编顾青又来电告知商务中标的消息。真是振奋人心的好消息!

10月25日 在启真名苑家中,接待学生四川大学古籍所陈长文副教授带来赠书。合影留念。并抒发感言:

> "今天重阳节。岁岁重阳,今又重阳,启真桂花分外香! 长文远道来看望,带来巴蜀新书香,分外温暖!"[摘自"日新台"(龚门微信群)]

10月 《宋代地方权力运作的全方位考察》书评刊于《中国史研究动态》第5期。

文章主要内容为:

> 贾芳芳的专著《宋代地方政治研究》(人民出版社出版),是近年难得的一部宋代制度史研究专著。该书从地方政治制度运作的视角,研究宋代地方政治。书中探讨了中央集权与宋代地方政治权力运作的关系,剖析了宋代地方行政权运作的规制与官场生态,具有创新的学术价值,为中国古代地方行政管理运作研究提供了一个范例。

> 作者就官府如何管控地方豪强及处理豪强与农户关系的系统深入研究,是《宋代地方政治研究》的一个突出亮点。地方政治运作不仅是一个政治问题,在其运作过程中,又是附生官场生态状况的社会问题。其根源即在于宋代地方行政权力行使过程中,法治与人治始终难以调和,作者从不同侧面,论述了宋代专制社会人治往往大于法治的痼疾,引发地方政治生态缺乏平等、公正、廉政,滋生霸凌与腐败之风。

> 该书主旨,是讨论赵宋王朝地方政府行政运行与社会

治理的得失成败,但其昭示的历史经验与教训,也为今天如何在马克思主义理论的指导下,改进基层地方管理,提供了"以史为镜"的借鉴意义。

10 月 《中国古代官制常识》作为《新编学生词典》附录,由人民教育出版社出版。

11 月 3 日 为国家图书馆出版社写就《清代乡试录集成·序》,文章摘录如下:

> 科举取士制度,自隋唐至明清,行用了一千三百年之久,承担起为中国官僚政府源源不断输送管理人才的使命与责任。皇帝与士大夫"共治天下"是科举制持续推行的动力;"无情如造化,至公如权衡"是科举制能成为中国古代社会唯一不可取代的铨选制度的根本;科举制以儒家"斯文"作为取士标准,应举者慨然以从政、治国、平天下为己任。中国科举制具有塑造中国古代知识分子立身治国形象、打造中国大一统和合文化形态、构建东亚儒家文化圈与催生现代西方文官制度产生的普世价值。

> ……清代十八行省(光绪十年后 23 省)112 榜乡试录,《乡试录》总量有二三千种。如果将《同年齿录》《题名录》等算进去,不下四五千种。至今留下的,只是其中一小部分。虽零零散散,不系统、不完整,但其科举历史的史料价值却不可轻估。1992 年,台北文成出版社出版了顾廷龙主编的《清代朱卷集成》420 册,其中收录殿试、会试、乡试三级登科录试卷,乡试朱卷为其中一部分。据统计,文科试卷 5186 份、武科乡试试卷 34 份。这是十分宝贵的科举文献。但乡试朱卷不等同于《乡试录》,《乡试录》包含试卷,其涵盖面更广,是关于每榜乡试的综录,其科举文献价值更大……国家

图书馆编纂出版的《清代乡试录集成》搜集了顺天府乡试录（如康熙三十二年癸酉科顺天乡试录一卷），和各省乡试录……还搜集了《同年齿录》……《题名录》……此外还搜集出版了全国各省乡试同年录……所收各种《乡试录》，名目不一，有文科、武科、正科、恩科乡试，又有乡试题名录、同年齿录、某房同门姓氏录，内容十分丰富……因区域地理环境、经济、文化的不同，既具有一定的相似性，又有一定的差异性，各地的乡试在试期和贡院文化方面呈现出自己的特点。作为科举学的重要范畴之一，区域乡试研究具有重要的理论意义和现实意义。

《清代乡试录集成》，作为第一手科举制度的刊本例证，为研究各省乡试之间的共同性与差异性提供了十分宝贵的史料。

国家图书馆出版社，首次搜集了清代 375 种《乡试录》，经整理，于最近分辑陆续影印出版，冠名曰《清代乡试录集成》。规模宏大，名副其实的"集大成"。如此集中地推出清代《乡试录》，海内外也是首次，具有重大科举史料和清代历史文化价值，是科举文献出版的一件盛事。

11 月 12 日 杭州大学 1977 级历史系毕业生陈侃章来访，送来签名新书《冬季里的春闹——1977 年恢复高考纪实》。

11 月 13 日 为山东大学历史文化学院教授范学辉逝世周年撰写悼诗。他在邮件中写道：

范学辉英年早逝。极为可惜。他与我交往多年，谦谦君子，乐于助人。值此逝世周年，志诗哀悼。

永怀学辉

学辉学辉，
呼之不来。
身去天国，
一年未归。

学辉学辉，
山大高才。
如日中天，
大有作为。

学辉学辉，
勤学不怠。
不舍昼夜，
埋头书斋。

学辉学辉，
光满智慧。
《三衙》一出，
震惊学界！

学辉学辉，
与尔隔代。
共治官制，
相识年会。

学辉学辉，
敬重长辈。
谦谦君子，
若谷虚怀。

学辉学辉，
热情满怀。
助人为乐，
爽朗豪迈。

学辉学辉，
出类拔萃。
宋史新星，
赢得赞美！

学辉学辉，
同仁相推：
宋史麾下，
"步军"统帅！

学辉学辉，
学界期待。
再创辉煌，
山大增辉。

学辉学辉，

人生意外。

驾鹤西去，

才 49 岁！

学辉学辉，

欲哭无泪。

身后留名，

尔堪欣慰！

12 月 11—13 日 应邀参加了在江西吉水举办的第十九届科举制与科举学学术研讨会。随同参会的还有宋学研究中心教授祖慧及两名学生汪潇晨、费习宽。在主题报告会上做了"愚龚移山：《中国历代登科总录》与《浙江历代进士录》课题介绍"的发言。发言稿转录如下：

尊敬的各位专家、学者和来宾：

今天在江西进士之乡，能参加盛大的科举会议，十分荣幸！

海内外，就一个省或一个地区或一个时段，收集与发掘进士的名录已不少。据我所知，江西省就有江西师范大学邱进春的《江西历代进士考证》、闽江学院毛晓阳的《清代江西进士丛考》、九江学院的《江西历代进士全传》。他省的如西北民族大学多洛肯的《明代浙江进士研究》《明代福建进士研究》《明清甘宁青进士征录》，龚延明、祖慧《鄞县进士录》、龚延明《义乌历代登科录》，其他如进士村之类研究也不少。

如今，江西这一历史上的科举大省，在吉安市吉水县，

460

在进士欧阳修、文天祥等名进士大旗下，正式建立国内首个进士博物馆，何等气魄！这都说明国人对中国进士关注度的增高，中国进士文化资源在中国传统文化中的重要地位越来越引起各方重视。

我们浙江大学正在做的是一个高校古委会、国家社科基金重大项目《中国历代进士总录》，进士名录搜集时间跨度是从隋朝，历经唐宋元明清。在中国科举试实施一千三百年间，在中国九百六十多万平方公里的广袤土地上，长眠了多少曾经叱咤风云过的进士？我们要设法，从地上到地下，一个一个去寻觅、去做进士人口大普查，去做 DNA 检查。这不是一个省一个区域的进士档案调查工作，而是全国范围内二十六个省市自治区、一千三百年历史的调查研究工作。请在座的诸位大家设身处地想想看，这该多辛苦？多艰难？这个工作您愿意去做吗？

我差不多是一个傻子。1995 年，居然不知天高地厚，向全国高校古委会申请了一个《中国历代登科总录》大课题，计划五年内完成。当时评审专家如北京大学裘锡圭、南京大学周勋初、复旦大学章培恒、吉林大学林沄等著名教授，都怀疑在短期内，能够主持完成得了如此大的项目吗？但他们不愿给我泼冷水，因为这个课题本身学术价值之高，毋庸置疑，但在短时间内、凭几杆枪，确实是不可能完成的。这是评审会后，章培恒先生亲口对我说的。不过，我时任杭大古籍所所长，又兼我是浙江义乌人，裘先生、章先生都是浙江绍兴人，大老乡，还是批准立项，象征性地给了我四万元经费。说实在，四万元经费能做什么？五年也绝对完成不了。

461

可是出乎常人意料的是,我这个傻子居然有股傻劲。我认准要做的、有重大学术价值的事,就要坚持到底,决不半途而废。经费不够,有时就自己掏钱补凑,人手不够,好在我当时可招博士生,如宫云维、蒋金星、李润强、多洛肯、黄明光、陈长文、邱进春、毛晓阳、方芳等等,将博士生培养计划,撰写学位论文与协助我搜集做课题需要的前期资料工作结合起来。这是我要感谢他们的。现在这些博士生都已长成大树,教授的教授,副教授的副教授,人文学院院长的院长,大学副校长的副校长等等。他们都长成大树了,可这个课题还没做完,我成了"愚龚移山"。

从1995年开始,我凭着我的学术理想、不畏艰难困苦的执着的韧劲,依靠我率领的以祖慧、邱进春、周佳为核心团队的同心协力,和遇上一个好时代。《中国历代登科总录》,后来陆续得到高校古委会追加经费,和国家社科规划办将课题提升为国家社科基金重大滚动资助项目的大力支持,科研经费得到缓解。前后历经二十五年的努力,居然已接近尾声,到明年能够全部竣工。课题进展简单地向大家汇报如下:

一、《宋代登科总录》(作者:龚延明、祖慧),1000万字,14册,2014年由广西师大出版社出版,此书获得国家社科出版基金230万元资助。已于2015年获得浙江省哲学社会科学优秀成果奖一等奖、2020年第八届高等学校科学研究优秀成果奖历史类二等奖。

二、《明代登科总录》(作者:龚延明、邱进春),1400万字,20册,上面规定极限期,应在今年年底出版,终因编辑、印刷工作量太大,延期至2021年4月出版。此书稿获得国

462

家社科出版基金 250 万元资助。承前厦门大学教授、今浙江大学资深教授刘海峰与福建师范大学郭培贵教授推荐,深表感谢!

三、《隋唐五代登科总录》(作者:龚延明、金滢坤、许友根),180 万字,已定稿,并已交广西师范大学出版社,可望2022 年出版。

四、《辽金元登科总录》(作者:黑龙江大学薛兆瑞、吉林大学高福顺、武汉大学余来明、浙江大学龚延明)150 万字,已完成书稿,我正在审订中。

此子课题虽小,但难度较大,因此撰编过程比较曲折。最早,我邀请元史专家、杭州大学黄时鉴教授博士生桂栖鹏来做元代进士,因他的博士论文就是《元代进士研究》,他在浙江师大历史系工作,开始答应,经费拨过去了,可三年过去了一字未写。后来,经费退回来了,只好换人。我利用去台湾清华大学开科举会议机会,去拜访著名元史专家、台湾史语所萧启庆研究员,希望他加盟,遗憾的是,他已患重病。后来武汉大学余来明教授的大作《元代科举与文学》出版,我眼睛一亮,这是个人才,马上同他联系,他爽朗地俯允了。辽、金登科录,我已先做了一个版本,但总感到资料不足,显得单薄,需要增补。后来看到辽宁大学高福顺的博士论文《辽代科举研究》与黑龙江大学薛瑞兆教授的《金代科举研究》,这二位学者是适合的人选,我遂同他们联系,承二位先生热情支持,于是就有了《辽金元登科总录》校际合作的团队。元代部分由余来明教授独立完成,辽、金登科总录,我开了个头,主要由薛、高二位教授完成。

五、《清代登科总录》(作者:祖慧、周佳)1400 万字,这是分量最大、所引用的文献史料最多的压轴子课题,已基本完稿。

但该课题组负责人祖慧教授,本着"竭泽而渔"搜集进士登科文献,和"精益求精"完成课题的精神,在接近完成课题的时候,打听到日本内阁文库与北京第一历史档案馆有多种清代登科录及小金榜档案之后,祖慧教授二赴日本,又派博士生三次进京,从日本内阁文库、北京第一历史档案馆抄录到清代文、武登科录与小金榜100余种。再加上出版不久的《未刊清代朱卷集成》(90册),尚需翻阅其中的清代进士名录与仕履。这样一来,她与周佳又需延长一年时间来做,以完成最后冲刺,明年年底可望全部完成。

以上五个子课题,总字数将达到4000万字以上。

4220万字成果是一个什么概念? 我刚刚从《参考消息》(2020年12月8日)看到一则书讯,由全国古籍出版规划小组亲自抓的《二十四史全译》,最近由同心出版社出版,译文总字数近一亿字,这是组织了全国高校二百多名古籍研究所专家、二百多名古籍编辑,历时13年完成的举国体制工程,就所投入的人力和时间,确是罕与匹比。我们这个课题哪有这样的号召力、组织能力和财力? 我们可以告慰的是,不到十个人,用了四分之一世纪的岁月,终于完成了4200多万字的项目,其规模也不能算少了。

再补充一点,做学问,做课题,需要实干加巧干。

请大家回想一下,90年代到20世纪初,我们搜集资料都是靠做卡片……

一个《宋代登科总录》子课题就有20来万张卡片,要从中找出同一进士的卡片归并输录,该花多少时间? 输入电脑后,又要分榜,怎么分?查检某个进士补充新的资料,该如何补充?这是一个技术性操作的复杂问题。靠手工,宋代四万多进士,几十万张卡片,输录需不断检寻、不断重复操作,这要输到何年何月?这不行!

于是,我动脑筋,决定运用数字化技术。90年代末,我聘请了校内一位计算机专家,按照我设计的程序,请他编制了"中国历代登科总录数据库",既可输录又可检索。同时在社会上招聘了一位有大学本科学历的输录员,每月给工资,二十多年来随课题组,专门负责卡片输录,输录专业化(当然,我们经费开支也是很大的,凡要成大事,就要有大胸襟,舍得付出)。这样一来,每做一张卡片直接输入,就会自动归入某个朝代、某榜、某名下,也可修改、补充、检索。从此,工作效率大大提高,且一举两得,一个上千万字的课题,最终拉出来纸质文稿,就是交出版社的书稿。数据库中的存档,就成了做历代进士数据库的基础。

《历代进士登科数据库》,已由北京古联数据有限公司通过"籍合网"上线,供大家检索历代进士名录。

我们的科研实践,也许对我们从事科举学研究的同事,有所启发,做科研要讲究方法。我们不能一味苦干、死干,数字化也是一个可以考虑的研究路径……

参加本次会议的研究学者达百余人。会议分四个会场,分别为:一、"进士文化、江西与吉安科举等";二、"断代科举研究";三、"科举地理与科举文化等";四、"科举类博物馆联盟第四次会议"。

12月12日 晚,会议休息期间与久别的博士生们茶话欢聚,合照留念。在座的学生有博士后曹家齐,博士生:宫云维、黄明光、多洛肯、蒋金星、毛晓阳、沈小仙。

12 月 20 日　将校订完毕的排印稿《宋代官制史》用特快专递寄给了中华书局学术编辑室主任俞国林。他说道：

　　全书撰写花费了五年时间，核对引文、校订用了近半年时间，这是一份半个世纪宋代官制史研究的总结。全书 21 章，160 万字，是与《宋代官制辞典》相匹比的姐妹篇，力图打造成为中华书局出版的、宋代官制研究成果的双璧。

12 月 24 日　晚 10 点多，在启真名苑家中，接待学生张拔市常委、宣传部部长李润强。合影留念，并在"日新台"龚门弟子微信群留下感言："千里来访，师生情深。""冬天里的温暖。"

12 月 26 日　中华书局学术编辑中心主任俞国林来信说，已收到经校对的《宋代官制史》二巨册书稿，信中写道："龚先生：宏著稿敬悉。必以高质量、高规格打造传世巨帙。"

12 月　《两宋俸禄制度通论》一文刊于《中国历史研究院集刊》第 2 辑，全文近 5 万字。

文章主要内容为：

　　俸禄制度是宋代官制的重要内容。宋代俸禄制度的演变分为四个阶段：北宋前期确立以本官定禄为主、差遣俸禄为辅的禄制；元丰改制时形成以寄禄官为中心的禄制；徽宗时更大幅度增加官员俸禄；到了南宋，在沿用北宋俸禄之制的基础上，因用兵需要，又作了相应调整。宋代俸禄以料钱（包含衣赐）为主干，此外有添支、职钱、禄粟、贴取钱、职田、给券、杂给、公使钱等。俸料支付以货币为主，实物为辅，支付方式有全支、折支、借减等。宋代俸禄制度显示出宋代祖宗家法的特点：一是益俸以养廉；二是优待宗室，以换取宗室参政权力；三是在权力上抑武重文，待遇上重武抑文，相互牵制,从而保证赵宋王朝内部统治的稳定。

12 月　主编《宋学研究》(第二辑)由中华书局出版。收录了2019 年 10 月在杭州由浙大宋学研究中心举办的"东亚宋学国际学术研讨会"相关论文。

附录一 论著目录

著作：

龚延明：《岳飞》，浙江人民出版社 1980 年版。

龚延明：《宋太祖》，中华书局 1983 年版。

龚延明：《岳飞》，江苏古籍出版社 1985 年版。

龚延明：《王安石》，中华书局 1986 年版。

龚延明：《岳飞小传》，浙江古籍出版社 1990 年版。

杨招棣、龚延明：《赵匡胤》，江苏古籍出版社 1990 年版。

龚延明主编：《绘画本中国通史》（六卷本），浙江少儿出版社 1991 年版。

龚延明：《宋史职官志补正》，浙江古籍出版社 1991 年版。

龚延明：《宋代官制辞典》，中华书局 1997 年版。

龚延明：《岳飞评传》，南京大学出版社 2001 年版。

龚延明、祖慧主编：《岳飞研究》第五辑，中华书局 2004 年版。

龚延明：《中国古代职官科举研究》，中华书局 2006 年版。

龚延明：《中国历代职官别名大辞典》，上海辞书出版社 2006 年版。

傅璇琮主编,龚延明、祖慧合撰《宋登科记考》,江苏教育出版社 2009 年版。

龚延明、祖慧:《鄞县进士录》,浙江古籍出版社 2010 年版。

龚延明:《岳飞的故事》,浙江古籍出版社 2011 年版。

龚延明:《诗说先秦史》(《诗说中国史》系列丛书之一),浙江古籍出版社 2012 年版。

龚延明:《诗说两宋史》(《诗说中国史》系列丛书之一),浙江古籍出版社 2012 年版。

龚延明、岳朝军主编:《岳飞研究论文集汇编》,浙江大学出版社 2013 年版。

龚延明:《中国古代制度史研究》,浙江大学出版社 2013 年版。

龚延明:《诗说秦汉史》(《诗说中国史》系列丛书之一),浙江古籍出版社 2013 年版。

龚延明:《诗说三国史》(《诗说中国史》系列丛书之一),浙江古籍出版社 2013 年版。

龚延明:《义乌历代登科录》,浙江古籍出版社 2014 年版。

龚延明、祖慧:《宋代登科总录》(14 册),广西师范大学出版社 2014 年版。

龚延明:《诗说两晋南北朝史》(《诗说中国史》系列丛书之一),浙江古籍出版社 2015 年版。

龚延明:《简明中国历代职官别名辞典》,上海古籍出版社 2016 年版。

龚延明主编:明代天一阁藏《登科录》(邱进春、毛晓阳、方芳点校,3 册)、《会试录》(闫真真点校,2 册)、《乡试录》(龚延明整理,10 册),宁波出版社 2016 年版。

龚延明:《宋代官制辞典》(增补本),中华书局 2017 年版。

龚延明主编:《宋学研究》第 1 辑,浙江大学出版社 2017 年版。

龚延明:《中国历代职官别名大辞典》(增订本),中华书局 2019 年版。

龚延明主编:《宋学研究》第 2 辑,中华书局 2020 年版。

论文:

倪士毅、龚延明:《论岳飞》,《杭州大学学报》(哲社版)1978 年第 2 期。

龚延明:《西湖名称的由来》,《杭州大学学报》(哲社版)1978 年第 3 期。

龚延明:《关于历史发展动力问题讨论综述》,《杭州大学学报》1979 年第 4 期。

龚延明:《南宋杭州的西湖》,《杭州大学学报》(增刊)1979 年第 4 期。

龚延明:《从王安石变法谈历史发展的动力问题——兼议几种动力说》,《杭州大学庆祝建国三十周年科学报告会论文集》历史系分册,1979 年 10 月。

龚延明:《初唐一首灵隐寺诗作者的再探索——兼考骆宾王、宋之问生年》,《杭州大学学报》(哲社版)1980 年第 1 期。

龚延明:《白居易与杭州西湖》,《人物》1981 年第 1 期。

龚延明:《历史系举行宋史研究生毕业论文答辩》,《杭州大学学报》(哲社版)1981 年第 3 期。

龚延明:《关于"资善堂"职官释文的献疑》,《中国历史大辞典通讯》1982 年第 2 期。

龚延明:《关于西汉"武功爵"级数及其他》,《中国历史大辞典通讯》1983年第3期。

龚延明:《日本学者来我校交流宋史研究情况》,《杭州大学学报》(哲社版)1984年第2期。

龚延明:《宋代"天文院"考》,《杭州大学学报》(哲社版)1984年第2期。

龚延明:《〈宋大诏令集〉一条记载补缺》,《中国史研究》1984年第2期。

龚延明:《宋史职官志校正略论》,《中华文史论丛》1984年第2期。

龚延明:《略论宋代职官简称、别名——宋代职官制度研究之二》,载邓广铭、徐规主编1984年年会编刊《宋史研究论文集》(浙江人民出版社1987年版)。

龚延明:《关于明代"内阁"出处之商榷》,《中国历史大辞典通讯》1984年第4期。

龚延明:《〈文献通考〉人名订误》,《宋史研究通讯》(上海)1986年第1期。

龚延明:《宋代"中书"刍议》,《杭州大学学报》(哲社版)1986年第1期。

龚延明:《说"莫须有"》,《书林》(上海)1986年第1期。

龚延明:《〈宋史职官志补正〉选——御史台》《宋代职官简称别名汇释选》,载《宋史研究集刊》,浙江古籍出版社1986年版。

龚延明:《沈括何曾当过"秋官正"》,《书林》1986年第4期。

龚延明:《中国古代皇帝有多少称谓?》,《文史知识》1986年第9期。

龚延明:《〈宋会要辑稿〉证误》,《文献》1986年第4期。

龚延明:《评美国、日本出版的中国官制辞典》,《中国史研究动态》1986年第12期。

龚延明:《岳飞研究会首届学术讨论会综述》,《中国史研究动态》1987年第3期。

龚延明:《〈文献通考·职官考〉订误》,《文史》1987年第28辑。

龚延明:《宋代职官简称别名汇释选》,《杭州大学学报》(哲社版)1987年第3期。

龚延明:《麟台故事》《汉官答问》,载《〈中国古籍总目提要〉编纂工作情况简报》1987年第10期。

龚延明:《官制修养与古籍整理》,《古籍整理出版情况与简报》1988年。

龚延明:《职官术语汇释》选登之一,《宋史研究通讯》(上海)1988年第1期。

龚延明:《简评日、美出版的两部中国职官辞典》,《辞书研究》1988年第2期。

龚延明:《在岳飞故乡开会研究岳飞》,《光明日报》(学术新闻)1988年12月21日。

龚延明:《宋代学士院名物制度志略》,《西南师范大学学报》(人文社科版)1988年第2期。

龚延明:《关于〈东京梦华录注〉部分注文商榷》,载《宋史研究集刊》,杭州大学出版社1988年版。

龚延明:《岳飞官衔系年与考释》附《岳飞平反昭雪后的官衔》,及《〈宋史·岳飞传〉补正》,载《岳飞研究》第一辑,浙江古籍出版社1988年版。

龚延明:《河南汤阴、郑州举行"岳飞研究会第二届年会"》,

《中国史研究动态》1989年第2期。

龚延明：《古代死的别名》，《文史知识》1989年第4期。

龚延明、季盛清：《宋代御史台述略》，《文献》1990年第1期。

龚延明：《论宋代官品制度及其意义》，《西南师范大学学报》（人文社科版）1990年第1期。

龚延明：《北宋元丰官制改革论》，《中国史研究》1990年第1期。

龚延明：《宋代中书省机构及其演变考述》，《杭州大学学报》（哲社版）1990年第3期。

龚延明：《宋代职官术语汇释》，《大陆杂志》1991年第82卷第3期。

龚延明：《"教授"起源考》，《浙江学刊》1991年第4期，《寻根》1997年第1期。

龚延明：《"官制"——治史的一把"钥匙"》，《社会科学报》1991年11月21日。

龚延明：《宋代官吏的管理制度》，《历史研究》1991年第6期。

龚延明：《文莱国宋墓"判院蒲公"索解——兼评〈西山杂志〉（手抄本）的史料价值》，《海交史研究》1991年第2期。

龚延明：《宋代的皇帝制度》，《河南大学学报》（社会科学版）1992年第1期。

龚延明：《〈全宋文〉小传中有关官制问题的商榷》，《北京图书馆馆刊》1992年第2期。

龚延明：《两宋官制源流变迁》，《西南师范大学学报》（人文社科版）1992年第3期。

龚延明：《刘琦顺昌保卫战》，《历史月刊》1992年第9期。

龚延明:《宋人所谓"进士"也多非及第进士》,《文史知识》1992年第12期。

龚延明:《岳飞暨宋史国际学术研讨会在杭举行》,《杭州大学学报》(哲社版)1993年第2期。

龚延明:《〈全宋文〉中有关官制编校问题的商榷》,《杭州大学学报》(哲社版)1993年第1期。

龚延明:《宋代中央机构剖析》,《浙江学刊》1993年第3期。

龚延明:《板凳已坐五年冷》,《社会科学报》(第四版)1993年8月5日。

龚延明:《宋代学士院与翰林院、翰林司》,《文史知识》1993年第11期。

龚延明:《切实·求实·扎实——读邓小南〈宋代文官选任制度诸层面〉》,《北京大学学报》(哲社版)1994年第2期。

龚延明:《高丽国初与唐宋官制之比较——关于唐宋官制对高丽官制影响研究之一》,《韩国研究》(第一辑),杭州大学出版社1994年版。

龚延明:《〈中国古籍提要·贡举卷〉五篇》,《杭州大学学报》(哲社版)1995年第1期。

龚延明:《〈宋史·职官志〉注释选——三师、三公、宰辅》,载杭州大学古籍研究所编《古文献研究》1995年第2辑。

龚延明点校辑佚:《全宋诗》之《宗泽诗》《岳飞诗》,北京大学出版社1995年版。

龚延明:《弘扬史家求真传统克服治史浮躁心态——评〈中国官制通史〉宋代部分》,香港《中国书评》1995年总第7期,后刊于《杭州大学学报》(哲社版)1996年第1期。

龚延明:《〈全宋文〉小传正误》,载杨渭生主编、杭州大学历史系宋史研究室编《徐规教授从事教学科研工作五十周年纪念文集》,杭州大学出版社 1995 年版。

龚延明:《壮哉,台湾东海岸》,《杭州大学报》1996 年 9 月 6 日,又载《中国典籍与文化》1996 年 11 月 15 日。

龚延明:《宋代及第进士之鉴别》,《文史》1996 年第 41 辑。

龚延明:《稀世通才沈括成长道路的启示》,《文史知识》1996 年第 10 期。

龚延明:《宋代武官阶类别及其演变》,载杭州大学古籍所、中文系古汉语教研室编《古典文献与文化论丛》,中华书局 1997 年版,又载朱瑞熙主编《宋史研究论文集》第 11 辑,巴蜀书社出版 2006 年版。

龚延明:《〈宋大诏令集〉阙卷辑补》,《文献》1997 年第 2 期。

龚延明:《〈宋大诏令集〉阙卷辑补(续)——卷 173〈政事〉26〈科举〉2 之辑补》,《文献》1997 年第 3 期。

龚延明:《唐宋官制对高丽中期王朝之影响——以高丽王朝成宗、文宗官制改革为中心与唐宋官制比较研究》,载北京大学韩国研究中心编《韩国学论文集》,新华出版社 1997 年版。

龚延明:《中国历代职官别名研究》,《历史研究》1998 年第 6 期。

龚延明:《唐宋官制对高丽前期王朝官制之影响——以中枢机构为中心之比较研究》,《中国史研究》1999 年第 3 期。

龚延明:《职官别名宜慎用》,《光明日报》2000 年 3 月 17 日。

龚延明:《评岳飞的军事思想》,《浙江大学学报》(人文社科版)2000 年第 3 期。

龚延明:《宋代官语汇释》,《中国典籍与文化论丛》2000 年第五辑。

龚延明、傅璇琮：《〈宋登科记考〉札记》，《新宋学》（王水照等编）第一辑，上海辞书出版社2001年版。

龚延明：《岳飞：廉洁奉公的楷模》，《反腐败导刊》2001年第11期。

龚延明：《岳飞是"精忠"还是"愚忠"辨析》，《学术月刊》2002年第4期。

龚延明：《官制研究在文献学上意义》，《文献》2002年第2期，又刊于《浙江大学学报》（人文社科版）2002年第5期。

龚延明：《状元、榜眼、探花之起源》，《文史知识》2002年第3期。

龚延明：《〈文献通考·宋登科记总目〉补正》，《文史》2002年第4辑。

龚延明：〈宋大诏令集〉阙卷辑补（续）——卷171《制科》下之辑补》，载《漆侠先生纪念文集》，河北大学出版社2002年版。

祖慧、龚延明：《关于科举制定义再商榷》，《历史研究》2003年第6期。

龚延明：《〈宋大诏令集〉阙卷辑补与考异——卷170〈制科〉之辑补》，《文献》2004年第2期。

龚延明、何平曼：《宋代"殿试不黜落"考》，《西北师大学报》（社科版）2005年第1期。

龚延明、高明扬：《清代科举八股文的衡文标准——为科举制度废除百周年祭而作》，《中国社会科学》2005年第4期。

龚延明、邱进春：《明代进士总数考》，《浙江大学学报》2006年第3期。

龚延明：《民族英雄岳飞地位岂能动摇——论民族英雄岳飞称号的由来及其相关争论》，载杭州市社会科学院、南宋历史文化研究中心编《南宋史研究》2006 年第 10 期。

龚延明:《〈宋史职官志补正〉与两位名家——为纪念邓广铭先生诞辰一百周年而作》,《光明日报》2007 年 3 月 1 日。

龚延明:《明洪武十八年进士发覆——兼质疑〈明清进士题名碑录索引〉》,《浙江大学学报》(人文社科版)2007 年第 3 期。

龚延明:《宋代科举研究文献资料论述》,上海嘉定博物馆、上海中国科举博物馆编《科举文化与科举学》(上),海风出版社 2007 年版。

龚延明:《学术无国界天下有知音——从一篇论文到〈中国历代职官别名大辞典〉》,《光明日报》(第五版)2007 年 6 月 23 日。

龚延明:《学界的风范——记傅璇琮先生二三事》,《傅璇琮学术评论》,宁波山版社 2007 年版。

龚延明:《岳飞〈赠吴将军南行〉诗手书拓片辨释》,《文学遗产》2007 年第 5 期。

龚延明、方芳:《北宋徽宗朝"贡士"与"进士"考辨——兼评〈皇宋十朝纲要〉编撰体例》,《文献》2007 年第 4 期。

沈小仙、龚延明:《唐宋白麻规制及相关术语考述》,《历史研究》2007 年第 6 期。

龚延明:《中华书局点校本〈宋史职官志〉勘误》,《文史》2007 年第 4 辑。

龚延明:《何谓宋学》,《光明日报》"国学版"2008 年 3 月 31 日。

龚延明:《有的书要读破有的书要翻破——读书一得》,《书摘》2008 年第 5 期。

龚延明:《宋代恩科论述》,《江西师范大学学报》(哲学社)

2008 年第 3 期。

龚延明:《"宰相"官起源小考》,《中国史研究》2008 年第 3 期。

龚延明:《〈宋史·职官志〉订误》,《文献》2008 年第 4 期。

龚延明:《文学遗产整理与官制学养——以〈全宋诗〉小传为中心》,《文学遗产》2008 年第 6 期。

龚延明:《官制修养与古籍整理——有关官制点校证误四十例》,载《古籍整理与出版情况简报》,2008 年。

龚延明:《要重视对职官简称的研究——谈谈古籍整理中存在的一个问题》,载《古籍整理与出版情况简报》,2008 年。

龚延明、方芳:《"科举家族"定义商榷》,《邓广铭先生诞辰百周年纪念论文集》,北京大学出版社 2008 年版。

龚延明:《滚雪球:资料与学术积累的成功之道》,《史学月刊》2009 年第 1 期。

张雷宇、龚延明:《姜夔西湖情事史实质疑——与〈姜夔梅词缘于西湖情事补正〉作者商榷》,《浙江大学学报》(人文社科版)2009 年第 1 期。

龚延明:《"三公官"从相之别称到正官考识》,《浙江大学学报》(人文社科版)2009 年第 5 期。

龚延明:《南宋社会文化学家王应麟仕履系年考释》,《国际社会科学杂志》(中文版)2009 年第 3 期,又载《王应麟学术讨论集》(傅璇琮等主编),清华大学出版社 2009 年版。

龚延明:《区域史的点与面》,《光明日报》(第 12 版)2009 年 11 月 9 日。

龚延明:《北朝本色乐府诗〈木兰歌〉发覆——兼质疑〈全唐诗〉误收署名韦元甫〈木兰歌〉》,《浙江大学学报》(人文社会科学版）2010 年第 1 期。

龚延明:《哈佛大学的"学术大餐"》,《中华读书报》(第 3 版)2010 年 5 月 12 日。

龚延明:《第六届科举制与科举学国际学术研讨会综述》,《中国史研究动态》2010 年第 8 期。

龚延明:《〈宋登科记考〉成书的回顾与展望》,《清华大学报》2010 年第 3 期。

龚延明:《曹操下葬时称"武王"可能性最大——与潘伟斌先生商榷》,《中国社会科学报》,2010 年 10 月 28 日。

龚延明:《永远的岳飞》,《中华读书报》(第 15 版)2011 年 3 月 9 日。

龚延明:《〈木兰诗〉与唐代勋级制度及其他——兼质疑马质斌先生〈木兰辞〉"策勋十二转"非唐勋制说》,《中华读书报》2011 年 3 月 28 日。

龚延明:《清代科举与〈儒林外史〉》,《北京联合大学学报》(社科版)2011 年第 2 期。

龚延明:《职官制度学养与出土文献整理——以新出土唐、宋两方墓志释读为例》,《浙江大学学报》(人文社会科学版)2011 年第 5 期。

龚延明:《范仲淹仕履官衔系年考释》,《文史》2011 年第 3 期。

龚延明:《向中华书局人致敬——由〈宋代官制辞典〉出版所想到的……》,《书品》2011 年第 1 期。

龚延明:《北大名师奖掖后进之典范》,载张世林主编《想念邓广铭》,新世界出版社 2012 年版,后刊《澳大镜报》2012 年 9 月 20 日。

龚延明:《举重若轻论科举纵横驰骋议文化——评刘海峰〈中国科举文化〉》,中华读书报"文化周刊",又刊《中国史研究动态》2012年10月,第5期。

龚延明:《融会诗与史贯通五千年》,《中华读书报》2012年6月27日。

龚延明:《唐孝廉科置废及其指称演变》,《历史研究》2012年第2期。

龚延明:《中华岳氏统谱·序》,《光明日报》(国学版)2012年7月1日。

龚延明:《影响我学术人生的良师——傅璇琮先生》,载卢燕新等编《傅璇琮先生学术研究文集》,商务印书馆2012年8月。

龚延明:《北宋名相富弼仕履官衔系年考释》,《文史》2012年第3辑。

龚延明:《新发现唐朝最早"策学"之作考证》,《浙江大学学报》(人文社科版)2013年第1期。

龚延明:《盛世开元与甘露之变》,《文史知识》2013年第1期。

龚延明:《"千品"解及其他——王应麟〈小学绀珠·职官类〉札记》,《北京联合大学学报》(人文社科版)2013年第1期。

龚延明:《〈诗说秦汉史〉:独尊儒术》,《光明日报》2013年3月25日。

龚延明:《宋代登科人初授官考论》,《文史》2013年第2辑。

龚延明:《论宋代皇帝与科举》,《浙江学刊》2013年第3期。

龚延明:《宋代科举考试机构与考官考论》,《科举学论丛》2013年第1期。

龚延明:《诗说汉代经学》,《中华读书报》(第15版)2013年

9 月 4 日。

　　龚延明:《宋代科举考试内容考述》,《国学学刊》(中国人民大学院刊)2013 年第 4 期。

　　龚延明:《清正　高效　创新:〈中华读书报〉印象记》,《中华读书报》(第三版)2014 年 5 月 14 日。

　　龚延明:《二十载寒暑重拾千秋科举人物》,《光明日报》2014年 7 月 8 日。

　　龚延明:《岳飞究竟因何而死?》,《中华读书报》(第五版)2014 年 11 月 26 日。

　　方芳、龚延明:《宋代科场管理研究》,《浙江学刊》2015 年第 1 期。

　　龚延明:《南宋文官徐谓礼仕履系年考释》,《中国史研究》2015 年第 1 期。

　　龚延明:《新宋学旧宋学》,《光明日报》(国学版)2015 年 3 月 23 日。

　　龚延明:《南宋官员委任状真迹首度露面——司马伋、吕祖谦官告的解读》,《中华读书报》第 5 版,2015 年 5 月 20 日。

　　龚延明:《宋代四万进士档案的重构》,《中华读书报》第 15 版,2015 年 5 月 20 日。

　　龚延明:《唐宋官、职的分与合——关于制度史的动态考察》,《历史研究》2015 年第 5 期。

　　汪卉、龚延明:《〈职官分纪〉版本源流考述》,《文史》2015 年第 4 期。

　　龚延明:《留给浙大的最后绝响——悼念傅璇琮先生》,《光明日报》(第 14 版)2016 年 2 月 4 日。

　　龚延明:《宋代真迹官告的解读与研究》,《中华文史论丛》

2016 年第 1 期。

龚延明:《绳锯木断重构宋代四万进士档案》,《光明日报》2016 年 5 月 12 日。

龚延明:《智者的风范——记傅璇琮先生二三事》,《书品》2016 年第 4 期。

龚延明:《宋代崇文院双重职能探析——以三馆秘阁官实职、贴职为中心》,《北京大学学报》(哲学社)2016 年第 4 期。

龚延明:《明代三级科举录的文献价值——以天一阁藏明代〈登科录〉〈会试录〉〈乡试录〉为中心》,《文献》2016 年第 5 期。

龚延明:《宋代刑部建制述论——制度史的静态研究》,《河北大学学报》(哲社版)2016 年第 5 期。

龚延明:《〈宋代登科总录〉与创新的宋代精英数据库》,《浙江大学学报》(人文社科版)2017 年第 1 期。

龚延明:《智者风范仁者襟怀》,《光明日报》(纪念傅璇琮先生逝世一周年专栏)2017 年 1 月 23 日。

龚延明:《点校本"二十四史"补阙及其他》,《文史》2017 年第 1 期。

龚延明:《宋代宗正寺简史》,《中原文化研究》2017 年第 1 期。

龚延明:《发掘人脉资源丰富浙学内涵》,《浙江日报》2017 年 2 月 27 日。

沈小仙、龚延明:《唐宋"入閤"朝仪与议政之制源流考》,《河北大学学报》(哲社版)2017 年第 2 期。

龚延明:《宋代军权三分制研究》,《清华大学学报》(哲社版)2017 年第 4 期,又载《历史教学》2018 年第 1 期。

汪潇晨、龚延明:《宋代帝阁双重职能研究——以宋代帝阁

482

职能、职名为中心》,《中华文史论丛》2017 年第 3 期。

龚延明:《北宋开封府内外城规制及其厢坊管理制度研究》,载戴建国、陈国灿编《朱瑞熙教授八秩寿庆文集》,商务印书馆 2017 年版。

汪卉、龚延明:《〈职官分纪〉的官制史文献价值》,《上海师范大学学报》(哲社版)2017 年第 6 期。

龚延明:《北宋西京河南府双重职能研究》,《河北大学学报》(哲社版) 2018 年第 1 期。

龚延明:《士人命运与历史变革》,《光明日报》2018 年 4 月 30 日。

龚延明:《南宋行在所临安府研究》,《中原文化研究》2018 年第 3 期。

龚延明:《〈宋史〉校订与官制》,《点校本"二十四史"及〈清史稿〉修订工程简报》(第 99 期)2018 年 8 月 30 日。

龚延明:《宋代"军"行政区划二重制研究》,《浙江大学学报》(人文社科版)2018 年第 5 期。

龚延明:《两宋都督府职能比较研究》,《文史哲》2018 年第 6 期。

龚延明:《北宋开封府城厢坊管理制度研究——兼论北宋禁军在京师治安管理中的作用》,《军事历史研究》2019 年第 2 期。

龚延明:《宋代爵制的名与实——与李昌宪、郭桂坤等学者商榷宋代十二等爵制》,《中国史研究》2019 年第 2 期。

龚延明:《打造自主创新民族品牌的科举人物数库——〈历代进士登科数据库〉》,《浙江大学学报》(人文社科版)2019 年第 3 期。

龚延明:《〈历代进士登科数据库〉怎么来的?》,《中华读书报》2019 年 5 月 29 日。

龚延明:《宋代登科总录——创新的宋代精英数据库》,载包伟民、戴建国主编《开拓与创新——宋史学术前沿论坛文集》,上海世纪出版集团、中西书局 2019 年版。

龚延明:《宋代地方统兵官体制研究》,《军事历史研究》2019 年第 5 期。

龚延明:《北宋太常寺礼乐机构述论》,《中原文化研究》2019 年第 5 期。

龚延明:《〈宋史·职官志〉北宋前期选人寄禄官阶考正》,《文史》2019 年第 4 期。

龚延明:《宋代文官寄禄官制度》,《河北大学学报》(哲社版)2019 年第 6 期。

龚延明:《宋代都总管司长官及其官属研究》,《军事历史研究》2019 年第 6 期。

龚延明:《宋代经筵制度探析》,《中原文化研究》2020 年第 2 期。

龚延明:《宋路级地方行政区划名与实》,《清华大学学报》2020 年第 4 期。

龚延明:《宋代幕职州县官双重职能的分与合》,《浙江大学学报》(人文社科版)2020 年第 4 期。

龚延明:《宋代地方权力运作的全方位考察》,《中国史研究动态》2020 年第 5 期。

龚延明:《两宋俸禄制度通论》,《中国历史研究院集刊》2020 年第 2 辑(总第 2 辑)。

龚延明:《宋路级地方行政区划名与实》,《中国社会科学文摘》2020 年第 10 期。

附录二　学者访谈录

龚延明：与宋朝有个千年约会

《义乌商报》记者金小坽的学者访谈报道

引言：他对岳飞研究情有独钟，他在宋朝官制研究上取得骄人成绩，他就是义乌籍著名历史学家龚延明先生。今天，走近这位义乌老乡的研究领域，你会发现——龚延明：与宋朝有个千年约会。

撑一把小伞，走在晴暖的秋阳里，心中盛满欢悦。曾经许多次想过，只有在美丽的西子湖畔才能邂逅著名历史学家、中国官制史专家龚延明。想不到竟在义乌绣湖之滨，见到了他，还有他那青梅竹马的妻子。他们赴约而来。"我很怀念母校，怀念那高耸的阶梯，怀念那种走上台阶一步步向上的感觉，就像是人生的登攀……"说着这些，目光就不由得飘向窗外：绣湖盈盈，古塔巍巍，那是母校义乌中学曾经的居所。

《宋史职官志补正》《宋代官制辞典》《中国历代职官别名大辞典》《岳飞评传》……随便抽出一本来,都是鸿篇巨制,是岁月流逝的印痕,也是学术生命之树常青的见证。这是龚延明呈给母校80华诞的厚礼。

名师奖掖　锋芒初试

1974年,龚延明从部队回到杭州大学。最初四五年,"出版社约我写什么,我就写什么"。《杭州与西湖史话》《岳飞》等就是这个时期的作品。看似漫无目标,其实他已经走在宋史研究的道路上。

1979年,《宋史补正》列入浙江省哲学社会科学"七五"规划重点课题。根据学术分工,由龚延明承担《宋史职官志补正》工作。《宋史·职官志》详细记述了宋朝从中央到地方各级官僚机构的组织情况,还包括职官的食邑、荫补、俸禄等。惜成书仓促,失之严谨。20世纪40年代初期,著名宋史专家、北京大学教授邓广铭所著《宋史职官志考正》,被称为"里程碑式的作品"。此后,近半个世纪,大陆鲜有学者对《宋史·职官志》进行考证。当时,龚延明初涉宋史研究领域,对自己能否超越前人的学术成果心存疑虑。

在他犹豫彷徨之际,他遇到了唐宋文学史大家傅璇琮。"邓广铭是宋史权威,为学术界所公认。他的《宋史职官志考正》是开山之作,是名作,但这并不等于这项研究工作已经终结……"一番推心置腹的话,让龚延明于茫茫大漠中见到了绿洲。不久,龚延明展开了历时五年之久的《宋史职官志补正》工作。前三年,他致力于收集、占有资料,以"把握宋代现存的所有官制史料"。而后,又用了两年时间,参考《宋史职官志考正》,缜密考订

《宋史·职官志》，最终完成近3000条补正条目，计50余万字的书稿。

1991年，《宋史职官志补正》出版。邓广铭对此赞赏有加，欣然提笔写道：《宋史职官志补正》这一巨著，说理极精当，证据极确凿，所以具有极强的说服……邓广铭的褒奖，让龚延明坚定了继续在官制研究领域耕耘的决心。

现在，龚延明已被宋史界公认为当今官制研究"成就最大的一位"。他切身的体会是：做学问，确定正确的学术方向很重要。

勇于坚持　硕果累累

"两宋官制，承隋唐之旧、启明清之新，处在中国官制史上关键时期。然以其繁杂多变，又为历朝之最，给后人了解它的全貌带来很大的困难，学者视为畏途。"在做《宋史职官志补正》时，龚延明就发现职官简称与职官别名纠缠不清，有碍古籍整理与研究，直接影响到学术的质量与水平。他决心破解这一学术难题，编撰一部特色官制辞典。1997年，近180万字的《宋代官制辞典》问世。辞典收录官司、官吏名一万一千条，职官术语与典故六百余条，几乎涵盖了两宋时期前后设置过的所有能用史料明确阐释的官吏名目。学界特别是宋史界，誉之为"继邓广铭先生《宋史职官志考正》之后，宋史研究又一里程碑式之作"。

一个人一生中能出一部辞典已够幸福的了，但对龚延明来说，这只是一个开始。2006年，龚延明著《中国历代职官别名大辞典》(227万字)出版。"这是有史以来第一部关于职官别名的专门性研究论著和工具书，其学术价值非同凡响。无论其内容的广度和深度，还是体例构思，都是以往相关工具书不能相比的。"大辞典收录了上起三代，下迄清末中国历代王朝国家管理机构正式官名的各种简称、总名和别称。

规划人生　上下求索

选择史学,就等于选择了寂寞和清贫,明知寂寞和清贫,却仍要选择,那就只有志趣。这种志趣源于深刻的使命意识。三十余年来的研究生涯,青灯黄卷相伴,个中甘苦非当事人不能得之。龚延明把"不厌其烦见精神,日积月累奏奇功"作为自己的座右铭,"不怕苦、不怕烦、不怕寂寞",执着前行。

以前做学问,纯靠手工。摘抄卡片、誊抄书稿、查阅资料,费时费力。因为要翻阅的书太多,而人的精力有限。龚延明每看一本书,目标明确,要收集的资料,一条不放过,全部做成卡片或札记。几年间,他积累的官制资料多达 500 余万字。随着电脑的使用,检索资料较以前方便多了。但龚延明认为,电脑只是工具,不可能代替汲取知识、消化资料、独立思考、分析综合。要想做出创新的成果,就要认真地一本本读书,一本本消化吸收,不断提高学养,提高专门知识,才能发现问题,解决问题。

目前,龚延明正在主持国家社科基金项目《中国历代登科总录》(五卷本,2000 万字),已完成近半,2010 年前将全部完成。与此同时,合作研究课题《中国历代职官术语词典》也将完稿。2011 年以后,他准备编撰一部独具特色的《中国历代官制辞典》。之后,还想写一部《宋代官制史》和一部《中国科举》。

按:金小玲,原浙大中文系吴秀明教授指导的博士生,刻苦向上,志存高远,惜英年早逝。

厦门大学刘海峰教授的学者访谈录

科举文献、登科总录与科举学
——龚延明教授访谈录

龚延明　刘海峰

1. 您原来主要研究宋史和官制,后来怎么会走到集中研究科举和进士方面来呢?

的确,20 世纪 80 年代,我主要精力,投入于宋代官制研究。在我的官制研究的道路上,我幸运地遇上了贵人相助。一个是原中华书局总编傅璇琮先生,一个是北京大学名教授、宋史泰斗邓广铭先生。傅璇琮先生尚在担任中华书局编辑期间,得知我因邓先生已做过《宋史职官志考正》,不敢承担《宋史职官志补正》课题的情况时,帮我树立信心,确定以《宋史职官志补正》为基点、致力于宋代官制史研究的学术方向。邓先生则对我的学术处女作《宋史职官志补正》给予了高度评价,成为名家奖掖后进的典范,从而坚定了我一生从事职官制度史研究的决心。(陈来《醉心北大精神的史家》,刊于《读书》2001 年第 6 期)后来,升任中华书局总编的傅先生拍板接受在中华出版拙著断代官制辞职典——《宋代官制辞典》,此书自 1997 年出版以来,重印三次,去年又出了增订版,已成为长销不衰、受海内外宋史研究学者欢迎的工具书。

进入 90 年代,正当我在宋代官制史研究领域取得了一定成果,我计划撰写《宋代官制史》时,我的官制史研究发生了重大转折。1991年,中华书局总编傅璇琮先生向我建议:"鉴于唐代进士名录,借(清)徐松辑录的《登科记考》,部分得以保存,大有裨益于今人;然而,宋代科举取士历朝最盛,却没有一部《宋登科记考》,这是学术界深感遗憾的事。你能否来做这件事?"

开始我有点犹豫。因在宋代科举研究领域,美国李弘祺教授(现为台湾清华大学教授)、北大张希清教授、杭大何忠礼教授,都已有较深入的研究;厦门大学刘海峰教授领军的团队,全面研究中国科举制度,成果斐然,享誉海内外,如果我半途出家,在科举史研究领域中,能有所创新和建树吗?我沉入了思考,科举试,从7世纪开始,至20世纪初,长达近1300年。这种通过考试选拔官吏的制度,不但对中国的政治、思想和文化产生深远的影响,而且也对西方近代文官制度的建立起积极促进的作用。在这一历史长河之中,宋代的科举制正好处于承上启下的关键时期,它上接唐代科举创始期,使科举考试条制规范化、健全化,增强了竞争的透明度、公正性,又启示明清两代作更合理的调整。宋代登科人数又是历朝最多的,据初步统计,两宋通过各类科举考试,录取了11万人以上,其每年平均取士人数,约为唐代的5倍,元代的30倍,明清两代的3—4倍。这当与宋代的经济发展与文化普及有很大关系。可以说,我们做宋代政治、文化史或中国政治、文化史研究,无论从哪个学术角度考察,都必须联系宋代科举制度,这样才能使整体研究有所深入。

任何一门学科的确立与发展,首先要重视的是基础研究。科举史研究也不例外。如果不了解两宋科举考试录取了多少人,这些人中有多少人的登科资料还保存下来、多少人的登科资料已灰飞烟灭,又不能将保存下来的登科人资料予以搜集、整理,撰编成《宋登科记考》,那如何能说宋代科举研究是完整的呢?犹如建造一座高楼大厦,不先去打地基,停留于关于屋顶、门窗、内部设施的讨论,不就成了零部件研究了吗?自从20世纪科举制废除以来,关于中国科举制度研究,海内外学人已取得不少成果,而且还在继续全面地开展。遗憾的是,宋代科举史的基础性研究,长期以来,无人问津。与科举制兴起阶段——唐代科举制度研究相比,就会发现:唐代已有清朝学者徐松撰的《登科记考》,已为唐五代科举研究提供了相对比较详细的基础性资料。而宋代则没有,宋代科举研究,在基础性研究方面,已落后唐代一大步。唐代文学史专家傅璇琮有感于此,于20世纪80年代,在他的名著《唐代科举与文学》中曾提到:研究宋代科举制,需要“效徐松之书的体例编撰一部《宋登科记考》”。我想,正是基于对此考虑,建议我做《宋登科记考》课题。我理解了,也想明白了,也许,从宋代科举史基础研究着手,虽半途出家,同样,亦能有所建树;此外从广义上讲,科举属职官制度铨选范畴,宋代科举制度研究与宋代官制研究紧密相连。鉴于以上考虑,我接受了傅先生建议,暂时放下宋代官制研究,致力于填补宋代科举研究基础薄弱的空白,编撰一部《宋登科记考》。

为此,我向全国高校古委会申请立项,1992年,《宋登科记考》被批准列入高校古委会项目,拨给科研起动经费。于是,在傅璇琮先生指导下,《宋登科记考》编撰工作就顺利地开始了。经过我和祖慧教授前后十余年的努力,400多万字的《宋登科记考》(上、下)终于在2009年,由江苏教育出版社出版了。

2. 您和祖慧教授编撰的《宋登科记考》,是您较早出版的一本大部头科举学著作,这部著作有什么特色?

首先,《宋登科记考》是科举研究史上,首次提供了一份118榜宋代登科人名录。两宋118榜科举考试,仅留下绍兴十八年和宝祐四年两榜《登科录》,116榜《登科录》都已灰飞烟灭,必须从零开始,通过检阅宋代经、史、子、集海量的文献,挖掘一个又一个进士的资料,为此,历尽艰辛,终于清理出41,040人的宋代登科人名录,并一一为他们撰写了小传。小传包含了登科人姓名、字号、籍贯、仕宦亲属、所试科目(或进士,或诸科,或制科,或武举,或童子,或博学鸿词科,或上舍释褐,或赐第)、登科年、初授官、曾任的重要官和最高官,及谥号等信息。411万字《宋登科记考》的问世出版,为中国科举史填补了宋无《登科录》的空白。这个四万一千宋代登科人是一个什么概念?我举个例子:我们常用的、台湾王德毅先生编撰的《宋代人名资料索引》,一共收录了宋代两万多人,而《宋登科记考》专收宋代登科进士、诸科登科人,其人数反超其一半以上。张为之沈起炜刘德重主编、50人参加撰写条目的《中国历代人物大辞典》(649万字),共收录54,500人,比《宋登科记考》所收一朝登科人亦只多出一万三千余人。可见,《宋登科记考》采收登科人数量之巨。

　　其次,《宋登科记考》完整地撰编了北宋、南宋近三百年的科举大事记。它包含了两宋大量的科举诏令,解额分配、登科人初授官等科举政策,实行类省试、别头试、漕试、三级试、特奏名、试卷誊录糊名、科场规制等制度,皇帝临轩唱名、新进士期集活动,科目变化,历榜试官名单,每榜登科人数等记载,是研究宋代科举史不可或缺的第一手史料,也是一部宋代科举史长编,具有较高的科举文献价值。

　　如果说118榜登科名录是纬,那么三百年科举大事记是经,经、纬相辅,织就了全方位的宋代科举史网络,为了解、研究宋代科举制度与科举史,带来很大方便。

3.2014 年,您和祖慧又出版了《宋代登科总录》皇皇 14 册,这真是一个巨大的文化工程,在编著的过程中,一定有许多的甘苦,您能否谈谈其中的感受?

要谈我和祖慧教授编著《宋代登科总录》的感受,第一点,是做学问要有见难而上、不断创新的精神。《宋登科记考》出版后,虽然受到好评。但,回过头看看,我们感到还有进一步提高的空间,那就是将原来只提供登科人小传与资料出处的书目,增加书证。这意味着什么呢?这就要在每一条立项的登科人小传之下,将所列参考书目,一一补充进支撑小传信息的第一手文献资料,作为书证,为读者进一步提供查阅、研究登科人资料的便利,这就是我们做《宋代登科总录》的出发点。任举一例:

【梁固】字仲坚。东平府须城县人。颢子。初以门荫赐进士出身。服除,辞特赐命,自奋应科举。大中祥符二年进士第一人,初授将作监丞、密州通判,终判户部勾院。颢、固父子状元。

《宋会要·选举》七之一一《亲试》:"(大中祥符)二年六月二十七日,御崇政殿试服勤词学经明行修举人……得进士梁固等三十一人,并赐及第、同进士、《三礼》出身。"

《宋会要·选举》二之三《进士科》:"(大中祥符二年)七月十九日,以新及第进士第一人梁固〔为〕将作监丞、第二人宋程、第三人麻温舒为大理评事,通〔判〕诸州。"

宋李焘《续资治通鉴长编》卷七一、大中祥符二年六月庚戌："上御崇政殿亲试,仍别录本考校……赐进士梁固等二十六人及第、同出身者三人、同《三礼》出身者二人。固,颢之子也。初以颢遗荫进士出身,服除,诣登闻让前命,愿赴乡贡。许之。"

宋张方平《乐全集》卷三九《朝奉郎守秘书省著作郎直史馆判三司户部勾院轻车都尉赐绯鱼袋梁君(固)墓志铭》:"君讳固,字仲坚,东平须城人……烈考讳颢,翰林学士、右谏议大夫,赠刑部尚书……君一上冠礼部贡籍,法座临轩复试,遂占魁甲……雍熙中翰林公策名第一……逮今言父子继登甲科者有梁氏……(君)解巾将作监丞、监高密郡。才二十五岁,代还,迁著作郎、直史馆,赐五品服,旋除三司户部判官,寻改判本部勾院……天禧三年三月构疾,卒于京师,享年三十三。"

《宋史》卷二九六《梁颢附子固传》:"梁颢,字太素,郓州须城人……(子)固字仲坚。幼有志节,尝著《汉春秋》,颢器赏之。初,以颢遗荫,赐进士出身。服阕,诣登闻院让前命,愿赴乡举,许之。大中祥符元年,举服勤词学科,擢甲第。解褐将作监丞、同判密州,就迁著作佐郎。归朝,改著作郎、直史馆……判户部勾院。"

元马端临《文献通考·选举考》五《宋登科总目》:"(大中祥符)二年,亲试东封路进士三十一人,状元梁固。"

雍正《山东通志》卷一五《选举志·宋制科》:"梁固,须城人,状元,著作郎。"

丁传靖《宋人轶事汇编》卷一○页476:"本朝状元多同岁:徐奭、梁固皆生乙酉(985年),王鲁(曾)、张师德皆生戊寅(978年),吕溱、杨寘皆生甲寅(1014年),贾黯、郑獬皆生壬戌（1022年），彭汝砺、许安世皆生于辛巳（1041）。"

《宋代登科总录》所收进士"梁固"的书证，共八条，都是原文献史料。相比《宋登科记考》所收之"梁固"，"小传"之下仅有引用的书目：

> 【梁固】字仲坚。东平府须城县人。颢子。初以门荫赐进士出身。服除，辞特赐命，自奋应科举。大中祥符二年进士第一人，初授将作监丞、密州通判，终判户部勾院。
>
> 《宋会要·选举》七之一一《亲试》，宋李焘《续资治通鉴长编》卷七一、大中祥符二年六月庚戌，宋张方平《乐全集》卷三九《朝奉郎守秘书省著作郎直史馆判三司户部勾院轻车都尉赐绯鱼袋梁君（固）墓志铭》，《宋史》卷二九六《梁颢附子固传》雍正《山东通志》卷一五《选举志·宋制科》，丁传靖《宋人轶事汇编》卷一〇。

两相对照，《宋代登科总录》工作量要比《宋登科记考》增加几倍，且每一条书证的工作流程，都须经过查检原书、抄录相关史料、输录史料，增补、修改小传，书稿一次次校对，可以想见，完成宋代四万进士、一千多万字的书稿，工作是何等艰辛！想起从早到深夜，在与青灯黄卷为伴的漫长岁月里艰难爬梳，不禁感慨万千，我从黑发做到白发，曾自况"绳锯木断重构宋代四万进士档案"，深感做学问需要一种绳锯木断、精益求精的慢功夫，和甘于寂寞、坚持不懈的毅力。

第二点感受，学问要做大，先要有点，然后上下延伸，连成线。这就是我们常说的"大处着眼，小处着手"。做断代研究，不能止于断代，一定要注意上下贯通。所以，我开始着手做《宋登科记考》时，就已在设计，以《宋登科记考》为基点，上下延伸，做一个《中国历代登科总录》系列。1993年，学校把我从历史系调到古籍所，接替姜亮夫先生担任原杭州大学古籍研究所所长。我以此为契机，于1995年，向高校古委会申请了《中国历代登科总录》集体项目，得到批准。2003年，《中国历代登科总录》列入国家社科基金项目。2012年，经国家社科基金办组织专家中期评估，《中国历代登科总录》提升为国家滚动资助的重大项目。现在出版的《宋代登科总录》，是其中的一个子课题。子课题《明代登科总录》（1200万字左右）书稿，已经完成并交付出版社。紧接着是《清代登科总录》《辽金元登科总录》《隋唐五代登科总录》，正稳步向前推进中。从《宋代登科总录》这个基点出发，五个子课题全部完成后，五卷本《中国历代登科总录》把一千三百年科举选人的历史连成线，从而将中国古代科举社会十余万精英人物档案集中亮相于人世，可望为传承中华优秀文化作出贡献。

4. 您主编点校的《天一阁藏明代科举录选刊》出版后，为研究明代科举的人带来许多方便，这是您拿手的古籍整理与科举学研究的一个结合点吧？

人文社会科学学术研究，离不开文献。科举学离不开科举文献。涉及科举的文献资料面广、量大，但核心的文献，是唐以后出现的《登科录》《会试录》《乡试录》。然唐代无《登科录》留存，宋、元，所留原始科举录，也仅三种而已。值得庆幸的是，赖明嘉靖十一年（1498）进士出身的明代兵部侍郎（兵部副部长）范钦，在故乡宁波修建天一阁，收藏了大量明代科举文献，有明代登科录、会试录、乡试录三级科举考试录，其中天一阁独家收藏的明代《登科录》达40榜，《会试录》38种、乡试录277种，占海内外收藏的明代《登科录》总数的 67％、《会试录》的 71％、《乡试录》的 92％,极为珍贵,是天一阁镇阁之宝,也是中华独特科举文化之瑰宝,为海内外科举研究学者所神往。然而在 20 世纪 90 年代以前,庋藏深闺,连读者求见一面都难,遑论公开、流动,全面向社会开放。直至 21 世纪初叶,2006—2010 年,宁波出版社终于把天一阁博物馆深藏的《登科录》《会试录》《乡试录》,冠以《明代科举录选刊》影印公开出版。然影印本,没有标点,涉及玉音、策问、应试人策论,未经标点断句,一大块一大块文字,密密麻麻,阅读困难;影印本尚有大量漫漶讹误,未经校勘,也不便读者使用。为此,宁波出版社邀我主持点校《明代科举录选刊》。我深感对影印本《明代科举录选刊》三级科举录进行点校、整理的必要,尽管手头事多,还是答应下来,组织了浙大古典文献专业博士生毕业的毛晓阳、邱进春、方芳、闫真真等年轻学者团队,分工承担《登科录》《会试录》的点校,277 册《乡试录》(863 万字),分量太大,人力和时间不够,未及标点,而由我直接进行分段,并将一页页整页无任何标示的原始文献,鉴别乡试场次、试官、一道道策题、书名、策论、试官批语等,用不同字体作了区别标示等整理工作,亦方便了研究者的使用。历经三年时间,完成了天一阁藏明代三级科举录的点校、整理任务。2016 年,由宁波出版社推出了横排本 15 册(1237 万字)的新版本。

点校整理本天一阁藏《明代科举录选刊》出版后,受到学界欢迎和好评。《光明日报》2017 年 12 月 16 日,发表了中国社科院文学研究所刘京臣撰写的书评《科举文献整理的新成果:读龚延明主编的点校本〈天一阁藏明代科举录选刊〉》;《中华读书报》2018 年 1 月 31 日刊登了明代科举史专家、福建师大郭培贵教授撰写的书评《天一阁藏明代科举录选刊》,在该书评中指出,相比于影印本，此次整理横排繁体本具有以下几个突出优点：

一是对影印的天一阁所藏明代 41 科《登科录》和《嘉靖十一年进士同年序齿录》《崇祯十三年庚辰科进士三代履历》《国朝河南进士名录》《皇明进士登科考》以及 38 科《会试录》和 277 种《乡试录》进行了全面校勘。影印本中有大量的异体字甚至讹字，如"德""面""負""奇""宿""或""畧""脩""吴""谦"等字，在横排繁体本中，都相应改作"德""面""員""奇""宿""或""略""修""吴""谦"等标准字，从而显著提高了该书文本用字的规范性，也大大便利了读者对文本的阅读、理解和征引。

二是对《登科录》《会试录》不仅进行了校勘，而且进行了分段标点，这无疑对提高读者阅读速度、减少误读和准确理解文本原义具有重要意义。《登科录》对进士的中式年龄和出生月日是连在一起记载的，如某某进士"年三十九月十五日生"，在没有标点的情况下，读者很容易把该进士的中式年龄误读作"年三十九"，而有了标点，呈现为："年三十，九月十五日生。"就可有效避免这种误读。又如，《登科录》和《会试录》中的程文以及《会试录》中的序文都是不分段的，这就给今人的阅读造成很大障碍，而《登科录》和《会试录》横排繁体本的分段标点就排除了这一障碍。另，《登科录》对进士"家状"有严格的书写格式，故凡遇进士上三代有多项官号需要写入时，因书写空间有限，就会造成字小挤压的情况。如万历二年二甲进士孙矿，其上三代"曾祖新赠礼部尚书加赠荣禄大夫祖燧巡抚江西右副都御史赠礼部尚书谥忠烈加赠荣禄大夫父升南京礼部尚书赠太子少保谥文恪"等 55 个字被挤压在不到一竖行的空间内，自然难以辨认;而横排繁体本经重排标点后变为:"曾祖新,赠礼部尚书,加赠荣禄大夫。祖燧,巡抚江西右副都御史,赠礼部尚书,谥忠烈,加赠荣禄大夫。父升,南京礼部尚书,赠太子少保,谥文恪。"就清晰可辨且文意明白了。

三是主编龚延明先生在该书"总序"中迭出新见,对科举制、明代科举及其科举文献的历史作用和价值都给予了中肯的评价。如他指出"中国科举制具有塑造中国古代知识分子立身治国形象、打造中国大一统和合文化形态、建构东亚儒家文化圈与催生现代西方文官制度产生的价值"。"科举与国运相联系,成为中国封建社会皇帝权力的象征之一,是国家机器正常运行的重要标志,是调节国家政策的杠杆,是士大夫梦想所寄,是凝聚民心的纽带"。又指出:"研究中国古代社会,离不开科举研究,否则绝不可能完整认识中国古代社会的政治与文化。"认为相比于宋代《登科录》,明代《登科录》的"家状信息量增加了",但削去了进士参加会试的次数,"这说明在明代进士登第更为艰难,举数多,在家状中列出,没有积极意义"。以上观点,对于促进科举研究的深入,具有重要的启示意义。

总之,海峰教授就《天一阁藏明代科举录选刊》出版,提出"古籍整理与科举学研究的一个结合点问题",很有意义。的确,科举研究需要和科举文献整理工作相结合。文献整理,对年轻的科举学者,是一个基本功的训练,同时,通过触摸原始文献,增强历史感和真切了解科举考试的流程,无异是在聆听无声的科举专业知识课。经过科举文献整理,从事科举制度与科举史研究的学者,其对科举史料的把握及其感知度与深度,一定会比较强。

5.你指导过众多以进士研究为博士学位论文选题的博士生,在培养科举学人才方面有什么经验或体会?

海峰教授,说起培养科举学人才,您最有资格,您在厦门大学,培养了多少博士?一个连?一个营?一时也数不清。关键是,您正处盛年,现在还在一批一批带,厦大已成为国内无以匹比的科举学重镇,经验丰富。而我在浙大,于2003年退休,停止招生已十五六年,带过的博士生,屈指可数。谈何经验?盛情难却,说几点感受吧。

第一点感受是,指导博士生读原典,触摸第一手与科举相关的文献。如原博士生毛晓阳,在了解了清代科举文献目录的基础上,安排他阅读未经标点的清钱仪吉、缪荃孙、闵尔昌、汪兆镛《碑传合集》,碑传涉及清代科举、官制、官员出身、官衔等等,科举人物与制度信息含量大。如其中钱氏编的《碑传集》,按历朝传主爵秩官职、人物角色分类。如官员,分宰辅、部院大臣、翰詹、科道、督抚、河臣、监司、守令等门类,这样,阅读《碑传集》既是阅读碑传传主仕历、事功文字,在提高古籍阅读水平的同时,又了解了清代职官制度。然后,布置晓阳,与中华书局点校出版的《清代碑传集》相比照,找出自己未能断句的文字,并找出原因何在。这样,《碑传集》读毕,文献功底就打下了,这对他以后进入厦大博士后流动站与合作教授刘海峰教授从事进一步科举研究,和工作后独立从事科举课题研究,大有裨益。比如他近年承担的《天一阁明代科举选刊》之《登科录》下册(78万字)点校,差错极少,质量甚高。

博士生方芳博士论文是研究清代科举家族,高明扬研究清

500

代八股文。我都首先安排他们去啃420册的《清代朱卷集成》。培养学生做学问,首先要带他们学会坐冷板凳,啃原典。

第二点,让博士生参加我主持的国家社科基金项目《中国历代登科总录》,并同博士学位论文写作挂钩。这样,一方面,让博士生协助课题搜集前期资料工作——搜集进士的信息资料;另一方面,在参加课题工作中,提高科举目录学、版本学的学识;再一方面,为顺利完成博士学位论文搜集撰写博士学位论文所需要的第一手、翔实可靠的文献资料。一举三得。如,博士生陈长文,他选定的博士论文题目是《明代进士登科录研究》,为此我请他参加《明代登科总录》前期资料搜集工作,集中检索天一阁《明代方志选刊》初编、续编中的进士资料。长文能吃苦,非常投入,将参加课题与博士学位论文写作紧密结合,对明代科举文献进行了全面摸底、探究,从而使他了解与掌握明代科举文献,达到较高水平。2005年,顺利完成了博士学位论文《明代进士登科录研究》的写作,被博士学位论文评审专家评为优秀博士论文。该论文不久即以专著形式出版,受到科举学界的好评。

第三点,和学生切磋学问,讨论疑难问题,及时抓住创新思维,引导学生勇于在学术上创新。我有一个学生高明扬,人很聪明,悟性很高。他选的博士学位论文是清代科举八股文研究。这可是多少人研究过的老题目!但我有一个信念,学问无止境、学术难封顶。老调也可能新弹。既然学生选了它,我没有束缚他,也没有事前共同讨论论文提纲,而是让他先大量阅读、钻研《清代朱卷集成》中的八股文、试官批语,放飞思路。高明扬为了大量阅读八股文,日夜啃《清代朱卷集成》,浸润其中。他从细读大量试卷八股文后,逐渐由表入里,进入一个新境界。一天,他同我讨论,突然冒出一个问题,试官对举子试卷批语,都有"理、法、辞、气"的考察要求,而落实到"清、真、雅、正"一个标准,是不是八股文便于试官阅卷打分? 我一听,眼睛一亮,是呀,这可是一个十分难得的新见! 举子试卷,动辄成千上万,如果大家各自发挥,随意写命题作文,有的天马行空,有的纵横驰骋,有的喋喋不休,那考试官不是看得眼花缭乱,如何统一打分? 而八股文,规定代圣人立言,是载道之文,其体式分八股:破题,承题,起讲,起比,中比,后比,束比,收结。使答卷规范化。所有卷子试卷格式,就像一个模型里铸出来似的,都要就范于八股文体。试官批卷,就看举子答题启、承、转、合,是否符合规定;其文章义理,是否符代圣人立言的要求,是否符孔孟之道、程朱理学。改卷批语类似现代学校考试选择题打钩或打叉,改卷效率不知要比宋代试官批卷高出多少倍! 且,不容离经叛道之程文出现。我立即肯定了他这个创见。遂商议以清代科举八股文批卷标准为题旨,就博士学位论文谋篇布局。在此基础上撰写了论文《清代科举八股文衡文标准》,后在《中国社会科学》上得以发表。八股文研究旧题居然弹出了新调,这离不开鼓励、引导学生勇于学术创新的理念。

6.目前您在做哪方面的科举研究? 将来还有什么研究或出版计划?

国家社科基金重大课题《中国历代登科总录》,是一项科举研究大工程,目前最急迫的工作,还是争取早日完成这个包含五个子课题的工程。继《明代登科总录》已在出版社审编过程中之外,由祖慧教授、周佳副教授承担的《清代登科总录》正接近收尾阶段。由武汉大学余来明、吉林大学高福顺、黑龙江大学薛瑞兆教授共同承担的《辽金元登科总录》,今年八月之前,能完成书稿任务。

与此同步,我们已建立起"中国历代科举人物数据库",收录的进士人数已达十万以上,可供检索隋唐五代至明清的登科进士名录。访谈录中提到的天一阁创始人范钦的进士身份,就是从数据库检索出来的。"中国历代科举人物数据库"将来上网以后,计划进一步扩大到举人、贡士。这个数据库发展空间广阔,我们亦期待同道有志之士合作。

7. 您认为科举学的发展前景如何?

"科举学",是1992年刘海峰教授在题为《"科举学"刍议》的学术报告中,首先提出来的。2005年,刘海峰教授名著《科举学导论》出版,对"科举学"的含义,作了全面阐释。26年前,海峰教授振臂一呼"科举学",不少学者感到新奇,时至今日,"科举学"日益深入人心,已为学界所认同,成了一门充满朝气、充满生命力的显学。

科举学的发展势头十分强劲。看今日之域内,有哪个学会能像科举文化研究会这样,每年甚至一年两次举行科举学与科举制学术研讨会?没有!有哪个学会能举办吸引海内外历史学、教育学、文学、经济学、政治学、文博学、社会学、哲学、民族学、地理学、管理学等等多学科学者参加的学术研讨会?没有!这充分说明科举学的研究范围正在不断扩大,影响力在不断扩展。国内多家科举博物馆相继建立,科举文物展十分活跃,海内外科举文化交流逐步拓展,科举学学术刊物的发行,以及大量的科举制度史研究与跨学科的科举学研究成果的发表等等,反映了今日科举学的内涵,已不只是科举制度基础学科,也是应用性的学科。也就是说,科举学作为一门显学,包括科举制度、科举史的基础研究,也包括科举博物馆、科举文化展、科举与民俗、科举与古建筑等调查研究、国际性科举文化交流等等应用性研究。为此,建议海峰教授在再版《科举学导论》时增加一个部分:科举应用学。这样,一门由基础科举学与应用科举学组成的当代科举学,就建立起来了。

总之,科举学已经崛起,成为人文社会科学中的一门显学,发展前景十分广阔!

2018 年 2 月 6 日

于浙大西溪校区内启真名苑

附录三 读博回忆录

毛晓阳:读博回忆 师恩悠悠

2001年秋天,在经历了福建师大夏季博士生入学考试折戟沉沙之后,我在准备来年再战的自我磨砺中,收到了浙江大学古籍所龚延明先生的回信。这是一封迟来的回信,却给了我极大的鼓舞。在前一年,经由硕士导师许怀林先生的指引,我鼓起勇气给龚老师写了自荐书,可能是老师事务繁忙,未来得及回复,但他一直挂念在心,这封回信坚定了我报考浙大的信心。

与半年前的福建师大考试不同,在浙大的这次博士生入学考试中,我倍感吃力。一方面,浙大入学考试有听力部分。而我的英语听力相对较差,虽然我先后参加过3次CET6考试,但每次都是擦着及格线惊险过关。另一方面,专业课考试中有一道30分的论述题,要求考生陈述自己所了解的浙大古籍所前辈学者的学术建树。当时一下就懵了,望着题目,毫无头绪,一片茫然。硬着头皮,搜肠刮肚地写了一些自己都怀疑的内容,怀着惴惴不安的心情,走出了考场。

　　幸运的是,我的英语成绩竟然再次以擦着合格线的分数过关了,而成绩最差的竟然不是我担心的那门专业课。面试时,我怀揣着仅剩的一点自信,向龚老师和方建新老师陈述了自己的硕士学习经历,其中包括曾经参加过中共江西省委政策研究室肖唐镖主任主持的"宗族与村治"国家社科项目和江西师范大学教育学院胡青教授主持的"江西考试史"江西省社科项目。或许是由于太过紧张,现在唯一记得的面试情景是龚老师说的一句话:"会做课题就行。"或许也就是龚老师的这句话,博士毕业之后的 16 年里,我唯一有点成就感的也就是做课题了。

　　在收到浙江大学的录取通知书时,我着实兴奋了很长一段时间。我是以福州师范高等专科学校学报编辑的在职身份考上浙大博士生的,当时,福州师专还没有哪位教师拥有博士学位,拿到了硕士学位的教师也很少,而我却将获得浙江大学的博士学位,何其幸哉! 同时,相比于以应届身份考上博士生的同学,我带着 1000 多元的月工资收入上学,在 2002 年,算是挺富有的,再也不会像以前求学时那么窘迫、拮据了。欣喜兴奋中,仿佛感觉杭州的山山水水都在张开双臂,微笑着欢迎我。

　　不过,很快我便笑不出来了。自从南京大学推出了所谓的CSSCI 期刊目录以来,在初步意识到科研竞争将日益增强的背景下,各地高校便各显神通,想方设法把在读硕士生、博士生的科研成果计算为本校教职员工的综合科研力量。精明的浙江人自然不会甘于人后。于是,浙大博士生被要求毕业时必须达到一项要求:分别在一类期刊和 A 类期刊上至少发表 1 篇学术论文。对我这个初出茅庐的科研菜鸟来说,这项政策无疑是把在世人眼中称为"上有天堂,下有苏杭"的杭州,彻底变成了我的

"人间地狱"。西湖不过就是个大水池子，飞来峰看起来也毫不起眼了，只有灵隐寺的济公成了最令人羡慕的对象。

龚老师自 1993 年便开始主持高校古籍整理委员会项目《宋登科记考》，以后扩展为《宋代登科总录》，再到中国社科基金重大项目——《中国历代登科总录》。我一进入浙大读博，就加入了这一项目中，一张张地抄写卡片、整理考订一个个进士资料，正如后来龚老师在各种场合发言所说的，他采用了常人难以想象的"愚公移山"精神，一点点地推动此项课题的研究，个中酸甜苦辣，只有亲历者方能体会。我一方面参与课题，另一方面也在准备毕业论文，我的选题是《清代江西进士丛考》，常为考订一个进士而苦恼，更为这个选题很难发论文而倍感焦虑。这种焦虑，远胜过第一次和韩国访学博士裴淑姬一起听课时，看她因听不太懂龚老师的义乌方言版普通话而产生的慌乱，也远胜过博士生学习年限仅有三年却还必须重新经历英语 CET6 考级而产生的愤懑。或许也正是因为这种焦虑、压抑和愤懑，多年以后，我回忆起在杭州三年多的博士求学生活，竟然很少有收到录取通知书时的志得意满的轻快，更多的是忧心忡忡萦绕心头，浮现于脑际。然而，近十多年来，随着登科总录项目的逐渐竣工和各朝代进士名录的结集出版，其学术价值和影响日渐为国内外学界所深刻认同与普遍接受。对于 18 年前参与这个课题初期工作的我来说，也越来越为曾经参与过这个项目而倍感荣幸、自豪。更加欣慰的是，在临近毕业时，包括我在内的所有曾经参与过这项课题的同门师兄弟妹们都分别以进士考订或进士研究为选题发表了论文，并达到了浙大博士生毕业的相应标准。自我庆幸之余，也为自己当初的焦虑而感到羞愧与懊悔。

或许是受古典文献学专业特色的影响，又或许是重在务实的义乌人性格使然,龚老师指导我时很少长篇大论,而是重在言传身教,让我通过阅读相关的学术论著,自己领悟开窍。入学伊始,龚老师便抱出中华书局点校版12册本钱仪吉《碑传集》,非常细心地指点我如何从中抄录有关清代进士人物小传的卡片,并要求我将其与《近代中国史料丛刊》中的影印版进行对照阅读,从而培养和提升我的古籍阅读功底。龚老师还向我展示他自己完成的一整箱一整箱的进士卡片,令初入门墙的我咋舌惊叹。我印象最深的一次学术指导是我在入学之初,龚老师将他复印的《宋代官制辞典》的绪论,交给我阅读。然而,我的悟性显然很不合格,面对书中那么多的职官名称,以及历代职官制度的演变历程,我如堕五里雾中,禁不住头晕目眩。几遍下来,依然毫无头绪,也提不出来任何问题。现在想来,龚老师当时想必对我非常的失望,但他完全没有表现出失望的神情。或许,龚老师本就对我没有抱有多大的期望吧。我的博士学位论文选题本来是《清代江西进士研究》,但临近答辩时,我除了整理了80余万字的有关江西进士的订误文字,其他综论性的内容却依然停留在设想阶段。最终,龚老师宽大为怀,准许我将论文题目改为《清代江西进士丛考》,直接将已有的考订文字整理成学位论文,并提请学位委员会审阅、答辩。我依然记得,王云路老师在答辩时对我提出的令我印象最为深刻的肯定性评价是论文写得非常规范,"连一个标点符号的错误都没有"。在当时,王老师的话令我极其紧张的心情稍微有些放松。而今天回想起来,当年王云路老师从我那乏善可陈的论文中找到这一个"优点"是何等的不易。

在浙大古籍所,龚老师对学生"护犊子"是出了名的。他不仅在学业上因材施教,分别对学生进行点拨,在生活上的关心照顾也是无微不至。即便是像我这样的"不肖弟子",龚老师也同样给予了长期而无私的关爱。2003年8月,作为全国岳飞研究会会长和浙大宋学研究中心主任,龚老师主持召开了"纪念岳飞诞辰900周年暨宋学国际学术研讨会"。我和高明扬有幸承担了部分会务工作,主要是印制会议手册和论文集。由于此前从未有过相关的会务经历,每一件小事我们都要向龚老师请示,而龚老师都会细心地给予指点。这次会议让我有机会第一次见识了众多的学术大咖,也对学术研究有了初步的了解。毕业之后,龚老师知道我有继续从事博士后研究的心愿时,当即为我写了推荐信,使我得以在2006年顺利进入厦门大学教育学博士后流动站。2007年,在黑龙江大学参加第三届科举制与科举学学术会议时,龚老师得知我正在进行清代宾兴的研究后,对此选题极感兴趣,详细了解之后,他为我拟定了一篇论文写作提纲,以便可以发表在较高级别的学术刊物上。可惜的是,资质愚钝的我至今未能动笔完篇。2014年,我将所承担的国家社科基金青年项目的结题成果拆成两本著作,并请龚老师为其中之一的《清代宾兴公益基金组织管理制度研究》一书作序。龚老师不仅欣然应允,而且在序文中不吝溢美之词。2016年,龚老师主持了宁波出版社的《天一阁藏明代科举录选刊》(合计1237万字)的点校工作。承蒙龚老师不弃,我承担了其中部分登科录的点校任务,最终出版为78万字的《天一阁藏明代科举录选刊:登科录(点校本)下》一书。2018年,我申请获得了福建省教育厅的出国访学经费资助,却一直未能联系到理想的访学对象。龚老师得知后,立即为我联系了日本大阪市立大学的平田茂树教授,使我得以拓宽了学术视野,也趁机完成了所承担的国家社科基金一般项目。

浙江大学西溪校区图书馆六楼楼顶的那个独门小院，今天已经成了学生心向神往的学术圣地。那里曾经是我进入浙大开始博士生学习的第一间教室，是龚老师教我抄写进士卡片的师徒作坊，是龚老师接待来自国内外的众多知名学者的接待室，更是包括《中国历代登科总录》在内的龚老师众多学术专著的诞生地。而我脑中印象最深刻的，莫过于龚老师在大家的午休时间提着快餐盒快步走回这座小院的孤独身影。争分夺秒，行色匆匆。不分春秋，无间寒暑。龚老师正是利用别人休息、闲聊、打牌、搓麻的点滴时间，涓滴成海，聚沙成山，成就了学生难以企及、不敢奢望的学术高度。

前些时候，龚老师又萌发了申报浙江省重大科研项目《浙江历代举人名录》的念头，计划将所有弟子都纳入课题组里来，师生合作，同谱佳篇。这一设想虽然因为学生天各一方而未能如愿，但龚老师的殷殷关爱之情却令学生格外动容，感铭于心。目前，龚老师倾注了近 40 年心血的《中国历代登科总录》已经接近尾声，以该总录为基础打造的"历代进士登科数据库"也成功入选中华书局籍合网，方便国内外学界从多个角度对中国历代进士和科举制度进行研究。而"80 后"龚老师的脚步却依然矫健如初不肯停歇，向着学术顶峰不断攀登。

陈长文：种桃种李种春风　师风师德永传承

我于 2003 年 2 月份春季入学，师从龚老师攻读博士学位。入学后即参加老师主持的国家社科基金项目《中国历代登科总录》之明代部分。老师专门为我和同年秋季入学的邱进春师弟安排了一个工作室,就在浙大西溪校区图书馆的顶楼六楼,紧挨着老师的工作室,环境清幽,唯有书香。老师时常踱步过来"视察"我们的课题进展,记得第一学年的一天上午,我正在电脑上输入《天一阁藏明代地方志选刊》,老师中间休息,来我们房间聊天,用他那带着浓重浙江义乌方言口音的普通话给我们说:"你们都要成为'进士迷',一看见'进士'两个字就要很敏感。"还说了"不怕慢,就怕站""日积月累,久久为功""板凳要坐十年冷,文章不写半句空"等勉励之语。18年过去了,老师的这些谆谆教诲和经验之谈,至今犹在耳畔。

为了搜集书证,查阅文献资料,老师的要求几乎到了"竭泽而渔"的地步。2004年派我与进春师弟一起去上海图书馆古籍部查阅抄录明代进士登科录。我们每人大概誊抄了十万字左右的明代进士登科录、会试录、进士同年录、进士履历便览等。其中有几种图书馆古籍部工作人员不让看,说是善本,是文物。2005年春,我为了课题需要,也为了撰写博士论文,再次去上海图书馆古籍部查阅明代进士登科录,这次带上了老师写的亲笔信,是写给著名文献学家复旦大学章培恒先生的,希望时任中国古籍整理工作委员会副主任的章先生能为我协商通融一下,让上海图书馆古籍部为我开一下"绿灯"。我到复旦大学古籍所后,见到的是值班的郑利华教授,他说章培恒先生正在住院不便打扰,接着他给章先生通了个电话,在龚老师的亲笔信上代章先生签了字。我拿着这封郑利华教授代章培恒先生签名的龚老师的亲笔信,果然,古籍部主任特准我抄录了六七种不对外开放的上图特藏明代进士登科录。真是如获至宝啊!后来我又到国家图书馆、北京大学图书馆、南京图书馆、南京大学图书馆、浙江省图书馆、浙江宁波天一阁、山东省图书馆等,甚至在网上看到我老家山东菏泽下属的东明县新发现了一种明代《万历五年进士登科录》，马上回去辗转找到东明县文物保管处，费了好大周折终于让专业照相馆的摄影师给全部拍照，冲洗了两份，送给龚老师一份，自己留存一份。在参与老师课题的过程中，老师言传身教，耳提面命，使我在学术上节节攀登，2006年元月十九号完成了博士论文《明代进士登科录研究》的答辩，两年后的2008年出版了《明代科举文献研究》一书，又两年后的2010年申请到国家社科基金青年项目《中国科举制度下的教育慈善事业研究》。我在学术上所取得的点滴进步，都离不开老师的谆谆教诲。这，也许就是传承吧。

在读博期间，有个阶段学术界淡化甚至试图取缔岳飞"民族英雄"这一称号，身为岳飞研究会会长的龚老师有感于此，主动在历史楼办了一场学术讲座，我们几个博士生在浙大校园拉了几条横幅，做宣传。讲座刚刚开始，龚老师突然看见他的大学老师徐规先生正坐在听众席第一排聆听。这时候龚老师暂停讲座，走到老师面前，毕恭毕敬地给徐先生弯腰鞠了个躬。一个60多岁的著名学者弯腰给他80多岁的大学老师深鞠一躬，全场爆发出雷鸣般的掌声。龚老师原本觉得徐先生年逾80，不敢劳驾先生出席一个普通讲座，而徐先生是看到横幅宣传后自己主动过来听他学生的讲座的。当时我目睹自己尊敬的老师向他的老师弯腰鞠躬，非常感动，直到现在想起，依然感动不已。

此刻，夜阑人静，眼前又浮现出龚老师他老人家那矍铄清瘦的面容，千里之外，我也向龚老师深鞠一躬，说一声：老师，谢谢您！您的言传身教学生都铭刻于心。这，也许就是传承吧。

辛丑年三月二日子夜于川大望江楼畔

512

附录四　学者赠书录

（1982—2020）

1. **1982 年 6 月**　收到杭州大学历史系教授徐规先生赠书《王禹偁事迹著作编年》，中国社会科学出版社出版。题签为："延明同志教正　著者赠"。

2. **1982 年 11 月 25 日**　收到中华书局傅璇琮先生赠书：傅璇琮、张忱石、许逸民编撰《唐五代人物传记资料综合索引》，中华书局出版。题签为："延明兄指正　璇琮　一九八二.十一月"。

3. **1983 年 11 月 21 日**　收到北京大学历史系教授邓广铭先生赠书《岳飞传》，人民出版社出版。题签为："延明同志指正　邓广铭　1983.11.21"。

4. **1984 年 3 月**　收到中华书局徐敏霞编辑赠书《十国春秋》（点校本，四册），中华书局出版。题签为："延明同志惠正　徐敏霞敬赠　1984 年 3 月"。

5. **1984 年 5 月 11 日**　收到中国社科院历史所王曾瑜研究员赠书《岳飞新传》，上海人民出版社出版。题签为："龚延明同志指正　王曾瑜　一九八四.五.十一"。

6. **1984 年 12 月**　收到中华书局傅璇琮先生赠书《李德裕年谱》，齐鲁书社出版。题签为："延明兄惠政　璇琮（印）"。

7. **1985 元月**　收到杭州大学国际文化交流部副教授陈植锷赠书《徂徕石先生文集》（点校本），中华书局出版。题签为："延明老师指正　八五年元月"。

8. **1985 年 4 月 21 日**　收到台湾中国文化大学宋晞教授赠书《宋史座谈会成立三十周年学术研讨会文集》，宋史座谈会印行。题签为："贤明兄惠存　宋晞相赠"。

9. **1985 年 5 月 14 日**　收到日本京都大学文学部东洋史系梅原郁教授赠书：(1)《宋代官僚制度研究》（日文版）；(2)佐伯富编《宋史职官志索引》（"宋代官制序说"，与"索引"正文二部分）；(3)梅原郁著《中国近世都市文化》（日文版），昭和五十九年(1984)株式会社同朋舍印刷出版。

10. **1985 年 5 月 17 日**　收到河南大学历史系教授周宝珠、南京师范大学教授陈振合著的《简明宋史》，人民出版社出版。题签为："龚延明同志指正　作者　一九八五.五.十七"。

11. **1985 年 11 月 4 日**　收到中国人民大学法律系教师左言东赠书《中国古代官制》，浙江古籍出版社出版。题签为："龚延明同志指正　左言东　1985.11.4"。

12. **1986 年 3 月 14 日**　收到中国第一历史档案馆李鹏年研究馆员赠书《中国第一历史档案馆馆藏档案概述》，档案出版社出版。题签为："请龚延明同志教正　李鹏年　一九八六年三月十四日"。

13. **1986 年 5 月 13 日**　收到陕西师范大学历史系李裕民教授赠书《青箱杂记》（宋吴处厚撰，李裕民点校），中华书局出版。题签为："延明兄指正　裕民赠　一九八六年五月十三日"。

14. **1986 年 5 月 30 日**　收到杭州大学历史系黄时鉴教授赠书《通制条格》（点校本），浙江古籍出版社出版。题签为："延明兄指正　黄时鉴　1986 年 5 月 30 日"。

15. **1986 年 7 月 22 日**　收到杭州大学历史系黄时鉴教授赠书《元朝史话》，北京出版社出版。题签为："延明兄指正　黄时鉴　八六年七月二十二日"。

16. **1987 年 4 月**　收到中华书局傅璇琮赠书《唐代科举与文学》，陕西人民出版社出版。题签为："延明兄惠政　著者一九八七年四月"。

17. **1987 年 8 月**　收到王曾瑜教授赠书《名公书判清明集》（全二册），中国社会科学院历史研究所与宋辽金元史研究室共同点校，中华书局出版。题签为："敬请延明兄指正　王曾瑜"。

18. **1987 年夏**　收到王瑞来教授赠书《宋宰辅编年录校补》，中华书局出版。题签为："延明兄存正　瑞来　八七夏"。

19. **1987 年 9 月**　收到上海辞书出版社编辑程兆奇赠书：（日）内藤乾吉原校、程兆奇校点《六部成语注解》，浙江古籍出版社出版。题签为："延明兄存正　兆奇　1987.9"。

20. **1987 年秋**　收到暨南大学古籍研究所陈乐素先生赠书《求是集》，广东人民出版社出版。题签为："延明同志指正　乐素　一九八七年秋"。

21. **1987 年 12 月 15 日**　收到南开大学历史系讲师张国刚赠书《唐代官制》，三秦出版社出版。题签为："龚延明同志指正　作者谨赠　八七年十二月"。

22. **1988 年 4 月**　收到北京大学历史系教授邓广铭先生赠书点校本《陈亮集》增订本，中华书局出版。题签为："延明同志惠存　邓广铭　一九八八年四月"。

23. **1989 年 5 月**　收到中国社会科学院历史研究所王曾瑜教授赠书《鄂国金佗稡编续编校注》，中华书局出版。题签为："敬请龚延明同志教正　王曾瑜"。

24. **1989 年 7 月 1 日**　收到厦门大学历史系教授陈茂同赠书《历代职官沿革史》，华东师范大学出版社出版。题签为："龚延明师雅正　陈茂同赠于厦大　89.7.1"。

25. **1990 年 3 月**　收到邓广铭先生赠书《涑水记闻》（邓广铭、张希清点校），中华书局出版。题签为："延明同志惠存　邓广铭　一九九〇年三月"。

26. **1990 年 10 月 8 日**　收到第一历史档案馆研究馆员李鹏年赠书：李鹏年、刘子扬、陈锵仪编著《清代六部成语词典》，天津人民出版社出版。

27. **1991 年 3 月 30 日**　收到上海大学来可泓副教授赠书《李心传事迹著作编年》，巴蜀书社出版。题签为："延明同学指正　来可泓敬赠1991.3.30"。

28. **1991 年 10 月 3 日**　收到杭州大学历史系梁太济教授赠书《中日宋史研讨会中方论文选编》，河北大学出版社出版。题签为："龚延明兄惠存并指正　梁太济敬赠1991 年 10 月 3 日"。

29. **1991 年 10 月 25 日**　收到第一历史档案馆研究馆员兼中国藏学研究中心李鹏年赠书二册：《十三世达赖圆寂致祭和十四世达赖转世坐床档案选编》《九世班禅圆寂致祭和十世班禅转世坐床档案选编》。

30. **1992 年 4 月 16 日**　收到杭州大学历史系何忠礼副教授赠书《宋史选举志补正》，浙江古籍出版社出版。题签为："延明兄赐正　何忠礼敬赠　92.4.16"。

31. **1993 年 3 月 20 日**　收到原美国华盛顿大学教授、史学家陈学霖教授赠书《宋史论集》，台北东大图书股份有限公司出版。题签为"龚延明教授赐正　陈学霖敬上　香港中大93/3/20"。附言写道：

> 龚延明教授等鉴：

> 辱承邀弟参加贵宋史大会，惜因学校上课不便请假，未能前来杭州候教，致歉。谨送上拙作乙册请指正。后会有期，并祝大会成功。谨祝

> 研安

> 弟陈学霖上

> 九三．三．二十

32.**1993 年 6 月**　收到中华书局徐敏霞赠书，徐敏霞、王桂珍点校《唐尚书省郎官石柱题名考》，中华书局出版。题签为："延明同志惠正　徐敏霞　一九九三年六月北京"（傅璇琮先生笔迹）。

33.**1993 年 8 月**　收到中国社科院政治学研究所白钢研究员赠书：白钢主编《中国政治制度史》，天津人民出版社/新西兰：霍兰德出版有限公司出版。题签为："延明学兄雅正　白钢　九三．八"。

34.**1993 年 9 月**　收到中国社科院法学研究所俞鹿年研究员赠书《中国官制大辞职典》(上、下)，黑龙江人民出版社出版。题签为："延明同志指正　俞鹿年(印)　一九九三年九月"（毛笔书法）。

35.**1993 年 10 月**　收到北京大学中国古代史研究中心阎步克教授赠书《察举制度变迁史稿》，辽宁大学出版社出版。题签为："龚延明先生存检　阎步克　93.10"。

36.**1993 年**　收到京都大学梅原郁教授赠书《中国近世法制

与社会》(日文版)，平成五年(1993)株式会社同朋舍印刷出版。

37.**1994 年正月**　收到河南大学宋代研究中心赠书：邓广铭、王云海主编《宋史研究论文集》，河南大学出版社出版。

38.**1994 年 2 月**　收到北京书目文献出版社总编办公室主任全根先赠书：宋赵祯撰、淳熙内府钞本《宋钞本洪范政鉴》，书目文献出版社出版。题签为："龚师　惠存　一九九四年二月"。

39.**1994 年 3 月**　收到四川师范大学历史系张邦炜教授赠书《宋代皇亲与政治》，四川人民出版社出版，题签为："延明兄教正　弟邦炜敬呈　94 年 3 月"。

40.**1994 年 6 月**　收到福建社会科学院谢重光赠书《中国僧官制度史》，青海人民出版社出版。题签为："龚延明先生指正　谢重光　九四年六月"，附言："龚延明先生闽浙近邻，欢迎来榕或闽省其他地方走走，也可借机与先生交流，并聆谠论。"

41.**1994 年 10 月**　收到上海古籍出版社副社长兼副总编辑李伟国赠书《王荆文公诗李壁注》(上、下)，上海古籍出版社出版。

42.**1994 年 11 月 29 日**　收到杭州大学历史系教授梁太济、包伟民合作的《宋史食货志补正》，杭州大学出版社出版。题签为："龚延明教授指正　梁太济包伟民赠　1994.11.29"。

43.**1995 年 4 月**　收到北京大学历史系教授张希清赠书《中国科举考试制度》，新华出版社出版。题签为："延明兄指正　希清一九九五年四月于北大"。

44.**1995 年 5 月**　收到中华书局编辑徐敏霞赠书：清俞樾撰，贞凡、顾馨、徐敏霞点校《茶香室丛钞》(四册)，中华书局出版。

45.**1995 年 6 月**　收到北京大学历史系教授邓小南赠书《宋

代文官选任制度诸层面》,河北教育出版社出版。题签为:"敬请延明老师指正　小南谨呈　95年6月"。

46.**1995年8月**　收到复旦大学历史地理研究中心周振鹤教授赠书《王士性地理书三种》,上海古籍出版社出版。题签为:"延明学长教正　周振鹤奉　九五.八"。

47.**1995年9月23日**　收到河北大学宋史研究中心教授李华瑞赠书《宋代酒的生产和征榷》,河北大学出版社出版。题签为:"敬请龚先生指正　李华瑞谨呈　95.9.13"。

48.**1995年9月**　收到温州大学历史系副教授、大学同学郝兆矩赠书《刘伯温全传》,大连出版社出版。题签为:"延明兄教正　郝兆矩　九五.九"(毛笔字)。

49.**1995年10月10日**　收到四川大学古籍所副教授郭声波赠书《四川历史农业地理》,四川人民出版社出版。题签为:"贤明先生雅正　声波1995.10.10"。

50.**1995年12月28日**　收到福建师大历史系教授汪征鲁赠书《魏晋南北朝选官体制研究》,福建人民出版社出版。题签为:"延明兄雅正　征鲁敬赠　95.12.28"。

51.**1995年12月**　收到四川大学古籍所刘琳教授赠书:刘琳、沈治宏编著《现存宋人著述总录》,巴蜀书社出版。题签为:"延明教授指正　刘琳赠　九五年十二月"。

52.**1995年12月**　收到中华书局总编傅璇琮赠书《唐诗论学丛稿》,台湾文史哲出版社出版。题签为:"延明同志惠正　傅璇琮谨赠"。

53.**1995年**　收到新加坡南洋理工大学教授何冠环赠书《宋初朋党与太平兴国三年进士》,中华书局出版。题签为:"龚贤明先生指正　作者1995年"。

54. **1995 年** 收到日本东洋文库宋代史研究室中嶋敏先生赠书《宋会要辑稿·食货索引》,东洋文库出版。

55. **1996 年 3 月 2 日** 收到杭州大学古籍所束景南教授赠书《朱子大传》,福建教育出版社出版。题签为:"龚延明兄郢政 束景南 96 年 3 月 2 日"。

56. **1996 年 4 月 20 日** 收到台湾大学历史系王德毅教授赠书《宋史研究论集》,台湾商务印书馆出版。题签为:"延明兄教正 弟德毅敬赠 丙子四月廿日"。

57. **1996 年 4 月 23 日** 收到台湾东吴大学中国文学研究所刘兆祐教授赠书《宋史艺文志史部佚籍考》,中华丛书编辑委员会出版。题签为:"敬请延明教授赐正 弟刘兆佑敬赠 1996 年 4 月 23 日"。

58. **1996 年 5 月 27 日** 收到复旦大学中文系教授章培恒新作《中国文学史》(上、中、下三册),复旦大学出版社出版。题签为:"龚贤明先生教正 章培恒谨奉 一九九六年五月廿七日"。

59. **1996 年 8 月** 收到河南大学历史系苗书梅的新作《宋代官员选任和管理制度》,河南大学出版社出版。题签为:"龚延明教授指正 苗书梅"。

60. **1996 年 9 月 19 日** 收到中华书局总编辑傅璇琮赠书:傅璇琮主编辑《唐人选唐诗新编》,陕西人民教育出版社出版。题签为:"延明同志指正 傅璇琮谨赠"。

61. **1996 年 11 月** 收到台湾东吴大学刘静贞副教授、台湾汉学研究中心助理研究员李今芸赠译作:寺地遵著,刘静贞、李今芸译《南宋初期政治史研究》,台湾稻禾出版社出版。

62. **1996 年 12 月** 收到中国社科院历史所王曾瑜研究员赠书《宋朝阶级结构》,河北教育出版社出版。题签为:"敬请延明兄教正"。

63.**1996 年 12 月**   收到南京师范大学古籍所赵生群教授赠书《太史公书研究》,陕西人民出版社出版。题签为:"龚延明先生教正   赵生群拜呈   九六年十二月"。

64.**1997 年 5 月**   收到北京大学历史系荣新江教授赠书《归义军史研究:唐宋时代敦煌历史考索》,上海古籍出版社出版。题签为:"龚延明先生教正   荣新江呈   1997 年 5 月"。

65.**1997 年 8 月 12 日**   收到浙江师范大学历史系教授方如金赠书:方如金、方同金、陈国灿著《陈亮与南宋浙东学派研究》,人民出版社出版。题签为:"延明教授雅正   如金   一九九七年八月十二日"。

66.**1997 年 8 月 20 日**   收到郑州大学文博学院王金玉副教授赠书《宋代档案管理研究》,中国档案出版社出版。题签为:"敬请龚延明先生斧正   王金玉   九七.八.二十"。

67.**1997 年 8 月 25 日**   收到河北大学宋史研究中心郭东旭赠书《宋代法制研究》,河北大学出版社出版。题签为:"龚延明先生教正   郭东旭   97.8.25"。

68.**1997 年 10 月**   收到北京大学邓广铭教授赠书《邓广铭治史丛稿》,北京大学出版社出版。题签为:"延明教授存念   邓广铭"。

69.**1997 年 10 月**   收到浙江大学经济学院周生春教授赠书《吴越春秋辑校汇考》,上海古籍出版社出版。题签为:"谨呈龚贤明老师教正   一九九七年十月"。

70.**1997 年 11 月 27 日**   收到河南大学历史系贾玉英副教授赠书《宋代监察制度》,河南大学出版社出版。题签为:"敬请龚延明先生教正   学生贾玉英谨呈   一九九七年十一月二十七日"。

71.**1997 年 11 月**　收到杭州大学古籍研究所沈文倬教授赠书《笔精》(点校本),福建人民出版社出版。题签为:"龚延明所长存正　沈文倬 1997 年 11 月"。

72.**1997 年 12 月**　收到南京大学历史系李昌宪教授赠书《宋代安抚使考》,齐鲁书社出版。题签为:"龚先生指正　李昌宪　九七.十二"。

73.**1997 年 12 月**　收到上海师范大学古籍研究所朱瑞熙教授赠书《中国政治制度通史·宋代卷》,人民出版社出版。题签为:"龚延明教授雅正　瑞熙敬赠　一九九七年十二月于沪上"。

74.**1997 年冬**　收到杭州大学中文系徐朔方教授赠书《牡丹亭》(校注本),人民文学出版社出版。题签为:"承延明所长赠以大著《宋代官制辞典》,愧无以报称,遇重版书到,即以奉呈并祈以教正。朔方敬奉　1997 年冬"。

75.**1997 年冬**　收到香港梁天锡赠书《宋宰相表新编》,台湾编译馆主编印行。题签为:"龚教授延明赐正　编著者梁天锡(钤印代)敬呈　丁丑冬"。

76.**1998 年**　收到古籍所张涌泉教授赠书《敦煌俗字研究》,上海教育出版社出版。

77.**1998 年 1 月 26 日**　收到河南省社会科学院魏天安赠书《宋代行会制度史》,东方出版社出版。题签为:"龚延明先生指正　魏天安　1998.1.26"。

78.**1998 年 5 月 9 日**　收到北京大学中古史研究中心张希清教授赠书《宋朝典制》,吉林文史出版社出版。题签为:"延明兄指正　希清　一九九八年五月九日"。

79.**1998 年 9 月**　四川大学古籍所李勇先副教授赠书《〈舆

地纪胜〉研究》,巴蜀书社出版。题签为:"敬请吾师龚延明先生指正　弟子勇先奉赠　一九九八年于川大"。

80.**1998 年 11 月 2 日**　收到河北大学李华瑞教授赠书《宋夏关系史》,河北人民出版社出版。题签为:"敬请龚先生指正　后学李华瑞　九八年十一月二日"。

81.**1998 年 12 月**　收到武汉大学历史系杨果教授赠书《中国翰林制度研究》,武汉大学出版社出版。题签为:"龚延明先生赐正　一九九八年十二月"。

82.**1999 年 1 月 15 日**　收到浙江大学历史系梁太济教授赠书《两宋阶级关系的若干问题》,河北大学出版社出版。

83.**1999 年 1 月**　中国社会科学院历史所研究员胡振宇赠书:张永山主编、胡振宇副主编《胡厚宣先生纪念文集》,科学出版社出版。题签为:"敬呈龚延明教授　中国社科院历史所胡振宇　九九.正月"。

84.**1999 年 3 月 28 日**　收到浙江大学中文系沈松勤副教授赠书《北宋文人与党争:中国士大夫群体研究之一》,人民出版社出版。题签为:"延明师赐正　学生松勤敬奉　九九年三月二十八日"。

85.**1999 年春**　收到中华书局总编傅璇琮赠书《当代学者自选文库:傅璇琮卷》,安徽教育出版社出版。题签为:"延明同志惠正　傅璇琮谨奉"。

86.**1999 年春**　收到浙江大学中文系陈坚教授赠书《夏衍传》,中国戏剧出版社出版。题签为:"延明兄雅正　陈坚　九九春"。

87.**1999 年 4 月**　收到中国社科院文学所李锦绣研究员赠书《唐代制度史略论稿》,中国政法大学出版社出版。题签为:

"延明先生指正 李锦绣敬赠 一九九九年四月"。

88. **1999 年 7 月** 收到杭州大学中文系吴熊和教授赠书《吴熊和词学论集》,杭州大学出版社出版。题签为:"延明教授正之 吴熊和奉 九九年月"。

89. **1999 年 9 月** 收到河南大学宋代研究中心赠书:王云海主编《宋代司法制度》,河南大学出版社出版。题签为:"赠龚延明先生 河南大学宋代研究中心"。

90. **1999 年** 收到台湾大学历史学系教授高明士赠书《隋唐贡举制度》,文津出版社出版。题签为:"延明教授惠正 高明士"。

91. **1999 年** 收到中国社会科学院历史所研究员王曾瑜赠书《荒淫无道宋高宗》,河北大学出版社出版。题签为"敬请龚延明先生教正 王曾瑜"。

92. **2000 年 2 月 13 日** 收到中山大学曹家齐赠书《顿挫中嬗变》,西苑出版社出版。题签为:"恩师龚延明先生指正 受业家启敬呈 2000.2.13"。

93. **2000 年 3 月** 收到浙江大学中文系沈松勤教授赠书《唐宋词社会文化学研究》(吴熊和主编《词学研究集成》),浙江大学出版社出版。题签为:"延明师正谬 松勤 2000.3"。

94. **2000 年 5 月** 收到上海辞书出版社社长李伟国编审赠书:中国历史大辞典编纂委员会编《中国历史大辞典》(上、下两巨册),上海辞书出版社出版。

95. **2000 年 6 月 27 日** 收到四川大学古籍所郭声波教授赠书《宋朝官方文化机构研究》,天地出版社出版。题签为:"延明先生雅正 作者敬赠 2000.6.27"。

96. **2000 年 6 月** 收到河南大学宋史研究中心赠书:姚瀛艇

524

教授主编,姚瀛艇、王云海、周宝珠、宋景昌、刘坤太、郑传斌、佟培基、程民生编写《宋代文化史》,河南大学出版社出版。题签为:"赠龚延明先生"。

97.**2000 年 6 月**　收到郑州大学中文系陈飞教授赠书:俞绍初、陈飞主编《中州学术论集》(古代文学卷),中华书局出版。题签为:"敬请龚延明教授指正　陈飞谨奉　2000 年六月"。

98.**2000 年 6 月**　收到四川大学古籍所李勇先副教授赠书《宋代添差官制度研究》,天地出版社出版。题签为:"敬请龚延明先生批评指正　弟子勇先　二○○○年六月"。

99.**2000 年 11 月 11 日**　收到西南财经大学经济学院史继刚副教授赠书《宋代军用物资保障研究》,西南财经大学出版社出版。题签为:"龚延明师教正　学生史继刚敬上　2000 年 11 月 11 日敬上"。

100.**2001 年 2 月**　收到暨南大学古籍所张其凡教授赠书《张乖崖集》(整理本),中华书局出版。题签为:"龚延明先生指正　张其凡(印)敬赠　2001 年二月"。

101.**2001 年 4 月 8 日**　收到复旦大学陈尚君教授赠书《陈尚君自选集》,广西师范大学出版社出版。题签为:"延明先生教正　尚君　2001.4.8"。

102.**2001 年 5 月**　收到武汉大学历史系杨果教授赠书《宋代两湖平原地理研究》,湖北人民出版社出版。题签为:"龚延明先生赐正　2001 年杭州"。

103.**2001 年 6 月**　收到中国社科院历史所王曾瑜研究员赠书《尽忠报国:岳飞新传》,河北人民出版社出版。题签为:"敬请龚延明先生教正　王曾瑜　2001 年 6 月"。

104.**2001 年 9 月 24 日**　收到浙江师范大学历史系桂栖鹏

副教授赠书《元代进士研究》，兰州大学出版社出版。题签为："龚延明先生教正　桂栖鹏奉赠"。

105. **2001 年 11 月**　收到上海师大教授朱瑞熙先生新著《暸城集》，华东师范大学出版社出版。题签为："延明教授雅正　著者敬赠　二〇〇一年十一月"。

106. **2001 年**　收到古籍所张涌泉教授赠书《汉语俗字丛考》，中华书局出版。

107. **2002 年 1 月 15 日**　收到北京师范大学历史系游彪教授赠书《宋代荫补制度研究》，中国社会科学出版社出版。题签为："敬请龚延明先生指正　游彪敬上　二〇〇二. 一. 十五"。

108. **2002 年元月**　收到苏州市经济协作办公室、高级经济师方健赠书《范仲淹评传》（列入匡亚明主编《中国思想家评传丛书》），南京大学出版社出版。题签为："龚延明学长指正　方健　二〇〇二年元月"。

109. **2002 年 2 月**　收到厦门大学高等教育研究院刘海峰教授赠书《科举考试的教育视角》，湖北教育出版社出版。题签为："龚延明先生教正　刘海峰敬赠　2002.2"。

110. **2002 年 3 月 17 日**　收到台湾宋史学家黄宽重先生赠书《南宋地方武力——地方军与民间自卫武力的探讨》，东大图书公司出版。题签为："敬请延明教授斧正　晚宽重敬上"。

111. **2002 年 3 月**　收到曹家齐赠书《宋代交通管理制度研究》，河南大学出版社出版。题签为："恩师龚延明先生指正　受业家启敬呈　二〇〇三年三月"。

112. **2002 年 3 月**　收到中华书局总编傅璇琮赠书《李德裕年谱》，河北教育出版社出版。题签为："延明先生惠正　傅璇琮（印）　二〇〇二年三月"。

113. **2002 年 4 月 10 日**　收到台湾大学历史系高明士教授赠书《中国中古的教育与学礼》,台湾大学出版中心出版。题签:"谨呈延明教授惠正　著者高明士　2002 年 4 月 10 日"。

114. **2002 年 6 月 28 日**　收到四川大学古籍所刘琳、李勇先赠书《黄庭坚全集》(刘琳、李勇先、刘蓉贵点校,精装本四册),四川大学出版社出版。题签为:"延明教授指正　刘琳　李勇先赠二○○二年六月二十八日"。

115. **2002 年 6 月**　收到陕西师范大学古籍整理研究所(所长黄永年教授)赠书《古代文献研究论集》。钤古籍所印章。

116. **2002 年 7 月 7 日**　收到四川师范大学历史系副教授张金岭赠书《晚宋时期:财政危机研究》,四川大学出版社出版。题签为:"敬呈龚延明先生教正　学生张金岭　二○○三年七月七日于成都"。

117. **2002 年 8 月 22 日**　收到浙江大学古籍所博士生黄明光赠书《明代科举制度研究》,广西师范大学出版社出版。题签为:"恩师龚延明导师教正　学生黄明光敬呈　2002 年 8 月 22日"。

118. **2002 年 8 月**　收到上海辞书出版社社长兼总编辑李伟国赠书《敦煌话语》,上海科技教育出版社出版。题签为:"贤明教授指正　后学李伟国敬赠"。

119. **2002 年 12 月**　收到浙江万里学院文化与传播系教授蔡罕赠书《北宋翰林图画院及其院画研究》,浙江人民出版社出版。题签为:"龚延明教授斧正　学生蔡罕敬呈"。

120. **2002 年**　收到京都大学梅原郁教授赠送译注《中国近世刑法志》(上、下)(日文版),2002 年株式会社创文社印刷出版。

121. **2003 春**　收到河北大学宋史研究中心姜锡东教授赠书

《宋代商人和商业资本》,中华书局出版。题签为:"请龚延明先生指正 姜锡东(双印)"。

122.**2003 年 3 月 8 日** 收到华东师范大学古籍所顾宏义副研究员赠书《教育政策与宋代两浙教育》,湖北教育出版社出版。题签为:"龚教授延明先生赐正 顾宏义 二○○三年八月"。

123.**2003 年 4 月** 收到上海师大古籍所戴建国教授赠书《庆元条法事类》(主编杨一凡、田涛,点校戴建国),黑龙江人民出版社出版。题签为:"敬请龚延明先生教正 戴建国 癸未初夏"。

124.**2003 年 5 月** 收到宁波大学历史系副教授钱茂伟赠书《王应麟与中国传统学术形态嬗变》,中国社会科学出版社出版。题签为:"敬请龚延明先指正 钱茂伟 二○○三年三月"。

125.**2003 年 7 月 29 日** 收到香港理工大学通识教育中心高级讲师何冠环赠书《北宋武将研究》,中华书局出版。题签为:"龚教授赐正 晚何冠环敬上 2003.7.29"。

126.**2003 年 8 月 21 日** 收到浙江商学院旅游文化学院唐代剑教授赠书《宋代道教管理制度研究》,线装书局出版。题签为:"龚先生赐教 唐代剑 2003 年 8 月 21 日"。

127.**2003 年 8 月 24 日** 收到暨南大学古籍所张其凡教授赠书《两宋历史文化概论》,广东人民出版社出版。题签为:"龚延明先生指正 著者敬赠 2003 年 8 月 24 日于杭州"。

128.**2003 年 8 月** 收到上海师范大学古籍所虞云国教授赠书《细说宋朝》,上海人民出版社出版。题签为:"龚延明先生是正 虞云国 2003 年 8 月"。

129.**2003 年 11 月** 收到宁波大学历史系钱茂伟教授赠书《明代史学的历程》,社会科学文献出版社出版。题签为:"龚延

明先生指正　钱茂伟　2003 年 11 月"。

130.**2003 年 12 月**　收到上海师范大学古籍所戴建国赠送的大型宋代笔记丛书第一编 10 册:上海师范大学古籍整理研究所编,主编朱易安、傅璇琮、周常林、戴建国(常务)《全宋笔记》第一编 10 册,大象出版社出版。

131.**2003 年**　收到中国社会科学院历史所研究员陈智超赠书《陈智超自选集》,安徽大学出版社出版。由出版社代寄赠。

132.**2004 年 2 月 6 日**　收到四川师范大学历史系张邦炜教授赠书《宋代婚姻家族史论》,人民出版社出版。题签为:"敬请延明兄指正　邦炜　〇四.二.六"。

133.**2004 年 2 月 18 日**　收到北京大学中文系孟二冬教授赠书《登科记考补正》(上、中、下三册),北京燕山出版社出版。题签为:"龚延明先生赐正　孟二冬敬赠　2004 年 2 月 18 日"。

134.**2004 年 4 月**　收到香港宋史名家梁天锡先生新著《北宋传法院及其译经制度》,志莲净苑出版。题签为:"龚教授延明会长赐正　梁天锡敬呈　二〇〇四年四月"。

135.**2004 年 8 月**　收到西北大学文博学院陈峰教授赠书《北宋武将群体与相关问题研究》,中华书局出版。题签为:"敬请龚延明先生指正　陈峰谨呈　二〇〇四年八月"。

136.**2004 年 9 月 26 日**　浙江大学古籍所祖慧副教授赠书《沈括评传》,南京大学出版社出版。题签为:"恩师龚延明先生教正　祖慧　2004.9.26"。

137.**2004 年 10 月 25 日**　收到暨南大学古籍所张其凡教授赠书《宋代史》(上、下),澳亚周刊出版有限公司出版。题签为:"龚延明先生指正　著者　二〇〇四年十月廿五日于广州"。

138.**2004 年 11 月 16 日**　收到新疆大学中文系副教授多洛

肯赠书《明代福建进士研究》，上海辞书出版社出版。题签为："敬请业师龚延明教授教正　受业多洛肯敬呈　2004年11月16日"。

139.**2004年12月**　收到宁波大学历史系钱茂伟赠书《国家、科举与社会》，北京图书馆出版社出版。题签为："敬请龚延明先生指正　钱茂伟　二〇〇四年十二月"。

140.**2004年冬**　收到中华书局总编傅璇琮先生赠书《唐宋文史论丛及其他》，大象出版社出版。题签为："龚延明先生惠正　傅璇琮（加印）　二〇〇四年冬于北京"。

141.**2004年**　收到湖北大学特聘教授葛金芳赠书《唐宋变革时期研究》，湖北人民出版社出版。题签为："前辈龚教授雅正　晚学金芳持赠"。

142.**2005年2月12日**　收到浙江大学历史系梁太济教授赠书《唐宋历史文献研究丛稿》，上海古籍出版社出版。题签为："龚延明教授指正"。

143.**2005年春**　收到河北大学宋史研究中心王菱菱教授赠书《宋代矿冶业研究》，河北大学出版社出版。题签为："敬请龚延明先生指正　王菱菱敬赠"。

144.**2005年8月28日**　收到《杭州日报》编辑姜青青赠书《马扩事迹编年》，杭州出版社出版。题签为："龚延明老师谨致谢忱！　姜青青　2005.8.28"。

145.**2005年秋**　收到扬州大学文学院黄强教授赠书《八股文与明清文学论稿》，上海古籍出版社出版。题签为："龚延明先生雅正　黄强　2005年秋"。

146.**2005年9月**　收到云南大学历史系林文勋教授赠书：林文勋、谷更有著《唐宋乡村社会力量与基层控制》，云南大学出版社出版。题签为："敬呈龚延明教授指教　林文勋　2005 年 9 月"。

147.**2005 年 10 月 10 日**　收到上海大学历史系副教授李福长赠书《唐代学士与文人政治》，齐鲁书社出版。题签为："龚延明教授指正　李福长敬呈　2005 年 10 月 10 日"。

148.**2005 年 11 月 18 日**　收到暨南大学古籍所张其凡教授赠书《宋代典籍研究》，华夏文化艺术出版社出版。题签为："龚延明先生指正　著者（印）　二〇〇五年十一月十八日于广州"。

149.**2005 年 11 月**　收到北京大学中古史研究中心邓小南教授赠书《邓广铭全集》（十卷本），河北教育出版社出版。

150.**2005 年 12 月**　收到上海师大古籍所燕永成教授赠书：宋钱若水撰、燕永成点校《宋太宗实录》，甘肃人民出版社。题签为："敬请龚延明先生斧正　学生燕永成　二〇〇五年十二月"。

151.**2006 年 5 月 21 日**　收到四川大学古籍所祝尚书教授赠书《宋代科举与文学考论》，大象出版社出版。题签为："龚延明先生教正。多年前，先生驾临川大古籍所，有幸仰瞻风采。侧闻先生所撰《宋登科考》，业已居功告成，不胜欣喜！璇琮先生令将拙著奉寄，应命并深盼教示。二〇〇六年五月二十一日"。

152.**2006 年 5 月**　收到中华书局总编傅璇琮赠书《唐翰林学士传论》（盛中唐卷），辽海出版社出版。题签为："延明兄指正　傅璇琮谨奉（印）　二〇〇六年五月"。

153.**2006 年 5 月**　收到北京大学历史系副教授赵冬梅赠英文译著：（美）贾志扬著、赵冬梅译《天潢贵胄：宋代宗室史》，江苏人民出版社出版。题签为："龚延明先生惠存　冬梅谨呈　2006.5"。

154.**2006 年 5 月**　收到中山大学历史系曹家齐教授赠书

《宋史研究丛稿》,台湾新文丰出版公司出版。题签为:"恩师大
人指正　受业家启　二〇〇六年五月"。

155.**2006 年 6 月 16 日**　收到中国社科院历史所副研究员
沈冬梅赠书《茶与宋代社会生活》,中国社会科学出版社出版。
题签为:"龚延明先生指教　沈冬梅　2006.6.16"。

156.**2006 年 7 月**　收到浙江大学历史系陈志坚副教授赠书
《唐代州郡制度研究》,上海古籍出版社出版。题签为:"敬请龚
老师指正　志坚上　06 年 7 月"。

157.**2006 年 8 月 21 日**　收到台湾大学历史系王德毅教授
赠书《宋史研究集》(宋研究丛刊第三六辑),新文丰出版股份有
限公司出版。题签为:"延明教授教正　王德毅敬赠　丙戌八月
廿一日"。

158.**2006 年 8 月**　收到北京大学中古史研究中心邓小南教
授签赠的新作《祖宗之法:北宋前期政治述略》,生活·读书·新
知三联书店出版。题签为"延明老师教正　小南敬呈　二〇〇
六,八"。

159.**2006 年 9 月**　收到中山大学历史系教授曹家齐赠书
《北宋名臣:余靖》,广东人民出版社出版。题签为:"恩师龚延明
先生指正　受业家启敬呈　二〇〇六年九月"。

160.**2006 年 9 月**　收到辽宁师范学院人文学院王凯旋教授
赠书《明代科举制度考论》,沈阳出版社出版。题签为:"龚延明
先生雅正　王凯旋持赠"。

161.**2006 年 10 月**　收到北京大学历史系祝总斌教授赠书
《材不材斋文集:祝总斌学术研究论文集》上编《中国古代史研
究》、下编《中国古代政治制度研究》,三秦出版社出版。题签为:
"龚延明先生指教　祝总斌　2006 年 10 月"。

162.**2006 年 12 月 7 日**　收到北京师范大学历史系游彪教授赠书《宋代特殊群体研究》，商务印书馆出版。题签为："敬请龚延明先生指正　后学游彪敬上　二〇〇六年十二月七日"。

163.**2006 年 12 月**　收到浙江大学历史系何忠礼教授赠书《科举与宋代社会》，商务印书馆出版。题签为："龚贤明教授雅正　2006 年 12 月"。

164.**2006 年 12 月**　收到首都师范大学历史研究院教授李华瑞赠书《宋夏史研究》，天津古籍出版社出版。题签为："敬请龚延明先生教正　后学李华瑞　06.12"。

165.**2006 年冬**　收到河北大学宋史研究中心高纪春赠书《〈宋史·本纪〉考证》，河北大学出版社出版。题签为："龚延明先生指正　后学高纪春"。

166.**2007 年 1 月**　收到厦门大学中文系钱建状副教授赠书《南宋初期的文化重组与文学新变》，厦门大学出版社出版。题签为："龚延明先生惠正　钱建状敬奉　二〇〇七年元月"。

167.**2007 年 2 月 22 日**　收到上海师范大学古籍所虞云国教授赠书《古今多少事》，长春出版社出版。题签为："龚延明先生雅正　虞云国　丁亥日"。

168.**2007 年 3 月**　收到北京大学中古史研究中心张希清教授赠书《澶渊之盟新论》（张希清、田浩、穆绍衍、刘乡英撰），上海人民出版社出版。题签为："延明兄指正　希清　二〇〇七年三月于北大"。

169.**2007 年 5 月 21 日**　收到复旦大学中文系陈尚君教授赠书《旧五代史新辑会证》（10 册），复旦大学出版社出版。题签为："龚延明教授教正　陈尚君　2007 年 5 月 11 日"。

170.**2007 年 6 月 8 日**　收到宁波大学傅明善副教授赠书

《傅璇琮学术评传》,西北大学出版社出版。题签为:"敬请龚延明先生雅正　同乡后学傅明善呈　2007 年 6 月"。

171.**2007 年 6 月 30 日**　华中师范大学副教授林岩赠书:《北宋科举考试与文学》,上海古籍出版社出版。题签为:"龚延明先生指正　后学林岩"。

172.**2007 年 6 月**　收到浙江大学历史系何忠礼教授赠书《宋代政治史》,浙江大学出版社出版。题签为:"龚延明教授雅正　何忠礼　2007 年 6 月(印)"。

173.**2007 年 7 月 6 日**　收到陕西师范大学教育科学院副教授田建荣赠书《中国考试思想史》,商务印书馆出版。题签为:"敬请龚延明先生批评指正　田建荣敬上　2007.7.6"。

174.**2007 年 9 月**　收到西北师范大学李润强赠书《清代进士群体与学术文化》(龚延明"序"),中国社会科学出版社出版。题签为:"敬请龚先生指正　学生:李润强谨呈　二〇〇七年九月"。

175.**2007 年**　收到上海师范大学古籍所燕永成教授赠书《南宋史学研究》,甘肃人民出版社出版。题签为:"敬请龚先生指正　学生燕永成　二〇〇七年"。

176.**2008 年 3 月 16 日**　收到河南大学历史系马玉臣副教授赠书《〈中书备对〉辑佚校注》,河南大学出版社出版。题签为:"敬请龚延明先生指正　马玉臣　2008.3.16"。

177.**2008 年 3 月**　收到《文学遗产》编辑部张剑编审赠书《宋元旧本书经眼录　邵亭书画经眼录》(清·莫芝友著,张剑点校),中华书局出版。题签为:"龚延明先生教正　张剑桥敬奉　2008 年 3 月"。

178.**2008 年 3 月**　收到人民出版社综合编辑室主任张秀平

编审赠书《中国历史》之《先秦史》《秦汉史》《三国史》《魏晋南北朝史》《隋唐史》《五代史》《辽史》《宋史》《金史》《西夏史》《西辽史》《明史》，共十二卷。人民出版社出版。

179.**2008 年春**　收到中华书局总编傅璇琮赠书《唐翰林学士传论》(晚唐卷)，辽海出版社出版。题签为："龚延明学兄惠正　傅璇琮谨奉　二〇〇八年春"。

180.**2008 年 4 月 12 日**　收到鲁东大学人文学院陈长文副教授赠书《明代科举文献研究》，山东大学出版社出版。题签为："敬请龚延明老师批评教正　学生陈长文拜呈　2008.4.12"。

181.**2008 年 5 月 20 日**　收到南京大学历史系教授李昌宪教授寄来赠书《中国行政区划通史》(宋西夏卷)，复旦大学出版社出版。题签为："龚先生指正　昌宪　2008.5.20"。

182.**2008 年 8 月 13 日**　河南大学历史文化学院张明华副教授赠书《〈新五代史〉研究》，中国社会科学出版社出版。题签为："恭请龚延明先生指正　学生张明华敬赠　二〇〇八年八月十三日"。

183.**2008 年 8 月 16 日**　收到云南大学历史系林文勋、吴晓亮教授赠书《宋史研究文集》三种，云南大学出版社出版。由云大历史系办公室寄出，题签为："龚先生：林文勋、吴晓亮二位教授奉上我校近年来《宋史研究文集》一套(10 种)。请您给予批评指正。另，如蒙惠赐大作，荣幸之至！云南大学历史系 2008.8.16"。

184.**2008 年 8 月**　收到日本学习院大学王瑞来教授赠书《朝野类要》(点校本)，中华书局出版。题签为："龚延明学长赐正　瑞来　二〇〇八年八月于昆明"。

185.**2008 年 8 月**　收到南京大学古典文献研究所名誉所长

周勋初教授赠书《古典文献研究》(2008年第十一期:周勋初先生八十寿辰纪念专辑),凤凰出版社出版。题签为:"龚延明教授内有拙文2篇　周勋初"。

186.**2008年9月10日**　收到华中科技大学历史研究所罗家祥教授赠书《宋代政治与学术论稿》,华夏文化艺术出版社出版。题签为:"敬请龚延明先生教正　作者　2008.9.10"。

187.**2008年9月11日**　收到北京大学中古史中心邓小南教授赠书《政绩考察与信息渠道:以宋代为重心》(邓小南主编),北京大学出版社出版。题签为:"教育部人文社会科学重点研究基地北大中古史中心重大项目《中国中古时期的文书传递与信息沟通》项目组敬赠　二〇〇八年九月"。

188.**2008年9月**　收到台湾大学历史系王德毅教授赠书《宋史研究论集》(第二辑),新文丰出版公司印行。题签为:"延明教授雅正　王德毅敬赠　戊子秋九月于杭州"。

189.**2008年9月**　收到复旦大学中文系陈尚君教授赠书《汉唐文学与文献论考》,上海古籍出版社出版。题签为:"延明教授指正　陈尚君　二〇〇八年九月"。

190.**2008年10月21日**　收到陕西师范大学历史系李裕民教授赠书《宋史考论》,科学出版社出版。题签署为:"贤明教授指正　李裕民　二〇〇八年十月二十一日"。

191.**2008年10月**　收到台湾大学历史系高明士教授赠书《东亚文化圈的形成与发展:政治法制篇》,华东师范大学出版社出版。题签为:"谨呈延明教授惠正　著者高明士谨呈"。

192.**2008年10月**　收到浙江财经大学人文学院姚红副教授赠书《两宋科举与文学研究》,浙江人民出版社出版。题签为:"敬请龚延明老师赐正　学生姚红"。

193.**2008 年 11 月 23 日**　收到哈佛大学燕京图书馆郑馆长面赠图书：沈津著《中国珍稀善本书录》（哈佛燕京图书馆学术丛书第六种），广西师范大学出版社出版。

194.**2008 年 12 月**　收到中国社科院历史所王曾瑜研究员赠书《涓埃编》，河北大学出版社出版。题签为："敬请延明先生教正　王曾瑜"。

195.**2008 年**　收到上海师范大学戴建国教授赠书《宋代刑法史研究》，上海人民出版社出版。题签为："延明先生指正"。

196.**2008 年**　收到河北大学宋史研究中心赠书《漆侠全集》（12 卷），河北大学出版社出版。

197.**2009 年 1 月**　收到河南大学历史系程民生教授赠书《宋代物价研究》，人民出版社出版。题签为："龚延明先生教正　程民生　2009.1"。

198.**2009 年 4 月 15 日**　收到中国社科院历史所王曾瑜研究员赠书《王曾瑜说辽宋夏金》，上海科技文献出版社出版。题签为："敬请龚延明先生教正　王曾瑜"。

199.**2009 年 4 月**　收到北京大学历史系阎步克教授赠书《从爵本位到官本位》，生活·读书·新知三联书店出版。题签为："龚延明先生指正　阎步克　二〇〇九年四月"。

200.**2009 年 5 月**　收到《历史研究》编审宋元强赠书《清朝的状元》，吉林文史出版社出版。题签为："龚贤明先生郢正　元强谨赠　〇九.五"。

201.**2009 年夏日**　收到武汉大学历史系杨果教授赠书《经济开发与环境变迁研究：宋元明清时期的江汉平原》（杨果、陈曦著），武汉大学出版社出版。题签为："龚延明教授赐正　作者赠　二〇〇九.夏"。

202.**2009 年 6 月** 收到上海师范大学古籍所虞云国教授赠书《学史帚稿》,黄山书社出版。题签为:"龚延明先匡疵 虞云国 2009 年 6 月"。

8 月,又收到虞云国教授赠书《水浒乱弹》,中华书局出版。题签为"龚延明先生哂正。后学虞云国敬寿 2009.8"。

203.**2009 年 8 月 21 日** 收到安徽师范大学肖建新教授赠书《宋代法制文明研究》,安徽人民出版社出版。题签为:"敬请龚先生指正 2009 年 8 月 21 日"。

204.**2009 年 10 月** 收到北京大学中文系古文献研究中心教师吴国武赠书《经术与性理:北宋儒学转型考论》,学苑出版社出版。题签为:"龚延明先生教正 吴国武敬奉 乙丑十月"。

205.**2009 年 12 月** 收到北京大学历史系阎步克教授赠书《服周之冕》,中华书局出版。题签为:"龚延明先生指正 阎步克呈 二〇〇九年十二月"。

206.**2010 年 3 月 27 日** 收到首都师范大学金滢坤副教授赠书《中晚唐五代科举与社会变迁》,人民出版社出版。题签为:"请龚老师指正 金滢坤呈上 2010.3.27"。

207.**2010 年 3 月** 收到宁波大学历史系钱茂伟教授赠书《浙东史学研究述评》,海洋出版社出版。题签为:"敬请龚延明恩师指正 钱茂伟 二〇一〇年三月"。

208.**2010 年春** 收到日本学习院大学王瑞来教授赠书《宰相故事:士大夫政治下的权力场》,中华书局出版。题签为:"延明先生雅正 庚寅春杭州"。

209.**2010 年 7 月** 收到北京大学中古史中心教授邓小南签赠的新书《朗润学史丛稿》,中华书局出版。题签为:"延明老师赐正 小南敬呈 二〇一〇.七"。

210. **2010 年 8 月 16 日**　收到武汉大学李涵教授女儿石莹赠书:李涵著《宋辽金元史论集暨师友杂忆》,台湾高文出版社出版。题签为:"龚延明先生惠存　石莹敬赠"。

211. **2010 年 8 月 20 日**　收到武汉大学教授杨果赠书《宋辽金史论稿》,商务印书馆出版。题签为:"龚延明先生赐正作者敬赠　2010.8.20"。

212. **2010 年 8 月**　收到中华书局汪圣铎新著《宋代政教关系研究》,人民出版社出版。题签为:"龚延明先生赐正　汪圣铎敬赠"。

213. **2010 年 9 月 28 日**　收到杭州南宋研究中心副研究员魏峰赠书《宋代迁徙官僚家族研究》,上海古籍出版社出版。题签为:"谨呈龚老师斧正　学生魏峰拜呈　2010.9.28"。

214. **2010 年 10 月 17 日**　收到日本市立大阪大学平田茂树教授赠书《宋代政治结构研究》,上海古籍出版社出版。题签为:"龚延明先生赐正　平田茂树敬上　2010 年 10 月 17 日"。

215. **2010 年 11 月 3 日**　收到陕西师范大学历史系李裕民教授赠书《宋人生卒行年考》,中华书局出版。题签为:"龚延明教授惠存　李裕民　2010 年十一月三日"。

216. **2010 年**　收到中国社科院历史所王曾瑜研究员赠书《点滴编》,河北大学出版社出版。题签为:"敬请龚延明先生教正　王曾瑜"。

217. **2010 年**　收到由香港何冠环副教授带到的、已故香港中文大学历史系教师曾瑞龙遗作《北宋种氏将门之形成》。

218. **2010 年**　收到原杭州大学古籍所博士生、绍兴文理学院副教授杨福泉赠书《阅甫室丛稿》,上海古籍出版社出版。题签为:"敬请龚师雅正　福泉拜上"。

219. **2011 年 1 月**   收到云南大学副校长林文勋赠书《历史与现实：中国传统社会变迁启示录》，人民出版社出版。题签为："敬呈龚延明教授指教   林文勋   2011 年 1 月"。

220. **2011 年 2 月**   收到苏州市经济委员会方健、浙江大学历史系教授何忠礼赠送译作，斯波义信著《宋代江南经济史研究》，江苏人民出版社出版。题签为："延明学长拙译请指正   译者方健、何忠礼辛巳二月"。

221. **2011 年春**   收到上海师范大学古籍所戴建国教授赠书《唐宋变革时期的法律与社会》，上海古籍出版社出版。题签为："龚先生惠正   建国敬奉"。

222. **2011 年 4 月 18 日**   收到复旦大学历史地理研究所朱海滨副教授赠书《近世浙江地理文化研究》，复旦大学出版社出版。题签为："谨呈龚延明教授   朱海滨   2011.4.18"。

223. **2011 年 4 月 22 日**   收到浙江古籍出版社社长石英飞赠书《楼钥集》（宋楼钥撰、顾大朋点校，6 册精装本），浙江古籍出版社出版。

224. **2011 年 4 月**   收到中国社会科学院历史所王曾瑜研究员赠书《辽金军制》，河北大学出版社出版。题签为"敬请龚延明先生教正"。并《宋朝军制初探》（增加订本），中华书局出版。题签为："敬请龚延明先生教正   王曾瑜"。

225. **2011 年 5 月**   收到北京大学历史系赵冬梅赠书《文武之间：北宋武选官研究》，北京大学出版社出版。题签为："龚延明先生赐正   后学赵冬梅敬呈"

226. **2011 年 5 月**   收到厦门大学教育研究院刘海峰教授赠书《中国科举文化》，辽宁教育出版社出版。题签为"龚延明老师评正   刘海峰敬赠   2011.5   厦门大学教育研究院"。

227.**2011 年 8 月 11 日**　收到首都师范大学主编,李华瑞、张邦炜、曾瑞龙、赵雨乐、陈峰、沈琛玲、王军营、王化雨、葛金芳、曾育荣、常征红、包伟民、宫泽知之、李晓、宁欣、陈涛、贾文龙、虞云国、韩毅等撰《"唐宋变革论"的由来与发展》,天津古籍出版社出版。题签为:"敬请龚先生教正　晚华瑞敬上　二○一一年八月二十一日"。

228.**2011 年 8 月**　收到西北大学文博学院陈峰教授赠书《武士的悲哀:北宋崇文抑武现象研究》,人民出版社出版。题签为:"龚延明先生指正　晚学陈峰上　二○一一年八月"。

229.**2011 年 8 月**　收到云南大学历史系林文勋教授赠书《唐宋社会变革论纲》,人民出版社出版。题签为:"敬请龚延明先生指教林文勋　2011 年 8 月"。

230.**2011 年仲夏**　收到宁波天一阁博物馆袁元龙副研究馆员赠书《甬上耆旧诗》(整理本),宁波出版社出版。题签为:"龚贤明老师方家指正　袁元龙敬赠　辛卯仲夏"。

231.**2011 年 10 月**　收到中国社科院历史所研究员王曾瑜赠书《纤微编》,河北大学出版社出版。题签为:"敬请龚延明先生教正　王曾瑜"。

232.**2011 年 11 月 9 日**　收到浙江大学历史系吴铮强赠书《科举理学化》,上海辞书出版社出版。题签为:"龚延明教授指正　铮强敬赠　2011.11.9"。

233.**2011 年冬**　收到河南省社会科学院魏天安研究员赠书《宋代官营经济史》,人民出版社出版。盖印。

234.**2011 年**　收到古籍所王云路教授面赠专著《中古汉语论稿》,中华书局出版。

235.**2012 年 3 月 15 日**　收到北京大学中古史研究中心邓

小南教授赠书:邓小南、曹家齐、平田茂树主编《文书·政令·信息沟通:以唐宋时期为主》(上、下),北京大学出版社出版。

236.**2012 年 3 月** 收到国家博物馆展览部研究馆员苏生文赠书《中国国家博物馆展品中的 100 个故事》(主编吕章中,执行主编孙机),文物出版社出版。题签为:"龚延明老师存正 后学生文呈 2012.3"。

237.**2012 年春** 收到北京大学中文系教授张剑赠书《宋才子传笺证》(傅璇琮主编、张剑副主编,五卷本),辽海出版社出版。

238.**2012 年 5 月** 收到浙江大学历史系卢向前赠书《唐代政治经济史综论:甘露之变研究及其他》,商务印书馆出版。题签为:"龚延明教授指正 卢向前 二○一二年五月"。

239.**2012 年 5 月** 收到河南大学历史系程民生教授赠书《北宋开封气象编年史》,人民出版社出版。题签为:"龚延明先生赐正 程民生 2012.5"。

240.**2012 年 6 月 20 日** 收到黄宽重先生赠书《政策·对策:宋代政治史探索》,台湾联经出版事业股份有限公司出版。题签为:"敬请贤明教授斧正 晚黄宽重敬上 2012.6.20"。

241.**2012 年 6 月** 收到台湾大学历史系教授梁庚尧赠书《南宋盐榷:食盐产销与政府控制》,台湾文津出版社出版。题签为:"贤明教授指正 晚梁庚尧敬呈 二○一二年六月"。

242.**2012 年 6 月** 收到北京大学历史系赵冬梅副教授赠书《千秋是非话寇准》(与中央电视台"百家讲坛"同步著作),电子工业出版社出版。题签为:"龚延明先生赐正 后学赵冬梅敬上"。附言:"这一本通俗的小书,我怀抱最严肃的态度,希望能在真正的历史和最广大的读者间建立联系。"

243.**2012 年 8 月 28 日**　收到福建师范大学历史文化学院杨齐福教授赠书《近代福建社会史论》,社会科学文献出版社出版。题签为:"敬请龚延明教授指正　后学杨齐福 2012.8.28"。

244.**2012 年 8 月 29 日**　收到云南民族大学高明扬副教授赠书《文体学视野下的科举八股文研究》,云南人民出版社出版。题签为:"敬请恩师批评指正　学生明扬奉　2012.8.29"。

245.**2012 年 8 月**　收到日本广岛大学"冈元司先生遗稿集编集委员会·执行委员会"赠送书:冈元司《宋代沿海地域社会史研究》(日文版)。汲古书院出版。题签为:"尊敬的龚贤明先生:此次我们将 2009 年 10 月因病急逝的冈元司副教授的遗稿整理成一册,并付诸刊行。冈老师的家属希望将本书赠送给与冈老师生前有深交的外海专家学者。在此,请允许我们谨呈上一册。如果本书对您的研究有帮助,相信冈老师也一定非常非常高兴,如能蒙您向认识的专家学者或年轻的研究生们推荐本书,实为荣幸。最后,我们衷心祝愿您身体健康,研究顺利! 此致敬礼! 冈元司先生遗稿集编辑集委员会·执行委员会　2012 年 6 月"。

246.**2012 年 8 月**　收到西北师大人文学院何玉红教授赠书《南京川陕边防行政运行体制研究》,上海古籍出版社。题答为:"请龚延明老师指正　晚学何玉红敬呈　2012 年 8 月"。

247.**2012 年 9 月 16 日**　收到河北大学宋史研究中心郭东旭赠书:郭东旭、高楠、王晓薇、张科撰《宋代民间法律生活研究》,人民出版社出版。题签为:"龚延明先生雅正　郭东旭 2012.9.16"。

248.**2012 年 9 月**　收到西北师范大学文学院李润强副教授

赠送译著《刺桐梦华录:近世前期闽南的市场经济》(苏基朗著、李润强译),浙江大学出版社出版。题签为:"敬请龚老师生雅正 学生:润强 2012年9月"。

249.**2012年11月21日** 收到首都师大历史学院李华瑞教授赠书《视野、社会与人物:宋史、西夏史研究论文稿》,中国社会科学出版社出版。题签为:"敬请龚先生教正 后学华瑞敬上 2012.11.21"。

250.**2012年冬** 收到台湾大学历史系高明士教授赠书《律令法与天下法》,台湾五南图书出版有限公司出版。题签为:"谨呈延明教授惠正 高明士"。

251.**2012年冬** 收到浙江大学历史系何忠礼教授赠书《中国古代史史料学》,上海古籍出版社出版。题签为:"龚贤明教授雅正"。

252.**2012年** 收到厦门大学历史系葛金芳教授赠书《两宋社会经济研究》,天津古籍出版社。题签为:"前辈龚教授指教 晚学金方持赠 2012年于台北"。

253.**2013年3月** 收到中国人民大学历史系包伟民教授赠书《武义南宋徐谓礼文书》(包伟民、郑嘉励编),中华书局出版。未启封原装亲自拎送到家。

254.**2013年4月3日** 收到中国社科院历史所陈智超赠书《陈乐素史学文存》(陈乐素著,陈智超编),广东人民出版社出版。

255.**2013年4月21日** 收到中国人民大学国学院常务副院长黄朴民面赠专著《先秦两汉兵学文化研究》,中国人民大学出版社出版。和两本《国学研究》(按:他是该刊执行主编)。

256.**2013年4月21日** 收到中央电视台赵爽与国家博物

馆苏生文夫妇二人合作新书《重解晚清之谜》，天地出版社出版。

257.**2013 年 4 月 25 日**　收到台湾中国文化大学历史系韩桂华教授赠书《宋代官府工场及物料与工匠》，台湾花木兰文化出版社出版。题签为："敬请龚延明教授指正　韩桂华敬赠 2013 年 4 月 25 日"。并《宋代纲运研究》，收入王明荪主编《古代历史文化研究汇刊》第九编第 13 册，台湾花木兰出版社出版。题签为："敬请龚延明教授指正　韩桂华敬赠　2013.4.25"。

258.**2013 年 8 月 3 日**　收到浙江大学历史系教授梁太济赠书《南部新书溯源笺证》，上海：中西书局出版。题签为："龚延明教授指正　梁太济　2013 年 8 月 3 日"。

259.**2013 年夏**　收到清华大学中文系古典文献研究中心主任傅璇琮先生赠书《濡沫集》，北京联合出版公司出版。题签为："龚延明兄惠正　傅璇琮谨奉　二〇一三年夏"。

260.**2013 年 9 月 28 日**　收到教育部考试中心胡平赠书《清代科举考试的考务管理研究》，中国社会科学出版社出版。题签为："敬请龚先生指正　胡平　2013 年 9 月 28 日"

261.**2013 年 10 月**　收到浙江大学中文系吴迪教授赠书《英国玄学派诗歌研究》，中国社会科学出版社出版。题签为："敬请龚延明教授雅正　吴迪　二〇一三年十月"。

262.**2013 年 11 月 20 日**　收到盐城师范学院徐友根教授赠书《〈登科记考补正〉考补》，南京大学出版社出版。题签为："敬赠：龚延明先生指正　盐城师范学院徐友根　2013 年 11 月 20 日"。

263.**2013 年 11 月 21 日**　收到台湾清华大学教授李弘祺赠书《学以为己：传统中国的教育》，香港中文大学出版社出版。题签为："延明教授赐正　晚弘祺敬赠　二〇一三.十一.廿一"。

并《卷里营营：历史、教育与文化演讲集》，台湾允晨文化实业股份有限公司出版。题签为："贤明教授赐正　晚弘祺敬赠"。

264.**2013 年 12 月 20 日**　收到北京大学历史系赵冬梅教授赠书《司马光和他的时代》，生活·读书·新知三联出版社出版。题签为："龚延明先生赐正　后学冬梅敬呈　2013 年 12 月 20 日"。

265.**2013 年 12 月**　收到中华书局二十四史及清史稿修订办公室赠书：点校本二十四史修订本《史记》（全十册）。

266.**2013 年冬**　收到中国社科院历史所李世愉研究员赠书《清代科举制度考辨》（续），北方联合传媒（集团）股份有限公司万卷出版公司出版。题签为："龚延明先生指正　李世愉敬赠　癸巳冬"。

267.**2013 年**　收到古籍所窦怀永副教授赠书《敦煌文献避讳研究》，甘肃教育出版社出版。

268.**2014 年 1 月 4 日**　收到武汉大学中国传统文化中心教授余来明赠书《元代科举与文学》，武汉大学出版社出版。题签为："敬呈龚延明先生指正　来明　二〇一四年元月四日于武昌珞珈山"。

269.**2014 年 2 月 9 日**　收到南京大学历史系李昌宪教授赠书《宋朝官品令与合班之制复原研究》，上海古籍出版社出版。题签为："龚先生指正　昌宪　2014 年 2 月 9 日"。并《五代两宋时期政治制度研究》，生活·读书·新知三联出版社出版。题签为："龚先生指正　昌宪　2014 年 2 月 9 日"。

270.**2014 年春**　收到浙江大学中文系陈东辉教授赠书：陈东辉主编《民国学者研究论著目录续编》，台湾经学文化有限公司出版。题签为："龚延明教授诲正　后学陈东辉敬奉　2014 年春于杭州"。

271. **2014 年春**　收到贵州铜仁学院社会科学部史泠歌副教授赠书《宋代皇帝的疾病、医疗与政治》,河北大学出版社出版。题签为:"尊敬的龚先生:您好! 您是我未见过面的老师,从您的著作中获益颇多。希望今后有机会能得到您的当面指教。恳请您不吝赐教。史泠歌敬上　二○一四年春"。

272. **2014 年 4 月 29 日**　收到西北大学历史文化学院胡坤副教授赠书点校《建炎以来系年要录》(8 册),题签为:"敬请龚延明先生批评指正　后学胡坤敬呈(印)　二○一四年四月廿九日"。

273. **2014 年 4 月**　浙江大学中文系徐永明教授赠书《英语世界的汤显祖研究论著选译》,浙江古籍出版社出版。题签为:"龚延明先生惠存　后学徐永明奉赠　二○一四年四月"。

274. **2014 年 4 月**　收到闽江学院文学院毛晓阳副教授赠书《清代科举宾兴史》,华中师范大学出版社出版。题签为:"敬请恩师教正　学生毛晓阳　甲午孟夏"。

275. **2014 年 5 月**　收到《文献》资深编辑张燕婴赠书《俞樾函札辑证》,凤凰出版传媒股份有限公司出版。题签为:"呈请龚延明先生大教　张燕婴上　甲午端月"。

276. **2014 年 6 月 8 日**　收到闽江学院毛晓阳教授赠书《清代宾兴:公益基金组织管理制度研究》,人民出版社出版。题签为:"敬请恩师教正　毛晓阳　2014.6.8"。

277. **2014 年 6 月 29 日**　收到闽江学院毛晓阳教授赠书《清代江西进士丛考》,江西高校出版社出版。题签为:"敬请恩师教正　毛晓阳　2014.6.29"。

278. **2014 年 7 月**　收到浙江大学中文系教授暨浙大宋学研

究中心主任陶然赠书《宋金遗民文学研究》，浙江大学出版社出版。题签为："龚教授指正　后学陶然奉　甲午秋"。

279.**2014 年 7 月**　收到四川大学古籍所教授郭声波赠书《中国行政区划通史》（唐代卷，上、下册），复旦大学出版社出版。题签为："延明先生雅正　声波谨赠　2014.7"。并《四川地理与宋代蜀人地图研究》附《历代地理指掌图》（点校），西南地图出版社出版。题签为："延明先生雅正"。

280.**2014 年 8 月 19 日**　收到香港理工大学中国文化学系何冠环副教授赠书《攀龙附凤：北宋潞州上党李氏外戚将门研究》，中华书局出版。题签为："龚教授赐正　晚何冠环敬上 2019.8.19"。

281.**2014 年 8 月 19 日**　收到河北大学宋史研究中心刘云军副教授赠书：宋许翰著，刘云军点校《许翰集》，河北大学出版社出版。题签为："敬请龚延明先生教正　刘云军谨呈　2014 年 8 月 19 日"。

282.**2014 年 8 月 20 日**　收到上海师范大学古籍所虞云国教授赠书：章太炎著，虞云国校勘《菿汉三言》，上海书店出版社出版。题签为："龚延明先生纠谬　虞云国　二〇一四年八月二十日"。

283.**2014 年 8 月 21 日**　收到广东省社会科学院与孙中山研究所助理研究员杨芹赠书《宋代制诰文书研究》，上海古籍出版社出版。题签为："敬呈龚延明先生指正　杨芹　2014.8.21"。

284.**2014 年 8 月**　收到湖北大学历史文化学院教师汤文博赠书《南宋初期（1127—1141）江淮战区研究》，天津古籍出版社出版。题签为："龚师教正　文博　二〇一四年八月"。

285.**2014 年 8 月**　收到日本学习院大学王瑞来教授赠书

《续宋中兴编年资治通鉴》(宋刘时举撰,王瑞来点校),中华书局出版。题签为:"延明先生雅正　后学瑞来　于杭州二〇〇四年八月"。

286.**2014 年 9 月**　收到四川大学古籍研究所所长舒大刚教授赠送原刘琳、刁忠民、舒大刚、尹波等校点《宋会要辑稿》一套16 册,上海古籍出版社。

287.**2014 年 10 月 8 日**　收到《历史研究》编辑部路育松副主编赠书:高翔主编、《历史研究》编部编《〈历史研究〉六十年论文选编》,中国社会科学出版社出版。

288.**2014 年 11 月 6 日**　收到首都师范大学历史学院金滢坤教授赠书《唐五代科举的世界》,复旦大学出版社出版。题签为:"敬请龚延明先生雅正　滢坤敬呈　2014.11.6"。

289.**2014 年冬**　收到浙江大学中文系教授暨浙人宋学研究中心主任陶然面赠:陶然编《吴熊和教授纪念集》,浙江大学出版社出版。

290.**2014 年**　收到中国社会科学院历史所陈智超赠书:陈乐素著《宋史艺文志考证》,广东人民出版社出版。

291.**2014 年**　收到古籍所王云路教授赠书《汉语词汇核心义研究》(与王诚合著),北京大学出版社出版。

292.**2015 年春**　收到河北大学宋史研究中心贾文龙副研究员赠书《卑职与高峰:宋朝州级属官司法职能研究》,人民出版社出版。题签为:"敬请龚先生指正!　贾文龙"。

293.**2015 年 5 月 18 日**　收到香港中文大学蔡崇禧赠书《研宋二集》(许振兴、蔡崇禧、梁思乐主编),香港研宋学会出版。

294.**2015 年 6 月 3 日**　收到山东大学历史系教授范学辉赠书《宋代三衙管军制度研究》(上、下册),中华书局出版。题签为:"敬请龚先生赐教　学辉拜呈　二〇一五年六月三日"。

295. **2015 年秋末**　收到日本学习院大学王瑞来教授赠书《近世中国:从唐宋变革到宋元变革》,山西出版传媒集团山西教育出版社出版。题签为:"延明先生赐教,后学瑞来,乙未季秋于杭州"。

296. **2015 年 10 月**　收到国家博物馆苏生文研究馆员赠书《中国早期的交通近代化研究》,学林出版社出版。题签为:"龚先生指正　苏生文　2015 年八月"。

297. **2015 年 12 月**　收到北京大学张希清教授赠书《中国科举制度通史》(宋代卷)及其他四卷,共五卷一套,上海人民出版社出版。题签为:"延明兄惠存　希清　二〇一五年十二月于北大"。

298. **2015 年 12 月**　收到中华书局二十四史及清史稿修订办公室赠书:点校本二十四史修订本《新五代史》(全三册),中华书局出版。题签为:"点校本二十四史修订本出版纪念"。编号为:04867。

299. **2015 年 12 月**　收到中华书局二十四史及清史稿修订办公室赠书点校本二十四史修订本《旧五代史》(全六册),中华书局出版。题签为:"点校本二十四史修订本出版纪念"。编号为:09633。

300. **2015 年**　收到浙江大学历史系刘进宝教授赠书《唐宋之际归义军经济史研究》,中国社会科学出版社出版。题签为:"请龚延明教授存正　刘进宝呈"。

301. **2015 年**　收到江西师范大学文学院副教授邱进春赠书《明代江西进士考证》,中国社会科学出版社出版。题签为:"敬请龚老师教正　进春"。

302.**2016 年 1 月 21 日**　收到清华大学人文学院中文系方诚峰副教授赠书《北宋晚期的政治体制与政治文化》,北京大学出版社出版。题签为:"呈龚老师赐正　方诚峰　2016.1.21"。

303.**2016 年 1 月**　收到浙江大学古籍所副教授周佳赠书《北宋中央日常政务运行研究》,中华书局出版。题签为:"龚老师您好! 一路走来,在学术和工作上,给予我太多的教诲和帮助,对您的感激之情,是无法用一句'谢谢您'表达的。我会不断努力,争取交出一份更好的答卷。这本很不完善的书,请您批评指正。祝您新春愉快!　学生周佳敬上　2016.1"。

304.**2016 年 5 月 27 日**　收到台湾清华大学历史系赖瑞和教授赠书《唐代高层文官》,台湾联经出版公司出版。题签为:"延明教授雅正　瑞和　2016 年 5 月 27 日,新竹清华"。

305.**2016 年 5 月**　收到香港中文大学中文学院蔡崇禧教育部赠书《研宋三集》(蔡崇禧、邹陈惠仪、梁山思乐主编),香港研宋学会出版。

306.**2016 年 8 月 19 日**　收到河北大学宋史研究中心丁建军副研究员赠书《宋朝地方官员考核制度研究》,人民出版社出版。题签为:"请龚延明先生教正　后生丁建军敬赠 2016.8.19"。

307.**2016 年 8 月 20 日**　收到首都师大历史学院李华瑞教授赠书《宋夏史探研集》,科学出版社出版。题签为:"敬请龚先生教正　晚华瑞呈　2016.8.20"。

308.**2016 年 8 月 20 日**　收到南京审计大学教授、安徽师范大学博士生导师肖建新赠书《百官箴校注》,安徽师范大学出版社出版。题签为:"龚老师教正　建新　2016.8.20"。

309.**2016 年 8 月**　收到首都师范大学历史学院教授李华瑞

赠书《宋代救荒史稿》(上、下),天津古籍出版社出版。由出版社直接寄出,出版社附言:"作者赠书"。

310. **2016 年 9 月**　收到中国人民大学唐宋史研究中心包伟民、刘后滨两位教授赠刊《唐宋历史评论》第二辑。

311. **2016 年 9 月**　收到日本学习院大学王瑞来教授赠书《钱塘遗事校笺考原》,中华书局出版。题签为:"延明先生雅正　瑞来　丙申秋初于羊城"。

312. **2016 年 11 月 19 日**　收到国家图书馆研究员全根先赠书《〈金刚经〉史话》(全根先、林世田著),国家图书馆出版社出版。题签为:"龚师赐正　全根先　2016.11.19"。

313. **2016 年 11 月**　收到河南大学历史系贾玉英教授赠书《唐宋时期地方政治制度变迁史》,人民出版社出版。题签为:"恭请龚延明先生指正　贾玉英呈上　2016 年 11 月"。

314. **2016 年 12 月 9 日**　收到河北大学宋史研究中心刘云军副教授赠书《〈宋史〉宰辅列传补正》,河北大学出版社出版。题签为:"敬请龚延明先生教正　后学刘云军　2016.12.9"。

315. **2016 年 12 月**　收到日本早稻田大学饭山知保等赠书《立足于宋代史的思考》(日文版)(《立足于宋代史的思考》编集委员会编,编集委员:饭山知保、久保田和男、小二田章、高井康典行),汲古书院出版。

316. **2016 年 12 月**　收到中华书局二十四史及清史稿修订办公室赠书:点校本二十四史修订本《辽史》(全六册),中华书局出版。题签为:"点校本二十四史修订本出版纪念"。编号为:08809。

317. **2017 年春**　收到浙江大学古籍所冯国栋教授赠书《佛教文献与佛教文学》,宗教文化出版社出版。题签为:"龚老师教

正　后学冯国栋呈　2017 年春日"。

318.**2017 年 5 月**　收到北京大学中古史研究中心邓小南教授赠书:邓小南编《邓广铭宋史人物书系》(含《北宋政治改革家:王安石》《韩世忠年谱》《岳飞传》《辛弃疾传》《辛稼轩年谱》《陈龙川传》),生活·读书·新知三联书店出版。

319.**2017 年 5 月**　收到中华书局赠书:中华书局编辑部编《傅璇琮先生纪念集》,中华书局出版。

320.**2017 年 8 月 2 日**　收到中华书局原文学编辑室主任许逸民赠书:唐段成式撰、许逸民校笺《酉阳杂俎校笺》(四册),中华书局出版。题签为:"延明学兄雅正　二〇一七.八.二"。

321.**2017 年 8 月 21 日**　收到浙江工业大学人文学院沈小仙赠书《古汉语职官词训释与研究》,浙江大学出版社出版。题签为:"敬请龚延明老师斧正　学生沈小仙谨呈　2017 年 8 月21 日"。

322.**2017 年 9 月 22 日**　收到北京大学中古史研究中心邓小南教授赠书:邓小南主编,曹家齐、平田茂树副主编《过程·空间:宋代政治史再探析》,北京大学出版社出版。

323.**2017 年 10 月 8 日**　收到浙江大学古籍所周佳副教授、祖慧教授赠书《大唐开元礼》(唐萧嵩等奉敕撰,周佳、祖慧点校),浙江大学出版社出版。

324.**2017 年 10 月**　收到河南大学历史文化学院田志光教授赠书《宋代政治制度史研究》,人民出版社出版。

325.**2017 年 11 月 28 日**　收到河北大学宋史研究中心副研究员贾芳芳赠书《宋代地方政治研究》,人民出版社出版。题签为:"敬请龚延明先生赐教　贾芳芳呈　2017 年 11 月 28 日"。

326.**2017 年 12 月 7 日**　收到浙江大学古籍所博士生汪潇

晨、周佳副教授赠书《政和五礼新仪》(上、下)(宋郑居中撰,汪潇晨、周佳点校),浙江大学出版社出版。

327.**2018 年 3 月**　收到中山大学历史系教授曹家齐赠书《宋代的交通与政治》,中华书局出版。题签为:"恩师大人赐正　受业家齐谨呈　二〇一八年三月"。

328.**2018 年 5 月 28 日**　收到原杭州大学外国语学院副院长、现浙江大学外国语学院亚欧系教授许高渝赠书《从求是书院到新浙大》,西泠印社出版社出版。题签为:"龚贤明教授指正　高渝敬上　2018.5.28"。

329.**2018 年 5 月**　收到上海师范大学古籍所赠送:上海师范大学古籍所编,戴建国执行主编《全宋笔记》第九编 10 册、第十编 12 册。至此,上海师大古籍所赠送的《全宋笔记》第一编至第十编 102 册,全部恭受毕。

330.**2018 年 5 月**　收到浙江大学历史系梁太济教授赠书《梁太济文集》(三卷精装本),上海古籍出版社出版。题签为:"龚延明教授匡正"。

331.**2018 年 6 月 7 日**　收到中华书局原历史编辑室主任张忱石赠书《〈永乐大典〉诗话》,国家图书馆出版社出版。题签为:"延明先生　敬请指正　忱石　二〇一八.六.七"。

332.**2018 年 6 月 8 日**　收到河南大学历史文化学院程民生教授赠书《中华文明中的汴京元素》,人民出版社出版。题签为:"恭呈龚延明先生赐正　学生民生上　二〇一八.六.八"。

333.**2018 年 8 月 17 日**　收到西北民族大学人文学院多洛肯教授赠书《明清甘宁青进士征录》,上海古籍出版社出版。题签为:"敬请业师龚延明教授匡谬　受业多洛肯　戊戌年八月十七"。

334. **2018 年 11 月 2 日** 河北大学宋史研究中心丁建军赠书:刘云军、丁建军主编《保定宋辽历史文化遗产及其开发研究》,河北大学出版社出版。题签为"敬赠龚先生指正 丁建军 2018.11.2"。

335. **2018 年 11 月** 收到中山大学历史系曹家齐赠书《宋史研究杂陈》,中华书局出版。题签为:"恩师大人指正 受业家启谨呈 二〇一八年十一月"。

336. **2018 冬** 收到《北京大学学报》副编审管琴赠书《词科与南宋文学》,北京大学出版社出版。题签为:"龚延明先生教正 管琴 戊戌冬"。

337. **2018 年 12 月** 收到日本学习院大学王瑞来教授赠书:宋刘克庄撰、王瑞来集证《玉牒初草集证》,中华书局出版。题签为:"延明先生赐正 后学瑞来 戊戌初冬于杭州"。

338. **2019 年 1 月** 收到历史文化作家、企业家陈侃章赠书《古往今来说西施》,浙江古籍出版社出版。题签为:"龚延明老师雅正 陈侃章敬赠 2019 年 1 月"。此书获 2018 年浙版好书奖。

339. **2019 年 2 月 28 日** 南京师范大学潘晟教授赠书《知识、礼俗与政治:宋代地理术的知识社会史探》(此书荣获 2020 年教育部历史类二等奖),江苏人民出版社出版。题签为:"敬请龚老师教正 晚学潘晟 2019.2.28 拜"。

340. **2019 年 3 月 21 日** 收到中华书局原文学编辑室主任许逸民赠书:宋程大昌撰、许逸民校证《演繁露校证》(上、下),中华书局出版。题签为:"龚延明兄雅正 2019 年 3 月 21 日"。

341. **2019 年 5 月** 收到中华书局二十四史及清史稿修订办公室赠书:点校本二十四史修订本《隋书》(全六册),中华书局出版。题签为:"点校本二十四史修订本出版纪念"。编号为:04019。

342. **2019 年 6 月 27 日** 收到浙江大学历史系主任刘进宝教授赠书《敦煌学通论》,甘肃教育出版社出版。题签为:"请龚先生指正 刘进宝呈 2019.6.27"。

343. **2019 年 11 月** 收到河南大学历史文化学院全相卿副教授赠书《北宋墓志碑铭撰写研究》,中国社会科学出版社出版。题签为:"恭请龚延明先生指正 后学全相卿敬上"。

344. **2019 年 12 月** 收到南京大学中文系副教授张福通赠书《唐代公文词语专题研究》,中国社会科学出版社出版。题签为:"敬请龚老师赐正 学生福通拜奉"。

345. **2019 年初冬** 日本学习院大学王瑞来教授赠书《立心立命:宋代士大夫政治文化随笔》,中华书局出版。题签为:"延明先生雅正 后学王瑞来 己亥初冬于杭州"。

346. **2019 年冬** 收到上海师范大学古籍所戴建国教授赠书《宋代法制研究丛稿》,中华书局出版。题签为:"敬请延明先生教正 戴建国 己亥冬月"。

347. **2020 年 4 月** 收到历史文化作家、企业家原杭州大学历史系 77 届本科生陈侃章赠书《冬天里的春闱:1977 年恢复高考纪实》,浙江古籍出版社出版。题签为:"龚延明吾师教正 陈侃章敬赠2020 年 4 月"。

348. **2020 年 6 月 16 日** 收到北京大学历史系赵冬梅教授赠书《大宋之变》,广西师范大学出版社出版。题签为:"龚延明先生赐正 后学冬梅 2020 年 6 月 16 日"。

349. **2020 年 8 月 16 日** 收到中华书局原历史编辑室主任张忱石赠书《唐尚书省右司郎官考》,中华书局出版。题签为:

"延明先生,敬请指教。忱石呈上 2020.8.16"。

350.**2020 年仲秋** 收到上海师大戴建国教授赠书《秩序之间:唐宋法典与制度研究》,上海人民出版社出版。题签为:"敬请龚延明先生教正 戴建国 庚子仲秋"。

351.**2020 年秋** 收到《文献》资深编辑张燕婴赠书:俞樾著、张燕婴整理《春在堂尺牍》(三册),凤凰出版社出版。题签为:"致谢龚延明先生襄助 张燕婴拜奉 庚子之秋"。

352.**2020 年秋** 收到浙江大学历史系吴铮强副教授赠书《文本与书写:宋代的社会史》,社会科学文献出版社。题签为:"龚延明教授指正 铮强"。

353.**2020 年 9 月** 收到北京大学历史系苗润博赠书《〈辽史〉探源》,中华书局出版。题签为:"敬请龚延明老师哂正 晚苗润博上"。

354.**2020 年 10 月** 收到华东师范大学古籍研究所顾宏义教授赠书《两宋笔记研究》,大象出版社出版。托祖慧教授带到。

355.**2020 年 10 月** 收到上海师范大学古籍研究所燕永成赠书《宋代史学的繁荣与传布》,甘肃人民出版社出版。题签为:"敬请龚延明先生批评指正!燕永成敬呈 二○二○年"。由祖慧教授博士后束保成送到。

356.**2020 年 11 月 12 日** 收到国家图书馆全根先研究员赠书《口述史理论与实践》,知识产权出版社出版。题签为:"龚师赐正 全根先 2020.11.12 于杭州"。

357.**2020 年 11 月** 收到首都师大教授李华瑞赠书《宋夏史探知集》,中国社会科学出版社出版。题签为:"敬请龚延明先生教正 晚学华瑞谨呈 二○二○年十一月"。

358.**2020 年 11 月** 收到中国社科院历史所研究员王曾瑜

赠书《琐屑编》,河北大学出版社出版。题签为:"敬请龚延明先生教正并留念　王曾瑜"。

359.**2020 年 11 月**　收到北京大学中古史研究中心赠书:邓小南主编、方诚峰执行主编《宋史研究诸层面》,北京大学出版社出版。由邓小南教授博士生、浙江大学古籍所周佳副教授送到。

360.**2020 年 12 月**　收到杭州市南宋史研究中心赠书《周必大集校证》(8 卷本)(宋周必大撰,王瑞来校证),上海古籍出版社出版。

361.**2020 年 12 月**　收到浙江古籍出版社副总编陈小林惠赠新作《杨家将故事考论》,浙江大学出版社出版。题签为:"龚延明教授晒正　学生陈小林敬奉"。

362.**2020 年**　收到上海师范大学古籍所赠书《朱瑞熙文集》(全八册),上海古籍出版社出版。

后　记

　　编写老师的学术年谱,一则是为了完成学院作为省重点基地的科研任务,二则是想着,2020年正值先生八十大寿,可以借这本小书作为学生们给老师祝寿的礼物。但因为疫情以及各种事务耽搁,从2019年11月确定立项、签署合同,到2021年3月2日提交定稿,前后竟然花去了一年多的时间。虽然这本书已经错过了祝寿献礼的时间,但编年时间设定在了2020年,刚好八十春秋,也算符合我最初的祝寿心意了。整个年谱的撰写过程是与老师交往最为频繁的日子,超过了我读博士及进博士后流动站相加的直接交流时间,能够在十多年后再次聆听老师的教诲,并一一重读老师的经典论著,何其幸也!撰写年谱的过程,是我深入了解老师的过程,也是感悟学术生命的过程。

　　记得有一次在安徽大学听讲座,一位古代文学的学者在开场白中提到,人有两条生命:一条是继承父母血脉的血缘之命,一条是继承文脉的学术之命。(大致意思是这样的)他当时是针对从事学术科研的知识分子而讲的。其实,我想只要精神上有所追求者,都会拥有这样的两条命,用通俗的话说,即肉体与精神之命。只是对于不同群体的人而言,生命体呈现的状态有所不同罢了。正如人们常说的，"生命不在长短，在于其影响力"、"生命不在长度，在于宽度"等，这些说法也揭示了生命兼具两种特性的内涵。

血缘的生命有长短期限，而其影响力是没有限定的，影响力即精神的生命；生命的"长度有限"是指血缘的生命，"宽度无限"就是指精神生命。肉体的生命，其所见所闻所接触的范围是有限的，而精神的生命其触角是无限伸展的。人类种族的延续依靠血脉的传承，这是线性的延续；人类文明的延续与发展，依靠的是学术文脉，这是阶梯式的递升延展。人类自诞生以来，在不断创造自己的同时也在不断创造文明，世间生命不息，精神永垂。

精神生命的留存与再现，当归功于人类伟大的发明——文字，只有文字才让我们看到人类一路走来的历程，才让我们感受到精神世界的丰富多彩。而编撰学者的学术年谱则是最为直接、细致再现精神生命历程的方式，它是一位学者的治学历程、学术成就、学术交流、学术文脉的承继以及学界同仁协作共建学术精神天地的立体生动的体现。

先生的学术历程与大多数学者不同，他天资聪慧，勤奋好学，16岁考入大学，毕业后被选留校担任大学教师，那么，接着从事科研事业应当是顺利成章的了。然而，1962年，他响应党的号召，毅然走出了大学教师行列，投笔从戎，加入保家卫国的队伍之中。这一转折，令人意外。但当我看到他书写的回忆录，了解他幼年的经历后，也就释然和理解因由了。

先生诞生于抗日战争时期，据其《回忆录》（未刊布）中记录最早的三岁、五岁的三个记忆片段看，都与逃难有关。那段家国苦难的经历激发了一代人的集体警醒：要发愤图强，艰苦奋斗。

对强权侵略产生了集体本能的内在反抗意识。强烈的爱国意识和渴望和平的美好愿望早早就深藏于心底,因而从大学教师岗位申请参军到后来从事岳飞研究,以及担任岳飞研究会会长,举行岳飞公祭大典,撰写、宣读祭文,并且将全部心血倾注于中国职官科举制度史的学术研究,传播中华文化学术文脉,应该都是其强烈的爱国主义精神的直接体现。

先生怀着远大的志向和抱负,加入了军人行列。部队的生活,有着严明的纪律,并且需要接受超强的耐受力和高强度的体能训练,这些不但练就了他强壮的身体,良好的运动习惯,更重要的是练就了高度的自律性、坚韧不拔的意志力,以及对事业坚定执着的信念。这些是任何取得事业成功者所必备的综合素质。先生特别经历的军队生活磨砺,为他后来回到高校继续从事科研工作,并迅速取得成功,提供了强健的身体保障和"甘坐冷板凳"意志力的支撑。

特别追述这样一段经历,是想说,人的内在理想和意志力的选择与培养,决定了其未来有所作为和将取得的成就。拥有"信念之坚"的根本,才能建立"丰功伟业",放射出"生命之光辉",完成"圆满之人生"。先生从部队回到高校,在学术之园,勤耕不辍,坚持五十余载,以"愚公移山"的精神,聚心力为一束激光,穿透各种障碍,终于收获累累硕果。

每个人的一生都是绝对唯一的,生命价值的体现形式也各有不同。虽然说人生没有固定的答案,但成功者在登攀过程中遭遇的路径和面临的各种选择大体是一致的,撰写这本学术年谱就是希望能给同道者一点启发,或者可以从先生潜心奋斗,取得卓越成就的业绩中汲取力量,增进信心;或者也可以从中感受他登攀路途中的辛劳与困苦,以及登顶时的舒心与欣慰。教学相长,薪火相传,学术文脉犹如毛细血管,密密地铺在中华大地,且已输往地球的四面八方。

让我们跟随先生的足迹,去欣赏一路绽放的花朵,去感受收获的喜悦。《宋代官制史辞典》已经开花,《诗说中国史》系列不断绽放,"历代进士登科数据库"已经海内外上线,《宋学研究》的平台已初见规模,还有很多很多……

后记的后半部分,我对帮助完成这部年谱的所有人致以深深的谢意!

首先要感谢的,是本谱的主人公,我的老师龚延明先生!这本年谱,可以说是我和老师共同合作完成的,其中附录三的《学者赠书录》有一半以上是老师从启真名苑家中、西溪校区课题室和紫金港办公室内(2020年人文学院搬迁,西溪校区课题室大部分书拉到了紫金港校区办公室)往返抄录并编辑成电子文档发送过来的。老师花费的时间、精力已经大大超过了我。因为每一份材料都要核对日期,他不断翻箱倒柜找日记,找证书、文件,找各种材料的原件;一天拍照并发送几张、十几张甚至几十张照片。这对于八十岁的老人来说,真的太不容易了! 幸而老师用手机拍照发送操作娴熟、线上交流顺畅,免去了我预约见面,车来车往的时间和精力的消耗,更免去了疫情期间进校预约盖章的麻烦。并且自1998年以后的日记,他都保留电子版,再加上老师有心留存着《古籍所大事记》电子版,这些更免去了很多重新输入的时间。日记不但充实了年谱的内容,保证了记述的真实性,更增强了年谱的可读性。特别是在初稿确定后,老师将自己生日期间写的诗歌找出来发给我作为年谱的《代序》(此后,诗句又作了多次修改),令我感动不已。年谱初稿、定稿出来,老师都自己打印出来，一一校核补充，从词语校对到封面设计、图片选择，均参与确认。有了如此多的鼎力扶助，才终于有这本书的诞生。

其次要感谢的，是龚师门下弟子们的鼓励、支持和帮助，我在"日新台"（龚门微信群）向他们发出征集入学、毕业时间以及论文题目、答辩组成员等内容的微信后，得到大家积极配合，百忙之中发来相关信息，如高明扬发来了毕业答辩的照片和老师给他的新出版的著作《文体学视野下的科举八股文研究》所写的序言，帮助我核实了相关的时间信息；蒋金星师兄发来了老师在澳门给他寄来的明信片贺年卡；毛晓阳师兄发来了老师在他考博前写给他的信件，以及考取后的录取通知书等等。还有多洛肯师兄、李润强师兄以及最近才联系上的杨福泉师兄等也发来了相关信息。更令我感动的是毛晓阳师兄、陈长文师弟发来了读博期间的生活经历和感受，再现了当年在浙大辛苦煎熬且充实快乐的博士生岁月，令人更有一种"老师在，就是幸福"的美好感觉。

最后，要感谢人文学院领导、浙江学术文化研究基地负责人的关心，其中李剑亮教授帮忙识别了吴熊和先生的草体字迹，并核实了古籍所第二届研究生班的情况，郑玉明老师回答了我有关编写体例的问题。还要感谢浙大出版社的相关负责人，有签署出版这套文澜丛书的负责人王荣鑫先生，他对我询问的有关出版问题给予了多次回复解答；还有辛苦忙碌的责任编辑胡畔女士，在堆积如山的来稿中，提前审读我迟交的书稿，及时发排，合理安排校对复核，微信、QQ、邮件同步进行，有效加快了书稿的进展，并且还专程抽空与龚老师当面沟通相关信息，严谨细致的品格得到老师的高度称扬。还有不知名的美工设计、排版员、校对员等的默默付出。谢谢大家的辛苦付出,才成就了本书的诞生。

本书得以顺利出版,还要感谢浙江省哲学社会科学重点研究基地浙江学术文化研究中心提供的出版经费资助。

初稿：2021 年 4 月 2 日晚

校订稿:2021 年 11 月 10 日晚